あしたへの論語

サラリーマン三〇〇〇日の「人間学」探究

前篇

松崎　昇

梓書院

あしたへの論語

——サラリーマン三〇〇〇日の「人間学」探究——

◆前篇◆

松﨑　昇

梓書院

はじめに

人生いかに生きるべきか、お金のためか、地位のためか、有名になるためか、いや、どうもそういうものではないようだ…そんな気持ちが心の奥底に渦巻くとき、私は、尊敬してやまない歌人で、論語にも精通された故安永蕗子《やすながふきこ》（元宮中歌会始《きゅうちゅううたかいはじめ》選者・熊本市名誉市民）先生による論語《ろんご》の講義を一年間にわたり聞く機会を得ました。そして、その初日、衝撃的な出来事が起き、私は大喝《だいかつ》を入れられることとなりました。先生は第一編の「学而《がくじ》」第一章で次のような話をされました。

「学《まな》びて時《とき》に之《これ》を習《なら》う、亦《また》、説《よろこば》しからずや。朋《とも》、遠方自《えんぽうよ》り来《き》たる有《あ》り、亦《また》、楽《たの》しからずや」

ここまでは皆さんもご存知のとおりです。問題は次の言葉です。

「人知《ひとし》らずして慍《いきどお》らず、亦《また》、君子《くんし》ならずや」

君子は自分の名が世に知られないからと言って、慍《いきどお》らず、つまり、不満に思ったりしません。人間にとって本当に大切なこと、それは

〝何になるかではなくどう生きるか〟

です。人に知られようとする前に密《ひそ》かに自分の人格を高めることを人生の目的としてください…と。この、〝何になるかではなくどう生きるか〟という言葉が、私をして頭のてっぺんからつま先まで稲妻《いなずま》のように貫《つらぬ》き、これまでのもやもやとしたものが吹き飛び、私の進むべき方向は決まりました。人生で大事なこと、それは、お金や地位や有名になることなどではなく〝生き方〟にある。まさにそうだ！　これからは先生の言われるように自分をひたすら磨くことを人生の目的としよう。目先の事に捉《とら》われずもっと大らかに生きよう……そう思った瞬間、肩から重荷がすーっと降りるのを感じました。以来、毎月の先生の講義に耳をそばだて興味津々《しんしん》で聞き入ると、果たして、孔子の説くことも安永先生と同じで人としての正しい生き方を教え導くものでした。

そうやって、一年間の講義が終わったあと、仲間の間でせっかくなので論語の勉強をもう少し続けようという

ことになり、年長であった私が解説文を書き、それをもとに第一章から勉強を始めました。当初、私は余り深く考えず感覚的に書いていましたが、そこは流石に天下の論語でした。〃読む〃と〃書く〃とでは大違いで、次第に普通ではない重みを感じるようになり、休日も朝から晩まで机に向かい本格的に取り組まざるをえなくなりました。形式的なことには余り捉《とら》われないようにしたものの内容の正確性には力をいれたため、ずいぶん調べものもし、時には迷いつつも、これまで見聞きしたことや、月刊誌「致知《ちち》」などに掲載された様々な逸話《いつわ》やエピソード、また、世に知られた賢者《けんじゃ》たちの言葉、時々は、ジョークなども交えながら明るく進めました。論語は全部で五〇〇章ほどあり、重複《ちょうふく》する章を省いたり内容が似通った章はまとめるなど若干の調整はしたものの、章を飛ばして解説するような雰囲気ではなく、全章の解説に取り組むことになり、なんとか最後の「尭曰編《ぎょうえつ》」に辿り着くことができました。そして、その後、せっかくなら本にしてはとなり、それからまた推敲《すいこう》や校正《こうせい》を重ね、足かけ十年を要しこうして「あしたへの論語」と題して出版するに至りました。

　解説に当たっては大漢学者の諸橋轍次《もろはしてつじ》博士による「論《ろん》語《ご》の講義《こうぎ》」という名著を基本とさせて頂き、進めるうちに、この本には何か諸橋先生が「私は孔子の言動を厳正に記した。後は読者の皆さん一人ひとりがこれを片手に実践の現場で戦ってほしい。」そう言っておられるような励ましを感じました。主眼としたのは論語の核となる「仁《じん》」という言葉の解明で、孔子も軽々《けいけい》に口にしなかった「仁」なるものの本質に果たしてどこまで迫れたかはわかりませんが、最後の方では世の中の真理が少し見えるような気持ちになりました。

　論語とはそもそも、現代人と同じように生き方や人間関係に悩まされた古《いにしえ》の先人たちに、生きるための教科書として二五〇〇年にわたり読み継がれ、今日に至る真理の結集書であり、その真理とは一人の人間が百年ほどの短い人生経験でつかむものとは比較にならないほど、的確《てきかく》、深淵《しんえん》であり、そう言う意味では、我々が一度かぎりの人生を有意義に生きる上で大変に貴重な宝物であるように思えます。今回、そんな、いわば「いにしえの論語」を一サラリーマンが現場感覚で解説し「あしたへの論語」と題し出版することとなりましたが、読まれた方が現代においても悩ましい人間関係や生き方に対し少しでもヒントを得られ、より大らかな気持ちになられれば幸せに思うしだいです。
なお、この本の校正も進んだ矢先、私の地元・熊本は二度の震度7クラスの「熊本地震」に襲われ現在も復興の途中にあります。かかる中にも避難所《ひなんじょ》などで皆が互いに寄り添い助け合う姿や、また、震災直後から続々と支援に駆け付けた多くの県内外ボランティアの皆さんの献身的な活動の様子、また、遠くは北海道や沖縄などからの多数の応援車両、心強い自衛隊の救援部隊、自治体の給水車などで連なる国道三号線の光景を見て、思わず胸が熱くなり、これがまさに孔子の言わんとする人間同士が〝競い合う〟のでなく〝助け合い〟ながら生きる本来の美しい姿であり、今の日本が取り戻さなければならないものだと強く実感したことを申し添えたいと思います。

二〇一七年一月

＊目　次＊

八《はち》佾《いつ》編

里《り》仁《じん》編　――人と誠実に接する

公《こう》冶《や》長《ちょう》編　――正道を行く

述而《じゅつじ》編　——先人の尊き教えに耳を傾ける

子《し》罕《かん》編　——人間関係の微妙さを知る

郷《きょう》黨《とう》編　――言葉使いに気を付ける

〈後篇目次〉

〈本書の構成〉

本書の構成は次の通り、「訳文」「意訳文」「解説」の三段構成になっております。

＊訳文（書下し分）
原文の漢文（白文）を、音読できるように日本語の並びに書き改めたもの。

＊意訳文（現代語訳）
訳文をさらに、現代語訳にしたものです。

＊解　説
著者の解説文です。論語の勉強会におけるものを基に大幅に加筆・修正し、再構成しております。

■学而《がくじ》編第一章

子曰《しいわ》く、学《まな》びて時《とき》に之《これ》を習《なら》う、亦《また》、説《よろこ》ばしからずや。
朋遠方自《ともえんぽうよ》り来《き》たる有《あ》り、亦、楽《たの》しからずや。
人知《ひとし》らずして慍《いきどお》らず、亦、君子《くんし》ならずや。

孔子が言った。学び知った真理を忘れないようにいく度も復習する、なんと喜ばしいことか。
朋友《ほうゆう》（友人）が遠くから訪ねて来る、なんと楽しいことか。自分の名が世に知られずとも不満に思わない、なんと君子（心の広い人徳者）なことか。

＊＊

第一章には「学び」「朋友」「君子」という論語の三つのキーワードが出ています。ここには、学びに始まり、良友と交わり、君子へと変わって行く人の姿がシンボリックに表されているような気がします。それぞれをもう少し詳しくみてみます。

まず「学び」です。

「学びて時に之《これ》を習う、亦《また》、説《よろこ》ばしからずや」

この「学びて習う」こ
そもそも「学び」には日
と、仕事などの「実践」
た「習」には繰り返すと
しからば、日々の読書や
だ！」と思ったことを忘
その積み重ねは、必ずや
魅力ある人にしてくれる
かなる金銀財宝を手にす
いかと思われます。しか
わせて「学習」というよ
次に「朋友」です。

「朋《とも》遠方自《よ》り来たる有

友人が遠くから訪ねて
しいものです。でも、こ
いるということは、ここ
く、これは日々学に励ん
む友が訪ねて来る。その
がら、世の真理真実や、

学《がく》而《じ》編

——君子への道

■学而編第一章《がくじ》

（訳文）
子曰《しいわ》く、学《まな》びて時《とき》に之《これ》を習《なら》う、亦《また》、説《よろこ》ばしからずや。
朋遠方自《ともえんぽうよ》り来《き》たる有《あ》り、亦、楽《たの》しからずや。
人知《ひとし》らずして慍《いきどお》らず、亦、君子《くんし》ならずや。

（意訳文）
孔子が言った。学び知った真理を忘れないようにいく度も復習する、なんと喜ばしいことか。
朋《とも》（友人）が遠くから訪ねて来る、なんと楽しいことか。
自分の名が世に知られずとも不満に思わない、なんと君子《くんし》（心の広い人徳者）なことか。

＊＊

第一章には「学び」「友人」「君子」という論語の三つのキーワードが出ています。ここには、学びに始まり、良友と交わり、君子へと変わって行く人の姿がシンボリックに表されているような気がします。それぞれをもう少し詳しくみてみます。

まず「学び」です。

「学びて時に之《これ》を習う、亦《また》、説《よろこ》ばしからずや」

この「学びて習う」ことがなぜ、喜ばしいことなのか。そもそも「学び」には日頃の「読書」などから学ぶことと、仕事などの「実践」から学ぶことの二つがあり、また「習」には繰り返すという「復習」の意味があります。しからば、日々の読書や仕事の中で「これは確かに真理だ！」と思ったことを忘れないようにいく度も復習する。その積み重ねは、必ずやその人をして将来しっかりした魅力ある人にしてくれるだろう。そう思えば、それはいかなる金銀財宝を手にすることより喜ばしいことではないかと思われます。しかして、この「学」と「習」を合わせて「学習」というようです。

次に「友人」です。

「朋《とも》遠方自《よ》り来たる有り、亦《また》、楽しからずや」

友人が遠くから訪ねて来るのは誰でも大変に嬉しく楽しいものです。でも、これをわざわざ取り上げて言っているということは、ここにも何かありそうです。おそらく、これは日々学に励んでいるとき遠くから同じ学に励む友が訪ねて来る。その友とのくだけた話もさることながら、世の真理真実や、人間のすばらしさ、互いの将来の夢などを〝語らう〟ことは実に楽しく、人生において友だちほど大事で、また面白い存在はいないということのように思われます。

さて、最後が「君子」です！

「人知らずして慍《いきどお》らず、亦《また》、君子ならずや」

この一節が私の全身を稲妻《いなづま》のごとく貫いたことは「はじめに」に記したとおりで、ここは大事なところなのでこの本の師ともなる大漢学者・諸橋轍次《もろはしてつじ》博士（「はじめに」参照）の解説を紹介したいと思います。

「人生は必ずしも順路《じゅんろ》のみとは限らず、いかに自己の修養が出来ても、世人がこれを認めず、或いは誤解し、甚《はなは》だしきは曲解《きょっかい》する場合もあるであろう。かかる場合に処してなお且《か》つ自己の徳操《とくそう》を信じ、分《ぶん》に安《やす》んじて命《めい》に立《た》つところがなければならない」

しからば、他人が自分のことを理解してくれなくとも確たる信念とともに悠々と道の真ん中を歩いている、それが君子であるようです。

昨年、私の地元・熊本が大地震に襲われたことは「はじめに」に記したとおりですが、その復興の中で、私は、自らの被災を顧《かえり》みず世のため人のため不眠不休《ふみんふきゅう》で災害復旧に前向きに取り組む心強き人を幾度となく見かけ、その人たちに現代の君子の香りを感じました。さすれば、如何にすればそんな逆境にも耐えうる颯爽《さっそう》たる君子になれるのか…それを教えてくれるのが正《まさ》しく「論語」だと思われます。論語は孔子が生まれた二五〇〇年前よりさらに前から、様々な苦境や人間関係などに立ち向かった先人たちが〝その時いかに対処すべきか〟を私たち後人のために申し送った、いわば「人生問題対処集」です。きっと、この本を読み終える頃には、何千年の先人の熱き〝想い〟がきっと貴方《あなた》を包み込み、明日《あした》への希望を抱かせてくれるのではと確信するしだいです。段々面白くなりますので…どうぞお楽しみに！

■学而編第二章

有子《ゆうし》曰く、其《その》人と為《な》りや孝弟《こうてい》にして上《かみ》を犯《おか》すことを好《この》む者《もの》は鮮《すく》なし。上《かみ》を犯《おか》すことを好まずして乱《らん》を作《な》すことを好む者は未《いま》だ之《これ》有《あ》らざるなり。君子は本《もと》を務《つと》む。本立《た》ちて道《みち》生《しょう》ず。孝弟は其《そ》れ仁《じん》を為《な》すの本か。

門人の有子が言った。孝弟《こうてい》（孝が父母への孝行で、弟が兄に従順なこと）を重んじる者で年長者に恥をかかせることを好む者は少ない。年長者に恥をかかせることを好まないで人間関係を乱すことを好む者はこれまで存在しない。君子は根本を大切にする。根本の柱が立てば自然と道が出来る。孝弟こそが仁の根本を成すものであろう。

＊＊

本章は門人・有子が言ったところですが、門人が言ったということは孔子が言ったことと同じなようです。なぜなら、孔子は日頃から自分が新しいことに気付いて言ったことは何もない。ただ先人の言葉を伝えているだけだと言っているからです。されば、当然、有子も孔子の言葉を誠実に伝えているだけだと思われます。有子のような門人は一説には三千人もいたようで、そのうち次の十人が有名な孔門十哲《こうもんじゅってつ》と言われる人達です。

顔淵《がんえん》・閔子騫《びんしけん》・冉伯牛《ぜんはくぎゅう》・仲弓《ちゅうきゅう》・宰我《さいが》・子貢《しこう》・冉有《ぜんゆう》・季路《きろ》・子游《しゆう》・子夏《しか》

ただ、門人には本章の有子もそうですが、他にも曾子《そうし》や子張《しちょう》など優秀な人達がたくさんいます。戻って、本章の大事なところは最後の、

「本《もと》立ちて道生ず」

というところにありそうです。これは枝葉の論議をするのでなく根本の論議をしなさい。根本とする柱が打ち立てられれば自然と道筋は出来るとするものです。これから思い出されるのが、書家で詩人の相田《あいだ》みつをさんの次のような詩です。

花を支える枝
枝を支える幹《みき》
幹を支える根
根は見えねえんだなあ

実際、葉や枝は幹という本体がなければ存在しようがありません。しかし、その幹も土の中に埋もれて見えな

い根によって支えられています。根があってはじめて幹や枝や葉や花やまた実も存在することができます。であれば、物事はこの「本」たる根本を明らかにすることが最も大事になりそうです。しかして、有子は「孝弟」が人間関係を良好に保つ大事な根本であると言っています。確かに、子が親を馬鹿にしたり弟が兄を蔑《ないがし》ろにしたりするような行為には強い違和感を感じます。でも、弟や妹が兄や姉を慕う姿や兄や姉が弟や妹を可愛がる姿はほほ笑ましいものです。儒教《じゅきょう》にはこんな「孝弟」と似た大事な徳目に、

「長幼《ちょうよう》の序《じょ》」

などもあり、人間関係の「序章」つまり「始まり」を、どっちが年上かとするのは人間界の確かな決まり事であり、有子や孔子がこれをまず一番身近にいる親や兄との関係に求めたのはさすがな感じがします。これを大事にせずして他の人間関係が上手くいくはずはないのではないかと！

■学而編第三章

子曰く、巧言令色《こうげんれいしょく》、鮮《すく》ないかな仁。

孔子が言った。言葉が巧みだったり善人ぶった表情の人に仁者は少ない。

＊＊

本章は諺《ことわざ》にもなっている有名な言葉です。「令」とは「善」の意味で「色」とは「顔色」のことで、確かにいるような気がします。立て板に水を流したように挨拶が上手だったり、また、顔の表情もニコニコしていかにも善人であるかのような人が……でも、孔子はそんな人に限って偽善者が多いと言っています。孔子がそう言うからにはそうであると思われますが、いわれてみれば、そんな〝巧言令色人〟の何気ない一挙一動をよ～く観察していると、言葉の端々や立ち居振る舞いにどこか〝驕《おご》り〟のようなものが感じられます。でも、反対に、善人と言われる人の話し方はあまり上手でなく訥々《とつとつ》と喋ったり、また、飾っ気もあまりなく自然で〝素朴〟な感じがします。恐らく、孔子の言わんとするところは、偽善者にはどこか〝驕り〟が感じられ、善人には〝素朴さ〟が

感じられるということではないでしょうか？　しからば、人は善人であるべきですが、善人にも弱点があるようです。日本の、歴代総理の指南役と言われた有名な哲人・安岡正篤《やすおかまさひろ》翁が、こんなことを言っておられます。

「善人よ強くなれ！」

悪党は、厚かましくあちらこちらと世にはびこるが、善人は心優しいため何かと控えめで線が細くなる……だから強い善人になれと！

■学而編第四章

曾子《そうし》曰く、吾《われ》日に吾が身を三省《さんせい》す。人の為に謀《はか》りて忠《ちゅう》ならざるか、朋友《ほうゆう》と交わりて信《しん》ならざるか、習わざるを伝《つた》うるか。

門人の曾子が言った。自分は毎日、三つのことを反省している。他人の相談に乗って真剣忠実でないところがなかったか、友人との交際で信義を欠くようなことがなかったか、大事なことを十分に習熟することなく他人に伝えなかったかと。

＊＊

本章は孔門の高弟で四書五経《ししょごきょう》の一つ「大学《だいがく》」を著《あらわ》したとされる曾子の言葉で世に知られた「三省《さんせい》」が出ています。曾子は他人に真剣に接したか、友人の不信を招かなかったか、知ったかぶりをしなかったかの三つを反省すべき点として挙げています。二五〇〇年も前の人たちがこれほどまでに誠実だったことに驚かされるところながら、本章では、この中の「忠」という言葉について少し詳しく説明したいと思います。「忠」とは近年では「忠義」のような意味で使われますが、当時はそうではなかったようです。「忠」の字をよく見ると「口」という字と「心」という字が一本の線でつないであります。つまり、これは口で言うことと心で思っていることは同じで、自分の言葉に嘘偽りはないということを表しています。しかして、この「忠」という言葉の意味をよく知る日本の武士が「武士に二言《にごん》は無い」とよく口にしたのはご存じのとおりです。

■学而編第五章

子曰く、千乗《せんじょう》の国を道《おさ》むるには、事《こと》を敬《けい》して信《しん》あり、用《よう》を節《せつ》して人を愛《あ》し、民を使うに時を以ってす。

孔子が言った。国を治めるに当たっては、第一に万事慎重に事を運び民の信用を得る。第二に不用な支出をなくし税を軽減し民を愛する。第三に民に苦役《くえき》を強いる時は農閑期《のうかんき》を利用することである。

＊＊

本章は国を治める。いわゆる治国《ちこく》のあり方について述べたところです。文中に「信」と「用」という言葉があることからすると、「信用」という言葉はここから来たのかもです……いや、でも、それぞれは違う文に出ていますのでそうではないかもです。ただ、「信」と「愛」とあるところは、ひょっとすると高校で「信愛高校」という校名はここから来ているのかもです……いやいや、これも不確かで、でも、いつか尋ねてみたいところです。さて、それはさておき本題です。この章で孔子は「治国」について、

一、物事を慎重に運び民の信用を得る
二、民は税を軽減し愛する
三、民の苦役は農閑期にする

の三つが大事だと言っています。国を治めることを権力や法律や刑罰に頼るのでなく、このように民をして思いやり愛するところには何か論語らしい王道《おうどう》（仁愛をもって本道とする）の暖かさが窺《うかが》えます。確かに、かかるような三つのことをしっかり心掛ければ民の信も得られ国は良く治まりそうです。そしてまた、このことは我々の人間関係においても同じことが言えそうです。つまり、上司であるリーダーがこんな風に真摯《しんし》で、筋の通った配慮をしてくれれば部下としては大変に嬉しく、されば、人の上に立つ人も重々心すべきかと。

ときに、良き人間関係とは上下だけでなく横の同僚とも良好でありたいもので、そのことでちょっと思うことがあります。それは「心を通わせる」ということです。心が通わないと良い仕事はできません。それで例えば、人事異動などで新しい課に移ったときなど、最初が肝心で……心を通わせるため、同郷だったりしないか、同じ趣味がないか、共通の知人がいないかなどを探し、これ

が一つでも見つかれば、それを足掛かりに話を進展させれば自然と心も通いそうな気がします。そういう意味では、この〝共通点探し〟は小さいようで意外と大きいかもです。何か、人間には、そもそもまとまろうとする一種の性質のようなものがあるようにも思われ、そうやって、出来るだけ話す機会を増やせば自然と親近感も増し、逆に、話す機会が少ないと疎遠《そえん》な感じになるように思われます。大事なことは、こちらから先に大きな心で話かけることではと！

■学而編第六章

子曰く、弟子《ていし》、入りては則《すなわ》ち孝《こう》、出でては則ち弟《てい》、謹《つつし》みて信あり、汎《ひろ》く衆を愛して仁に親《ちか》づき、行いて余力《よりょく》あれば則ち以て文《ぶん》を学ばん。

孔子が言った。人の子弟たる者は家に入っては親に孝行であり、外に出ては年長者に敬意をはらい、言動は謹んで周りの信用を得、広く人々を愛し特に仁者に近付き、その上で、余力があれば先人の書を学ぶが良かろう。

＊＊

本章にも「愛」という言葉が出ています。もちろん、この「愛」とは「博愛」のことと察しが付くところながら、前章に続き論語の早い段階でこう何度も出てくるとは「愛」とは人間界における原点中の原点であるような感じがします。

ところで、本章で取り上げたいのは後段で「余力あれば文を学ぶ」と結んであるところです。人間は誰でも物事の判断には自分の経験を頼りとするもので経験を通して知り得た真実とは確かに重要なものです。しかし、反面、自分の経験だけに頼りすぎることは他の考え方ややり方があるということを無視することにもなり、そんな状態で年を重ねると後には危険人物になる……と後章に出て来ます。だから、孔子は時間を見つけては本を読みなさい、他の人の考え方を勉強しなさいと言っているようです。このあたりさすがと感心させられますが、こうしてはじめて一人前のジェントルマンやジェントルレディになるような気がするところで、最後に、人間が小さくならないように安岡さんの言葉を送ります。

「心《こころ》浅ければ世浅し。心深ければ世深し」

■学而編第七章

子夏《しか》曰く、賢《けん》を賢として色《いろ》に易《か》え、父母に事《つか》えては能《よ》く其の力を竭《つく》し、君に事えては能くその身を致《いた》し、朋友《ほうゆう》と交わり言いて信《しん》有らば、未《いま》だ学ばずと曰うと雖《いえど》も、吾は必ず之を学びたると謂《い》わん。

門人の子夏が言った。人間が色欲へと向かうのは自然ではあるが、これを賢人に親しむ方向へと変え、父母に対しては甘えることなく力を尽くして仕え、主君に対しては有事の際には一身を投げ出す覚悟で仕え、朋友との交際においては言葉に信頼性があるというようであれば、その人のことを仮に世間が未だ学問が不十分だと批評しても、私は既に学のある人であると認めるであろう。

＊＊

本章には「朋友《ほうゆう》」という熟語が出ています。二五〇〇年前には友達のことをこう表現したようで論語にはよく出てきます。しかして、上の「朋」とは、そもそもどういう意味なのか。どうして、友達に月という字を二つ書くのか……それは、どうも聞くところに寄れば、古人が今の自分の心はあの夜空に浮かぶ綺麗な月のように清く澄んでいる。もし、あの月とまったく同じように清く澄んだ月がもう一つあれば、人間にも自分とまったく同じ考えを持った人がもう一人いてもおかしくない。そんな人が友であれば自分の本当の気持ちを理解してくれるのだがと考えた。だから、月を二つ書くようになったと。

なかなかに思い切った発想ながら確かに同じ考えを持つ友がいれば自分の深き想いを知る良き理解者になってくれそうです。ときに、もうすぐ仲秋《ちゅうしゅう》の名月です。禅語《ぜんご》に次のような言葉があります。やはり、こんな澄んだ月のような心を持ちたいものです。

「吾《わ》が心《こころ》は秋月《しゅうげつ》に似たり」

■学而編第八章

子曰く、君子重《おも》からざれば則《すなわ》ち威《い》あらず。学べば則ち固《こ》ならず。忠信《ちゅうしん》を主《しゅ》とせよ。己に如《し》かざる者を友とすること無かれ。過《あやま》ちては則ち改《あらた》むるに憚《はばか》ること勿《な》かれ。

孔子が言った。君子は重々しくなければ威厳がない。しかし、威厳のことばかり意識すると頑《かたく》なになる。だから、先人の教えとするところを学べば物事に対する執着心がなくなる。またさらに、自分の言動にはまごころを基本とし、学友には自分よりすぐれた人を持つ。そうやって努力していても人は時々過ちを犯すことがある。そんなとき、面子に拘《こだわ》って改めることを躊躇《ちゅうちょ》するようなことがあってはならない。

＊＊

本章は君子のあり方についてです。全部で五つあり諸橋先生はこれには流れがあると言っておられます。確かに、そのように注意して読んでみると合点がいきます。ここで特に心に響くのが〝忠信《ちゅうしん》〟という言葉です。これを私は〝まごころ〟と訳したところで、この言葉には何か不純不浄でない純粋なものが感じられ、これから次のような良い言葉が心に浮かびます。

「無心、澄心《ちょうしん》、誠心、真心《まごころ》、清心、正心、純心、赤心《せきしん》」

しかし、逆には、

「嫉妬《しっと》、執着《しゅうちゃく》、見栄《みえ》、えご、偏《かたよ》り、恨《うら》み、僻《ひが》み」

などの悪い言葉も思い浮かびます。やはり、人間は純粋に生きることが正《ただ》しく不純な考えは捨てたいものです。そういう意味で、

「山中《さんちゅう》の賊《ぞく》を破るは安く心中《しんちゅう》の賊を破るは難《かた》し」

と言います。どうも敵は外にではなく自分の中に潜むようです！

■学而編第九章

曾子《そうし》曰く、終《おわり》を慎み遠《つつし》きを追えば民《たみ》の徳厚《とくあつ》きに帰《き》す。

曾子が言った。知人が亡くなった際の葬送の儀を丁重に行い、また、年忌《ねんき》の供養《くよう》を忘れず心を込めて行えば民の徳も自然と厚くなる。

＊＊

本章は最初、原文では意味が解りませんでした。「終《おわり》を慎む」「遠きを追う」とは何のことか。はたまた、それが「民の徳を厚くする」とはどう言うことか？

でも、諸橋先生の「論語の講義」を読んで合点が行きました。「終」とは人が亡くなることを言い、「慎む」とはその際の葬儀を丁重に行うことで、「遠きを追う」とは三回忌などの供養《くよう》をしっかり執り行い故人を思い出すことのようです。確かに上に立つ人がこのように物言わぬ死者のことを真摯《しんし》に想えば、民もその誠実な姿に感動しそうで、周りに自然と落ち着いた「徳心」が漂うような気がします。

孔子が最も大事にしたのは人間社会の良き秩序であり、これを保っていくためには世の人々にかかる「徳」が備わることが大事だと思われます。世に長たる人が率先して他者を分け隔てなく愛したり、生かされていることへ感謝したり、また、故人や先人へ尊崇《そんすう》の念を抱いたりすることは「王者《おうじゃ》の徳《とく》」と言われる尊いもので、これを別名「仁《じん》」と言います！　ただ「仁」とは本来、王に限らずすべての人に備わる人間の美しい心ですので、そういう意味からすると、あたかも自分が王者になって民を慈しむというような大きい心の境地でもあるような気がします。「仁」とは論語における絶対のキーワードですので今後、折をみてこれを探求して行きたいと思います。

ときに、今日で、暦の上では八月も終わり明日から九月です。お彼岸《ひがん》です！　されば、ご先祖様のお墓参りにきちんと行かなければと！

■学而編第十章

子禽《しきん》、子貢《しこう》に問いて曰く、夫子《ふうし》の是《こ》の邦《くに》に至るや必《かなら》ず其の政《まつりごと》を聞く。之《これ》を求めたるか抑々《そもそも》之を与えられたるか。子貢曰く、夫子は温《おん》・良《りょう》・恭《きょう》・倹《けん》・譲《じょう》を以て之を得たり。夫子の之を求むるは其《そ》れ諸《こ》れ人の之を求むるに異なるか。

門人の子禽が先輩の子貢に尋ねた。夫子《ふうし》（孔子）はどこの国に行かれても政治に参加されるようになるが、これは先生の方からかかる役職を求めるからそうなるのか、それとも向こうから与えられてそうなるのか。子貢が言った。そもそも先生は温《おん》・良《りょう》・恭《きょう》・倹《けん》・譲《じょう》という大徳を備えておられる。それゆえ、先生が役職を得るのは他人が求めて得るのとは異なり自然にそうなるのだ。

＊＊

本章は孔子がどこの国に行っても国政に登用されるのを不思議に思った子禽が兄弟子の子貢にその理由を尋ねたところです。子貢は孔子が「温・良・恭・倹・譲」、つまり、

「温かであること」
「善良であること」
「礼儀正しいこと」
「慎ましやかであること」
「譲《ゆず》ること」

の五つの徳目を備えているから登用されるのだと答えます。ということは、この五つが備われば人は求めずとも求められることになりそうです。ただ、ちょっと意外なのが最後の「譲る」です。「譲れば」得られないので孔子は登用されないことになります。しかし、どこに行っても参政したと。子禽が不思議に思ったのも当然で、このあたり矛盾しているように思えます。しかし、人間関係とは〝妙《みょう》〟なもので、ここに〝人情《にんじょう》の機微《きび》〟があるのではと思われます。つまり、これは次のようなことではと。

国政に影響力を持つ名誉ある職となれば普通の人であれば誰でも就《つ》きたいかもですが、孔子という人は普通の人ではありません。ただ良い世の中を作りたいだけの無欲な平和主義者です。だから、他人と争うようなことは極力避けたがり、いかなる要職であろうとも「どうぞ!」と譲ったと思われます。それで、話は終わりそうですが、実は、その他人に譲る姿とは第三者の目からすれば大変に寛大で美しいものです。おそらく、その時々の王は孔子のそういう人徳を評価したのではないかと……いわゆる東洋人の大事な徳目とされる〝謙譲《けんじょう》の美徳《びとく》〟が見て取れたからではと。

現代でも、日本人は欧米人から兎角に引っ込み思案で何を考えているかわからないとも言われます。しかし、この〝謙譲の美徳〟のような相手に譲る精神は洋の東西を問わず大事なもののように思えます。孔子は季節が夏

から秋へ少しずつ無理なく移り行くように人間関係も無理なく自然に治まる治まり方を大切にします。しかして、それは「力」や「金」ではなく、「温・良・恭・倹・譲」などの温かい血の通った人間らしさによるものです。

　なお、儒教にはこれと似て「五常《ごじょう》の徳《とく》」と言われる「仁《じん》、義《ぎ》、礼《れい》、智《ち》、信《しん》」の有名な徳目があり、これについても、今後おいおい触れていきます。

■学而編第十一章

子曰く、父在《いま》すときは其《そ》の志《こころざ》しを観《み》、父没《ぼつ》するときは其の行いを観る。三年、父の道を改むる無きは孝《こう》と謂うべし。

孔子が言った。父が健在なときはその志すところを見る。父が死没した後はその行動を見る。没後、三年間、父のやり方を変えなければ孝と言えよう。

＊＊

本章は「孝」とはいかなるものかを言ったところです。当初、文中の「其《そ》の」という言葉は父を指すと思ったので、子供がこんな風に親を見ることを薦めるとは、孔子という人は、かなり手厳しいな〜。自分もいい歳になって子供からこんな風に見られるのかと思うと、うかうかできないなぁと思ったところでした……が、どうもそうではないようです。「其《そ》の」とは子供の方を指すようで、後継者たる子供が生前はどういう志を持って親と接し、親の没後は、どうするかを見るということのようです。つまり、息子が親孝行であるかどうかを見ると。

　なお、最後の「道を改むる無き」の「道」とは家の年中行事や冠婚葬祭などのやり方を指すようで、父親のやり方を三年間、変えないことが当時は大事だったようです。三年とは一見、長そうに感じられますが、でも、現代でも親が死んだからといって、親のやり方を早々に変えるなんてことはしないような。考えてみれば、孔子の時代から二五〇〇年経った今日でも、そんな風に親のやり方を変えないのは私たちが親をとても大切な存在だと考えているからでしょうか？　こんなところに何か東洋人の自然な温かみが感じられます。

　それと、この「孝」とは親に対する「孝」だけでなく当然ながら遠い祖先のことも指しているようです。されば、お彼岸もいよいよ近くなってきました！

■学而編第十二章

有子曰く、礼《れい》の用は和《わ》を貴《たっと》しと為す。先王《せんおう》の道は斯《こ》れを美と為すも小大《しょうだい》之に由《よ》れば行われざる所《ところ》有り。和を知りて和すれども礼を以て之を節せざれば亦た行わる可からず。

有子が言った。礼を用いるときは和が貴ばれていなければならない。古《いにしえ》の名王も和を人の美しい道とした。しかし、小さなことであれ大きなことであれ和だけではうまく行かないことがある。和を大切にしながらも礼を用いて節度を加えなければ物事はうまくいかない。

＊＊

本章は「和」と「礼」の話です。聖徳太子の「十七条憲法」に「和《わ》を以《も》って貴《たっと》しと為《な》す」とあるのは有名で「和」とはそれだけ大事なようです。

しかし、有子は「和」だけでは駄目だと言っています。それは、恐らく皆が仲良くすることだけを考えれば馴れ合いになって「長幼」などの名分が乱れ不協和音を生じたり、また、その組織なりの志が低くなったりするので、そこに適切な「礼」を用いることが必要だと言っているのではと。でも、だからと言って「礼」だけを強調すれば人間関係に線を引くことになり、またギクシャクしそうです。この辺りの兼ね合いは日ごろ仕事をする中でも難しいところですが、因《ちな》みに、私の印象深いところで、作家の武者小路実篤《むしゃのこうじさねあつ》さんが次のように言っているのが思い出されます。

「君は君なり我は我なり、されど仲良き」

■学而編第十三章

有子曰く、信《しん》義に近《ちか》きときは言《げん》復《ふ》む可《べ》し。恭《きょう》礼に近きときは恥辱《ちじょく》に遠ざかる。因《いん》其の親《しん》を失わざれば亦た宗《そう》とす可し。

有子が言った。約束は道義に叶っていれば履行すべきである。恭《うやうや》しさも礼儀の範囲内であれば辱めを受けない。親戚付き合いも親疎《しんそ》の別をわきまえるなら尊ぶべきものである。

＊＊

本章は「約束」と「恭しさ」と「親戚付き合い」の話のようです。最初の「信」という約束についてはそれが道義に沿ったものであれば守らなければならないが、そうでなければ破って差し支えないようです。さて、これに関連したかのようなニュースが飛び込んできました。残念なことに県内の同じ市職員が賄賂《わいろ》をもらって逮捕されたようです。道義にはずれた悪い約束を結んで履行してしまったようです。人生は山あり谷ありで色んな甘いささやきがあったり、不条理な圧力をかけられたりすることがあり、それらに屈しないことはもちろんですが、仮に道をはずれた約束であれば気付いた時点でそれをほごにすることはまったく問題ないようです。先の章でも出てきますが、事実、孔子も無理な約束をさせられますが「強いられた約束など約束ではない」と言ってシャーシャーと破ります。約束とは本来、大事なものですが道に適うか適わないかで必ずしも実行すべきでないものもあるようで、このあたりしっかりと肝に銘じたいものです。

さて、もう一つ取り上げたいのが次の「恭しさ」です。人間関係はなかなかに難しく気を使うあまり、つい相手の機嫌を取ったようことをしがちですが、ここを孔子は諫《いま》めます。恭しさも度が過ぎれば軽く見られるというものです。確かにその実感はあり、心が本当に通っている友人間とかであればそうでもないのですが、そうでない場合は油断できないところです。きちんと「礼儀」を尽くしたつもりであっても相手は自分に媚びたように受け取り、場合によっては見下《みくだ》されることがあります。この辺は微妙で対応が大変に難しいところですが、人間関係で一本芯の通った人間として認識されるためには孔子の言うとおり軽々しく媚びたような態度は慎むべしということでしょうか。それにしても、紀元前の人たちも人間関係に悩んでいたようで、孔子がそこらをビシッと指導してくれるのは有り難いものです。

■学而編第十四章

子曰く、君子は食《しょく》は飽《あ》かんことを求むる無く、居《きょ》は安からんことを求むる無く、事《こと》に敏にして言《げん》に慎《つつし》み有道《ゆうどう》に就《つ》いて正す。学を好むと謂う可きのみ。

孔子が言った。君子はお腹いっぱい食べようとせず、立派な家にも住もうとせずして、やるべきことには敏捷《びんしょう》に対処し、軽はずみなことは言わず、その上で、さらに徳者に親しみ自分の道を正そうとする。まさに学を好むと言える。

**

本章は君子のあるべき姿を言ったところです。どうも君子とは「食べ物」や「住居」など世俗的なことには興味がなく、目に見えない「人の道」のようなものに関心を持っているようです。先頃、これと関連したような話がありました。それは、熊本県出身のフランス文学者・内藤濯《ないとうあらう》さんが県の近代文化功労者として表彰されたという話です。内藤濯さんはサン・デグジュペリの「星の王子さま」の翻訳家として有名で、この本を通して美智子皇后とも親交があられたようで…興味深いのはその本の中で主人公の星の王子さまが次のように言っていることです。

「本当に大事なものは目に見えないんだよね！」

まさにそのとおりではないかと。「愛」や「真実」や「思いやり」や「誠実さ」、また、本章の「道」さらに「仁」などは確かに目に見えません。やっぱり、目に見えないものの方が目に見えるものより本当は大事で、そんなところに〝目〟が行くようになったら君子と言えるかもです。

さて、それからもう一つ。「事に敏にして」と、あるところは心したい教えです。とかく、人は上司などから仕事を言い付けられてもすぐに対処しようとせず、あたかも余裕があるかのように先送りするときがあります。しかし、これを孔子は咎《とが》めます。しなければならない仕事は「すぐやりなさい！」と。すぐに対処すれば言った方も安心するし、また、言われたことをすぐ実行に移す人にはおちおち仕事を申し付けにくいものです。恐らく、孔子はこの辺を言っているのではと思いますがなかなかに鋭い指摘のような！

■学而編第十五章

子貢《しこう》曰く、貧しくして諂《へつら》うこと無く富みて驕《おご》ること無きは何如《いかん》。子曰く、可なり。未《いま》だ貧しくして楽しみ富みて礼を好む者には若《し》かざるなり。子貢曰く、詩に云う、切《せつ》するが如《ごと》く、磋《さ》するが如く、琢《たく》するが如く、磨《ま》するが如しとは其《そ》れ斯《これ》の謂《い》か。子曰く、賜《し》や、始めて与《とも》に詩を言う可きのみ。諸《これ》に往《おう》を告げて来《らい》を知る者なり。

子貢（孔門《こうもん》の高弟）が尋ねた。貧しくても諂わず富んでも驕らない人とはいかがでしょうか。孔子が言った。それはかなりの人物である。しかし、貧しくても楽しむ心を持ち富んでも礼節を尊ぶ人には及ばない。子貢が重ねて尋ねた。さすれば、詩経《しきょう》（四書五経の一つで先人の想いを歌にした詩集。孔子の編とされる）に言う「切《せっ》するが如く、磋《さ》するが如く、琢《たく》するが如く、磨《ま》するが如く」己を磨くことが大切ということでしょうか。孔子が言った。賜《し》（子貢）よ、汝は成長したな。ここに来て始めて共に詩経を語れるようになった。汝はまさに過去を告げれば未来を察するような人間である。

＊＊

本章は孔子が子貢を大いに評価したところです。有名な「切磋琢磨《せっさたくま》」という言葉が出ています。切磋とは角や骨をみがき、琢磨とは玉や石をみがくことを言い、また、最後に出てくる「往」とは過去、「来」とは未来を表し、合わせて「往来」となります。

さて、ここで孔子は貧しくても諂《へつら》ったりせず、また、富んでも礼節を尽そうとする。そんな人間になりなさいと言っているようです。どうも、人間の成長には段階があるようで、そのことを察した子貢が昔から伝わる「詩経」の「切磋琢磨」の一説を引き合いに出します。孔子は、その答えに子貢の成長を見たようで、汝とはともに「詩経」を語れ、さらに、そのひらめきは一を聞いて十を知ると称賛します。このときの子貢、孔子に誉められまさに天にも昇るように嬉しかったのでは？　喜ぶ顔が目に浮かんで来ます……逢ったことはありませんが(笑)

さて、されば、人間は一足飛びに成長するものでなく、磨きに磨きをかけ切磋琢磨することが大事なようです。では何を磨かなければならないのか？　それは単に知識を増やすことではなく、人としての生き方……すなわち「人間学《にんげんがく》」を積むことを言っているようです。先の安岡正篤さんが次のような心強いことを言っていました。

「どんな凡人でも磨けば必ず大人物になる」

大人物になんて私なんか特になれませんが、ただ一度しかない人生、世の大真理に出来るだけせまり自由奔放《ほんぽう》、天衣無縫《てんいむほう》、天真爛漫《てんしんらんまん》に生きていきたいものです！

■学而編第十六章

子曰く、人の己《おのれ》を知らざるを患《うれ》えず人を知らざるを患う。

孔子が言った。他人が自分の価値を知らないことを憂《うれ》えてはならない。自分が他人の価値を知らないことを憂えなさい。

＊＊

本章は自分の価値と他人の価値に関する話のようです。人は兎角に自己中心的になり人様より自分を優先させるところがあります。しかし、孔子はそこを看過《かんか》しません！　それは身のほどを知らない厚かましいことではないか。人としての正しい道ではないのではないかと。西洋と東洋とを比較すれば、西洋はどちらかと言うと実力主義で自分の意見を積極的に主張することを推奨しますが、東洋は「俺が俺が」「私が私が」と自分を優先させることを恥とし人様を優先することを美徳とします。考え方としてはどちらもありそうですが、本来、人間とは譲《ゆず》られれば譲りたくなるもので競うより譲った方が良い関係になりそうです。本章にはそんな孔子の考え方が窺《うかが》え東洋には他にも次のような諺《ことわざ》も伝わっています。

「情けは人の為ならず」
「負けるが勝ち」

蛇足ながら、この「負けるが勝ち」という言葉から最近、気になることがあります。それは、事業を進める上で色んな政策に対して「戦略」という言葉がよく使われていることです。しかし、本当の「戦略」の意味とは文字どおり「戦いを省略する」ことで、いかにして戦いを略し問題を解決するかに頭をひねることだ……と、とある先輩が言っていました。されば、「負けて勝つ」ことも大事な〝戦略〟であるような！

為《い》政《せい》編

――リーダーの在り方

■為政《いせい》編第一章

子曰く、政《まつりごと》を為すに徳《とく》を以てすれば、譬《たと》えば北辰《ほくしん》の其の所に居《い》て衆星《しゅうせい》の之に共《むか》うが如し。

孔子が言った。政治を行うにあたって徳道を中心に据えて行えば、それは譬えて言えば北辰（北極星）を中心に他の星々が回るようなものだ。

＊＊

本章は政治のあり方の中心は「徳道」に頼るべきだということのようです。でも、これは政治に限らず人間関係や組織についても言えそうです。それにしても面白いのは、当時は今とは違って夜空にはそれこそ降らんばかりのたくさんの星々があって、それらの中に一つだけ動かない星があり、これを中心に他の星々が規則正しく回っているということをその頃の人が知っていたということです。そしてさらには、その星、北極星には「北《ほく》辰《しん》」という名前が付けられていたようで、余談ながら、江戸時代末期の剣豪・千葉周作《ちばしゅうさく》の「北辰一刀流《ほくしんいっとうりゅう》」という剣法はここから来ているのではと。

さて、それで、政治の中心となるべきものは北辰のように人々を集める「徳《とく》」というもののようで、このことから連想されることがあります。それは、「王道《おうどう》・覇《は》道《どう》」という教えで、人を「徳」の力で動かそうとするのが「王道」であり、反対に、「力」によって動かそうとするのが「覇道」と言われるものです。後に孔子の流れを汲む孟子はこれを「王覇《おうは》の弁《べん》」として唱え大成させます。されば、「覇道」とは徳の無い人が「地位」や「腕力」や「規則」などを盾に取り力で相手をねじ伏せようとするもので、現代の組織においても上司が面倒くさがって「俺が上司だ。黙って言うことを聞け」と言わんばかりに力に頼るのはたまに見られるところです。しかし、もちろんのこと孔子はこのようなやり方を嫌います。かかるやり方では心が通わず良い仕事ができないからです。確かに、力で押した方が手っ取り早く、かかるやり方で道を作るべきときもあるかもしれませんが、論語を学ぶ人はせっかくなら「徳」による治め方に智恵をひねりたいものです。

しかして、「徳」とは一体どういうものか？　王道の考え方からすれば、人間らしい暖かみのある〝人望〟のようなものを指すのではと思われ、これについては、今後、孔子が色々と例を引いて教えてくれますので、本章では「覇道」ならぬ「王道」という大事な人の導き方があるということをしっかり心に刻みたいと思います！

■為政編第二章

子曰く、詩三百《しさんびゃく》、一言《いちげん》以って之を蔽《おお》えば、曰く、思《おもい》邪無《よこしまな》し。

孔子が言った。詩経《しきょう》に掲載されている三百からなる詩の心を一言で表現すれば、それは思無邪《おもいよこしまなし》という、自分にまったくの邪心がないことだ。

＊＊

本章には「詩経」の話が出ています。詩経とは四書五経の一つで、孔子より五百年ほど前の周代に詠まれた三千首以上の詩歌を、孔子が編纂《へんさん》し三〇五首にまとめたとされる中国最古の詩集です。内容は、孔子が言うように微塵《みじん》の邪気も感じられない自然で、純粋で、素朴な、人情が歌われたもののようです（＊すみません。未だしっかり読んでいません。でも、先でしっかり解説したいと思います）。周という時代は大変、世の中が穏やかに治まった理想の時代とされますので、恐らく孔子も編纂しながら詩経がいかに純粋で人心を知るのに大切なものかを実感したものと推測されます。やはり、人の心を知らずして良好な政治を行ったり人間関係を結んだりすることができるはずがなく、孔子が先の章でも息子にこれを読むようにと勧めたり、また、詩経が、当時、教養を磨く教科書とされたのも頷《うなず》けます。

さて、その詩経の純粋さ素直さということから最近、想うことがあります。それは、人は何歳になっても素直でなければならないということです。時々、気になることに若い人が年長者から言われたことなどに対して、心の中で「そんなこと言われなくとも……」とか「自分の方が知っている……」とか思っているのではと感じられる節があります。つまり、年長者の話に素直に耳を傾けないという。そういう私も以前はそうでしたが、でも、やはり、いけませんね！　人間は素直でないと！　それに素直な人にはあやふやなことやいい加減なことは簡単に言えません。

戻って、本章のポイントは心が邪《よこしま》であってはならないということで、それにしても、前章の「北辰」といい、本章の「思無邪」といい良い言葉が続きます。実は、最近、私にとって論語は勉強というより真理をついた大変、面白い読み物として密かな楽しみとなっています。

　されば、あの自由奔放に生きた禅僧・良寛《りょうかん》和尚はこの〝思無邪〟という言葉が大変に好きでよく書に揮毫《きごう》したようです。ということは、人間〝思無邪〟であれば自由奔放に生きられるのかもです！

■為政編第三章

子曰く、之を道くに政を以てし之を斉うるに刑を以てすれば民免れて恥ること無し。之を道くに徳を以てし之を斉うるに礼を以てすれば恥有りて且つ格る。

孔子が言った。民を導くのに法律の力に頼りこれを守らせるのに刑罰を用いれば、民は法の網目をくぐるようになり、恥じる心を失うであろう。しかし、民を導くのに徳道を基本としこれを守るのに礼節を重んじれば、民は恥じる心を持つようになり自然と良い世の中になるであろう。

＊＊

　本章も政治のあり方を言ったところで、いわゆる「法《ほう》治主義《ちしゅぎ》」なのか「徳治《とくち》主義」なのかということのようです。孔子は法令や刑罰をいかに重くしても人は法の網目をくぐるばかりだが、徳や礼節を重んじれば心に〝恥じる〟気持ちが芽生えるようになる。そうすれば自然に自らを正し良い世の中になると言っています。孔子が大事にするところは、このような人心に良心が芽生え自然に世の中が治まるような手法で、これが東洋思想の真髄をなし大切に引き継いで行かなければならない精神であり……されば、現代の日本はどうか。確かに世を治めるのに法律は必要でありどこの国も法律により成り立つ法治国家ではありますが、一方で、「国乱れて法あり」とも言います。国が乱れればそれだけ法律を作らなければならないという意味ですが、とある役所では廊下だけでなく室内もスリッパ履きが禁止されたそうです。そんな些細《ささい》なことまで規則を作らなければならないのは孔子に言わせれば、それだけ職員に「恥じる」心が薄れて来たということでしょうか。それとも、国の政治が悪いからでしょうか？

　そう言えば、とある国会議員に、ちょっと気になる発言がありました。北朝鮮問題の解決には「圧力をかけないといけないんですよ。あの国が一度だって対話で解決したことがありますか」と言っていたことです。これを孔子が聞いたら何と言うか？　圧力という「力」に頼るやり方だけで本当に解決するのか？　かつて、明治維新後、征韓論《せいかんろん》が論議されたとき、力にだけ頼るのを嫌って西郷隆盛《さいごうたかもり》は韓国国王の父に直接、会って話を進めようとします。日常の人間関係から国家間の問題まで、どうやって解決すべきなのか。力に頼るべきときもありますが、大事なことは「人心」がどうかということで、孔子が言うように相手に「恥じる心」や「良心」のようなものを問いかける方策もとれば「恥有りて且《か》つ格《いた》る」ことになるのではと。

されば「為政編」は世の治め方という大変に大きなテーマを多く扱っていますので、本当は政治家の人にも勉強してもらったがいいかもですが、原則的には様々な組織体にもしっかり通じるところと思われます。

■為政編第四章

子曰く、吾十有五《われじゅうゆうご》にして学《がく》を志す。三十にして立《た》つ。四十にして惑《まど》はず。五十にして天命《てんめい》を知る。六十にして耳順《みみしたが》う。七十にして心の欲する所に従《したが》えども矩《のり》を踰《こ》えず。

孔子が言った。私は十五歳頃に聖人の学を志した。三十歳頃には思想、見識もだいぶ確立した。四十歳頃には物事には因果関係があることを知り心に惑いがなくなった。五十歳頃には天が自分に下した使命を自覚するようになり、天運に任せることができるようになった。六十歳頃には何を聞いても耳障りではなく素直に聞くことができるようになった。七十歳頃には万事心の思うままに振舞っても、社会の習慣や法律に反することがなくなった。

＊＊

本章は孔子が一生を振り返って言った有名なくだりです。この六段階をして、それぞれに

十五歳……志学（しがく）
三十歳……而立（じりつ）
四十歳……不惑（ふわく）
五十歳……知命（ちめい）

六十歳……耳順（じじゅん）
七十歳……従心（じゅうしん）

と言います。私も迷うことのないとされる四十歳をとうに過ぎ今や天命を知る五十歳も越しましたが、何となく孔子の言わんとするところが解るような気がするところです……もちろん、何となくですが！

今回は、この中から特に、六十歳の境地「耳順《じじゅん》」にスポットを当ててみたいと思います。諺《ことわざ》に「忠言《ちゅうげん》は耳に逆《さか》らう」とありますが、人は自分の欠点や間違いを指摘されるのはカチンとくるものです。しかし、孔子は六十歳の頃には、そんなことがなく何でも素直に「ハイハイ」と聞くことができたようです。では、孔子はどうしてそんなことができたのか……それは、日頃、自分には正しい生き方をしているという自信があったので、とやかく他人から言われたとしても、「他人の口に蓋《ふた》は出来ない」ものでもあり、また、孔子はそもそも聖人ですから他人をして対立するような存在とは見ておらず、一段高いところから博愛・人間愛の気持ちで温かく見守るような気持ちだった……つまり〝達観〟していたのではと！

いずれにしろ、注目したいのは〝素直〟ということです。これまでも何回か触れたとおり、こうやって論語を読んでいると、この〝素直〟ということがいかに大事なことかを感じます。たまに見かけますが、素直に思いやり、素直に喜び、素直に心配し、素直に感動し、素直に自分を表現する。そんな素朴な人にはこの競争社会でどこかホッとします！　人とのコミュニケーションも相手が素直な気持ちになってくれなければどんな言葉も響きません。問題は相手にどうやって素直になってもらうかですが……しかし、そういう前に、こちらが先に素直であることが大事で、ここらが難しいところですが、できれば競争心は捨てたいものです。

■為政編第五章

孟懿子《もういし》、孝《こう》を問う。子曰く、違《たが》うこと無かれと。樊遅《はんちぎょ》御す。子之《し》に告げて曰く、孟孫《もうそん》孝を我に問う。我対《こた》えて曰く、違《たが》うこと無かれと。樊遅曰く、何の謂《い》ぞや。子曰く、生けるときは之に事《つか》うるに礼を以てし、死せるときは之を葬《ほうむ》るに礼を以てし、之を祭るに礼を以てす。

大夫（家老職のようなもの）の孟懿子（三大夫の一人）が親孝行の道について尋ねた。孔子は間違いのないようにすることだと答えた。その後、そばにいた門人の樊遅に、孟懿子が孝について尋ねたので、私は間違いのないようにすることだと答えたと話しかけた。樊遅はそれはどういう意味ですかと尋ねた。孔子は親の存命中は礼を尽くして孝行し、親が亡くなったら礼を尽くして葬儀《そうぎ》を執り行い、年忌《ねんき》には礼を尽くして法要を営むことだと答えた。

＊＊

本章は親孝行の話のようです。大夫の孟懿子がどういう趣旨だったのか解りませんが孝道《こうどう》について尋ねたようです。孔子は「間違いのないようにすることだ」と意味あり気な答え方をします。孔子は後で樊遅には親の存命中のみならず、葬儀や供養においても礼を尽くすことだと素直に答えながら、なぜ、孟懿子に聞かれたときには「間違いのない……」と答えたのか。どうも背景があるようです。というのも、孟懿子ら三人の大夫は当時、勢力を張り魯国《ろこく》（孔子の故郷）の政治をほしいままにし、このため本家筋にあたる君家に対しても無礼な態度をとったようです。孔子は、このような大夫たちの名分《めいぶん》を乱すような振る舞いは世の人心を乱すよろしくない行動であると見ていたようです。それで、これを悟らせる必要があったわけですが、相手は時の権勢家でもあり直接的には言うのは危険でもあったので婉曲的《えんきょくてき》に言ったものと思われます。おそらく孟懿子もピンと来なかったと思われますが、その後、孔子が樊遅に本意を話したということは、他日、何かの機会に樊遅が孟懿子に話すことを期待したから……とも推測されます。

　戻って、孔子が言った親が死んでからまでも「礼」を尽くす「親孝行」のことからお墓参りのことが連想されます。お墓の前で誰かが手を合わせる姿を傍から見るのは、どこか静粛な気分になり現代人が忘れかけた人間本来の〝美しさ〟のようなものが感じられます。今では、この「親孝行」の言葉すらあまり聞くことはありませんが、親に対する「礼」とは本当は大事な徳道で、今の世で色んな痛ましい事件が起きているのも、そもそもは親に対する〝敬〟の気持ちが薄れているからかもしれません。

■為政編第六章

孟武伯《もうぶはく》孝を問う。子曰く、父母は唯《ただ》其の疾《やまい》を之《これ》憂う。

孟武伯（孟懿子の息子）が親孝行の道について尋ねた。孔子は親とはただ子供が病気をしたり怪我をしたりするのを心配するものだと答えた。

＊＊

本章も親孝行についての話です。前章では父親の孟懿子が同じことを尋ねたのに意味深な答え方をしたものの、息子の孟武伯に対しては本人がまだ若いからかまともに答えたようです。孔子は質問に答える際、相手に合わせた答え方をしますが、孟武伯に対しては本人が親の笠を着て我がままで無鉄砲な性格だったので、それゆえ怪我や病気をしないように言ったのではと。それにしても、普通の人が親孝行には何をしたら良いかと聞かれれば、肩を揉んであげなさい、何々をプレゼントしてはと答えそうですが、この、

「親とは何よりも子供の健康を願っているものだ」

という答え方には感心させられます。確かに、本当の親の気持ちとは子供がお金持ちになったり偉くなったりすることより、身体のことを一番心配しているものです。言われれば当たり前かもしれませんが、この辺の孔子の物ごとの〝原点〟を見抜いた洞察力にはいつも驚かされます！　されば、お酒は控えめにし身体を大事にしないといけません……私なんか（笑）

■為政編第七章

子游《しゆう》、孝を問う。子曰く、今の孝なる者は是れ能《よ》く養うことを謂《い》う。犬馬《けんば》に至るまで皆《みな》能く養うこと有り。敬《けい》せずんば何を以て別《わか》たんや。

門人の子游が親孝行について尋ねた。孔子が言った。近頃の親孝行とはただ親を養うことを言うようだ。しかし、養うだけなら犬や馬も同じだ。親に対しては敬う気持ちがなければ何をもって動物と分けられるであろうか。

＊＊

本章は人間と動物とは違うという話のようです。

「敬せずんば何をもって犬馬と分かたんや」

とは、さすがです……孔子はやっぱりよく見ています！　ペットや家畜も確かに大事な存在です。しかし、人間の重みと動物の重みとではまったく違います。孔子は動物も人間も同じ生き物だ。大事な存在だ。同等に大事にしろとは言いません。人間に対しては尊敬また敬愛の「敬」の気持ちを持つべきだとハッキリと分けます。この辺りが物事の真理が見える孔子の凄さではないかと思われ、大変耳が痛いです。実は私にもアルツハイマーとパーキンソン病を併発した八十七歳の父がいて健在ながらず～っと入院状態です。一週間に一～二度、会いに行きますが、どうせ行ってもわからないからと預けっぱなしではないか……、孔子が言うように犬馬のように接しているのではないか……と、ドキッとしました！

　となれば、週末はあらためて「敬」の気持ちを持ってオヤジに会いに行きたいと思います！

■為政編第八章

子夏、孝を問う。子曰く、色難《いろかた》し。事《こと》有れば弟子《ていし》其の労に服し酒食《しゅし》有れば先生《せんせい》饌《せん》す。曾《すなわ》ち是を以て孝と為すか。

子夏が孝道について尋ねた。孔子が答えて言った。何と言っても親に対し顔色を和らげて接することが難しい。汝は父母に仕事のあるときは年少の子弟が代わってそれをし、食事を給仕するときは年長の子弟がこれにあたる。かかるようなことをもって親孝行と思っているのではないかと。

**

本章も親孝行の話です。今度は子夏に答えて「顔色が難しい」と、また意味深なことを言われています。なにか含みがあるようで、諸橋先生が解説で次のように言っておられます。

「子夏は孔子門下の高弟ではあるが、身を持することの厳格であったため、ともすると父母につかえて顔色態度を和らげることを忘れた。親に対して深い愛情あれば必ず和らげる気があり、和気があれば必ず愉《たの》しみの色があり、愉色《ゆしょく》があれば必ず婉容《えんよう》（柔和な容貌）があるべき筈である。この点を忘れては真に親の心を安んずることはできない。これが色難しを以って教えたゆえんである。」

されば、子夏はどうも真面目過ぎる性格であったようで、笑顔が無く冗談もあんまり言わない人となると何となく与《くみ》しにくく対処に苦慮します。私も経験があり、ある遠来の知り合いを観光名所に案内したとき、丁寧に接することを心掛け真面目になり過ぎたため思いがけずギクシャクしてしまいました。やはり、人間とは他人と接するとき心のどこかで相手の笑顔を待っているのではという気がします。孔子はそこをよく理解していて子夏にアドバイスしたのではと。真面目過ぎて堅苦しくならない教訓として、〝笑顔〟と、それに加え〝ジョーク〟も大切にした方が面白くなりそうです！

■為政編第九章

子曰く、吾《われ》、回《かい》と言ふ、終日《しゅうじつ》違《たが》わざること愚《ぐ》なるが如し。退《しりぞ》きて其の私《わたくし》を省《かえり》みれば亦以《またもっ》て発するに足れり。回や愚ならず。

孔子が言った。私が顔回《がんかい》と一日中、話をしたときのこと、顔回はまったく反論もせずただ黙って聞くばかりで一見、愚か者のようであった。しかし、席を立ってその後の私生活をよく見れば、言葉といい行動といい私が言ったことをさらに発展させている。回は決して愚かではない。

＊＊

本章には顔回《がんかい》という人が出ています。顔回とは孔子の三千人とも言われる門人の中でも第一人者とされる高弟中の高弟で、別名を顔淵《がんえん》とも言います。将来、孔子の後継者と目《もく》されていましたが、惜《お》しいことに三十二歳（年齢については諸説あり）の若さで亡くなり、そのときの孔子の嘆きは相当なものであったようです。この人にまつわる話は後段にも多く登場し、特に第十二編が「顔淵編」と名前をもって称されていることからしても後の門人たちの評価もよほど高かったことが窺えます。本章は、おそらく顔回の若いときの様子を孔子が言ったものと思われ、

「終日違《たが》わざる（一日中、反論せずただ黙って聞く）」

とあるところに確かにその偉人としての片鱗《へんりん》が窺える気がします。普通だといかに師匠の話とは言え一日中、聞いていれば一言ぐらい「何で?」と口をはさみそうなものですが……それがなかったということですから！　孔子もいかに自分が良い話をしているとはいえ「この男、本気で聞いているのかな……ちょっとおかしいんじゃないかな……」と思ったかもですが、後日、自分の言ったことをさらに発展させて行動に移している姿を見て、その底知れぬ〝素直〟さに度肝を抜かれたようで、孔子も「ひょっとしたら、この男、私を越えるんじゃないかな」と期待を持ったのではと?　やっぱり、人の話に〝素直に〟耳を傾けるということは大切で、すぐに反論して底の浅さを露呈する小人と比べると底知れぬ器の大きさとともに将来の伸びが予測されます。

この顔回の師に対する態度を教訓にすれば、あまり好きでない人との人間関係においても、黙って耳を傾け実行する態度を持てば、それなりの良好な関係を持てるのでは……と、五十年以上も世に生きてきて今さらながら思うところです。

■為政編第十章

子曰く、其《そ》の以《な》す所を視《み》、其の由《よ》る所を観《み》、其の安《やす》んずる所を察《さつ》すれば、人《ひと》焉《いずく》んぞ捜《かく》さんや人焉んぞ捜さんや。

孔子が言った。第一にその人が成した行為を観察する。第二にその行為の根拠がどこにあったかを観察する。最後にその行為の後どんな態度をとったかを観察する。そうすれば、人は本心を隠せない、人は本心を隠せない。

＊＊

本章は人の行為の本心を知る方法のようです。よく見ると「視」「観」「察」という三字に使い分けられています。他にも「みる」という字は論語には「見」「看」などがありますが、人を知ることがここまでシビアに使い分けられていることに驚かされます。その理由については論語を読み進んでいけばわかりますが、どうも、それだけ人の本心を見抜くのは難しいときがあるということのようです。

余談ですが、漢字とは元々「象形文字《しょうけいもじ》」という絵文字ですので対象と文字とには密接な関係があり、そこに直線や曲線などの記号ではない「意味」や「深み」が感じられ、そのことからすれば漢字自体が大事な文化であるように思われます。さすれば、近年、本家の中国が漢字を複雑だという理由で簡略化したり、お隣の韓国がハングルを使用しているのは少し残念な気がします。

戻って、本文をよく〝観察〟してみたいと思います。孔子は人の本心を知るには「成した行為」「行為の根拠」「行為後の態度」を見なさいと言っています。これはどういう意味か？　諸橋先生の解説を参考にすれば、その人の成した行為が慈善活動などのような善行であったとした場合、それが自己の名声を得ようとして為した行為なのか、本当の行為なのかをよく見極めなければならない。そのためには、その行為の後にその人がどんな表情や行動をするかを観察することだ。物事には因果関係があるので、そこに裏があれば必ずや何らかの隠れた本心が見えるはずだということのようです。確かに、人間は気が緩んだときに本心が見えると言います。きっと、孔子はそんなところを見ないようでしっかり見ていたんではないでしょうか。

また、先日「耳順《じじゅん》」の話が出てきました。これは孔子、六十歳の境地で何を聞いても驚かないという意味でした。それはすべての事象には〝因果関係〟があると達観していたからにほかなりません。因果関係とは、それほどに物事の本質を見抜く大事な観点であるようで、私のような凡人は日頃、事象現象に一喜一憂《いっきいちゆう》していますが、本当は冷静に「そこには何かの因果関係があるのでは？」とよく観察することが大事なようです。

さて、最後に、本章の教えから思い出されることがあります。それは、熊本県の政治倫理審査会や教育委員長などをされていた安永蕗子《やすながふきこ》先生（「はじめに」参照。以降、安永先生）や、明治の大企業家・渋沢栄一《しぶさわえいいち》が難しい判断を迫られたとき「最後は論語に頼る」と言っておられたことです。その意味が論語を勉強するようになって段々解って来たような気がするところで、恐らく先生たちは本章のような因果関係による本質の見抜き方など確かなところを論語に学んでおられたのではと。

それにしても、物事の真理真実をさっと見抜けるようになったら人生、楽しいでしょうね！　ひょっとしたらこの勉強が終わる頃にはそんな風になれるかもです？

■為政編第十一章

子曰く、故《ふる》きを温《たづ》ねて新しきを知れば以て師と為すべし。

孔子が言った。古いものを大切にしながら新しいものに対処して行くような人であれば師とするに値する。

＊＊

本章は有名な「温故知新《おんこちしん》」の章です。孔子が言う「故きをたづねる」とは何をたづねるのか……ここがポイントと思われるところで、これは、推測するに、ただ単に過去の古い歴史を知りなさいと言っているのではないと思われます。なぜなら、この言葉を孔子が言ったのは今から二千五百年も前のことであり、それ以前の歴史となると、それほど確かなものが文書として残っていたとは考えられません。また、聖人とされる孔子が言ったことですから、そもそも表面的な事象現象でもないはずです。では、何をたずねなさいと言ったのか……それは、自分たちの祖先が子孫である私たちに最も申し送りたかったこと……子孫が間違いの無い正しい人生を送るために注意しなければならないことで、それに耳を傾けなさいと孔子は言いたかったのではと？

考えてみれば、私たちは日常において、よく他人と自分とを比較し、自分の方がお金を持っているとか、彼女の方が地位が上だとか、またあの人は好きだが、この人は嫌いだから口をきかないなど人間関係の色んなことに悩まされています。でも、それは何も現代人だけに限ったことでなく祖先もそうだったようで、随分とこんな人間の欲や人間関係に悩まされ、どうすれば、そんな悩みから解放され人間として本当の正しい生き方ができるかを考えに考えたようです。しかして、その探求は何千年という年数をかけて深められ、確かな真理として既に孔子の時代には伝えられていたようです。

されば、その真理とは人間のたった一度の百年ほどの短い人生経験でつかめるようなものではなく大変に貴重で、そんなことを考えると、古来からの教本とは人類の叡知が結集したとんでもない宝物のように思え、これを学ばないのはまさに宝の持ち腐れのような気がします。なのに、それを昔のこととして片付けるようではアンパンブルース（熊本の俗言で中味のない人・アンポンタン、単にアンパンとも）と言われても仕方ないような。でも、その大事さに気付き、これを学ぼうとする人はやがて人間界の深き真理を知ることとなります。しかして、かかる人であれば将来のことも必ずしや予測ができるものであり、そんな人が師であるというのが、孔子が言わんとする「古きをたづねて新しきを知る」の意味ではないでしょうか?

そもそも、人間とは先人が経験したことや考えついたことを最初から脳に蓄積して生まれて来るわけではありません。いつの時代もオギャッと生まれたときの脳は真っ白です。ということは、私たちは、どんなに文化や文明が高度になろうとも、また、両親が優秀であっても、いつも自分が一から勉強する以外に智恵の付く方法はない宿命にあります。さすれば、我々も心して論語という〝古き〟をたずねて明日を切り拓かなければと!

■為政編第十二章

子曰く、君子は器《き》ならず。

孔子が言った。君子は単なる器《うつわ》ではない。

＊＊

本章は君子のことを言ったたったの一行です……が、単なる一行ではないようです。君子たるものの凡人とは違う凄いところを言っているようです。まずは諸橋先生の言葉に耳を傾けてみましょう。

「器は椅子とか机とかいう器である。椅子は椅子として役立つが机の用はなさない。机は机として役立つが椅子の用はなさない。成徳の君子は、人間として全人格としての完成者であるから、かかる一曲の器ではない。」

椅子は椅子として机は机としての働きしかしないが、君子とはそんな一つだけにしか役立たない類とはまったく違う〝全人格の完成者〟を指すとです。前章の「温故知新」の話に「古きをたずねる」人であれば師として良いとありましたが、君子には人間がこの世に存在を始めて幾世を経て掴んだ人間界の広く深い真理を知る、まさに、そんな感じを受けます。だから、君子が全人格の完成者であるというのはうなずけます。

さて、問題は我々で……我々が全人格者となれるかどうか、日頃、私欲私情にかられがちな私などがそこまでいくのは到底、無理な話としても、ただ、江戸末期の儒学者で西郷隆盛や坂本竜馬、勝海舟などの明治維新の数々の志士に影響を与えた君子・佐藤一斉《さとういっさい》（昌平坂学問所《しょうへいざかがくもんじょ》の塾長）が、こんなことをアドバイスしています。

「自分の身体をよく養う人は病気でないときによく養生している。自分の精神をよく養う人は常に私情が起きる前にその芽を摘みとっている。」

どうも心に起きた私情の芽を速やかに摘み取ることが君子への第一歩で、西郷さんや竜馬などの下級武士が明治維新の大革命を成し得たのも彼らが無欲の君子だったからに他ならないようです。さすれば、〝私欲〟の芽を摘み取る修養を積み重ねていけば、いつか君子になれるかもです！

■為政編第十三章

子貢《しこう》、君子を問う。子曰く、先《ま》ず其の言《げん》を行いて而《しか》る後《のち》に之に従う。

子貢が君子について尋ねた。孔子が言った。君子は心に思ったことを言う前に行動に移し、その上で、言うべきときは言うものだと。

＊＊

本章は門人の中でも高弟とされた子貢が君子たるものについて尋ねたところです。孔子はこれに平たく言えば「不言実行」を心掛けるのが君子だと答えます。似たような言葉に「有言実行」とありますが、これは言ったことを実行に移すことを言います。二つはちょっと似ていますが、孔子は「不言実行」の方を薦めています。ということは孔子はこれをしっかり使い分けているような気がします。だとすれば、君子は行動を伴うものは軽々に口には出してはならないとなりそうです。それから、もう一つ興味深いのは、行動に移したあとも言うべきであれば言うが、その必要がなければ黙っているとあるところです。どうも自分がやったことを他人に誇ることは浅ましいことだと言っているようで、君子とはなかなかな人物であるような気がします。

ところで、この「有言実行」から「言った事を成す」という言葉が思い出されます。それは、新渡戸稲造《にとべいなぞう》の「武士道《ぶしどう》」を翻訳された作家の岬隆一郎《みさきりゅういちろう》先生が言われた話です。岬先生は私の友人のI君が縁あって私淑《ししゅく》する方で、これまで何度か仲間で先生を囲んでお話を聞く機会がありました。そのあるとき、先生が日本の武士の話をされ、武士の美学は、切り詰めれば「誠」の一文字に帰す。それはなぜかというと「誠」の字は「言ったことは成す」と書くからだということでした。「誠」という字は「中庸《ちゅうよう》（孔子の孫にあたる子思《しし》による書）」に多く出てくる人間が人間として生きる上で大切な精神で、もちろん、それらのことも交えながらの話でしたが、さすがな話で深く印象に残りました！

されば、日本の武士にも君子の香りがし、このような気高さをもった人達を私たち日本人は祖先に持っていいます。新選組ではありませんが「誠」の旗印を高々と掲げ〝実行〟重視でいきたいものです！

■為政編第十四章

子曰く、君子は周《しゅう》して比《ひ》せず小人は比して周せず。

孔子が言った。君子は周りの誰とでも交わり人を比較しない、小人は人を比較し周りの誰とでも交われない。

＊＊

本章は君子と小人の周りの人との接し方です。君子は誰とでも接することができるが、小人は好き嫌いがあってそうではないようです。似たような話が先の「子路編」にも次のように出てきます。

「君子は和《わ》して同《どう》ぜず。小人は同じて和せず」

同じような意味と思われますが、まさに大人と子供のような違いです。私たちも、よく人事異動などで「あの二人が同じ課になったけど合わないんじゃないかな～、でも、大人だから……」と言ったりします。やはり自分の好き嫌いで他人とうまくやれないようでは小人丸出しと言ったところでしょうか……少々、耳が痛いですが！

ただ、ここで注目したいのは君子とは表面的に嫌々ながら他人と合わせているような人とはちょっと違うような気がするところです。君子は根本に「博愛」「人間愛」という気持ちを持ち合わせ、さらには「人間はどう生きるべきか」「人間社会はどうあるべきか」など世の平安や行く末を想って人と接していると思われるところです。

さすれば、君子たるものが好き嫌いの私情を軽々《けいけい》にからめるのはやはり不自然でちっぽけな気がします。

みんな引き返すことのできないたった一度っきりの人生を生きています。せっかくなら、私情や私欲など「小せぇ～小せぇ～」と笑い飛ばしてダイナミックにいきたいものです！　やっぱり、夏の青空のような大らかな人生を送るには私情を取り去る修養が要《かなめ》となるようで、油断せず自分をしっかり捕まえたいものです！

■為政編第十五章

子曰く、学びて思わざれば則《すなわ》ち罔《くら》し。思いて学ばざれば則ち殆《あやう》し。

孔子が言った。書物や先輩をとおして学ぶことがあっても、それを自分の心の中で思い巡らしたり実践で試したりしなければ、ぼんやりとしたままである。逆に、自分が実践して知り得た狭い範囲の知識だけに思いを巡らし、広く書物や先輩に学ばなければ危険人物になる。

＊＊

本章は「学問」と「実践」の連携の大切さを言ったところです。どっちかだけでは不十分で、取り分け「実践」だけに頼る人は危険人物になると孔子は警鐘を鳴らしています。私たちは日々の生活の中で「あ～、これは真実だな。大切だな」と何かにふっと気付かされたり、また、永年、読み継がれてきた経書などを読んでビリビリと感じたりすることがあります。でも、ついつい忙しさにかまけその事をそのときだけのこととしてやり過ごしてしまいがちです。でも、本当はそこで想いを巡らせることが大事なようです。

そこで耳寄りな話が……実は、私は大事だと感じたことをノートに書き留めるようにしそれを時々読み返しています。これは尊敬するM先輩から教わった方法ですが、これがなかなかに効果的で重宝しています。三十歳ぐらいから始めて、今ではこのノートが十冊目に入り、先輩には本当に大事なことを教えてもらったと感謝しています……ただ、これがモノになっているかは別ですが（笑）

さて、問題は後段の「思いて学ばざる」です。自分の「実践」だけに頼り「学問」をしないのは危険人物になるということです。確かに人は自分が実践して気付いた真実に固執しがちですが、かかる人が危険人物とまで言われるのはなぜか？　それは、こういうことでは……たとえば、同じ富士山を見るにしても静岡県側から見たとき山梨県側から見たときでは見え方が違い、それは少し方向を変えるだけで無数にあります。そして、その無数の見え方はすべてが真実です。でも、自分の実践だけに頼る人は自分が見た一方向からだけの見え方に固執し他にも見え方があるということを理解しようとしません。それでも、確かに、その人の見た見え方とは実際に見たのだから間違いではありません。問題のジレンマはここにあるようで、さらに問題なのは、その人が自分だけの見え方を全体的な真実であるかのように他人や周りに広げ混乱させることです。だから孔子は「危険」だと言ったのではと思われます。ゆえに、永年、読み継がれてきた〝人生経験集〟である論語のようなしっかりした「正書」を読んだり、先輩の話に耳を傾けたりすることが大事ではと。

されば、「忙しい。時間がない」などと言ってかかる書を読まずにいては世を乱す危険人物になりそうで、少なくとも論語だけは押さえたいものです。それにしても危険人物とはさすがに聖人・孔子といえども手厳しいものです！

■為政編第十六章

子曰く、異端《いたん》を攻《おさ》むるは斯《こ》れ害《がい》のみ。

孔子が言った。正道をはずれた道を学ぶことは弊害となるだけである。

＊＊

本章は正道をはずれた考えを学ぶのは弊害になるだけだということのようですが、前章にも、「思ひて学ばざれば則《すなわ》ち殆《あやう》し」とありました。ここで孔子は自分の経験だけに頼り他の考えに耳を傾けない人は視野の狭い「危険人物」だと批評していましたが、この章でも間違った考えは〝害あるのみ〟と手厳しいようです。どうも問題は自分の考えが正道から離れていることに気付かないことにありそうで、この点について諸橋先生が次のように解説されています。

「或いは一面の真理をもつことがあっても真に正しい中庸を得なければかえって害になる。また、これを極端に解して自分の主張以外のものをすべて異端として排除することは狭きに陥《おちい》る弊害であり改めなければならない。」

兎角《とかく》に人間は自分の信じる一面の真実に固執する傾向があるようです。それは、そのことが自分が経験して知り得た確かな真実であることに間違いないからであり、もう一つは、自分の考えが「異端」「視野狭窄《しやきょうさく》」と評されることにみじめさを感じるからではないでしょうか。しかし、大事なことは、ここで「待てよ。ひょっとしたら自分は間違っているのかもしれない」と立ち止まり、他に耳を傾けたり答えを正しき人に求めたりする冷静さや謙虚さを持つことで、そうすることで諸橋先生が言われている「中庸」を得ることになるのではと？　ちなみに「中庸」の「中」とは「空間」を、「庸」とは「時間」を指します。いつか、もう亡くなられた尊敬するM助役さんにお話を聞く機会がありましたが、難しい住民争議や議会対策などの話のときに、

「みんなの意見のまん～なかをとらんといかん！」

と言ってペン先で紙にポンと点を打たれたことが思い出されます。元より、市政運営の舵取りは常に公平公正を旨とし皆の異見に耳を傾けることが必要ですが、その一点の重心を押さえることははなはだ難しいものと思われます。あの出来事を思い出すと当時の助役さんの並々ならぬ苦労とともに「中庸」の大切さを知らされます。

■為政編第十七章

子曰く、由《ゆう》よ、女《なんじ》に之を知るを誨《おし》えんか。之を知るを之を知ると為し知らざるを知らずと為す。是れが知るなり。

孔子が言った。由（門人の子路《しろ》）よ、汝に知るということを教えてやろう。それは知っていることは知っているとし、知らないことは知らないとする。それが知ると言うことだ。

＊＊

本章もいつか聞いたことがある有名なところで、要するに「知ったかぶり」をしないという話のようです。人は会話のなかでとかく、見栄を張って知らないことをあたかも知っているかのように簡単に相槌《あいづち》を打ったりして

しまうことがあります。でも、ここには危険が潜むときがあり、私も長い人生を振り返ると若い頃は特に見栄っ張りだったので、この「知ったかぶり」で何度も冷や汗をかきました。「知らないことを知らない」と認めることは内容によっては「なんだ、そんなことも知らないのか?」と見下されそうで、ついつい「知ったかぶり」をしそうになりますが、相手にそのまま知っているつもりで話を進められ、後で「知らない」と言えなくなり苦しむことにも。やっぱり、途中で話の腰を折ることにもなりかねませんが、大事なことは曖昧《あいまい》にせず勇気を出して、知らないことは「知らない」と言うべきで、そのときであれば、諺に言う、

「聞くは一時《いっとき》の恥じ」

で済むようです。それにしても、私もそうですが現代人の弱点は教養不足なことにありそうで、日頃、本を読むことの必要性を実感します。というもの、昔、先輩から次のように言われたからです。

「社会人になったら何でも知っとかないかん。本や新聞やテレビなんかで知らない言葉が出てきたら見過ごさず、その場ですぐに調べることだ。そうやっていけば知らないうちにある程度の知識は身に付くようになる。しかし、それでも、それは単なる知識であって知ってるか否かということに過ぎない。大事なことは考え方で正しい物の考え方を知るようにならんといかん。そして、そういう勉強は人に言うでなく〝人知れず〟せんといかん。」

当時、私は「知識」がすべてだと思っていましたので、「知識」を単なる「知識」と軽く切って捨てられたことに驚かされ、さらに、つづいて言われた「考え方」を学べということは残念ながらピンと来ず、この大事さを〝知る〟ようになるのは随分と後のことでした。ただ、このとき言われた〝人知れず〟という言葉は当時、我《が》の強かった私には大変、爽やかに響き何となく救われるような感じで深く印象に残りました。しかし、この本当の意味を〝知る〟のも後年「陰徳《いんとく》」や「慎独《しんどく》」などの言葉を知るに至ってからのことでした。されば、「知る」ということの本当の意味はなかなかに奥深いものとつくづく思うところで、自分だけの考えでは狭くなり、こんな先輩の言葉を聞かなければ今頃、自分はどうなっていたかと思うと背筋が寒くなります!

■為政編第十八章

子張《しちょう》、干禄《かんろく》を学ぶ。子曰く、多く聞いて疑わしきを闕《か》き慎《つつし》みて其の余《よ》を言えば則ち尤寡《とがめすく》なし。多く見て殆《あや》うきを闕き慎みて其の余を行えば則ち寡なし。言《ことば》に尤《とがめ》寡なく行《おこない》に悔《くい》寡なければ禄《ろく》は其の中《うち》に在り。

門人の子張が「幸福を求める」という意味を持つ干禄《かんろく》という言葉について尋ねた。孔子が言った。多くのことを見聞きし疑わしい部分や危険な部分を除き、残ったところを慎しみ深く言動に移せば他人の咎《とが》めを受けたり自ら後悔したりすることが少なくなる。自分の言動に咎めや後悔が少なくなれば幸福は自然にもたらされるものだ。

＊＊

本章は詩経《しきょう》に出てくる「幸福を求める」という意味を持つ「干禄《かんろく》（干が「求める」、禄が「幸福」）」という言葉について子張が尋ねたところです。詩経は当時の大事な学問の一つで、子張はこれを勉強するなかで、この言葉に感ずるところがあって孔子にその意味を尋ねたようです。果たして、その心境たるやどうであったのか？

まず、子張の人となりですが、これについては先の子張編で同門から次のように評されています。

・吾が友の子張は及《およ》び難《がた》い立派な人物である。しかし、未《ま》だ仁者とは言えない。（子游）

・吾が友の子張は堂堂たるものである。しかし、共に仁を成すのは難しい。（曾子）

というもので、どうも、子張は堂々とした人ながらややもすれば人間的な情愛に欠けるところがあったようです。察するに、子張は「禄」を「家禄」や「俸禄」の意味に解し「役職」や「お金」があることが幸福だと考えていたのかもしれません。それで、同門と価値観が合わず「干禄」という言葉に、ふっと想うところがあったのかもです？

孔子は当然このような子張の性質を知っていて「幸福とは他人の意見に耳を傾け、見聞を広め……慎みて実行すれば自然と……」と、誠実で慎み深くあることをさとします。この〝慎みて〟という言葉に孔子の魅力を感じますが、確かに、慎み深く相対して行くことは相手を大事にすることに他なりません。しかして、そういう人が幸運になるというのは自然の流れではと！

■為政編第十九章

哀公《あいこう》問いて曰く、何を為《な》さば則《すなわ》ち民《たみ》服せん。孔子対《こた》えて曰く、直《なお》きを挙げて諸《こ》れを枉《まが》れるに錯《お》けば則ち民服す。枉れるを挙げて諸を直きに錯けば則ち民服せず。

哀公（孔子の仕えた魯国の君）が孔子に尋ねた。どうすれば民をして信服させることができるであろうかと。孔子は正直者を不正直者の上に置けば民は信服するでしょう。しかし逆に、不正直者を正直者の上に置けば民は信服しないでしょうと答えた。

＊＊

本章は魯国の君である哀公が民を信服させる方策を尋ねたところで、孔子は、

「直《なお》きを挙《あ》げて諸《こ》れを枉《まが》れるに錯《お》く」

という言葉を引いたようです。これは当時の諺《ことわざ》で反り返った板を真っ直ぐにするには真っ直ぐな板を上に置くという意味のようで、私も実際、大工さんから曲がった板を真っ直ぐにする方法としてこれを聞いたことがあります。板が真っ直ぐになるのですから人間も同じで、正直な人が上の位に来れば不正直な人は良心が咎め、その人の性質が変わるか、居心地が悪くなって逃げ出すかだと思われます。そうなれば、自然に正義や平等がまかり通るようになり、民の不満は消えトップの信頼も得られようというものです。

本章で孔子が哀公の問いに対しかかる正直者を登用するように言ったということは、何か哀公の直接の人事か、あるいはまた、哀公の目の届かない人事に不正直者を登用したようなことがあり、それを孔子が咎めたのかもです。さすれば、正直な人を登用することは人事の重要なポイントとなりそうで、トップたる人事権を持つ人が仮にも私情を交えて自分に都合が良いからと不正直者を上位に就けたりする情実人事《じょうじつじんじ》は、組織の乱れを引き起こす大きな過ちと言えそうです。

そう言えば、最近、新聞やテレビで国会議員の不正経理だとか収賄事件だとか会社の食品偽装問題だとかがよ

く報道されています。上に立つ人の拝金主義や権勢欲のキナ臭い匂いが漂うところですが、仮に、かかる組織の要に正直な人がいたら不祥事も防げたのではと思われ、なぜか、愚《おろ》かと言われるほど正直な〝愚直《ぐちょく》〟という言葉が心に響きます。そう考えると、世の中とは、本当はそんな裏表の無い〝正直〟な人がいるからこそもっているのかもしれません。されば、せっかく論語を学んでいますので、たとえ愚直と言われようとも踏ん張るときは踏ん張り正直に生きていきたいものです！

■為政編第二十章

季康子《きこうし》問う、民をして敬忠《けいちゅう》にして以て勧《すす》ましむること之《これ》を如何《いか》にせん。子曰く、之に臨《のぞ》むに荘《そう》を以てすれば則ち敬《けい》す。孝慈《こうじ》なれば則ち忠《ちゅう》あり。善《ぜん》を挙げて不能を教うれば則ち勧む。

大夫の季康子が孔子に問いかけた。いかにすれば民に忠義を尽くさせることができるであろうかと。孔子が言った。民に対し荘重な態度で接すれば民は尊敬するであろう。また、親には孝行を尽くし子供には慈愛深く接すれば民は忠義を尽くすであろう。また、善行を賞賛し能力の劣る者も見捨てることなく教え導けば民は進んで仕事に励むであろう。

＊＊

本章は季康子の問い掛けに答えたところです。季康子とのやりとりは論語には何回か出てきますが、季康子は当時、魯国の君に対しても圧力をかけるような事実上の最高権力者で、当然、民も力で従わせようとし、己の不徳を省みたりする人ではなかったようです。孔子も、かかる季康子の性質は先刻承知していたものの、このときは民や親や子を大切にしたり、また、善行者を表彰したり、不幸な人を思いやることが為政者としては最も大事だと真面目に答えています。このように孔子が真面目に答えているのは恐らくは季康子が時の権力者であったからかもしれませんが、一方で、季康子が人の「道」に関するようなことを何度も尋ねて来るところに、自らに少しは反省する〝良心〟があるのかと感じ、これに期待するところがあったのかもしれません。

さて、そんな孔子の教えがどれだけ季康子の耳に響いたかは解りませんが、人間は誰でも心の底に良心を持つものです。大事なことはこの良心を曇らせないことにあるようで、江戸・昌平学《しょうへいがく》の佐藤一斉先生が関連して頂門《ちょうもん》の一針《いっしん》となる言葉を発しています。

「自らを欺《あざむ》かず、之《これ》を天に事《つか》うと謂《い》う。」
（自分の心を欺かないことが天に仕えることである）

ついつい人は欲望にかられ自分の良心を欺いてしまうことがあります。でも、逆に言えば、かかる一点さえなければ天にも通じることになるようです。確かに、さもありなんという感じがするところで、天をも味方につけるとなれば、それこそ人生は鬼に金棒です！　それにしても、「天に仕える」とは……こんな考え方ができるとは我々の先輩たちは凄いものです！

■為政編第二十一章

或るひと孔子に謂いて曰く、子奚《しなん》ぞ政《まつりごと》を為さざる。子曰く、書《しょ》に云う、孝《こう》なるかな惟《こ》れ孝、兄弟《けいてい》に友に、有政《ゆうせい》に施すと。是れ亦た政を為すなり。奚ぞ其れ政を為すことを為さん。

ある人が孔子になぜあなたは政治に参加しないのかと尋ねた。これに対し孔子は書経の中に「一人が親孝行をすればその情愛は兄弟間に朋友間にさらには一国の政治にさえも影響を及ぼす」とある。されば、ことさら政治に参加する必要はないではないかと答えた。

＊＊

本章は一人の成す親孝行の情愛が次第に広がり、やがては一国の政治にまで影響を与えるという話のようです。いや、凄いものです。当時の人がこんな考え方を持っていたとは！　今ではこのような考え方はあまり聞きませんが、本来、人間とはかくあるべきすばらしい考え方だと思われます。この教えが国境を越えたのか定《さだ》かでありませんが、関連して今、日本の二つの言葉が思い出されます。

「一隅《いちぐう》を照《て》らすは国《くに》の宝《たから》なり」
「随所作主《ずいしょさくしゅ》」

最初のは最澄の言葉で国の宝とは何も金銀財宝のようなものではない。自分の周りだけでも明るくしようと努力する人だという意味で、次のは出展はわかりませんが、意味は転勤などで自分が異動した先などで「主《しゅ》」となるということです。この「主」とは「あるじ」とかいう意味ではなく「主役」というような意味で、さらに面白いのは「主」の字の成り立ちで「主」の下の「王」は燭台を表し上の点は火を表すようです。つまり、燭台に火がともされ周りが明るくなると！

　この二つの言葉もなかなかのものと思われ、世の中がこんな人たちでいっぱいになったら……そう思うと、それこそがまさに本章で孔子の言わんとする「一人の善行が一国の政治にさえ……」と一致するような気がします。また、考えてみれば、そんな最初は小さな光であっても善なるものの光とは世の中をも一変させてしまう力を持っているのかもです……日本の明治維新という革命は全国各地に起こった下級武士たちの小さな火の起こりに始まります！　恐らく、孔子はそんなことも考えてこの言葉を言ったのかもです。

■為政編第二十二章

子曰く、人にして信《しん》無くんば其の可《か》なるを知らざるなり。大車《たいしゃ》に輗《げい》無く、小車《しょうしゃ》に軏《げつ》無くんば其れ何を以て之を行《や》らんや。

孔子が言った。その人に信用がなければできるものもできない。それは大型馬車に留め具が無く、小型馬車に止め金が無ければ用を成さないのと同じだ。

＊＊

本章はその人に信用がなければ何事も上手くいかないという話です。日頃これは実感するところで、こちらが頼んだことにすぐに対応してくれる人は信用できますが、いつまでもほったらかしにしている人や、嫌がる人は信用しにくく以来、頼みたくなくなります……なんて、他人のことばかり言っていますが！

　でも、信用とは不思議な大切なもので、信用のおける人が仮に間違いを犯しても何かとかばいたくなります。しかし、逆に信用のおけない人が良いことをしても素直に受け入れたくなく、何か裏があるんじゃないかなどと勘ぐってしまいそうです。やはり、信用とはかなり大事なもので、孔子も牛馬と荷車を結ぶ「輗軏《げいげつ》」と呼ばれる金具のようなものだと解りやすい例えをしています。「輗」が大型で「軏」が小型のもので、確かに、この繋《つな》ぎ目がはずれたりすれば馬が荷車を残して一目散に走り去って行く後ろ姿が目に浮かび、私たちも周りの信用を失えば独りぼっちに置いてけぼりをくらいそうです。

されば「信用」とは大事なもので信用されるもされないも要は人間関係にあります。この人間関係で最近思うのですが、人間とはバカにされたり見下されたりすることが一番カチンと来るような気がします。されば、そうすることなく相手を個性ある一人の人として〝敬する〟ことが信用を得る第一歩ではないかと。

ただ、相手を尊重するあまり下手に過ぎると逆に自分の方が見下されてしまうことがあります。その辺の兼ね合いが難しく、仮にそうなったとしても、そこは一番……あはは、と笑って包み込むぐらいの大らかさを持ちたいものです。でも、そんな人間関係の難しい場面とは、ひょっとしたら神様が自分を鍛えるために作ってくれた大切な贈り物かもで……それは論語を読み進めると実感します！

■為政編第二十三章

子張《しちょう》問う。十世《じゅっせい》知る可《べ》きや。子曰く、殷《いん》は夏《か》の礼に因《よ》る。損益《そんえき》する所《ところ》知る可きなり。周《しゅう》は殷の礼に因る。損益する所知る可きなり。其れ周に継ぐ者《もの》或《あ》らば百世《ひゃくせい》と雖《いえど》も知る可きなり。

門人の子張が尋ねた。今から十代先の世の中はどうなっているでしょうか。孔子が言った。殷時代は夏時代の礼制度を踏襲し、夏時代と比べ少々の損とするところ益とするところはあったものの、さほどの変わりはなかった。次の我々の周時代は殷時代を見習った。これまた少しはあるとしてもさほどの変わりはない。されば、周に継ぎ百代を下ったとしても推して知るべしであろう。

＊＊

本章は子張が今から先、時代が変われば世の中は変わっているでしょうかと尋ねたところです。これを子張がどんな意味合いで尋ねたのかは定かでありませんが、普通であれば文化や文明がどうなっているかなどを連想して答えそうですが、孔子は当然のごとく「礼制度」が変わっているかどうかの観点で答えています。この目に見えるものでなく目に見えない〝人心〟の表われ、つまり「礼」という人間関係にスポットを当てた物の見方に聖人の聖人たるゆえんを感じます。

推測するに、孔子が言いたかったことはいかに時代が変わろうとも人間そのものの本質は変わらず、また、その世が平安に保たれるも保たれないも人間関係によるもので、そういう意味では「礼」とはいつの時代も大切にされるであろうと、いうことではないかと？

実際〝人心〟とは、そう変わらないものであるようです。というのも、人間の脳というものはオギャッと生まれたときはいつの時代であろうが皆、白紙の状態で、初めっから親の知識や道徳心をインプットされて生まれてくる人は誰もいません。いつも人間の脳はゼロからスタートし、年を重ねる毎に知識や道徳観が備わり、そして、世の中とはその途中段階の知識や知恵を持つ人たちの複層した集団で構成されています。だから、物の見方や考え方などに差異が生じるのは当然のことで、そのために、良好な調和をもたらす役割を果たすのが「礼」で、その大切さはいつの時代になっても変わるものではないと。さらに、この孔子の言う「礼」に対し諸橋先生は解説で、これは当然のごとく単なる礼儀のようなものではなく「礼譲」のことであると言われています。この「譲」という「ゆずる」ということに対してもさらなる人間関係の穏やかな自然な治まり方を感じます。

さて、それで孔子の予言から二千五百年たった現代はどうか？　文明は大きく変わりましたが人間関係における〝礼譲〟の大切さは変わっていません。こう考えると孔子とはやはり凄い人です。本質をちゃんと見抜いています。多分、私たちから百代先もきっと〝礼譲〟の大切さは変わらないかもです！

■為政編第二十四章

子曰く、其の鬼《き》に非ずして之を祭《まつ》るは諂《へつらい》なり。義《ぎ》を見て為《な》さざるは勇《ゆう》無きなり。

孔子が言った。鬼《かみ》（神）でもないものを祭るのは諂っているからだ。正義を黙って見過ごすのは勇気がないからだ。

＊＊

本章は為すべきでないものを為す。また、為すべきものを為さないという二つの話であるようで、特に、二つ目は超有名なところです。

まず、一つ目の神でもないものを神として祭るというような話は現代にもよく見られるところで、いかにも善行を行っているようでありながら実はそうではない宗教団体などがあったりします。でも、よく見れば、それらは一致してお金目当てであるようで、こういうものに引っかかるのは孔子が言うように依存心が強いからで自分を強く持ちたいものです。

さて、問題は次の「義を見て為さざるは勇無きなり」です。これは昔から聞きなれた有名な言葉ですが、日常生活において勇気を出すことが難しいときがあります。仮にそんな出来事に直面したとしても、私たちは「小さなことにいちいち構っていたらきりが無い」「目立ちたく無い」「今の世の中どうせ道徳感が薄れているから」などと見て見ぬふりをすることもしばしばです。しかし、それは自己中心的な言いわけで逃げているようで……孔子はそんなときはやりなさいと言っているようです。

そこで注目したいのが文中の「義を見て」の〝義〟という字です。孔子は〝仁〟ということを大切にしましたが、孔子の孫の、子思《しし》の弟子にあたる孟子は〝仁義〟を唱えました。仁義と言えばあっちの世界のようですがそうではありません。孟子の世界です。孟子は次のように言い添えています。

「仁は人の心なり義は人の道なり」

つまり、孟子の言う〝義〟とは、それが人の道に叶っているかどうかということで、ここで想起されるのが勇者として知られる日本の侍です。侍は義のためには死をも惜しまないという「死生観《しせいかん》」を持ち生死《しょうし》は天にあると達観していました。されば、侍を例に取れば義を見て勇を発揮できるかどうかは死生観が定まっているかどうかにありそうです。

ただ、現実的には命をかけるまでの義とは早々にはなく、それ以前の悩ましい段階が多くあります。そこで、佐藤一斉先生が示唆に富むことを助言されていました。

「己《おのれ》を欺《あざむ》かず。之を天に事《つか》うと言う。」

さすれば、義を見たとき自分の心を欺かないことが大事で、そういえばテレビや新聞でときどき危険をかえりみず勇気ある行動をした人たちのニュースが報道されます。すると、その人たちは決まって「当然のことをしたまでです」と、凄いことをしたのに何でもなかったかのように言っていて、そこには人によく見られたいとか、恐くて逃げたりとか自分を飾ったり欺いたりしたところがまったくありません……ということは、ひょっとしたら「自分」を欺かず勇気を出せば、天という存在がその勇気に呼応し「よし！」と手助けをしてくれるものかもです……なんかそんな気が！

八《はち》佾《いつ》編

——礼節を忘れない

■八佾《はちいつ》編第一章

孔子、季氏《きし》を謂《い》ふ。八佾庭《はちいつてい》に舞《ま》はしむ。是れをも忍《しの》ぶ可《べ》くんば孰《いづ》れをか忍ぶ可からざらんや。

孔子が季氏のことを言った。季氏は調子に乗って朝廷の舞である八佾を私邸で舞わせているようだ。自分を良く見せようとする欲望に堪えられないようでは何を堪え忍ぶことができるであろう。

＊＊

本章は大夫の季氏が身分にそぐわないことをしたのに対し孔子が批判したところです。「佾《いつ》」とは舞を踊る人の列数（一列八人）のことで、天子の朝廷では八佾、諸侯は六佾、大夫は四佾と慣例的に決まっていました。

孔子の故郷である魯国は元々、周王朝に縁深い国であったため君主には八佾の舞が特別に許されていたようですが、春秋時代になると君の権威も衰え、代わって季氏をはじめとする大夫が実権を握り身分不相応な行いをするようになっていました。ご存知のとおり、孔子は人それぞれが各自の名分、つまり、天子は天子、諸侯は諸侯としてその身分に安んじ、みんなが信頼し合い役割を分担することによって組織や世の中が成り立つことを正道な考え方としていました。このため、かかる本分を逸脱した行為は世の乱れにつながるものとして許せなかったのだと思われます。

日本でも戦国時代に織田信長が天皇に代わろうとし、それを明智光秀が阻止するため本能寺の変を起こしたという説がありますが、世の中には、自己の欲望を満たすため本分を顧みない自己中心的な人がいます。問題はこんな人に遭遇したとき自分はどう対処すべきかということで、ここは一番、あえて苦言を呈する勇気を持ちたいところです！　されば、孟子が二人の勇者の言葉を評価しています。

「舜《しゅん》（古代の聖王）何人《なんぴと》ぞや、我何人ぞや」（顔淵《がんえん》）

（舜王がどれほどだろうが私も同じ人間だ）

「彼も丈夫《じょうふ》なり我も丈夫なり我何ぞ彼を畏《おそ》れんや」（成覸《せいけん》）

（彼も堂々たる男なら私も堂々たる男だ。何で彼を恐れる必要があろうか）

相手が王であれ豪傑であれ同じ人間である以上、恐れる必要はないと！　言葉の発しようでは命《いのち》に危険が及ぶ時代ながらなかなかの気概です！

■八佾編第二章

三家者《さんかしゃ》、雍《よう》を以て徹《てっ》す。子曰く、相《たす》くるに維《こ》れ辟公《へきこう》あり天子穆穆《ぼくぼく》たりと。奚《なん》ぞ三家の堂に取らんや。

大夫に過ぎない三家が私邸の祭事の後に天子が用いる雍（天子の歌）を歌いながら後片付けをした。これに対し孔子が言った。雍の歌とは本来その歌詞にもあるとおり、諸侯が天子に相寄って儀式を手伝い、天子はそこに奥ゆかしく控えているという歌である。その歌をどうして大夫の身分に過ぎない者が私邸で歌って良いであろか。

＊＊

本章も、当時、三桓子《さんかんし》と呼ばれた驕り高ぶった三大夫が僭越《せんえつ》にも天子の歌を用いたという話です。孔子は、そういうことは許されるべきものではないと批判したようですが、ちょっと斜めから見れば、本来、人間は皆平等であり誰がどんな歌を歌い、どんな踊りを踊ろうが自由であるはずです。三桓子は単に天子の真似をしたに過ぎません。然るになぜ、孔子はこれを批判したのか？

それはこういうことではと。つまり、孔子は確かに平等・博愛の聖人に違いありません。だから、人間社会が自由であることは大いに歓迎すべきことと考えていたと思います。しかし、人間は生まれながらにして地位や能力に差異があったりします。でも、その差異はそれぞれが世の中で果たすべき役割の違いへとつながっていくべきものと解されます。問題なのはこのときに他人と比較して自分が優っているとして〝奢る〟ことにあり、それは社会の良き秩序や人間関係を乱す原因となりかねません。本章の三家者は国の大事な職にあり民のお手本であるべきところを、僭越にも天子の歌を歌い驕り高ぶった様子で、かかる行為を孔子は許さなかったのではと。

私達も相応に役割を果たし生きていくことが大事かと思われますが、ただ、ここは自分を鍛え向上させることとは意味がちょっと違うようで、この違いには注意を要するところです。このことと関連して最近、読んだ本に「玉成《ぎょくせい》」なる言葉が出ていました。これは読んで字のとおり玉のように磨き上げ立派な人間に成るという意味で、相応には生きながらも自己の鍛錬を怠らないことが大事ではと。最後に作者不明ながら次のような人生の苦難を物語る歌を紹介します。

「幾度《いくたび》か虎《とら》の尾《お》踏《ふ》みて末終《すえつい》に雲間《くもま》を翔《かけ》る龍《りゅう》となりけむ」

■八佾編第三章

子曰く、人にして仁あらずんば礼《れい》を如何《いかに》にせん。人にして仁あらずんば楽《がく》を如何にせん。

孔子が言った。その人にして仁心がなければいかなる礼も本物ではない。その人にして仁心がなければいかなる音楽も本物ではない。

＊＊

本章は仁心が根底になければいかなる礼儀や音楽も意味をなさないという話のようです。

「仁」とは何か……これは、この論語の勉強の最終目的とするところでもありますので、詳細はおいおい触れるとして、ここで孔子が言いたかったことは、前二章に出てきた三桓子《さんかんし》が、本来、天子のものとされる「八佾《はちいつ》の舞」を舞わせたり「雍《よう》の歌」を歌ったりしたことを受けてのようです。三桓子がどんなに高貴な舞や歌で自分を誇示しても仁心から発したものでなければ不純で、見る人が見れば解るものです。現代でも三桓子のような権力者がいて、世の中のためと言いながら、私生活を見ると豪邸に住み超高級車を乗り回している人もいるような？

いつか香港の世界的映画スターであるジャッキー・チェンの話を何かで知りましたが、彼は稼いだお金のほとんどを福祉施設に寄付しているそうです。皆がジャッキー・チェンのようにお金を寄付したらと思うと……ジャッキー・チェンには本章にいう〝仁心〟が感じられると共に「人生の本当の喜びとは何なのか。自分と世の中とはどうあるべきか」などを考えさせられます。

されば、飾った世界に流されないようにしなければ、人生、酔生夢死《すいせいむし》に終わってしまいそうです。最後に、安岡正篤さんの心につき刺さる言葉を紹介します。

「五十歳の頃は悟りか諦《あきら》めかの別れ道だ」

■八佾編第四章

林放《りんぽう》、礼の本《もと》を問う。子曰く、大いなるかな問いや。礼は其の奢《おご》らん興《よ》りは寧《むし》ろ倹《けん》なれ。喪《も》は其の易《おさ》まらん興りは寧ろ戚《いた》め。

林放が礼の本質について尋ねた。孔子が言った。林放の問いは何と大きいことであろうか。礼儀は奢って派手にするより慎《つつ》ましやかにすることだ。葬儀は手順などに重きを置くより心からの哀悼《あいとう》の情を持つことだ。

＊＊

本章は「礼」の本質にかかわる話のようです。孔子は林放なる人の問いに痛く感心したようで、どうも、この章も先の三桓子なる悪大夫たちが分を越えた行いを為していることを受けてのようです。孔子はここぞとばかりに「礼」の本質に迫ったことを語っていますが、もう一度、過去三章を交え孔子が言っている「礼」について、その触りと思われるところを整理してみます。

（第一章）自分を良く見せようとする驕りに堪えられないようでは何にも堪えられない。
（第二章）雍《よう》とは奥ゆかしく控える天子を大夫が助ける儀式の歌だ。
（第三章）その人にして仁心がなければいかなる礼も本物ではない。
（第四章）儀式は派手にするより慎ましやかにし手順より心からの情を持つことだ。

さらに、これを要約すると「礼」とは、

（第一章）欲望に堪えるもの
（第二章）奥ゆかしいもの
（第三章）仁心が伴うもの
（第四章）慎ましやかで心からの情があるもの

となりそうで「礼」には何か非常に誠実なものを感じます。これを、さらにあえて一言で言うと「至誠《しせい》（誠意の極み）」となるのでしょうか？

関連して、最近、ある言葉が心に響きました。それは「何でも知っているフリをしない」というものです。世に長く生きていると、年齢や立場からついつい見栄を張って何でも知っているフリをしてしまいそうなときがあります。しかし、やっぱりおかしいものです。それでは三桓子のような「礼」を失した輩になりそうです。「知らないことを知らない」とする誠実な気持ちを持つ方が逆に自由に生きられそうです！

■八佾編第五章

子曰く、夷狄《いてき》だも君有り。諸夏《しょか》の亡きが如くならず。

孔子が言った。野蛮な国であっても君子はいる。今の諸侯国のように君子なきがごとくではない。

＊＊

本章は今の世には君子と称されるような徳ある諸侯がいないと孔子が嘆いたところです。

孔子の生きた春秋時代は、ご存知のとおりこれから弱肉強食の戦国乱世へと流れる時代ですから、孔子が世の乱れを正さなければと孤軍奮闘してもどうしようもないところがあったようです。ただ、この章の「夷狄」という野蛮人を意味する言葉と、「諸夏」の「諸」という字から私にはある有名な知略家の面白い話が連想されます。

ときは中国、三国志《さんごくし》の時代。蜀《しょく》の名参謀《さんぼう》・諸葛孔明《しょかつこうめい》は国の安定を図るため兵を率いて南蛮《なんばん》征伐に出かけます。当時、南蛮地帯は蛮王・猛獲《もうかく》大王が大蛇や巨象や猛虎などの猛獣を使いこなし権力を奮う南境の脅威となっていました。これを討たんとした戦いは当初、猛獲大王が猛獣戦略に出て優位に進めますが、そこは百戦錬磨の諸葛孔明！　相手の手の内を悟ると戦況は一転し猛獲は捕えられます。しかし、孔明は猛獲を殺そうとはせず陣形を建て直しもう一度かかって来るようにと逃がします。そうやって猛獲は再度、孔明に挑みますがまた捕えられます。しかし、孔明はまた逃がし、結局、猛獲は七度捕えられることとなります。さすがの猛獲も七回目には降参し打ち首を覚悟します。しかし、孔明はこう言います。

「孔明の功はそちに譲ってやろう。それゆえ、そちは以前のとおり南蛮国王となるが、これからは心を改め、民を愛し王化《おうか》につとめてくれ」と。これを聞いた猛獲は涙を流して崩れます。そして、以降、猛獲は仁政《じんせい》を敷かんと必死に努力した……。

という劇作家・横山光輝《よこやまみつてる》の「三国志」の一説ですが、孔明が猛獲を生かし、「王として民を愛し王化につとめよ」と諭した言葉には、孔子が時節を嘆きながらも求めたであろう理想の君子人の姿を見るような気がします。孔子は孔明のような諸侯を待っていたのかもです?

■八佾編第六章

季氏泰山《たいざん》に旅《やまつり》す。子冉有《ぜんゆう》に謂《い》ひて曰く、女《なんじ》救うこと能《あた》はざるか。対《こた》へて曰く、能はず。子曰く、嗚呼《ああ》曾《すなわ》ち泰山は林放《りんぽう》にも如《し》かずと謂《い》えるか。

一大夫に過ぎない季氏が泰山(中国の代表的名山)で山祭り(名山・大山は権威の象徴とされ天子は天下の名山を諸侯は自国の山を祭るのを慣例とした)を行った。孔子は冉有(門人)、お前は季氏に仕えながらそのような非礼を諌《いさ》めることができなかったのかと尋ねた。冉有は残念ながらできませんでしたと答えた。孔子は、ああ、泰山は林放という一介の男にも劣るのであろうかと嘆いた。

**

本章も季氏の非礼を孔子が批判したところです。孔子は最後のくだりで泰山と林放を比較していますが、林放とは前々章で、礼の根本を尋ね向学心のある人として孔子が評価していました。この林放と比較し泰山ともあろう山が季氏の非礼を咎《とが》めることもできないと、孔子は泰山を批判していますが、孔子が本当に批判したかったのは別にあり……それは冉有の対応ではと。

そもそも冉有が季氏を止めることができればこんなことは起きなかったわけで、孔子としては「汝は私の門下にありながら何ということか」というような気持ちであったのではと。しかし、冉有は消極的なところがあり己の任とは解っていながらも、恐らくは上司たる季氏を恐れ進言できなかったものと思われます。問題は、ここで、やはり、言うべきところで言えないようでは君子ではないというのが論語道で、真っ先に「勇気」は問われます。されば、私たちも論語を学ぶものとして、この勇気をどうにかして身に付けなければならないところですが、ここで、比類なき藩政改革を成し遂げた上杉鷹山《うえすぎようざん》のことが思い出されます。鷹山公は反対する重臣らとの間で相当な苦悩をしますが、そんな鷹山公を師である細井《ほそい》平洲《へいしゅう》がこう言って励まします。

「勇なるかな勇なるかな、勇にあらざるして何をもって行なわんや」

しかして、孔子の冉有に対する気持ちも細井平洲と同じで「勇ならんか！」ではなかったかと！

■八佾編第七章

子曰く、君子に争《あらそ》う所《ところ》無し。必ずや射《しゃ》か。揖譲《ゆうじょう》して升《のぼ》り下《くだ》りて飲む。其の争いや君子なり。

孔子が言った。君子は他人と争うところがない。あえて争うとすれば、それは弓道（「六芸《りくげい》」礼学、音楽、弓道、馬術、学問、数学の一つ）のときだけであろうか。しかし、その際でも登壇《とだん》する前には必ず対戦相手に対し揖譲（両手を胸の前に組むへりくだったお辞儀）の礼をきちんとし、下りる時も同じように揖譲の礼をきちんとし、勝敗が決し酒を酌み交わすときにも揖譲の礼をきちんとする。これが君子の美しい争い方である。

＊＊

本章は、君子は「争う」ところがないという話です。当時も現代もそうですが人の世に争い事は絶えません。どっちが地位が上だ、どっちがお金を持っている、どっちが良い学校を出ているかなど。でも、かかるなかでも〝君子は争わず〟ということのようです。では、どうして君子は争わないのか？　この際、思い付くまま君子の特徴を挙げてみます。

一、君子は分け隔てなく光を降り注ぐ太陽に似て他人を争うのでなく愛する存在と見ている。
二、君子は人に譲ることを美徳と考えている。
三、君子は平和主義だから力による解決を嫌う。
四、君子は秩序を保つことを大切にするので我がままなことをして人に嫌な思いをさせることがない。
五、君子は人間修養を怠らないのでめったなことで声を荒げたり感情的になったりしない。
六、君子は知恵があるので争いの起こらない方法を考える。
七、君子は争うよりも和する方が人間はすばらしい力を発揮するということを知っている。

八、君子はスケールが大きいので相手をすっぽりと呑み込んでしまう。

といったところで、他人と比較して自分が上だと喜んでいるようでは小人丸出しでとても君子とは言えないようです。そんな人、周りにいませんか？　他人事ではありませんが（笑）

■八佾編第八章

子夏《しか》問いて曰く、巧笑倩《こうしょうせん》たり美目盼《びもくへん》たり素《そ》以て絢《あや》を為すとは何の謂《い》いぞや。子曰く、絵の事は素より後《のち》にす。曰く、礼は後か。子曰く、予《われ》を興《おこ》す者は商《しょう》なり。始めて興《とも》に詩を言う可きのみ。

門人の子夏が詩に「にっこり笑った口元がかわいく、目はつぶらで美しく、その生来の美しい顔に紅や白粉の化粧《けしょう》をしている」という歌がありますが、これはどういう意味でしょうかと尋ねた。孔子が言った。そもそも絵とは始めに下書きがしっかりされ、その後に色が付けられるものだ。すると、それを聞いた子夏が、それでは人間の修養においても礼儀作法などの形より心の誠が先だということでしょうかと尋ねた。それを聞いた孔子は、自分にやる気を起こさせてくれるのは商（子夏）である。汝《なんじ》と初めて共に詩を語ることができると言って賞賛した。

＊＊

本章は孔子が子夏を賞賛したところです。理由は孔子に返した子夏の「人間の修養には〝礼の形〟より〝心の誠〟が大事だ」という言葉の閃きにあったようです。

本文に「心の誠」という言葉は出ていませんが、これは諸橋先生の訳文に出てくるもので諸橋先生は「礼は後」という言葉から行間を読みこの言葉を加筆されたようです。果して、孔子もまさに子夏に「心の誠」を感じ感動したのだと思われます。

さて、その「心の誠」です！　「心の誠」とはどう言う意味か……それは恐らく嘘偽りのない〝真心〟ということではと思われます。この〝真心〟がなければ、どんな言葉も行動も無味乾燥《むみかんそう》で説得力がなく心に響かないと。よく、ありますが会議の挨拶《あいさつ》など、言葉は流暢《りゅうちょう》に喋っていても、その人から何ら熱いものが伝わってこない……

それは、やはり心に誠がないからだと思われます。そして、この誠の極みこそが天や神にも通じる「至誠通天《しせいつうてん》（至誠通神ともいう）」というすばらしい境地です。

　そもそも、地球は止まることなく自転し太陽や月や星の力を借り何十億年の秩序を保ってきていて、仮に、この働きを司っているのが天とか神とか言われる存在だとすれば〝至誠〟とは、天と人間とをつなぐスイッチのような気がします。人間にはなぜか〝欲〟があり、この欲のため様々な不協和音が生じ秩序が乱れますが、この欲から離れた心の状態になったとき、天や神とつながり凄い力を発揮する。人間とはどうもそんな不可思議な力を秘めている気がします。明治維新の立役者・西郷さんは元々下級武士でありながら〝至誠〟の二文字を胸に上役を動かし維新の大業を成し遂げます。また、私たちの仕事でも欲や見栄を捨て本気でぶつかったとき不思議な力が働きどこからともなく助人が現れたりして成就します。これが即ち天とつながった〝至誠通天〟の状態ではないかと思われます。

　しかして、振り返れば今週は本年最後の週です。「心の誠」で有終の美を飾りたいものです！

■八佾編第九章

子曰く、夏《か》の礼は吾能《よ》く之を言うも杞徴《きちょう》するに足らざるなり。殷《いん》の礼は吾能く之を言うも宋徴《そうちょう》するに足らざるなり。文献《ぶんけん》足らざるが故なり。足るれば則ち吾能く之を徴せん。

孔子が言った。夏時代の礼制度について私は話すことはできるが、その子孫である杞国にそれを証明するものが残っていない。殷時代の礼制度についても私は話すことはできるが、その子孫である宋国にそれを証明するものが残っていない。この二つの時代の文献（文が文章で献は賢人）が残っていないのは残念なことである。残っていれば私は十分に説明できるのだが。

＊＊

本章は文献というものがいかに大事かを言った件《くだり》です。それにしても「献」という字が元々は「賢人」のことを指すとは知りませんでしたが、大昔は紙や文字がなく大事なことは長老が口伝《くでん》として後人に伝えたと思われます。

されば、文献が大事なことは今さらながらよく知るところで、私には本章は二つの大事なことを示唆しているような気がします。

その一つは孔子が先人の言に耳を傾けようとしている姿で、孔子は夏・殷の二つの時代には立派な礼節があったと過ぎ去った遠い昔のことながら、そこに焦点を当て何か大事なことを学ぼうとしています。ここに孔子の時代を超えた真理探求の姿勢と、同時に、良き教えを世に広め後世に残さんとする高志が窺えます。されば、私たちもまずは生きた先祖である身近な両親、また御先祖さまや、洋の東西を問わず偉人が語った真実の言葉などに耳を傾けなければならないような気がします。

それと、もう一つ示唆されることは、私たちも次の時代の人たちのために何か文献の一つでも残さなければということです。論語の学而編第一章に「学びて時に之を習う」とありました。そのときそのときで自分が知り得た真実も復習しなければいつか忘れます。また、為政編第十五章にも「学びて思わざればすなわちくらし」とあり、学んだことも掘り下げなければ理解が浅くなります。ここで思い出されるのが、私が三十歳の頃に前述のM先輩から受けた貴重なアドバイスです。いつか話した日常で自分が大事だと感じたことをノートに書き留めることで、先輩はさらっとそのノートを見せてくれました。するとそこには万年筆で縦書きに書かれた文章がズラズラーッと綺麗に綴られていました。それからは私も気に入った先人の言葉などを書き留めるようにし、言わば、この「真理探求ノート」は十冊目に入りましたが、実際に書き写すという作業には、やってみると解りますが、ただ読むのとは違って丸でその偉人から直接、薫陶を受けているようなとても不思議な感じがするときがあります。しかして、この真理探求ノートは、そもそもは自分の修養として始めたもので何も次世代に残すなんていう気持ちはありませんでしたが、自然と文献といえば文献のような、らしきものとして出来上がりつつあります……ただ、本当に後人の役に立つかどうかは解りませんが（笑）

されば、何も差し出がましいことを言う気はありませんが、こんな真理ノートを書き始めるのはどうかと？なんせ、孔子も「いかんせん文献が残っていない」と嘆いているくらいですから！

■八佾編第十章

子曰く、禘《てい》既に灌《そそ》いで自《よ》り往《のち》は吾之を観《み》ることを欲せず。

孔子が言った。魯国の開祖・周公《しゅうこう》が没し禘《てい》（時の王者が神や祖先を祭る儀式）の祭礼で鬱鬯《うっちょう》（神降ろしの儀で大地に注ぐ香り高い酒）を地に注いでからの後世については、私はその名分の乱れを見る気になれない。

＊＊

本章は孔子が昔なされた「名分」の過ちが後世の乱れを招いたと嘆いたくだりのようです。

しかして、その名分の過ちとは「禘《てい》」という儀式にあったようで、この儀式は本来、天子のみが行うことができるものでしたが魯国には開祖・周公が亡くなったあと天子から特別にこれを行うことが許されたようです。しかし、これは名分の大きな過ちであったようで、そのことが災いして、後年、例の三桓子《さんかんし》と呼ばれる横柄な大夫たちが登場し世が乱れることとなります。やはり、世の中には特別な配慮を必要とする時もありますが、名分の違いをよくよく考えなければ後世に禍根《かこん》を残すことになりそうです。このことは私たちもよく経験するところで、新人をかわいがり過ぎたばかりに、その人が我がままになってしまったということは多分に聞くところで、やはり、先輩は先輩、後輩は後輩という名分を考えながら接すべきであるような気がします。名分の乱れについては孔子がたびたび指摘しているところで、儒教には次の五つの大名分があります。

父子《ふし》の親《しん》……親と子の親しみのあり方
君臣《くんしん》の義《ぎ》……上下の理《ことわり》のあり方
夫婦《ふうふ》の別《べつ》……夫婦の違う役割のあり方
長幼《ちょうよう》の序《じょ》……年長者と年少者の順番のあり方
朋友《ほうゆう》の信《しん》……友達間の信頼のあり方

有名な「五倫《ごりん》の道《みち》」と言われるもので、これが乱れると人間関係がおかしくなり、このことについては詳しくは先でおいおい説明します。また、儒教の教えには同じように「五常《ごじょう》の徳《とく》」と言われる五つの大事な徳目があります。ちょっと話がそれますが、こっちの方は南総里見八犬伝《なんそうさとみはっけんでん》では「八徳」と広げて言われ、また、現代では「十徳や」さんという居酒屋さんまであるようで……さすれば、居酒屋さんの話が出たところでいつか

「鬱悒」なる美酒を飲んでみたいものです……失礼しました（笑）

■八佾編第十一章

或るひと禘《てい》の説《せつ》を問う。子曰く、知らず。其《そ》の説を知る者は天下に於《お》いては其れ諸《こ》れを斯《ここ》に示《しめ》すが如きか、と其の掌《たなごころ》を指《ゆびさ》す。

ある人が禘とはどんな儀式だったのかと尋ねた。孔子が言った。私は知らないと。しかし、その後、言葉をついでそのことを知る者が天下にいるとすれば、それは、ほれこのとおりだと言って片方の手のひらをもう一方の手の人差し指で指した。

＊＊

本章は前章で出て来た天子の儀式である「禘《てい》」について詳しいことを尋ねられた孔子が初めは知らないと答えながら、その後、手のひらを指し答えたところのようです。手のひらを指差すとは自明のことを言うようで、ここはどうも意味あり気です。孔子は「禘」の儀式を知る人とは誰のことを言いたかったのか？　どうしてはっきりその人の名を口にしなかったのか？　それを解く鍵はどうも前章にありそうです。前章で、孔子は「禘」の儀式を行うことが魯国に特別に許可されたことにより魯国は名分が曖昧になり国が乱れたと言っていました。そして、ここでもよく見ると、孔子は関係する人のことを明言していません。しかして「禘」の儀式とは本来、天子だけが行うことができるものであり、それを魯国に特別に許可したことにより魯国が乱れたのであれば、そもそもの原因は天子にあるとなります。であれば「禘」の詳細を説明することは天子の悪口を言うことにつながります。だから、孔子はこれを避けるため手のひらを指す間接的な方法で表現したのではと。

ここが大事なところで、小人であれば、それが遠い昔のことともなれば、天子がそもそも悪いんだと言いそうですが、君子は誰であれ他人の悪口は軽々に言わないものです。それは他人の悪口が聞く人にとって大変に聞き辛いものであり、また、他人の悪口を言うことが口はばったいからです。

話は日本に飛んで、篤志家《とくしか》の二宮尊徳《にのみやそんとく》は上司や同僚の悪口など言ったことが無く、そんなことを言っていても先に進まないと言って事業を進めたそうです。されば、我々も他人を軽々に批難して小人を露呈することがないよう手の平でも指しながら、大らかにいきたいものです！

■八佾編第十二章

祭《まつ》ること在《いま》すが如くす。神を祭ること神在《かみいま》すが如くす。子曰く、吾祭に興《あづか》らざれば祭らざるが如し。

「祭事はおられるが如くする」「神事は神さまがおられるように行う」という二つの古語を受け孔子が言った。私は祭事へ参列せずやむなく代理人を使わしたときは本当に祭ったような気持ちになれない。

＊＊

本章は二つの古語を引き合いに孔子が祭事の際の心持ちを言ったところです。それにしても何か今日の言葉にはギクッとさせられます！　というのも、ここで言う祭事とは恐らく神事や仏事などのことと思いますが、これに参列するときにはその場に神さまや故人が実際に来られていると思って行いなさいと言っているからです。こんな話は聞いたことがありませんが、仮に、本当にその場に来られていて自分と同じ空気を吸っておられると考えると、かなり臨場感があって自然と静粛で真摯な気持ちになり、同時に神さまや故人が何か身近な人のようにも感じられます。どうも、〝祭ること在《いま》すが如くす〟とはただならぬ言葉で、これが本当の、今生きている後人たる我々が祭事に臨む時の心構えで、孔子が代理人を使わせたときは祭った気がしなかったと言っているのもうなずけ、場合によっては葬儀などの参列を形式的にとらえて香典だけで済ませたりしたことのある自分には恥ずかしい限りです。それにしても、こんな言葉は小さいようで大きくなかなか凡人では出てこず、古人や孔子の、

「それが本来どうなければならないか」

本質を見抜く力に驚かされます。されば、孔子はどうして本質を見抜くことができるのか……おそらく、それは孔子が人間界に流れている目には見えない真理の法則を知っているからではないかと思われます。しかして、その真理の法則とは地球を存続させるために働いている大宇宙の規則正しい力であり、その人が正しい生き

方をしていれば、この大宇宙の力と波長が合い自然と正しいことが見抜けるのではと。でも、小人は兎角に地位や名誉やお金など目先の我欲に溺れ、我がままな考え方をしがちなため、神に導かれるどころではなく人間界の秩序を乱す悪因と見なされそうで……ちょっと恐い気が……やはり、人間は他者を思い温かく正しく生きるべきで、論語にはそのための多くの術《すべ》が書かれています。勉強して行くうちに段々と大宇宙と波長が合ってくるかもです！

■八佾編第十三章

王孫賈《おうそんか》問いて曰く、其《そ》の奥《おう》に媚びん與《よ》り寧《むし》ろ竈《そう》に媚びよとは何の謂《いい》ぞや。子曰く、然《しか》らず。罪を天に獲《う》れば祷《いの》る所《ところ》無きなり。

王孫賈が問いかけて言った。「家の奥の神に媚びるより釜戸の神に媚びたよ」と言うが、これは一体どんな意味であろうかと。孔子が答えて言った。それは間違っている。そもそも媚びへつらうような道はずれたことをすれば天罰を受ける。そうなれば天に祈るどころではないと。

**

本章は王孫賈という人から「家の奥の神より釜戸の神に媚びたよ」という当時の諺について問われたところです。この章には背景があるので説明します。実は、当時、魯国とは兄弟国であった衛国が乱れていたのを見かねた孔子が、これを救おうと衛国夫人の南子に会います。ところが、これを見た衛軍の実権を持つ王孫賈が孔子が南子に媚びて取り入ったものと思い、そういう形式的な上位者に頼るよりも軍の大権を持つ自分に頼ったほうが良いのではないかと、謎をかけたということのようです。果たして、孔子は「然らず」と一言否定し、どちらにも媚びるものではない。そもそも「媚びる」こと自体が天の道にはずれるときっぱり返します。

　さて、この「媚びる」という行為です。人はときに長いものには巻かれがちで、強者や権力者につい媚びることがあって、実際にそれによって自分に利がもたらされたりもします。しかし、問題は「媚びる」という行為が人間として恥ずかしくないか、孔子はそれを問いているようです。自分の得た利が正道よりもたらされたのか。

相手に屈し自分を欺いた結果によるのか。もし、そうなれば、それは嘘ということになります。論語に一貫して流れる「仁」の心とは嘘偽りのない真心で、嘘偽りがあれば天罰が下されるというのが考え方です。

そもそも人間の尊厳さとは地位や名誉やお金など目先のことを求めるところにあるのではなく、その人の高志や信念や哲学などにあるはずです。やはり、そこは為政編の最後の章でも出てきた「義を見て為さざるは勇無きなり」と、〝媚びない〟勇気が必要なところで、それがなければ相手から見下されても仕方がないところです。しかして、簡単に媚びないとなれば逆に相手から一目置かれるやも知れず、仮に、そうなれば、それは「天罰」が「天恵」に変わったと言えそうで、「天罰」と「天恵」の別れ道はこのちょっとした勇気にあるのかもです。

先日、人間ドックに入ったら待ち時間に面白い雑誌の記事を見つけました。ある元大臣が引退後に陶芸に志し、とある大家に入門を申し込んだときの話です。その人は相手が大臣だろうが何とも思わないような人で「あんたもすきやね～」と言いながら何度も入門を請われたので認めたそうです。元大臣を屁とも思わない。へ～、なんてダジャレを言っている場合じゃないですが（笑）人生に示唆する話で「媚びない」とは凄いものです！

ときに、もうすぐ人事異動です。王孫賈のように権力者に媚びて利を……などというケチなことは考えず悠然と行きたいものです！

■八佾編第十四章

子曰く、周は二代に監《かんが》みる。郁郁乎《いくいくこ》として文《ぶん》なるかな。吾は周に従わん。

孔子が言った。周という時代は前代の殷《いん》、前々代の夏《か》の風習に鑑《かんが》みて礼文制度を整えて行った。おそらく、文化は盛んで花は香り大変に美しい彩《いろど》りであったろう。私はかかる周の礼文制度に従いたい。

＊＊

本章は、周の礼文制度が良いのでそれに従うと孔子が言ったところで、何でもないところのようですが、ここには、ちょっと、おやっと思う背景があります。というのも、実は、孔子の父をはじめとする祖先は代々「殷」の時代の礼文に従っていたからです。しかし、ここで、孔子は、自分は「周」に従うと明言しています。これは間接的に親や先祖の考えに逆らうことになります。ご承知のとおり、孔子は大変に親思いです。しかし、その孔子があえて周の礼文制度に従うと言ったのは、孔子が学を修め周の礼文が夏や殷の良さを深く継承したものであることをよく学んだからで、おそらく孔子にはその点、自信があったものと思われます。

されば「学」の大切さを知るところで、日本人に最も尊敬されている人のひとり明治の元勲・西郷隆盛が次のように言っています。

「推倒一世之智勇《すいとういっせいのちゆう》、開拓万古之心胸《かいたくばんこのしんきょう》」

これは中国宋時代の陳竜川《ちんりゅうせん》という思想家の言葉ですが、西郷さんはこれを好んで揮毫《きごう》したようで、意味は自分一代ぐらいで悟る真理など知れたものだ。幾多の先人に引き継がれてきた深い真理に学びなさいというようなことのようです。私たちでもそうだと思いますが、自分が亡くなるときに一番想うことは家族や子孫の平安です。まして、君子として名の残る人たちは自分の家族だけではなく次の時代のすべての人の平安を願います。そして、そのとき、自分が後世のためにやれることは何かと考えたとき、それは自分が生涯で学び知った人間が生きていくうえでの大事なことを伝えることではないかと。論語をはじめとする四書五経は何千年の昔から何百億、何千億人という私たちの祖先、先輩に人生の実践書として読み継がれてきたものです。

であれば、なぜ、先人の書に学ばなければならないか、自分一代だけの体験がどれほど微々たるものかは自明のことで、孔子はそのことをよく理解し、先人の「学」を修めたのだと思われます。だから、父の精神は自分の心のなかにあった上で、あえて本章のように周に従うと言ったのではと思います。

されば、昔の日本人は西郷さんにしろ、竜馬にしろ、晋作にしろ、皆、よく先人の教えに学び二十歳ぐらいでは堂々とした風格だったようです。しかし、戦後の日本では現実主義が主流となり、先人の教えに学ぶ「人間学」があまりなされなくなっていることが残念に思われます。されど、日本の使命は世界に「力」による支配ではなく「徳」による治世を広げることにあると思われ、日頃、先人の貴重な言葉に耳を傾けたいものです。

■八佾編第十五章

子、大廟《たいびょう》に入りて事毎《ことごと》に問う。或るひと曰く、孰《たれ》か聚人《すうひと》の子《こ》を礼を知れりと謂うや。大廟に入りて事毎に問ふと。子之《し》を聞きて曰く、是れ礼なり。

孔子が大廟に入り祭事を執り行うに一つひとつ聞きながら行った。これを見てある人が、あの聚人（聚とは孔子の父が長官を務めたことがあった村の名。田舎者という軽蔑した言い方）の子は礼を知っているると誰かが言っていたが、ことごとく聞いているではないかと言った。これを聞いた孔子はこれこそが礼であると言った。

＊＊

本章は、若いながら音に聞こえた孔子が国の儀式に参加したときの話のようです。おそらく、このとき孔子は儀式の作法についてはある程度は知っていたと思われますが、一々尋ねてこれを行ったようです。小人であれば「俺は何でも知っている。一つここはオレ流でやって皆にさすがだと言わせよう！」あるいは「こいつは音に聞こえた割には何にも知らないと思われては家の名折れになる。存在感を示そう！」となりそうです。しかし、仮にそんな思いでやったとしたらどうなるか？　恐らく、皆から誉められるどころか、逆に「この若僧は生意気だ。けしからん！」となるのではないでしょうか。そうなれば肝心の人間関係が土台から崩れます。でも、そこが君子・孔子です。孔子は何よりも人間関係を大事にします。だから、若い人は若い人として一歩引くのは当然で誠実に周りの先輩の話に耳を傾けたと思います。そして、これが正しく「礼」であったのではと。

ところで、このことは以前にも出てきた〝媚びる〟という話と似ています。でも、これは似て非なる大事なところと思われます！　どこが違うのか？　それは、おそらく孔子が周りの先輩に尋ねたときの態度にあったと思われます。ただ、相手が先輩だからとへりくだっただけであれば相手は「俺が年上だから、ただ単に立てているだけか。何だ媚びているだけか。」と取られたかもしれません。でも、孔子の場合はそんな薄っぺらな態度ではなく先輩を大事な役割の経験者として立て誠実に尋ねたと思われます。この心を込めた誠実さこそが相手には通じるもので、誠実の極みを〝至誠《しせい》〟と言い至誠であれば何人なりとも動きます。だから、孟子や吉田松陰《よしだしょういん》先生も言っています。

「至誠にして之《これ》動かざる者無し」

ただ、世の中にはどうしようもない人がいるようで、顔や行いはいかにも善人の様にしていても、その実、我欲の強い人、自分が一番知っていると言わんばかりに知力で人を押さえ込もうとする人、まったく聞く耳を持たない人などがいてなかなか至誠が通じないときがあります。しかし、それでも、

「他人を咎《とが》めず己の誠の足らざるを尋《たず》ぬべし」

自分の誠実さが足りないと言って、かの西郷さんは明治維新を成し遂げました。されば、日々いかに〝至誠〟を実践して行くかが修養の要《かなめ》ではと思われるところです。

■八佾編第十六章

子曰く、射は主皮せず。力科《ちからしな》を同じくせざるが為なり。古《いにしえ》の道なり。

孔子が言った。「礼射《れいしゃ》は矢が的《まと》に当たることを目的とせず」という言葉がある。それは、それぞれの力が同じでないからである。これが古《いにしえ》の射道である。

＊＊

本章は「礼射」と呼ばれる今で言えば弓道の話のようです。前文に礼射とは的に当てるのを競うのではない。それは人によって実力が違うからだとあり、後段には、それが古の礼射だと結んであります。何かよくわかりませんが、人それぞれに実力が違うのは当然で、だからと言って的に当てることを競わないとすれば何を競うのか……ヒントになるのが「射」という字の前に付いている「礼」という字にありそうです。

諸橋先生は解説で、そこのところを古の「礼射」とは「当てる」ことよりも参加する人の「心構え」や「礼儀正しさ」や「節度」などを重んじたと言っておられます……なるほど礼節の方を重んじる……何か競技というより行事のような感じで……でも、現代人の感覚からすればやはり競わなければ面白くないような？　しかし、古の君子は競わなかったとは、ちょっと驚きですがさすが

な気もします。されば本章ではいわゆるスポーツというものにスポットを当ててみたいと思います。

まず、本文の最後の「古の道なり」という言葉です。諸橋先生は、これを「古の射道である。」と訳されています。つまり、「射」に「道」という言葉を付けられています。そういえば、日本に古くからあった武道や芸事は、ご存知のとおり今のスポーツとはちょっと違い精神修養のための手段とされ、勝ち負けには必ずしもこだわりませんでした。だから、それらは柔道と言ったり剣道と言ったり、また、文化面においても華道、茶道と言って、みんな「道」という字が付けられていました。この考え方が何ともすばらしいと思えるところで、この精神修養により武士道は自己を自在にコントロールする屈強な精神力持ち、またさらには、神道《しんとう》や儒教や仏教や禅宗の持つ人を思いやる仁や慈の徳とも合わさり総合的にバランスの取れた君子人を造る道となっていました……ところが、この影が薄くなったのは戦後だと思われます。

いつかも触れましたが欧米の価値観である「競争主義」が持ち込まれたことにより、それまで精神修養の手段とされていた「武道」に代わって、勝敗を重視した「スポーツ」が主流となったような気がします。いつか、とある大先達に「道」の話を聞く機会があって、私がちょうどそのとき開催されていた国際競技を話題に「日本選手が活躍していますね！」と言ったら、その方は「あ~あれはスポーツですから」と少し違う感じで言われました。今時スポーツをそんなふうに言う人は始めてでしたので私は面くらって、それからいろいろと考えました。スポーツ自体は身体を動かすことで良いはずです。それに、選手の頑張っている姿は、人を喜ばせたり元気にさせたりもします。それは事実です。

しかし、この章を見てひらめきました。純粋に人間の精神修養を目指す「武道」と、勝敗を重視する「スポーツ」とは確かに違うと。そう思うとスポーツの持つ問題点も見えてきました。今のスポーツとは人と人とが競うものです。人間は生まれた時から体格が良かったり運動神経が良かったりする人と、そうでない人がいます。この両者が競っても勝負はおおかた決まっています。そこに努力の差も考えられますが一般的に体格や才能に恵まれた人が勝ちます。そして、勝った方は優越感を感じますが、負けた方は悲しい辛い思いをすることとなります……これで良いのか？　また、単に勝てば良いということであれば優秀な人をお金でスカウトしたりすることも考えられ、実際それも見られるようで、そんな色んな複雑な問題もありそうです。競技である以上競うことは当然ながら、問題なのは〝自分〟のことや〝自分のチーム〟のことしか考えないという点にありそうな気がするところで、こんな考えがスポーツ界のみならず広く社会に浸透して行ったらどうなるか？

　そこで孔子です！　ご承知のとおり孔子は世の秩序を乱すようなことを嫌います。単なる競争主義や実力主義で同じ人間同士が争うようなことを軽々に認めません。だから、戻って「礼射は矢が的に当たることを敢えて目的としないという言葉があるが、それは、それぞれの力が同じでないからである。」と言っています。スポーツとは本来どうなければならないのか？　世の中への影響が大きい分野だけに、考える必要がありそうな気がします。されば「礼射」とは「礼」の方を大切にするようです！

■八佾編第十七章

子貢、告朔《こくさく》の餼羊《きよう》を去らんと欲す。子曰く、賜《し》や、爾《なんじ》は其の羊《ひつじ》を愛《おし》む。我は其の禮《れい》を愛む。

子貢が告朔の儀式で羊を生贄《いけにえ》にすることを止めてはと提言した。孔子が言った。子貢よ、汝は生贄の羊を惜しむが私はその祭礼自体が廃れるのを惜しむと。

＊＊

本章は農業儀式にまつわる話で、「告朔の餼羊」とは羊が生贄にされた儀式で、孔子の時代になるとそれが形骸化し単に生贄だけが供えられていたようです。ここで、孔子は「汝は一匹の羊を惜しむが私はその儀礼が廃れることを惜しむ」と言っています。でも？　羊がかわいそうでもあり、子貢が言うように確かに形骸化した行事であれば廃止してもいいような気もします……しかし、ここが孔子の凄いところで、子貢が羊をただ単に「物」として見たのに対し、孔子は羊を生贄とすることを止めることにより、農業という人間生活に重要な役割を果たす営みへの神聖な感謝の「礼」が廃れ、引いては世の秩序・平安まで乱れるという危機感で見ています。

　言われてみればそのとおりで、世の中とはそうやって少しずつ合理的になり大事なことが廃れていくような……何か恐い気もします。人間関係もそもそもはまず「和を以って貴しとなす」とあるとおり「和」がなければ成り立ちませんが、その「和」も過ぎるとナーナーの馴れ合いになり、だらけたものとなります。それで、

「礼を以って之を斉《ただ》す」ことが必要となります。本章の話も一見すれば単に生贄を惜しむ話に過ぎませんが、それは農業に対する神聖な「礼」を失することになり、そう考えると簡単には譲れないところです。孔子先生、やはりさすがです！

■八佾編第十八章

子曰く、君《きみ》に事《つか》へて礼を尽くせば人以って諂《へつら》へりと為す。

孔子が言った。私が君に仕えるとき礼節を尽くすのを見て、人はそれを諂いだと言っているようだ。

＊＊

本章は平たく言えば上役に礼儀を尽くす姿を他人は諂っていると取るという話のようです。これは組織の中にある人間にとっては度々実感するところと思われます。こちらは相手が上司や年長者であるがゆえに敬語を使ったり礼儀正しく振る舞ったりしますが、他人はそれを諂っていると！　だからといって上司にそうそうに横柄な態度はとれません。それで礼を尽くせば諂いと……とかくに人間関係は板挟みとなって難しい限りで、これを上手くやれれば人生の達人と言えそうです！

さて、ではどうすれば、相手に媚びず、へつらわず、角を立てず、恥じをかかされず、見下されずやれるのか？　思い当たるいくつかの対応策を挙げてみます。

・誰かれ区別なく誠実に対応する
・誰かれ構わず堂々としている
・笑顔で掌に乗せる
・不即不離《ふそくふり》（付かず離れず）の対応をする
・味方なのか敵なのか煙に巻く
・怒ったら大変だと思わせる
・毅然《きぜん》と接する
・馬鹿になる

など色々ありそうで、実際、歴史上の人たちもこんな様々な対応を取ったようです。さて、では主役の孔子はどういう対応をしたのか？　ここは一番、諸橋先生の解説を紹介したいと思います。

「（論語における様々な対応を通してみると）孔子はいかなる場合においても君に対しては必ず臣たる者の礼を正しくとり守っており、そのためにあるいは時人《じじん》とは違い、そのそしりを受けることがあっても、あえて意としなかったのである。恐らく孔子は、身を以って一国の名分を維持しようと志していたのであろう。」

つまり、孔子は自分の職責上の本分を貫いたようです。だから、他人が自分を諂いと取ろうがどう取ろうが「あえて意としなかった」と言うことで、やはりこれが正解となりそうです！

■八佾編第十九章

定公《ていこう》問ふ、君臣《きみしん》を使い臣君に事《つか》えること之を如何にせん。孔子對《こた》えて曰く、君は臣を使うに礼を以てし臣は君に事うるに忠を以てす。

魯国の定公が君が臣を使い臣が君に仕えるにはどうあるべきかと尋ねた。孔子が言った。君が臣を使う場合には礼を旨とし、臣が君に仕える場合には忠を旨とすべきであると。

＊＊

本章も「礼」の話であるようです。孔子は前章で周りからどう見られようが臣が君に対して礼を尽くすのが礼だと言っていましたが、ここには逆に君が臣を使うときのあり方も出ています。そして、孔子はそれでも礼が大切であると言っています。上にある人とはとかくに俺が上だ、私が上だ、と驕《おご》りが出そうですが、そうすることなく上位者も下位者に対しては礼を尽くすべきだと。しかして、確かに上下が互いに相手を尊重し礼を尽くした姿とは何か清々しい感じがします。そして、恐らく、これは上下に限らず人間関係のすべてにおいても言えるような気がします。

さて、ただ難しいのは第三者の眼です。孔子はそんなことはまったく意に介さないと言っていましたが、戦国武将の伊達政宗は次のように言っています。

「仁《じん》に過《す》ぐれば弱くなる。義《ぎ》に過ぐれば固くなる。礼に過ぐれば諂《へつらい》となる」

礼とは確かに大切ながらも過ぎた礼となるといらぬ誤

解を招きそうです。やはり、人間関係とは難しいものでこの辺りの微妙なところをないがしろにしないようにしたいものです。

ときに、話はズレますが、先日、定年を前に退職したとある旧友と飲みました。彼は五十二歳といまだ若く重要な課の課長だったので黙っていても将来、部長、次長と出世した人だと思われます。その彼が関係部署に辞意を表明したところ上司の皆は揃ってそんな良い地位にいるのに何で辞めるのって感じだったそうです。どうもその理由が想像できなかったようですが、彼の辞めた理由とは出世や人間関係などが煩わしかったからということでした。何か私も考えが似ていたので、その晩は最後まで楽しく飲みましたが、それにしても、そういう誠実な人が去っていくのは惜しい限りで、本章の論語に照らし合わせれば、上に立つ人が「礼」を尊重するような雰囲気を持っていれば事態は変わっていたかもと思うと少し残念です！

■八佾編第二十章

子曰く、関雎《くわんしょ》は楽しんで淫《いん》せず哀《かな》しんで傷《やぶ》らず。

孔子が言った。関雎は何とも楽しいところがあって人の心を淫《みだ》らにするところがない、また、悲しいところもあるが人を傷つけるというほどでもない。

**

本章は「関雎《かんしょ》」という歌の話で、関雎とは、ミサゴという鳥が鳴くというような意味の「詩経《しきょう》」の最初に出てくる詩で当時は庶民から貴族までが歌ったようです。まずは早速、実際の歌詞から見てみましょう。タイトル・訳ともに私流です。

「ミサゴの歌」

関関雎鳩　かんかんとミサゴが優しく鳴き合う
在河之洲　河の中洲にいる
窈窕淑女　美しくしとやかな淑女
君子好逑　君子の良き連れ合い
參差荇菜　水草は交差する
左右流之　流れの中に左右と揺れる
窈窕淑女　美しくしとやかな淑女
寤寐求之　寝ても覚めても嫁として求めたい

求之不得　求めても求められない
寤寐思服　寝ても覚めても思いは尽きない
悠哉悠哉　ゆらゆらと果てしなく心は揺れ
輾轉反側　寝がえりを繰り返す
參差荇菜　水草は交差する
左右采之　これを左右に採る
窈窕淑女　美しくしとやかな淑女
琴瑟友之　琴と大琴が響き合う友のよう
參差荇菜　水草は交差する
左右芼之　これを左右から選ぶ
窈窕淑女　美しくしとやかな淑女
鍾鼓樂之　鐘や太鼓を叩いて仲好く樂しもう

どうです？　三千年ほど前の歌と思われますが、歌詞は対句となっていてリズム感があり、恐らく韻も含んでいて、内容も読めば読むほど効果的な繰り返しがあったりなど詩作に洗練されたものが感じられます。また、テーマも男女の話ながら孔子が言うように淫らな感じがなく爽やかで純粋、高潔な感じすらします。こんな感じの歌が詠われていたとは驚きですが、当時は意外と平和な世の中だったのか現代とあんまり変わらないような……何か不思議ですが多分、当時の人も現代人も脳の重さやシワの数は変わらないかもです？

最後に「詩経」について若干の説明をしておきます。詩経とは四書五経《ししょごきょう》の一つで、当時、諸国に伝わった詩や歌（民謡のようなもの）を孔子が編纂《へんさん》したとされています。風《ふう》・雅《が》・頌《しょう》の三つに分類され「風」は庶民の民謡、「雅」は朝廷の雅楽のようなもの、「頌」は祭事に類するもので、王侯から庶民に至るまでの歌が全部で三百編ほど載せられています。内容はつらい仕事を嘆く歌、喪《うしな》った家族を弔う歌、また恋の歌など純朴な想いが歌われ、孔子は当時、人の心を知る大事な学問として推奨したようで、確かに偽らざる〝純朴〟さに魅かれます！

■八佾編第二十一章

哀公《あいこう》、社《しゃ》を宰我《さいが》に問う。宰我対えて曰く、夏后《かこう》氏は松を以てし殷人《いんびと》は柏《はく》を以てし周人《しゅうびと》は栗《くり》を以てす。曰く、民をして戦栗《せんりつ》せしむと。子《し》之を聞きて曰く、成事《せいじ》は説《と》かず遂事《すいじ》は諫《いさ》めず既往《きおう》は咎《とが》めず。

魯国の哀公が社について孔門の宰我に尋ねた。宰我は夏の時代には松《まつ》を、殷の時代には柏《かしわ》を、周の時代には栗《くり》を植えた。周が栗を植えたのは民をして戦慄させるためであったと答えた。後日、これを聞いた孔子は成してしまった事には触れない、遂げたことは諌《いさ》めない、過去のことは咎《とが》めないと言った。

＊＊

本章は哀公が宰我に「社《しゃ》」について尋ねたところです。社とは王城の西にある木を植えて神を祭ったところでそこでは罪人が処刑され、反対に東には先祖を祭った宗廟があり、ここでは善行者が表彰されたようです。宰我は「栗」という字には「戦慄」という意味があることに引っかけて出まかせを言ったようです。後日これを聞いた孔子は「言ってしまったことはどうにもならない」と三つの言い方でくどくど言っています。おそらく孔子は宰我の軽率さをきつく諌《いさ》めたかったのではと。

さて、されば「口は災《わざわ》いの元」と言います。つい油断して言ってしまったことがただならぬ事態を招いたというようなことは宰我に限らず誰でも経験のあることではと思われ、これが個人的なことならまだしも難しい公の会議の席でとかになるとやっかいです。やっとお互いの接点が見出せ一同がほっとしかかったところで、誰かが油断して言ってしまった一言が雰囲気を一転させ問題を蒸し返すことになったというような話は何度か目にしたことがあります。難しいテーマの会議だとなかなか全会一致というわけには行かず、納得はいかないけどもこの際、了承するしかないとギリギリのところで決まったりもします。そこのところをよくよく察し油断した一言を発しないよう心したいものです。

ところで、会議に因《ちな》んで面白い現象が起こるときがあります。それは難しい会議やかしこまった会議が終了した後に皆が堰《せき》を切ったように本音を闊達《かったつ》にしゃべり出す現象です。これって何って感じですが、みんな会議の席では緊張しているし、こんなことを言ったら笑われるんじゃないか、真剣に考えていないと取られるんじゃないかなどと考えて発言を避けていますが、会議が終わると緊張が解けるんでしょうね。であれば、本当は会議とはリラックスして最初っから皆が自由に発言できるような雰囲気であるのが良いような気がします。ときに難しい会議もありますが、やはり自由闊達に明るく話せる雰囲気づくりに心掛けるというのが大事ではと思われます。

関連して、最近、尊敬するH元熊本市長の随想を読んでいますが、こんな言葉が出てきて深い感銘を受けました。

「思いやりと人間愛に満ちた豊かな人間性」
「真の愛情に根ざし渾然《こんぜん》一体となった人間関係」

これこそがすばらしいリーダーの感覚だと思われます。この感覚からすると、会議とは出席者の皆が同席者を競争相手や対立存在のように見ず、同じ仲間だと思う寛大な心が必要で、そもそも、ほとんどの人が同じ熊本県民だし、同じ九州人だし、同じ日本人ですから！

■八佾編第二十二章

子曰く、管仲《かんちゅう》の器は小なるかな。或るひと曰く、管仲は倹なるか。曰く、管氏に三帰《さんき》有り。官事摂《かんじか》ねず。焉《いずく》んぞ倹たることを得んと。然《しか》らば則ち管仲は礼を知れるか。曰く、邦君《ほうくん》は樹《じゅ》して門を塞《ふさ》ぐ管氏も亦《また》樹して門を塞ぐ。邦君は両君の好《よしみ》を為すに反坫《はんてん》有り。管氏も亦《また》反坫あり。管氏にして礼を知らば孰《たれ》か礼を知らざらん。

孔子が管仲は器《うつわ》が小さいのではないかといった。それを聞いたある人がそれは彼が倹約家ということですかと尋ねた。孔子は、管仲は家を三軒も持っていてそれらの管理を一人の使用人に兼ねさせるのでなく、それぞれに管理させる贅沢な使い方をした。どうして倹約家と言えようかと言った。すると、その人はそれは礼があるからでしょうかと尋ねた。孔子は、諸侯は習慣として門の内側に樹を植え中が見えなくしたが、彼は大夫の身分でありながらそれと同じことをした。また、諸侯が友好の宴席をもった際は反坫（酒を飲み終わった後に杯を伏せて置く台）を置く風習があったが彼はそれも真似ていた。されば、管氏が礼を知る人だと言えるなら誰をして礼を知らないと言えるだろうかと言った。

＊＊

本章は孔子が管仲を批判したところです。管仲という人は中国史上では大変、有名な大人物であの諸葛孔明も尊敬していたようです。論語では後の章にも出てきますがそこでは孔子は仁者と認めています。されば、孔子にすればこの章はいかな大人《たいじん》管仲といえども後一歩のところがあったと残念に思ったところではという気がします。

さて、では、孔子は管仲のどこが気に入らなかったのか……それが本文につらつらーっと並べられています。「家を三軒も持ち贅沢な使い方をしている」「家の造りや宴席など諸侯の風習を真似ている」などですが……どうも一言で言えば〝奢《おご》り〟が見られるということだと思われます。これまでも度々出てきましたが〝奢り〟とは小人の特徴とされるもので、これはどんなときに表面化してくるか？　少々列挙してみます。

・人より地位が高い
・人よりいい学校を出ている
・人より金持ちだ
・人より知識がある
・人より美人だ
・人より仕事ができる

坂本竜馬《さかもとりょうま》が聞けば「小せぇ小せぇ！」と笑い出してしまいそうなところで、よくよく他人と比較したことには注意したいものながら、せっかくなので、この〝奢り〟についてもう少し掘り下げてみたいと思います。

　古より東洋では人格形成において、「神人合一《しんじんごういつ》」（人間と神とが一体となること。天人一如とも言う）の境地を目指します。この際に神が嫌うものが〝奢り〟というものです。だから、神は先のような小人を嫌いいつか天罰を下しますが、これの厳格なところは善人であってもその人に少しでも奢りが出ればこれを咎《とが》めるところです。つまり、神は人間が自分と一体であろうとすれば、どんな些細な奢りも認めずあくまでも誠実であることを求めるということです。先人はその神の心を知り修養を重ね、ついには「至誠」と言われる境地に至って初めて神と一体となるようです。このあたりが理解できるようになれば君子と言えるようですが、明治維新の大君子・西郷隆盛が好きだったのが「至誠通天《しせいつうてん》」（至誠通神とも言う）」という言葉で、己の使命を果たさんがため誠実であり続けた西郷さんにして「至誠」の境地を感じるところです。

　また、この誠実の極みとされるところは「仁」でもあるような気がします。最近どうも「仁」と「愛」とは違うという意味がこのことからも解るような気がします。それは愛とは他人に向かったものですが、仁とは自分に向かったものであるような……この辺については今後また掘り下げて行きたいと思います。

　戻って、本章で孔子が管仲をして批判した点は管仲にすれば些細なことかもしれませんが、やはり〝奢り〟が見て取れ、人間、奢る人には良い気持ちがしませんが、誠実な人には神に限らず誰でも好感が持てます！

■八佾編第二十三章

子、魯の大師《たいし》に楽《がく》を語りて曰く、楽は其れ知るべきなり。始めて作《おこ》すときは翕如《きふじょ》たり。之を従《はな》つときは純如《じゅんじょ》たり皦如《きょうじょ》たり繹如《えきじょ》たり。以て成る。

孔子が音楽長官に音楽の話をした。音楽は一つのパターンを覚えなければならない。まず、演奏の始まりはそれぞれの楽器が合した同じタイミングで始め、次は皆が調和を保ち、次は、それぞれが固有の音色を清明に出し、そして、そのリズムを保ち続けて一つの楽章が完成すると。

＊＊

本章は音楽の演奏の仕方について孔子が音楽長官に向かって説明したところのようです。孔子が専門家に説明できるくらい音楽に精通していたとは驚きですが、ここが聖人たるゆえんなのでしょうか。おそらく、孔子は天地宇宙と一体となった人ですから、すべてのことについてそれが本来どう在らなければならないか、無為《むい》のうちに知り得たと思われ、それは孔子という人がまったくの不純さのない〝純粋〟な人だったからだと私は推測するところです！

されば、〝純粋〟であるということは大変だいじなことだと感じられ、本章ではこのことにスポットを当ててみたいと思います。まず、〝純粋〟ということで思い浮かぶのは小さな子供たちです。時々凄い発想をして大人達を驚かせます。犬や猫もそうです。見ているだけで疲れた私たちを癒してくれます。花や緑の木々も、またそこを駆け抜ける気持ちよい風も、青空や白雲もそうです。それに夜空の月や満天の星空もほっとさせます。みんな純粋そのものです。人間の欠点とも言える、人によく見られたいとかいうような不純さがまったくありません。ましてて、純粋な人ともなれば本当にほっとさせられます……きっと人というのは心のどこかで純粋なものを求めているのかもです。

ところで、「自分探しの旅」という言葉を耳にします。これは、自分はなぜこの世に生まれてきて何をしなければならないのか、本当の自分の道を探すというような意味ですが大変むずかしそうです。でも、実は、この手懸りとなるのが〝純粋〟ということにあるような気がします。たとえば、野に咲く花に例を取れば野の花は誰に見せるでもなく咲いています。周りの花と自分とを〝比較〃したりすることなく、あたかも自分の運命を疑うことがないように見事に自分の花を咲かせています。されば、人間と違うところは周りと〃比較〃しないということにありそうです。つまり、ねたみ、ひがみなどの不純さがなく純粋だということです。ということは、人間もまずは他人を羨《うらや》むことを止め、自分はこの世に一人しかいないすばらしい存在だと思う。そうすれば自然と自分の性質に合った道が見つかる……そんな気がします。そして、このことが取りも直さず孔子の言う自分の「天命」を知ることにもつながるのではと！

　されば、人生はやり直しはできませんがいつでもスタートは切れますので、これまで自分にまとわりついた人を羨むことや、人によく見られたいなどと言う不純な芥を洗い流し、ゴワサンデネガイマシテハと自分のレールが敷かれた駅のプラットホームに立ちたいものです！

■八佾編第二十四章

儀《ぎ》の封人《ふうじん》、見《まみ》えんことを請《こ》いて曰く、君子の斯《ここ》に至るや吾れ未だ嘗《かつ》て見ゆることを得ずんばあらずと。従者之《これ》を見えしむ。出でて曰く、二三子、何ぞ喪《そう》を患《うれ》えんや。天下に道無きや久し。天、将に夫子《ふうし》を以て木鐸《ぼくたく》と為さんとす。

儀という小さな村の国境役人が孔子に面会を求め、私は君子と言われるような人がここを通るとき、いまだかつて会わなかったことはないと言った。それで門人たちは孔子に会わせた。その後、外に出てきて役人が言った。門人の皆さん、あのお方に位がなく自国を離れておられるということは何も憂うべきことではありません。天下に道がなくなって長くなる。それで、天があのお方をして世を周遊させ正道を伝えさせる木鐸（金属と木で作られた大きな鈴。当時はこれを鳴らして新しい御触《おふ》れを出した）の役割を課しているのですと。

＊＊

本章は孔子が天下周遊の途で出会ったとある国境役人の話です。さて、この国境役人、そもそもは身分は低いようですが、そこを通る君子という君子とはことごとく会ってきたと言っていて、なかなかに志が高くただ者ではないようです。孔子のことも世の木鐸《ぼくたく》と評価し後世に語り継がれる聖人であることを見抜いています。また、連れ従う門人たちにも「この人は間違いない。疑うことなくしっかりついていきなさい」と励ましています……かなりの人物だったと思われ、さすがの孔子も嬉しかったのでは！

おそらく、この頃の孔子はお金（？）もあまりなく少しみすぼらしい風体《ふうてい》の放浪の旅をしていたと思われますが、この役人はそんな見かけには目もくれず孔子の高き志を評価しています。いつか安永先生が「隠君子《いんくんし》」と呼ばれる存在の話をされました。隠君子とは地位やお金を目的としない文字どおり隠れた君子ながら何でも知っていて、こういう人は必ずいます。ただ、表に出ないだけですとおっしゃっていました。それに三国志などには国を譲ると言われても「いらん」と一蹴《いっしゅう》するような人の話もよく出てきて、どうも、この国境役人にもそんな君子の香りがただよいます。

されば、何を目的に生きるのかはその人の自由ながら、一度しかない人生あまり表面的なことには悩まされたくないもので、孟子が次のように言っています。

「豈綽《あにしゃくしゃく》綽然《ぜん》として余裕有らざらんや」

しかして、その心は……人間、何も悪いことや人に迷惑のかかることさえしていないなら、人からとやかく言われることもなく余裕綽綽と生きられるじゃないかということです。確かにそうあれば、世の木鐸とまではいかないまでも世の道を堂々と歩いていけそうです！

■八佾編第二十五章

子韶《しょう》を謂《い》う、美《び》を尽くせり又善《またぜん》を尽くせり。武《ぶ》を謂う、美を尽くせり未だ善を尽くさず。

孔子が言った。韶（舜王《しゅんおう》を讃えた音楽）は美が尽くされ善も尽くされている。武（武王《ぶおう》を讃えた音楽）は美は尽くされても善は尽くされていない。

＊＊

本章は、舜と武という二人の古代王を讃えた音楽について孔子が批評したところです。孔子は舜の音楽には美も善もあるが武の音楽には美はあるが善はないと言っています。察するに、舜王は中国の神話に出てくる高徳の人で人々に広く愛され世の中も平安に治まっていた時代でした。このため舜王の歌は穏やかな感じではなかったかと。片や、武王は孔子より五〇〇年ほど前の実在した人で、悪政をもって知られた暴君・紂王《ちゅうおう》を討って周王朝を開いた革命児です。惜しいことに革命直後に亡くなっていますので善を世に広めるまではいかなかったようで、このため彼の曲は革命の熱風吹き荒ぶような勇ましい音楽ではなかったかと。

さて、そこで、この「善」なるものから現代の将棋界の話にスポットを当ててみたいと思います。当時、日本将棋連盟会長は米長邦雄《よねながくにお》（故人）という人で東京都の教育委員などを務めた将棋の名人です。この人が、あるとき「運の研究」とかいう本だったと思いますが、その中でこんな逸話を紹介されていました。

東京に将棋会館というのがあって、そのそばに蕎麦《そば》屋さんがあったそうです……そのそばにそばやさんが……すみません、ダジャレのようなものですかね（笑）で、当時、プロの人達はいつもこの会館で将棋を指していて昼になると、よくここの蕎麦を注文していたそうです。ところが、あるときそこの主人が亡くなられたそうです。皆、日頃お世話になっていたのでお葬式に行こうと思いましたが、あいにく、その葬儀の日が誰か将棋界の重鎮《じゅうちん》の結婚式と重なってしまったそうです。それで、米長氏は、はて、皆はどうするだろうと見ていると、ほとんどの人は結婚式に出てお葬式には出なかったそうです。さて、ここからです！　そこに二人の若い将棋指しがいました。一人は羽生善治《はぶよしはる》、もう一人は谷川浩司《たにがわこうじ》という人です。そういう状況の中この二人はちょっと対応が違ったようです。どうしたかと言うと、羽生氏は結婚式に出席し代わりに奥さんがお葬式に行かれたようです。片や、谷川氏は両方に出席したそうです。これを見た米長名人、これからはこの二人の時代になるだろうと確信します。米長名人が目を付けたのは、この二人のどうにかして両方に行くという温か味のある対応で、ここが「至善《しぜん》」と言われるもので……自然に……またダジャレですが（笑）良運がもたらされるということのようです。果たして、その後の展開は予想どおり羽生氏は将棋の全タイトル七冠を制覇し、かたや、谷川氏は常にこの好敵手として存在し現在は同会会長を務めるという二人の時代へとなっていきます。

何か二人の、人知れず野の花のように生きる人に配慮する人間らしい温かみが良いですね。二人は勝負の世界に生きていますが、ある意味、勝ち負けなどにはこだわらず人間そのものを愛する人間愛を心の底に持ち合わせ

ているような気が。そこを見た米長名人もさすがで、

「天網恢恢疎《てんもうかいかいそ》にして漏《も》らさず」

天も、しっかりそんな善人を見ているんでしょう。雲の上から。そして味方するようで強いはずです！

それで、長くなりましたが、なぜこんな話になったかというと、羽生氏の名前が本章のテーマ「善」の字が入った「善治」だったからでした……失礼しました（笑）

■八佾編第二十六章

子曰く、上《かみ》に居《い》て寛《かん》ならず礼を為して敬《けい》せず喪《も》に臨みて哀《かな》しまずんば、吾れ何を以て之を観んや。

孔子が言った。上位にありながら寛大でなく、他人に礼儀は尽くすようでも敬意は払わない、葬儀に参列しても悲しまない、私にそんな人のどこを見て評価しろと言うのか。

＊＊

本章はその実《じつ》、心がこもっていないといけないという話のようです。何かギクッとさせられます。実は、私も同様でどこか表面だけ合わせた帳面消しのような対応で済ませるようなことを時々……。

振り返れば、私たち日本人は戦後、貧しさから抜け出し豊かになろうとみんな一生懸命に働き、そして、今やその労が報われ世界でも高水準の豊かさを手にしました。しかし、反面、大事なことを忘れ去ったようでもあります……一番大事な〝心〟をこめるということを！　現代の日本人の価値観は金があるか、学歴や地位が高いかなどにあるようで、孔子が言う心のこもった温か味のある応対をするとか、物事に想いを込めるというようなことが薄れている気がします。

少し話がそれますが、現代の問題と言うことで次のような病気の話が連想されます。それは「大企業病」と言われるもので、現代人は上から言われたことは忠実に守り抜き責任感も強いが、その言われたこと以外の会社全体のことはとなると責任感を感じていない。これを「責任感ある無責任病」と言うそうです。また、頭も良く与えられた仕事に対しては精通してすばらしい能力を発揮するが会社全体の流れをどう向けていくかとか言うよう

な話になるとまったく無能に近い、これを「能力ある無能病」と言うそうです。これは、組織の規模が大きくなればなるほどその傾向が強いようで、元々は優秀な人材が知らず知らずのうちに大企業病におかされ小さな人間になってしまうと。どうも、豊かさも過ぎれば真心や情熱を込めるということが薄くなり、段々、ダイナミックさやクリエイティブさにも欠けるようです……なんて、あまり人には言えませんが！　されば、

「川の中の魚はどこに浅瀬があってどこに深みがあって岩の中の構造がどうなっているかはつぶさに知っているが、その川がどこから流れて来てどこに流れて行くかは知らない。」

という言葉があり、今の大企業病のような話ですが、本章で孔子が言うように「心」や「情熱」を失わなければ、小さなことに流されず大きな流れを見通せそうな気がします！

里《り》仁《じん》編

——人と誠実に接する

■里仁《りじん》編第一章

子曰く、仁に里《お》るを美《び》と為す。択《えら》びて仁に処《お》らずんば焉《いず》くんぞ知《ち》たるを得ん。

孔子が言った。仁にとどまることは美しい。然るに、選んで仁にいないとなれば、どうして知者たり得ようか。

＊＊

「里仁」編第一章は論語の基本をなす〝仁〟の話から始まります。〝仁〟については私は安永先生から「愛とは違いますよ」と言われ、以来その定義を随分と考え、また、この論語の解説でも度々触れてきたところです。仁は今後もずっと基幹的なテーマになっていくと思われますが、最近、気付いたところを書いてみます。仁が愛に近いものであるのは間違いないと思われますが、愛とは普通、人間関係において使われるものです。例えば、恋人や親子の間においてです。しかし、仁となると、ちょっと違い〝博愛〟や〝人間愛〟などと言われるようなもっと広い万人に対する愛はもちろんのこと、生きとし生けるすべてのもの、この世に我々とともに存在する万物に対するものであるような気がします。

お釈迦《しゃか》さまの逸話にこんなのがあります。お釈迦さまがある人からこう問われます。もし、子供が何人も川に流されその中には自分の子供もいたとして、あなたが誰か一人だけ助けることができるとしたら誰を助けますか？と。お釈迦さまは答えます。目の前の一番近い子を確実に助けると……普通は、自分の子供を助けたいと思うところですが、これを仁的に判断すると、お釈迦さまのように自分の子も他人の子も変わりはないという……多分、仁とはそんな感じではないかと？　日本の天皇という存在にもそんな雰囲気が漂います。天皇や美智子皇后はまさにそうで、今の話でも何と答えられるかは察しがつきそうです。そういえば天皇家の男性には皆、名前に仁という字が付き、これにも深い意味がありそうです。

さて、そうなると〝仁に里《お》る〟とは、ときに大変に難しい気がし、軽々《けいけい》に私情など交えられないようです……でも大丈夫です！　なぜなら、後の編に「自分が仁を欲すれば仁はすぐにやってくる」と出てきますから。それでもそう簡単にはいきそうにありませんが、何はともあれ、論語の旅は極論すれば仁の旅ですので、これを探求し続ければ、本章で孔子が言うように自然に「仁に里る」正しい人間になれるような気がします。道は遠いかもしれませんが大禅僧《ぜんそう》・道元《どうげん》もこう言って頑張れと励ましています。

「霧《む》露《ろ》の中《なか》を行《ゆ》くが如《ごと》し」

蓑《みの》を着て霧のなかを外へ出て行き帰って来ると、その蓑がびっしりと濡れていると。こんな風に真理を一つひとつ見極める学問を積めば知らず知らずのうちに仁は身に付くのかもです。であれば、日々に真理を押さえることが大切で、それがまた、孔子が本章の後段で言わんとする「知者」のあり方なのかもです。

■里仁編第二章

子曰く、不仁者《ふじんしゃ》は以《もっ》て久しく約《やく》に処る可《をべ》からず。以て長く楽しみに処る可からず。仁者は仁に安んじ知者は仁を利《り》す。

孔子が言った。不仁者は困窮した状況に長く耐えられずいずれ悪事を為す。かと言って、安楽な境遇に長らく居れば必ずだらけてしまう。仁者は仁に安んじて暮らしていけるが、知者は利を貪るように仁を求めながらも安んじては暮らしていけない。

**

本章は不仁者・仁者・知者の三者を比較したところです。文面からすると、この三者にはそれぞれ次のような印象を受けます。「不仁者」は場当たり的な生き方であっちふらふらこっちふらふら。「知者」は知に走り計算高いので最終的には本物に勝てず逃げざるを得ない。「仁者」は人間界の本質をつかんでいるので慌てる必要がなく余裕がある。

されば、不仁者は言うに及びませんが、どんなに頭のいい知者でも勝てない仁者が掴んでいる本質とは何なのか……それは、ずばり〝徳《とく》〟ではないかと？　「仁」は「王者の徳」と言われます。「王者の徳」とです。でっかいです！　しかして、人間世界にはちっぽけな利害関係などが通用しない堂々とした徳を有する仁者がいます。国を譲ると言われてもいらんと平気で断るような人が歴史上には何人も！　こんな徳と関連して最近思うのが、

「自然」という言葉です。自然には二つの使い方があって、一つは四季の移り変わりのような目に見える天然色の世界を指す場合で、もう一つは目には見えない力を指す場合です。例えば水を高いところから低いところへ流させるような自然な力です。この目に見えない力は、地球を存続させたり、人間界の調和を保たせようとして働いていて一般的に摂理だとか道理だとかと言われ、この力を学ぶことが本当の意味の「学」であり、この勉強によって身に付くものが「徳」ではないかと。

人間世界には様々な欲望や不条理が渦巻きますが、徳はこれらの問題を解決する清らかな力を持っている感じがし、ぜひともこの力を身に付けたいものですが、この徳は簡単には身に付くものではなく、人間の一生ぐらいの経験では充分に習得するのは難しいようです。だから、先人が正しいものとして何世代も読み継いできた生き方の〝正書〟に学ぶことが大事で、その学を進めるうちに知らず知らずのうちに身に付くものではないかと思われます。されば、せっかく、この世に生まれてきたのですから知者に止まって不完全燃焼で終わらないようにしたいもので、最後に、山本有三《やまもとゆうぞう》の有名な「路傍《ろぼう》の石」の一説を送ります。ジ～ンとくる良い言葉です！

たったひとりしかいない自分を
たった一度しかない人生を
ほんとうに生かさなかったら
人間、生まれてきたかいが
ないじゃないか

■里仁編第三章

子曰く、惟《た》だ仁者のみ能く人を好《よ》み能く人を悪《にく》む。

孔子が言った。ただ仁者だけが公平に人を愛し公平に人を嫌うことができる。

＊＊

本章は仁者でも人を嫌うことがあるという話のようです。仁者とはいわば博愛の人ですから、ちょっと意外な感じですが、やっぱり嫌うときは嫌うようです。この話でマザーテレサのことが思い出されます。ご存知のとおり、マザーテレサは人間愛に満ちた人で自らをインドの貧民救済に捧げます。当時、インドにはカースト制度の名残りがあり、貧しい人は正式な葬式もなされず道端で誰にも看取られず死ぬこともあったようで、マザーはそんな人達を救済するため「死を待つ家」と呼ばれる施設を設け、ここで見守ります。このマザーの献身的な活動に賛同して世界中から支援者が次から次へとやって来ます。政府は最初それに見て見ぬ振りをしていましたが、この救済活動が活発になってくるとさすがにそうもいかず支援に乗り出します。ところが、その支援の仕方が問題でした。高価な家具やソファーなどを「死を待つ家」に送ったのです。マザーは怒ります！　こんなものじゃないと！　そして二階の窓から仲間と一緒にこのソファーなどを投げ捨てます。まさに死に行かんとする人に手を差し伸べるということがどう言うことなのか。お金を出すことだけで本当の支援策を考えないという感じだったようです。マザーや孔子が人を嫌うのは単なる私情にかられた、つまり、個人的に嫌いだからというような「私憤《しふん》」ではなく自分を離れた公平公正な判断からであり、これが「義憤《ぎふん》」「公憤《こうふん》」と言われる怒りです。孔子の場合、最も大切にするのは世の秩序平安です。だから、これを乱すようなことをする人や、表面上は良人を装いながら実はそうでない偽善者など、人間世界における〝不純不自然〟な人達を嫌います。

されば、聖人にだけは嫌われたくないものですが、そもそも何も悪いことをしなければ誰からも嫌われるはずはなく、むしろ、菅原道真《すがわらみちざね》の歌にも、

「心だに誠の道にかないなば祈らずとても神や守らん」

とあるとおり黙っていても神が守ってくれます……ただ、次が大事で、自分が正しいからと言ってすべての人から好かれるというのは理に合わず不純不自然な人達からは嫌われて当然です。警察が暴力団から好かれていてはおかしな話です。嫌われなければ！

■里仁編第四章

子曰く、苟《いやし》くも仁に志せば悪しきこと無し。

孔子が言った。仮そめにも仁に志せば悪は生じない。

＊＊

本章も「仁」の話です。「仁」が何であるかは次の機

会に考察するとして、ここでは孔子の言わんとするところに焦点を当ててみたいと思います。なぜか私はこの章にはほっとするものを感じるところで、まずは、諸橋先生のさすがな解説と、話はアメリカにも飛び、あのヘレン・ケラー女史の言葉を紹介します。

（諸橋先生）

人間の辿る道は仁道に向かうか向かわないかの二つに一つである。東に向かえば西に行くことはできず西に向かえば東に行くことはできない。

（ヘレン・ケラー女史）

あなたの顔を太陽に向けていなさい、そうすればあなたはあなたの影を見ることができない。いつも真理に目を向けていなさい、そうすればあなたの心から不安や心配は消えていきます。

孔子、諸橋先生、ヘレン・ケラーと三人の君子の言わんとするところは同じで「良きものに目を向ける」ことが大切なようで、興味深いのは、ヘレン・ケラーの後段のくだりです。「真理に目を向けていれば不安や心配は消える」とあるところで、ときに難しい人間関係のなかで、常に真理を貫くのは一見、窮屈そうですが……やはり、確かにこれが一番ほっとする生き方で、不思議と不安や心配が取り除かれます。人間って、本当は真理に生きたいのかもです？

話はそれますが、私も五十代半ばになりました。先日、同期の仲間と飲んだのですが、そのなかで話題になった話です。自分たちは、まだまだ若輩だと思っていたがこれからの二〜三年で今を盛りとする先輩達も退職していく。そうなると代わって我々が役所の大先輩となる時代がやってくるという話です。もう、そんな年齢になるのかと少々複雑ですが、さてさて、問題は自分が、そんな仕上げの年を迎えるにもかかわらず、それだけ成長したのか。世の中に通用する人間になっているのかということです。そう考えるとちょっと怖い気がします。さて、そこで本章です！　この章を読むと勇気づけられます。ポイントとなりそうなところが二か所あって、その第一は、冒頭に「苟《いやし》くも」とあるところです。これを最近入手した諸橋先生の新漢和辞典で意味を調べてみると「仮そめにも」というのが第一義として出ていました。それで意訳文を「仮そめにも」としたところですが、ということは、私のような勉強不足、実力不足の者でも「仮そめにも」仁を志せば良いとなり、何とも嬉しく、さらに嬉しいのが、結びを「悪しきこと無し」と断言されているところで、ここが「そもそも悪運来たらず……幸運につながるようになっている、心配いらない」と読めるところです。何とも勇気が湧き「仁」さえ信じていれば後は野となれ山となれ！　どっちみち良い方向に流れるはず……と開き直って頑張れそうです。先人の言葉とは本当にありがたいものではと！

■里仁編第五章

子曰く、富《とみ》と貴《たっと》きとは是れ人の欲する所なり。其の道を以てせざれば之を得るも處《お》らざるなり。貧《まず》しきと賤しきとは是れ人の悪くむ所なり。其の道を以てせざれば之を得るも去らざるなり。君子は仁を去りて悪《いず》くにか名を成さん。君子は終食《しゅうしょく》の間も仁に違《たが》うこと無し。造次《ぞうじ》にも必ず是《ここ》に於いてし巓沛《てんぱい》にも必ず是に於いてす。

孔子が言った。富貴は人の欲するところである。しかし、君子はたとえそれを得たとしても仁道がない限りは止まろうとはしない。貧賤は人の嫌がるところである。しかし、君子はたとえその境遇にあったとしても仁道に沿わない限りは去ろうとはしない。君子は仁道なくしてどこに名を成そうか。君子は食事を終える間も仁道にそむかず、とっさの場合も、つまずいて倒れそうなときも必ず仁道に沿う。

＊＊

本章はどうも一言で言えば「君子は万事において仁道に従う」というような話のようです。前段は富貴と貧賤の文が対句になっていて、ちょっとややこしい感じがします。というのも、最初に「たとえ富貴の境遇にあってもそこに仁道がなければ去る」とあるのは理解できますが、次の「たとえ貧賤の境遇にあっても仁道がなければ去らない」はどう解釈するか？　流れからして「仁道がなければ去る」と言うなら解るような気がします。実際、孔子は後段で、

「君子は危険な国に入らず乱れた国に居らない」

と言っています。ところが「去らない」とあるのはどういうことか……「去らない」ことが正しいとなれば、

君子はそこに仁道が布かれるようになるまで止まり尽力するというようにも取れそうです。

　ところが、どうも本当の意味はそうではなく、そこを「去るか去らないか」が焦点のようで、「去る正当な理由」があるか、つまり、去ることが仁道に沿うかというような意味のようです。少しややこしいながら、君子はいずれにせよ行動のすべてにおいて「仁道」を考えるということのようです。後段に次のようなそれを具体的に表す知る人ぞ知る有名な言葉が出ています。

「君子は終食《しゅうしょく》の間も仁に違うこと無し。造次《ぞうじ》にも必ず是に於いてし、巓沛《てんぱい》にも必ず是に於いてす」

「終食」とは「食事の間」という意味ですが、次の「造次」と「顛沛」は辞書に「造次」が「とっさの場合」で「顛沛」が「つまずいて倒れる場合」とあり、この二つが四字熟語となって「造次顛沛《ぞうじてんぱい》」という言葉が生まれたようです。それで、君子とは本文中に「仁がなければ名を成さん」とあるように、富貴や貧賤などが目的ではなく、常に自分の〝行動〟が仁道に沿うか否かを考える人ということのようです。実際、私もこの章に学び最近、造次顛沛に「仁道」を意識するようにしていますが、そうすると、なぜか人前だろうが、独りで居るときだろうが、また、相手が高位だろうが、名声があろうが、そんなことにはとらわれないで清々しい気持ちになるのを感じます。やはり〝仁〟は凄いと思います！

■里仁編第六章

子曰く、我未《いま》だ仁を好《よみ》する者、不仁を悪《にく》む者を見ず。仁を好する者は以て之に尚《くわ》うること無し。不仁を悪む者は其れ仁を為さん。不仁者をして其の身に加えしめず。能く一日《いちじつ》も其の力を仁に用いること有らんか、我れ未だ力の足らざる者を見ず。蓋《けだ》し之《これ》有らん、我未だ之を見ざるなり。

孔子が言った。私はいまだ本気で仁を好む者、本気で不仁を嫌う者を見たことがない。仁を好む者には何もあえて言うことはない。不仁を嫌う者もいずれは仁をなすようになる。それは自然と不仁を受け入れないからである。こう言えば仁は難しいものであるかのようだがそうではない。一日だけでも仁をなそうと試みるがいい。私はそのような人で力不足で物事を達成できないという人を見たことがない。確かにそうである。私はいまだそんな人を見たことがない。

＊＊

本章も引き続き「仁」の話です。それにしても今回の孔子は珍しく気合が入っているようです。特に、最後は「一日だけでも仁をなそうとする人は決して力不足な人ではない」と三度も同じようなことを繰り返し力説しています。特に、真ん中の「蓋《けだ》し之あらん」という言葉は簡潔明瞭で決まってます！　私たちも時々「……それは蓋し名言だ！」などと言って使いますが、この言葉は論語のこの章から来たのかもです？

　ところで、前章、前々章と振り返ればそこにも「仁」の話が出ていました。流石に本編が「里仁」編「仁に里《お》るを美と為す」であるようで、過去の二章と本章に共通して言えることが一つあるような？　そして、孔子はどうもそのことをかなり力説しているような気がします。されば、それぞれの章のポイントとなるところを今一度、整理してみます。

「苟《いやし》くも仁に志せば、悪しきこと無し」（四章）
「造次顛沛《ぞうじてんぱい》にも必ず是《ここ》（仁道）に於いてす」（五章）
「一日《いちじつ》も其の力を仁に用いること有らんか」（六章）

　もうお解りだと思いますが、どうも孔子が言いたいのは、この三章の冒頭で言っている言葉にすべてが集約されそうです。つまり「苟くも」「造次顛沛《ぞうじてんぱい》にも」「一日《いちじつ》でも」で、ほんのちょっとだけでも仁を意識することが大事なようです。

　さて、それは果たして本当なのか……少しだけでも仁に志せば力が生まれるとは？　いやいや疑ってはいけません。なんせ世界の三大聖人と言われる孔子先生の三度の力説ですから！　でも、これは面白そうです！　早速、実行に移して見る価値がありそうです。どんな力が生まれるのか……仁・仁・仁と唱えながら……みなぎる自信や勇気などが湧いてくるかもです？　仁・仁・仁は響きもいいです！　ついでに私は「ジンロック」が好きです（笑）なんて、冗談はさておき、要は実践です！　孔子先生もきっと喜ばれることでしょう。仁、仁、仁！

■里仁編第七章

子曰く、人の過《あやまち》は各《おのおの》其の党《とう》に於いてす。過を観ては斯に仁を知る。

孔子が言った。人はそれぞれその性質に沿った過ちをおかす。従って、その過ちを見ればその人の仁徳の備わり具合を知ることができる。

**

本章は人間の過ちについての話です。その人がどんな過ちをおかしたかによって、その人の成長の度合いが解るということでしょうか？　諸橋先生が次のような解りやすい説明をされています。

「情の深い人は情のあり過ぎる点において過失を犯し、情の薄い人は情の薄い点において過失を犯す。この章は人を観る方法を論じたものだが同時に過失によってその人を見捨ててはいけないことも諭したものでもあろう」

過失によって人を見捨てないと添えられているところがさすがだと！　まさに、諸橋先生の深い人間愛が偲ばれます。さて、この点について、吉田松陰《よしだしょういん》先生も似たようなことを言っています。

「私は、日頃、行いは忠実であっても慎み深くもなく、言葉は誠実でも正直でもない。また生まれつき、大変、臆病で世間の事情にうとく愚かな性格なので、普段は、人と衝突しないようにしている。また、人の悪いところを探し出すことができず、ただ、人の良きところだけを見るようにしている」

最後に「人の悪いところを探し出すことができず、ただ人の良きところだけを見るようにしている」とあります。この辺が大事で、人はいくつになっても皆、発展途上人ですので長い目で良いところを見なければならないのでは。こんな仁徳を持った人が先生だったので松《しょう》下村塾《かそんじゅく》からは多くの英傑《えいけつ》が排出されたと思われます。

それにしても、そんなに大きな過ちでなければいいんでしょうが、今、テレビや新聞で取り上げられるような過ちは度が過ぎています。食品偽装や汚職事件などなど、これらは過失どころではなく欲がからんだ末の立派な犯罪です。人間はどうしてこの名誉欲や金銭欲にやられるのでしょうね。欲は満たせばさらに次の欲を生み、それを繰り返している限り一生、自由にはなれず朝の神社のような清々しい人生を送れないと思いますが……。

人のことはさて置き、先日の「仁・仁・仁」の話です。一日「仁」で過ごせば不思議な力が生まれるという話です。私の場合ですが、ちょっと話はそれかけますが、最近、この論語に触れる機会が多く、少し自信が湧いてきたような気が……というのも、中国の北宋時代の文人・黄山谷《こうざんこく》という人に次のような名高い言葉があります。

「大丈夫《だいじょうふ》たる者、三日聖賢《せいけん》の書を読まざれば本当の人間学的意味における哲理・哲学が全身を循環せず、面相が下品になり発する言葉も浅薄になった気がする」

というものです。私の場合もまさにそうで面相はもともとあんまり良くないんですが、三日も、かかる論語のような聖賢の書に触れないと、発想や考えが浅くなった感じで語彙も少なく何かバイオリズムがズレているような、ボタンを掛け違っているような、どうも空回りしているような感じがします。でも、反対に聖賢の書にたくさん触れたときはまったく逆で自信が湧くんです！　ヤクザ映画を見て外に出たときのような、自然と肩で風を切っている感じで不思議です！　孔子が言う一日「仁」にあれば力が生じるということと、この三日聖賢の書を読まざればという話とがだぶって感じられるんです……で、何を言いたいかというと、私の場合、聖賢の書に触れてさえいれば自然と自信が湧くので、自信を持って生きて行くためには、これらに触れてさえいればいいと気付き、最近ニンマリしているということです！

■里仁編第八章

子曰く、朝《あした》に道を聞かば夕べに死すとも可なり。

孔子が言った。朝に仁道を聞き知れば夕方には死んでもかまわない。

＊＊

本章は世によく知られたところです。よく耳にする言葉ながら……しかし、内容は相当に覚悟のいるものです。それを孔子は「道」さえ掴めば死と引き換えにしてもいいとあっさりと言い切っています。それ程までに「道」とは大切なもののようで、反対に「道」を真剣に考えることなくただ漠然と生きていては薄っぺらな人生になってしまうという大事な警鐘のようにも取れそうです。しっかり意図するところを押さえないと恐い気もしますので真剣に検証したいと思います。

されば、私にはこの道には二つあるような気がします。まず、その一つは「修養」の道というもので、自分がどう生きるかということです。これはかつての日本武芸に顕著に見られるもので、剣道、柔道、弓道など武士のたしなみには「道」という字が付きました。芸術における華道や茶道も同じで皆「道」が付きます。つまり、これらの修養をとおして自分を磨き自分の道を極めるという道です。それと、もう一つの道とは、人間世界が乱れることなく自然に治まっていくために必要な眼に見えない道のことです。水が高きところから低きところへ先を争わず自然に流れ一筋の道を造るようなもので、つまり、人間世界を秩序正しく平安に保つために働いている「道理」の道です。

そして、どうも私の最近の研究ではこの「修養の道」と「道理の道」の二つはつながっているような……というのも、人が赤ちゃんとして生まれ立派な大人として成長するためには、もちろんこれは「精神」がですが、それを作り上げる場は取りも直さず人間世界に他なりません。人間世界は人間関係です。ですから自分さえ良ければいいというわけにはいきません。しかし、人間が未熟な間は〝私が私が、俺が俺が〟という自己中心的な私欲が芽を出し、このために他人と様々な軋轢《あつれき》を生みます。だから、そんな心に芽生えた〝私心私欲〟の雑草を一本一本抜き去ることが「修養の道」となり、そうやって人間世界のなかで日々の修養を積んで良好な人間関係を結べるようになると一人前の大人になります。そしてさらに、その修養が進むと心がどんどん広くなり、ただ対人関係だけでなく、世の中の森羅万象すべての存在に流れる「道理の道」ともつながった「万物一体」の感覚になり、これがいわゆる〝悟り〟の境地のようで……こうなると聖人の域かと。

そう思えば、「修養の道」とはそんな広大な万物一体となる「道理の道」へとつながっていますので、そこに至るような大真理に仮に朝方気付けば夕方には死んでもかまわないとする孔子の気持ちも解らないではない気がします。また、そう思えば「道」とは大いなる「真理」のことかもしれません……ときに、「真理」という言葉は論語に出てこないような気が？　意外や意外かもしれませんが、この言葉はいつ頃できたんでしょうか？　ま、それはそれとして、大事なことは道（大真理）を求めようとする気持ちではないかと思われます！

■里仁編第九章

子曰く、士《し》、道に志《こころざ》して、悪衣悪食《あくいあくしょく》を恥づる者は未だ与《とも》に議《はか》るに足らず。

孔子が言った。士たる者、道に志しながら衣服や食物がみすぼらしいと恥じるようではいまだともに道を語るに足らない。

＊＊

本章は士たる者は貧しいことを気にするなということでしょうか？　当時は現代と違って物資が乏しく生活水準も低かったと思われますから、みすぼらしい格好の人も珍しくなかったのではと。考えてみれば、私の小さい頃もそうでした。いまだ戦後の名残りがあり、良い洋服を着た人は珍しかったと思います。靴下は破れていたり、弁当はと言えば、さすがにご飯に梅干だけの日の丸弁当という人はいませんでしたが、でも、そんな身なりのなかにも、きちんと洋服や靴下はフセをしてあったりしていて水前寺清子の歌にもあったように「ボロは着てても心は錦《にしき》……」と言った世相風景でした。孔子の言わんとするところも「たとえ質素な生活でもきちんと小奇麗にしていれば何ら恥じるところはない。そんなことで人間は計れんぞ」ということではないかと思われます。

この辺りが本当の人格者の恐いところで、外見的なことには目もくれずその人の人となりを見ます。この人は本当に人生を語るに足る精神的に気高い人間か、それとも金銭や地位などの表面的なことに囚われている小人かと……ほんとに恐いです！　私の私淑する安永先生のご自宅です。あんなに偉い方なのに決して豪邸とかでなく庶民的な質素な感じで、何かむしろ豪邸とかに住む方が私は金まみれですと自ら言っているようで恥ずかしい気がします。戦後、日本は目覚しい復興と発展を遂げ皆、豊かになりましたが、そんな観点でテレビのファッションやグルメ番組などを見ていると、これでいいのかと考えさせられます。それに南半球の貧しい国々の人たちのことも忘れてはならず……。

そう言えば、学而編にも「巧言令色、鮮《すく》ないかな仁（言葉が巧みで上辺を飾る人に仁者はほとんどいない）」という言葉が出てきました。どうも私たちはここらで文明の流れに立ち止まり、本当はどうなければならないのか、何に自分の使命を見出していくのか、そんなことを真剣に考えていくべきときにきているのかもしれません……特に、五十歳くらいの方は！　なんせ論語では五十は天命を知る年ですから！　真剣に考えなければ人生をただ棒に振ったように終わってしまうかもですよ……なんて、五十を過ぎて定まらない人間が言っています。

■里仁編第十章

子曰く、君子の天下に於《お》けるや適《てき》も無く莫《ばく》も無く義と与《とも》に比《したが》う。

孔子が言った。君子の世の中における身の処し方はただ頑《かたく》なに肯定したり否定したりするでなく、その時々の義に従う。

＊＊

本章は、君子は最初から何でも決めてかかるのでなく、そのときそのときの「義」に従って判断していくということのようです。でも、いますね。会議などで一つの考えに固執し「頑な」で「頑迷《がんめい》」で「我執《がしゅう》」に富んだ人が？　あ、いや、そこまではなくともそんな感じの人が？　でもこんな人が周りにいたら大変です。

されば、冷静にいきたいところで、そこで孔子は「義」が大事だと言っています。この「義」なるものが何を意味するのか。察するところ、この時代は世の平安秩序が乱れかけ無法とも言える戦国乱世へと向かう時代ですので、権力に任せた理不尽な行いが目に付き出したと思われます。孔子はそんな流れもあって「義」を「正義」という意味合いで言ったのではないかと……ただ、もっと正確には「正義」という意味合いだけでもないような気がします。というのも、孔子は先の章で人の出処進退《しゅっしょしんたい》に触れ「適も無く莫も無し」と似た、

「可《か》も無《な》く不可《ふか》も無し」

という有名な言葉を述べています。これは右でも左でもなくそのときの宜しきに従う「中庸」の生き方を意味します。この考え方を合わせ持って考えると、この「義」とは、あるときは「正」であったり「真」であったり「誠」であったり「愛」であったり変幻自在に様々

なケースに合わせて物差しを変えるということなのかもと思われます。また、そうでなければこの時代を「正義」だけで生きて行くのは危険です……しかし、だからと言って優柔不断では信頼を失います……ここらが処世の難しいところですが、その点、孔子は恐らく自由自在に正しい判断ができたのではと。何しろ源泉がオールマイティの「仁」ですから！

さて、それで、問題は当の私たちが少なくとも前述の頑なな人だけにはならないよう心掛けねばならないところで、ここはまさに「人間修養」によると言ったところでしょうか？　森信三《もりのぶぞう》先生が次のようなアドバイスをされています。

「人はある意味三段階に分かれる。最もいけないのは、口汚く叱りながら、後になっても一向に悪かったと思わない人。次は、事がすんでしまってから、アアまで言わなくともよかったのに、と後悔する人。その次は、怒りの言葉が出そうになったらアッここだ！　ここだ！　と、食い止める人間というふうに大別される。この最後の、まさに怒ろうとするに先立って、イヤイヤここだ！　ここだ！　と自ら制止しうる人、これはよほど修養の至った人でないとそこまでいけない。……ある一人の弟子が師匠の石田梅岩《いしだばいがん》に〝忍《にん》〟の極致を尋ねました。石田梅岩は次のように答えています。忍は忍なきに至ってよしとする。すなわち、忍耐の理想は、やれ我慢だ、やれ忍耐だ、という意識がなくなってそれがごく至極当たり前となるのが理想だ」

ということでカッとなりそうなときも一呼吸を置いて感情的にならず〝冷静〟に参りましょうか！

■里仁編第十一章

子曰く、君子は徳を懐《おも》い小人は土《ど》を懐う。君子は刑《けい》を懐い小人は恵《けい》を懐う。

孔子が言った。君子は道徳を思い小人は地位を思う。君子は道理を思い小人は恩恵を思う。

＊＊

本章は君子と小人の違いを言ったところです。小人は位を重んじるが君子は徳を重んじる。小人は利益を優先するが君子は正道を優先する。言われてみれば、そのとおりで、こんなことに違和感なく自然に同感できるようになると良いところまできているような気がします。

それと、論語には韻を揃えたり対句になったりするところが多くありますが、この章も「徳」と「土」、「刑」と「恵」という語がそれぞれ対句になっていて中国では発音は同じで意味が違うようです。こんな風に韻や対句になっているので読んでいても調子いいです。ですから、章によっては自然と覚えてしまいます。

ときに、同じ勉強仲間のFさんから面白い意見を頂戴しました。感動したので紹介します。

「道の話について書きます。先日、道（道理）を水の流れに喩えておられましたね。上善如水《じょうぜんみずのごとし》を思い出しました。と言ってもお酒ではありません。禅語のほうです！

道を掴んだ人って水のような人なんでしょうね。おっしゃるとおり水は高いところから低いところへ流れていきます。途中に障害物があっても自然の形状に対応して変化しながら流れていきます。そして、初めは一滴の水滴から始まった流れも次第に仲間を増やし、大きな力となって岩さえも削ってしまうような凄い凄い力を発揮していきます。私たちは、まだまだ岩間から染み出した水滴かもしれませんが、いつか大きな流れとなって、時代を動かすような大きな力に成長できれば良いですね！」

最後に「時代を動かすような大きな力に成長できれば」とあります。感心しました。ほんとに夢はでっかくいきたいものです！　それで、この意見で「尚友《しょうゆう》」という言葉を思い出しました。これは歴史上の聖人、君子、大人《たいじん》を友とすることを言います。まさに、この友人は孔子を友としている感じです。人はある意味では不死であるといいますが、こうやって先人の精神が現代人に生きて現れるような。私もこの論語を解説していて時々、孔子が私を使って語らせている……そんな気持ちがするときがあります。そしてさらに、それをFさんが受け止めたという感じでしょうか。未来がどういうことになっているか解りませんが、こうやって先人を信じれば、何か奇想天外《きそうてんがい》、驚愕天地《きょうがくてんち》なことが待っているかもです？

■里仁編第十二章

子曰く、利《り》に放《よ》りて行えば怨《うらみ》多し。

孔子が言った。己の利益ばかり考えていると人の怨みをかうことが多い。

＊＊

本章は私利私欲は怨恨《えんこん》を招くという話のようです。確かに自分の利益ばかり考えていては他人から睨《にら》まれそうです。それで、これを論語的に解釈すれば、

・自分の喜びより他人の喜びが優先
・他人の喜びは自分の喜び
・自分は損しても他人が喜んでくれるなら

となりそうです。常に他人が先で何か損な気がしますが、しかし、そんな人がかえって皆から大切にされますから人間関係とは不思議なものです。さらに、このことから相田《あいだ》みつをさんの言葉が思い出されます。

「奪《うば》い合えば足らぬ譲《ゆず》り合えば有り余る」

腹をすかしていて目の前にパンが一個しかない、奪い合えばまったく足りませんが譲り合えば不思議とありあまります。ついでに、天国と地獄の話を！

「地獄では腹をすかせた人たちの前に凄いご馳走《ちそう》がテーブルいっぱいに並べられている。そして、その人たちの手にはどんな遠くの料理にまでも届く一mぐらいの長い箸《はし》が結びつけられている。でも、誰も彼もが顔をしかめ食べられずにいる。一方、天国にも同じようにテーブルにご馳走が並べられ、同じように長い箸が手に結び付けられています。しかし、ここの人たちはみんなニコニコしながら楽しく食事をしている」

さ〜て、どこが違うのか？　もうお解りだと思いますが、地獄では箸が長過ぎて自分の口に持っていけず、天国では長い箸でご馳走を掴《つか》んで他人の口へ運んでいるんですね。なかなかに面白い話で自分の地位やお金や名誉ばかりをむさぼっているとそんな地獄に落ちそうです。それから、この章の解説で諸橋先生がもっと恐いことを付け加えておられます。

「怨《うらみ》は心に怨恨を残すことで実は憎《にく》しみよりも恐ろしい結果を得る」

と・で・す！　用心しましょう！　されば、何かに付け他人様を優先することが大事なんでしょうが、これもまた時と場合によります。誰も彼もというわけにはいきません。例えば、子どもの躾《しつけ》や後輩の指導となると相手が優先というわけにはいきません。この辺の兼ね合いが難しいところで、先日の「時の宜しきに従い」ながら、その場その場の「義」に従うことが大切な気がします。

■里仁編第十三章

子曰く、能《よ》く礼譲《れいじょう》を以て国を為《おさ》めんか何か有らん。能く礼譲を以て国を為めずんば礼を如何にせん。

孔子が言った。国をよく治めるには礼譲を基本とすることが重要で他に何があろうか。礼譲をもって治めなければ礼制度も意味をなさない。

＊＊

本章は国を治めるにあたっては「礼」が必要で、それも「礼譲」という「譲る」という行為を伴う「礼」でなければ意味を為さないという話のようです。

されど、「礼」とは国を治めるという大きな場面に限らず身近な組織においても必要不可欠なもので、人間関係の基本ではないかと思われます。では、今さらながらですが、なぜ、礼が人間関係には必要なのか？　考えてみれば、そもそも人間の集まるところには必ずと言っていいほど力関係や利害関係が生じます。そして、それが上手く噛み合わないとトラブルになることがしばしばです。そこで、礼節の気持ちがあれば相手を尊重したり自分が自重したりすることになりぶつかり合いが避けられます。されば「礼」とは大変大事なものです。しかし、礼だけでも不十分なときがあります。礼節を尽くしながらも話が平行線になったときです。この平行線をどうやって交わらせるか？　ここが難しいところです。

そこで、孔子は「譲りなさい」と言っています。でも自分の想いが強ければ強いほど譲りたくはないものです。でも、仮に言われたとおりそこをグッと堪え思い切って相手に譲ったとします。するとどうなるか？　譲られた相手が嬉しくなるのは当然ですが……でも、その相手の側に何か釈然としないものが残るときがあります。それは「どうも自分は最後まで我を通し己の器量の小ささを露呈したかな～、また相手に譲らせて悪かったかな～」

といったような自戒や反省の気持ちです。そして以後は譲った相手を却って大切にせざるを得なくなったりもします。片や、譲った側は少し悔しくもありますが、自分の方が心が広く相手より優位に立ったようでもあり、また、周りの人もその心の広さを評価したり同情的だったりします。そうなると結局、譲った側、譲られた側、どっちが良かったのか……ここら辺り人間の〝妙〟を感じますが、同時に〝譲る〟という行為の持つ不思議な力に驚かされます。

それにしても、かかるようなことを見越し「礼譲」を説く孔子には舌を巻くところですが、孔子の最も大事にするところは人間関係を良くすることにあり、国を治めるも課を治めるも家を治めるも〝譲る〟という行為が一つの良き人間関係を作る秘策と心得たいものです。

また、冷静に考えれば、世の中には譲って差し支えないことが多いような気がします。人生で譲ってはいけないもの、相手に花を持たせてはいけないものとなると、そうそうにはないような？　ただ自分が面子にこだわっただけで、後で必ずコップのなかの嵐に過ぎなかったと情けなくなります……されば、適当なところで切り上げ「負けて勝つ」とスパーっと参りたいものです！

■里仁編第十四章

子曰く、位《くらい》無きを患《うれ》えずして立つ所以《ゆえん》を患う。己を知る莫《な》きを患えずして知らる可《べき》を為さんことを求む。

孔子が言った。自分に位のないことを憂う前に、用いられるだけの実力をいかに身に付けるかを憂いなさい。世の人が自分の価値を知らないと憂うより、知られるような資質を身に付けることを考えなさい。

＊＊

本章は平たく言うと地位がなかったり世間に知られていないと嘆く人に対して、孔子が「そういうものがもたらされないのは自分にそれだけの実力がないからだ。もし自分にそれだけのものが備わっていれば自然にかかるものはもたらされるはずではないか。実力もなく自分からそういうものを求めるのは恥ずかしいと思わないか。大事なことは自分を磨き実力を付けることだ」というようなところではと。まさにそのとおりで、組織などで仕事をしているサラリーマンなどはとかく地位を求める傾向が強いような気がします。面白い話があります。山に杉の苗木を植えそれを大木に仕立てる話で、とある山師から聞いたことがあります。

「最初、苗木は一メートル間隔ぐらいでその山にびっしりと植える。すると苗木は競争したかのように一斉に勢いよく成長する。でも、そうせずに最初からポツンポツンと間隔を広くして植えるとなかなか大きくならない。それで、最初は密集させて植える。そして、ある程度まで成長すると互いに邪魔をし合って大きくならない。そこで、間引きをする。すると、また成長を始める。でも、またそのうちに互いが邪魔し合って伸びなくなる。それでさらにまた、間引きをする。それを繰り返すと、最後は木と木の間隔は遠いところでは十メートル程にもなりそれらの木は見上げるような大木になっている。そうなるともちろんこの大木一本の価値は小さな木を何十本集めても勝てない」

と、この話どう思いますか？　何かギクッとさせられませんか？　サラリーマンの社会と似ています。学生であれば若いのでそれでも良いでしょうが、成長した大人が狭い組織で仕事をしているというのはどうでしょうか？　間引きが必要な年代であるような……と、それは冗談で人間を間引きすることはできませんが、こんな状態が定年まで続くのはいかがなものでしょうか？　いつまでもひしめき合って地位を得ようと競争したり、互いに邪魔し合ったりしていては肝心の精神面が伸びないような気がします。

ここは見過ごしがちな組織の陥穽《かんせい》（落とし穴）であるような気がするところで、やはり、人が立派な大木のように成長するためには物理的な狭さは仕方がないとしても、心は密集した組織から離れ本来の人間や世の中のあり方などを広く遠く展望するようなことが必要ではないかと。そしてその上で、自分の目の前の仕事に意味を見い出したり、自分なりの社会貢献の仕方を考えていく。そんな人となると地位や名声などはさて置き、やらなければならない仕事はきちんとやるものだと思います。そして、その後ろ姿に「位」もついてくるのではと。

私たち現代人の大先輩である明治維新の竜馬や西郷さん、吉田松陰、勝海舟、高杉晋作などの英傑は皆そうであったと思います。革命まで起こし日本が植民地になるのを防いだ人たちが自分たちの地位や名声などを欲しがったとは考えられません。自らの命も惜しまず日本のため世の中のために戦いました。組織の人たちもそうあって皆がこせこせせずに仕事を始めたら……何かわくわくして仕事に行くのが楽しくなりそうで、こんな組織になってほしいものですが……なんて、偉そうなことを言いましたが、こういった考え方は論語に書いてあることです。されば、目先のことは置いといて〝野中の一本杉〟のような大らかさを目指したいものです！

■里仁編第十五章

子曰く、参《しん》よ、吾が道は一以《いつもっ》て之を貫く。曾子《そうし》曰く、唯《い》と。子《し》出ず。門人問いて曰く、何の謂《いい》ぞや。曾子曰く、夫子《ふうし》の道は忠恕《ちゅうじょ》のみ。

孔子が言った。曾子よ、私の道はある一つのことをもって貫かれている。曾子は、はいと答えた。孔子が席をはずしてから残った門人たちが今の先生の言葉はどんな意味ですかと尋ねた。曾子は先生の道は忠恕一筋であると答えた。

＊＊

本章には「吾道は一以って之を貫く」と「夫子の道は忠恕のみ」という有名な二つの言葉が出ています。孔子の言わんとする「一」とは何なのか……もちろんこれは「仁」であると思われますが曾子は「忠恕」と答えています。曾子はなぜ忠恕と答えたのか？

　これは私の憶測ですが、仁とは孔子でさえも軽々しく口にしなかったほどの言葉でその定義とするところは大変に難しいものだったと思われます。かかる難しい仁をそのまま門人たちに教えてもピンとはこないであろう。であれば、日頃、考察するなかで自分が仁に限りなく近いと思っている言葉「忠恕」だと言おう……そう曾子は思ったのではと。それでは曾子の言う忠恕とはどういう意味なのか？「忠」とは以前も出てきましたが口と心が一本の線で結ばれています。つまり口で言うことと心で思っていることは同じだということで自分の言葉に「嘘偽りはない」となります。また、「恕」とは「心のごとく」と書き、この心とは自分が相手を思う心は自分が自分を思う心と同じだという意味で「思いやり」という意味でした。それで、この二つを合わせると「嘘偽りのない思いやり」となりそうです。そうなると「忠恕」とは相手との一心同体の心境を言うようで「仁」の意味もそうなのかもしれません。本来、人間は「人」という字が表すとおり互いに支え合って生きるべきであり、これが本当のあるべき人間関係なのかもです。それにしても既に二五〇〇年も前の人たちがこんなことを考えていたとは驚きで現代人として少し恥ずかしい気もします。

さて、されど、人間の心とはいつも二つあります。朝でも早く起きなければと思う気持ちと、もうちょっと寝ていたいと思う気持ちと。また、相手に勝とうとする気持ちと相手に同情する気持ちと。世の構造は陰陽の二極にあるとも言われますから仕方ないかもですが、ただ、この怠惰心や悪心に打ち勝つことが大事でこの積み重ねが人間の修養であり、この修養が進むと曾子の言う一心同体の心境「忠恕」へと変わり、さらには、それがどんどん広がって万物一体、神人合一、宇宙一体と言われるような悟りの境地へと至るのではと思われます。

ところで、話が少々飛びますが、この悟りの境地から思い出される一枚の絵があります。それは熊本県出身の画家で童話作家でもあられる葉祥明《ようしょうめい》さんの描かれた宇宙の絵で、宇宙の中に地球があって、その地球に真上から光のシャワーが滝のように落ちている絵です。何とも“祝福”という言葉が合うような愛に溢れた感動的な絵で、どうも葉祥明さんも悟りの境地に達しておられるような？ この原画が確か阿蘇の「葉祥明美術館」にあったと思いますが、いつか館長である弟の葉山祥鼎《はやましょうてい》さんが「兄は神の啓示を受けているから」とおっしゃっていたのが印象的でした。機会があればぜひ、本物を見ていただきたいものです！

されば、孔子は「仁」、高弟の曾子は「忠恕」……それでは自分の吾が道を貫く「一」は何なのか？ 山頂へ至る道は無限にありますので自分なりの「一」を持っていたいものです。すべてのものがこの一言で切れるという伝家の宝刀を！ 私もこれまで何度かこれだと思う一言に出会いましたが、いつもしばらくするといや違うと振り出しに戻り、求めて四十年ですが早く見つけて自由になりたいものです！

■里仁編第十六章

子曰く、君子は義に喩《さと》り小人は利に喩る。

孔子が言った。君子は義に敏感で小人は利に敏感である。

＊＊

本章は君子と小人の比較です。はっきり言っていて思わず笑ってしまいました。でもまったくそのとおりで小人はすぐ損得を考えそうです。「損か得か人間のものさし、嘘か真か仏様のものさし」とは、ご存じ相田みつをさんの有名な言葉で、私もこの言葉に出会って以来、あまり損得を口にしなくなりました。やっぱり、どうも損得という言葉は好きではありません。なんか人間がコセコセしたようで……。

でも、不思議なものです、世の中は。ほんとに損をしたのか得をしたのか解らないときがありますから。というのもちょっと面白い話があります。それは田舎《いなか》の親戚のお爺《じい》さんとの話です。あれは小学校の高学年か中学校に入ったぐらいだったと思います。そのお爺さんの家に遊びに行ってふっと気付いたらポケットに入れていたはずのお金がないんです。私が思わず「しまった！　お金を落とした！」と言ったらこの爺さん、何と言ったと思います？　「お前良いことしたな～そら拾った人は喜んどるぞ～」とのたまわく……む、む、む、私はあっけにとられました。鳩が豆鉄砲をくらったとはこんな感じを言うんでしょうか？　きっと！　余談ですが、豆鉄砲の玉は本当の玉ではありません。パーンと音がしますが当たっても痛くはありません。それでも鳩はオレは撃たれた！　撃たれたんだ！　そう思います……でも何かおかしい？　身体に痛みがない？　でも撃たれたはずなんだ……れ、れ、れとキョトンとする、と、こんな話で皆いわれなくても知っていますが（笑）で、話は戻って、私も、お金を落として悔しい思いをしましたが、でも、逆に言えば確かに拾った人は喜んでいる……でも悔しい……でも良いことをしたのかもしれない……と一瞬、鳩状態で、まさに爺さんの一言は豆鉄砲の一声でした！

それで物は考えようで本当に損したのか良いことをしたのか貴重な経験になったという話ですが、このときからです。私が少し変わり者と言われるようになったのは？　でも、この経験は大人になってから大いに役に立ちました……というのも、やってしまったんです！　給料を丸ごと落としてしまった・ん・で・す！　でも、私は既に学習していたので立ち直るのにそんなに時間は要しませんで、次のように考えました。恐らく拾った人は借金地獄に陥っていて、にっちもさっちもいかなかった。ところが偶然にも私のお金を拾ったお陰で立ち上がり、そして成功し、やがて、彼は慈善事業に……と、やっぱり少し変わり者ですかね？　でも、人生、色々あった方が面白いですよね。それに物事の解釈の仕方も前向きでなければですね（笑）

ささて、そう言うことで話は戻って「利と義」です。利に走るのは良くないとは言え、企業経営など利益は大事なものです。それでも、あんまり利、利と言うのはおぞましい気もします。明治の大企業人・渋沢栄一《しぶさわえいいち》は、

「利《り》は義《ぎ》の和《わ》なり」

と名言を残しています。つまり〝信義〟の足し算が利を生むと。やはり、この会社ならという信用をたくさん作ることを考えるべきで、お金は儲けるものではなく儲かるものだというのもうなずけ、そもそも同じ地球の仲間からお金を奪うようなことをしては宇宙人から笑われます。なお、これは企業に限らず個人にも言えると思います。やはり、この人が言うからと信用を得ることが大事で、そのためには人生、少し損するぐらいで生きて行く方が良いような気がし、あんまり得してばかりいるのは恐いようなな? 何が損か得かは人生わからないものでもあり、鳩の〝豆鉄砲事件〟ではありませんが大らかにいきたいものです!

■里仁編第十七章

子曰く、賢《けん》を見ては斉《ひと》しからんことを思い不賢《ふけん》を見ては内に自ら省《かえり》みる。

孔子が言った。賢明なるものを見たときは自分も同じであることを願い、賢明でないものを見たときは自分はそうならないよう反省する。

＊＊

本章は平たく言えば諺の「人の振り見て我が振り治せ」ということでしょうか。確かに、良いことも悪いことも自分の糧《かて》にしなければならないところです。このことから、N先輩のことが思い出されます。その先輩は音に聞こえた役所の有名人でした。それで一度、話を聞いてみたいと仲間を誘って門を叩きました。そして夜の宴席でのことです。先輩がこんなことを。

「己《おのれ》を律《りっ》するのは己しかいない」

この言葉が大変に印象に残りました。というのも先日も出てきましたが、人間の心にはもういいやと消極的に

なろうとする気持ちとしっかりせねばと積極的になろうとする気持ちとの二つがあります。自分なんかも随分これに悩まされましたが、これは人間の持つ宿命的とも言うべき「陰陽《いんよう》」性に起因するもので仕方のないことだとは思われます。しかし、いずれにせよ、迷ったり悩んだりした後にどっちにするか最終的に決断を下すのは他ならぬ己です。されば己を良くするも駄目にするもまさに「己」にかかっていると言えます。そんな話で「己を律する」特に「律する」という言葉が大変、新鮮に聞こえ背筋の伸びる思いがしました。また、先輩は、

「森を越えてはいかん」

とも言われました。その人には、その人の森がありそこから先は聖域で、どんなに親しくてもそこを越えてはいかん。人間は一生のうちには思い出したくない過ちや事件があったりする。だから森の近くまでは行ってもそこを越えてはならない。そっとして置いてやらなければならない。そんな話でしたがこれも深く印象に残りました。先輩の話はこの二つだけではありませんでしたが当時、血気盛んな青年時代にあった我々にとって大変、良き戒めとなりました。それと同時に、先輩の人間的深さにも感心させられ、本章にあるように「賢を見ては斉《ひと》しからん」ことを密かに思った次第です！

■里仁編第十八章

子曰く、父母に事《つか》えては幾諫《きかん》す。志《こころざし》の従わざるを見ては、又、敬して違《たが》わず労して怨まず。

孔子が言った。父母を諫《いさ》めるときは心穏やかにそれとなく諫めなさい。それでも聞き入れられないときは、あくまで敬意をはらい強いて逆らってはならない。また無理難題を投げかけられて苦労するようなときでも決して怨んではならない。

＊＊

本章は親孝行「孝道《こうどう》」の話のようです。これからしばらくはこの「孝道」の話が続きます。本章では親を諫めるときは優しくし聞き入れられなくても逆らったり怨んだりしてはならないと言っています。何か一方的な感じがしないでもありませんが、孔子の時代は親孝行は常識

で何より親を大事にしたようです。現代では「あの人は親孝行だ」などという言葉はめったに聞きませんが、親たちはよく親孝行という言葉を口にしていました。

日本は戦争期はどこの家も生活は苦しく食べていくだけで精一杯でした。だから子供といえども重要な働き手でしっかり親を手伝う子供が一番の親孝行だとされました。しかし、今の日本は史上かつてない豊かな国となり親も子供の力を借りる必要がなくなり、むしろ子供の世話にはならないという親も多いようです。でも一方で、高齢化が進み認知症やアルツハイマーで寝たきりとなる親たちが増え、子供が介護という親孝行をすることとなりました。この介護は生半可《なまはんか》なものではなくその苦労は他人では計り知れない辛く苦しいものとなってきています。このため、子どもの方も介護に疲れ病気になりそうですが、さりとて、親は戦争や復興という時代を経験しながら自分たちを産み育ててくれた大恩人であり……これは、現代の社会問題となっています。

さて、そこで、気分転換に唖然とする話を一つ！ 時は明治、あの渋沢栄一が今までに聞いた最も親孝行な話ということで紹介しています。それは宮崎に住んでいた一人の息子の話で、この息子は親孝行で有名だったそうで、あるとき、足腰も弱った母親が「私もだいぶ年を取ってきたので、最後にどうしても長野県の善光寺《ぜんこうじ》にお参りしなければ気がすまない」と言ったそうです。これを聞いた孝行者の息子どうしたと思います？ 長野県は宮崎県からは遠い遠いところです。でも、何のその、この息子〝母を背負って三千里〟何と宮崎から善光寺まで背負って行ったそうです。背負って！ 長野県まで！宮崎県から！ なんとも唖然とする話です！ 今であれば、飛行機でピューンと飛んで後はタクシーでといったところでしょうが、それにしても大したもんです！ こんな話を聞くと私たちも少々の親の無理難題ぐらい聞かなければならないような。

ただ、諸橋先生は解説で「親は元々そんなに間違えるものではないがはなはだしい過ちがある場合は厳しく諫めなければならないことは言うまでもないことである」と申し添えておられます……念のため！

■里仁編第十九章

子曰く、父母《ふぼ》在《いま》すときは遠く遊ばず。遊ぶこと必ず方《ほう》あり。

孔子が言った。父母が存命の間は遠くへ行ってはならない。どうしても行かなければならないときは行き先を必ず明らかにしなさい。

**

本章は遠くに出掛け親に心配をかけてはならないという話のようです。当時は、治安も良くなかったと思われますから遠出をすることは親にとっては子を失うことにもなりかねず大変、心配なことだったのではと推測されます。現代は地球も狭くなり世界のどんな国へでも飛行機でピューンと短時間で飛んで行け、いつでもどこでも電話などで元気な声を聞くことができます。しかし依然としてぶっそうな地域があり、親にとっては子どもが目の届くところに居てくれる方が一番安心するような？　でも、時代の流れがそんなことは許してくれませんが、せめて、小まめに連絡をするということが親孝行かもです。諸橋先生も解説で次のように言っておられます。

「父母は常に子供の消息を心にかけておるものであるから、その父母の心をもって心とすることが孝道であると教えたのである」

文中にある「父母の心をもって心とする」とは、親心を推し測ろうとする子の心のことで、それが取りも直さず孝道につながると。この言葉から有名な歌が思い出されます。詠み人は吉田松陰先生です。

「親《おや》思う心にまさる親心今朝《きょう》の訪れ何と聞くらむ」

これは松陰先生が斬首《ざんしゅ》の刑に処される直前に詠んだ辞世の句とされるもので、意味は親というものは子が親を思う以上に子のことを思っているものだ。自分は今、まさに死のうとしているが後で親が自分が死んだことを聞けば何と思うだろうか。それを思うといたたまれない……というようなことではと思われ、この歌にはいつもジーンとさせられます。まさにこの心が「孝道」とされるものではと思われ、松陰先生が血の通った優しい孝行者であった一面がよく窺える一首です。

さて、ときに、安岡さんが親ではありませんが親族との付き合いという話でこんなことを。「用事のないときでもふらりと寄ってみる」。親ならずとも親戚もこんなの嬉しいでしょうね！　さすれば、近くに住んでいても親の家にもふらりと寄ってみる。そこまで来たからと。

親はきっと喜ぶでしょうね。親の喜ぶ顔が頭に浮かびます……でも、却って心配しますかね？　何かしでかしたか？　金でも借りに来たかと？　すみません！　いえいええそんなことはないと（笑）

ときに、明日は熊本で開催される「全国藩校サミット」を見に行ってきます。先日、「致知《ちち》」に出ていた私の気に入ったとある人が来られますので……。

■里仁編第二十章

子曰く、三年父の道を改《あらた》むる無きは孝と謂う可し。

孔子が言った。父が亡くなって三年間、父のやり方を変えないのは孝道といえる。

＊＊

本章は父が亡くなって三年間は生前の父の方針を変えてはいけないという話のようです。三年とはかなり長いような気がしますが、これは喪に服する期間ということではなく父の方針を変えない期間のようです。

さて、それで親の方針を変える変えないということで、これはサラリーマンの家庭だとあまりピンときませんが、でも、会社経営などとかになると状況が違って色々あり、生前においても親と子で考えが違い衝突するというような話はときどき聞きます。親は自分の実績を基に確実な経営を目指すため子のやり方が危なっかしく見えます。一方、子は若さから斬新な展開を考えるため親のやり方を古臭く感じます。そして、やがて親が死に息子の代に変わります。息子は待ってましたとばかりに、とは言いませんが、早速、自分のやり方でやろうとします。しかし、ここで孔子は言います。

「子よ待て。親が死んだからと言ってすぐに自分のやり方に変えてはならない。三年間は親のこれまでのやり方をじっくりと検証しなさい」

と……たぶん？　考えてみれば、父親というのは一家の大黒柱として、また会社なりのトップとして世間の荒波に耐え危機を幾度も乗り越えています。その苦闘の歴史をしっかりと三年間にわたって検証することは確かに何か大事なものが得られ足も地にピタッと着きそうで、また、亡父にとってもそれは大変、嬉しいことであるような気がします。まさにこれこそ「孝と謂う可し」ではと……ん？　ちょっと待ってください！　今、ヒラメキましたが、孔子はこの期間を三年と言っていますが……ひょっとしたら、諺に言う「石の上にも三年」とはここから来ているのかも？　論語からかもです？　確かに一年では短くて二年でも中途半端です。しかし、三年となる充分かなという感じがします。しかして、この三年という期間には、前々章にも「親を諫《いさ》めるときは時宜を見てから」とありましたが、何か「時宜《じぎ》」という「時の宜しきに従う」適切なものを感じます。どうも、そもそも物事を行うには「時宜」というものがあり「機が熟する」のを待つことが肝要です。とにかく現代人は拙速《せっそく》で急ぎたがりますが、やはり柿の実は機が熟さないと落ちません。

この機を知るということは凡人には難しいものですが、自分と万物とが一体となる境地に近づくことにより自然に察知されるもののようで、それは「天和《てんわ》」とも言われるようです。人間関係でも、せっかちな人は長い目で物事を見ることができずいつも現実的であくせくしていて余裕がありません……今どうしても言わずとも、いずれ言うべき機会があるようなときにも。

これとちょっと関連して、一昨日、例の熊本で開催された「全国藩校サミット」に行ってきました。会が終わってお目当ての徳川家第十八代宗家・恒孝《つねたか》さんと少し話をさせていただくことができました。さすがな方で包み込むようなオーラを感じました。それで、ついでに私のノートに座右の銘を書いてもらいましたが、この言葉がまさに本章の「三年待て」を象徴するようなものでした。徳川家十八代将軍はこう書かれました……

「悠々たれ！」

■里仁編第二十一章

子曰く、父母の年は知らざるべからず。一《いつ》は則《すなわ》ち以て喜び一は則ち以て懼《おそ》れる。

孔子が言った。父母の年齢は知っていなければならない。そのことで、一方では、あ〜こんな年になられても達者でおられるな〜と喜び、一方では、あ〜それだけ老い先が短くなられたな〜と死別を恐れる気持ちを持たなければならない。

＊＊

本章も「孝道」の話です。孔子は最初に「親の年齢は知って置かなければならない」と言っていますが、それがどういう意味で言っているのかピンときませんでしたが後文を読んで合点がいきました。親が長生きしていることを喜ぶと同時に死が近まっていることを知るためだということのようです。確かに言われてみればそのとおりですが、近くにいればついそのことを忘れがちです。昔は寿命が短かったと思いますからあっという間に別れがくることになったかと思われますが、寿命の長くなった現代でも人は七十歳を過ぎたら、いつお迎えがきてもおかしくないと言われます。さすれば、少なくとも親が七十歳になったぐらいからは注意をしておく必要がありそうです。

しかして、人の命には必ず限りがありますが、実は、先日、テレビを見ていたら恐～い話がありました。ほんとに恐い話でした。ま、このところ暑いですから好いですかね。それは、とある大学の授業の話です。

「今のあなたにとって大切なものを十個この紙に書き出してください。（書き出したあと）もし、あなたが癌になって余命一年だとします。本気でそう思ってください。そして、この中から最も大事なものを五個選んでください。次に、余命が一月になったとします。残った中からさらに三つだけを選んでください。次に、あと、余命が一日になったとします。最後の最後に一つだけ最も大切なものを選んでください」

確か、こんな感じだったと思いますが、どうです？　恐いと思いませんか？　自分が死ぬときの話です。そんなの恐くて考えたくありませんが……学生に〝死〟を体験させるんです！　泣いてる子もいました。思い切った授業をやられてましたね～。でも、この授業の本当の目的は逆の〝生〟の何たるか、本当に大事なものは何かを知ることにありました。最初、生徒たちはピアノだとか、お金だとか、友達だとか色んなことを書いていましたが最後に残った一番大事なものとは何だったか？　ほとんどの学生がある一枚を残したそうです……ということで答えは次回に……すいません（笑）冗談はさておき、学生たちは最後に〝母〟と書いた紙を残したそうで、やっぱり母親とは我々にとって大事な存在なんですね～！

ではと、父親の影が少し薄くなりましたが、いずれにしろ大事な両親との別れも必ずやって来ます。親の年齢とは良い意味でも悪い意味でもしっかり知って置きたいものです……特に親が七十歳を過ぎたら！

■里仁編第二十二章

子曰く、古者《いにしえ》が言《ことば》を之れ出《いだ》さざるは躬《み》の逮《およ》ばざるを恥《は》じてなり。

孔子が言った。古人が軽々しく言葉を発しなかったのは吾身のそこまで及ばざるを恥じたためである。

＊＊

本章はわかりやすく言うとアゴばっかりの人がいるということでしょうか？　口先だけで実力はない「ホラ吹き」って……確かに時々見かけますが……でも、これって自分のことかも（笑）ただ、よ～く観察すると、この「ホラ吹き」にも二つあるような気がします。一つはそれを他人に対して言うときで、もう一つは自分に対して言うときです。この最初の他人に対してということでこんな話を思い出します。

あの相田みつをさんがいまだ若く武井《たけい》老師という偉い禅僧の書生をしていた頃の話です。あるとき、京都の町を二人で歩いていると、とあるお寺に、当時、問題になっていたお寺が拝観料を取る取らないについて、賛成だったか反対だったか忘れましたが、そんな看板が掲げてあったそうです。それで、相田さんが「いやですね～仏門にある人がお金を取るとか取らないかでもめて」と言ったそうです。そしたら、この武井老師が「バカも～ん。当事者でもないのに軽々しくそんなことを言うな。あの人たちの立場に立って見ろ。どれだけ大変な思いをされていると思うか」と怒られたそうで……さすがの話でした。ここで、教訓としたいのが他人に対するホラは、それが批判的だったり否定的であったりするときは慎重になるべきだということで、人間にとって否定的なことは耳に障ります。また、当の本人に聞こえでもしたら事件です！

さて、もう一つの自分に対する「ホラ」です。これはちょっと違います。人間とは不思議なもので口に出したことは引っ込みがつかず、自分に言い聞かせる意味でこれをあえて言ったりする場合があります。ここに面白い話があります。「西郷南洲遺訓《さいごうなんしゅういくん》（山形県の庄内藩《しょうないはん》の人たちが西郷隆盛の言ったことを書き止めたもの）」という本の一説です。

「命もいらぬ、名もいらぬ、官位もいらぬ、金もいらぬというような人は処理に困るものである。このような手に負えない大馬鹿者でなければ困難を一緒にわかちあい、国家の大きな仕事を大成することはできない。しかしながら、このような人は一般の人の眼では見ぬくことができぬものである」

さて、この手に負えない大馬鹿者という大人《たいじん》は誰を指しているのか。多分この人は一見、大ボラ吹きで世間の人は本気で言っているとは思いもよらないような、そんな奇想天外な大きな話をした人ではと。となれば、私はこれは幕末のヒーロー坂本竜馬じゃきにと思いますが（笑）竜馬など他人からみると非常識な大ボラを本気で言う大馬鹿者です。でも、自分が弱気になっていると思うときなど、こんな大馬鹿者の大ボラでもいいですから「あんたしかできんぜよ！」とボンと背中を叩いてもらったら俄然やる気が湧いてきそうです！　されば、ときにホラとは大事なものかもです？

■里仁編第二十三章

子曰く、約《やく》を以《もっ》て之《これ》を失う者は鮮《すく》なし。

孔子が言った。慎《つつ》ましやかにして失敗する人は少ない。

＊＊

本章は万事、控えめであれば災難に遭わないと言ったところでしょうか。確かに、人事異動などで新人ながら最初から目立つ人は他人に一目《いちもく》置かれるという意味ではいいかもしれませんが、やはり、横柄に見えて却って反感を買いそうです。やはり、孔子先生が言うように当面は慎ましやかにして置いたほうが良さそうです。と、今のは人間関係の話ですが、ときに、酒に対しても慎ましやかな方が良さそうです。中国・明時代の洪自誠《こうじせい》という人が書いた「菜根譚《さいこんたん》」という本に次のような一節が。

「花は半開《はんかい》を看《み》、酒は微薫《びくん》に飲む。」

花は半分、開きかけたときが見るのにちょうどいい、酒は微妙な香りを楽しむ程度に飲むのがいいという意味ですが、ちょっと私には耳が痛いです。特に酒の話は！私の場合ついつい盛り上がり、話の花に次から次へと酒を注ぎ花はいつしか満開から頭痛の種へと変わるときが……時々あります（笑）

さて、酒の話はそれくらいにして、先日も耳の痛い話がありました。それは色んな知識人の「論語観」という雑誌を読んだときのもので、そのなかに後輩の指導として次のようにありました。それは、指導する側がどれだけ良い技術を持っていても、また、良いことを言っても、その人の日頃の行動に「制約」されたところがなければ相手の胸には響かないという話です。孔子は別の章で、「その身、正しければ令せずとも行われ、その身、正しからざれば令すといえども従わず」と言っています。やはり、日頃、その人が感情や欲望のおもむくままに行動していては指導者には向かないようです。私も良い年をしてこれも頭の痛い話です。

最後に「節制」ということで、明治期に熊本に住んだラフカディオハーン（小泉八雲《こいずみやくも》）の言葉を紹介します。これはハーンが「極東《きょくとう》の将来《しょうらい》」と題して講演したときのものです。ポイントとなる部分の抜粋です。

「私は将来は極西のためにではなく極東のためにあると信じている。しかし、日本の場合は危険な可能性があるように思う。それは古来の素朴で健康な自然で節制心のある正直な生き方を放棄する危険性があるからである。素朴さと誠実さは古くから熊本の美徳だったと聞いている。もしそうであるなら、日本の偉大な将来は、単純、善良、素朴なものを愛し贅沢と浪費を憎む、あの九州スピリッツとか熊本スピリッツといったものを、これからも大切に守っていけるかどうかにかかっていると確信する」

なかなかの洞察と思われ文中に〝節制心〟とあります。ハーンは極言すれば日本の将来はこれにかかっていると言っています。確かに日本はその後これをなくしたことにより先の大戦へと突き進み多くの犠牲を払うこととなります。しかし、この〝節制心〟の喪失は現代でも見られ、どうもここらでハ、ハーンと孔子先生の言葉を噛み締めなければ「之を失う（失敗する）」ことになりそうです！

■里仁編第二十四章

子曰く、君子は言《ことば》に訥《とつ》にして行《おこない》に敏《びん》ならんことを欲す。

孔子が言った。君子は話すのは下手《へた》でも行動には敏感でありたいと思う。

＊＊

本章も口先だけで行動が伴わない。口では立派なことを言っても身体は動かそうとしない。そういうのは遺憾ということのようです。このような話は過去にも何度か出て来て論語には重複する箇所が多分にあります。良い機会ですのでなぜそのようになっているのか論語の生い立ちのようなものを一度説明して置きたいと思います。

孔子の代表的な言葉に「述べて作らず」というのがあり、それが述而編第一章に出ています。この意味は順番を変えて「作って述べず」とした方が分かりやすいかもしれませんが、つまり、自分が言っているのは自分が考えついたのではなく、既に、先人が言ったもので、自分はただそれを伝えているだけだということです。孔子はそのスタンスで門人たちに問答という形で想いを伝えます。それは七十三年の生涯の色んなケースで伝えられ、同じ質問でも相手によって答え方を変えたりもします。それを後年、纏《まと》めたものが論語です。だから、論語は孔子が直接、書いた本ではありません。ただ、四書五経と言われる中国古典の代表的なもののなかの「詩経」「書経」「春秋」「易経」などは孔子が編纂したともいわれています……が、しかし、ちょっと待って下さい！今、大事なことに気付きました！　孔子は以上、四つについて編纂はしていますが、なぜか、自分の考えを纏めたものを書物にはしていません。

ということは、この「述べて作らず」とは、今まで私はこの意味は、先人に敬意をはらって先人が言ったことに手を加えたり、自分の意見を言うなどそんなおこがましいことはしない。ただ伝えるだけだという意味にとっていましたが……これは誤解だったかもしれません？本当は「作らず」とは書物を〝作らず〟という意味だったのかも？　孔子という人が生まれたのは紀元前五五二年ですから今から二千五百年ほど前ですが既に文字はありました。ですから孔子が書物を残そうと思えば残すことができたはずで……するって～と何ですね！「述べて作らず」とは孔子は先人の言ったことを尊重し伝えはするが自分の考えを僭越にも本に書いたりはしない、という意味かもしれません？　本を書いたりはしないと？

そう言えば先日、出て来た西郷さんも書物を残していません。有名な「西郷南洲遺訓」は山形県、庄内藩の人たちが西郷さんの言ったことを綴ったものです。また、

林《はやし》 房雄《ふさお》さんの「大西郷遺訓」か何かで見ましたが、西郷さんはおこがましいので、自分の写真や本などは残していないとあったような気がしますが、その根底には、孔子と同じような先人への畏敬の念と、また、私の言っていることは既に論語等に出ているという気持ちがあったからかもしれません。でも、これは単なる私の推理の域で……間違っていた場合はすみません（笑）ま、いずれにせよ遠い先祖も人間としての生き方に悩み苦しみ正しいと思われる真理を後人に申し送り、そうして出来上がったのが「論語」という本であることに間違いはありません。

話は戻って、論語の成り立ちに関してもう少し。論語は孔子が亡くなって四百年もたった漢の時代に今のような形になっています。ですから、ときにダブりがあったりもし、また、似たような内容の章を正確に纏めたりとかもしてありません。そういうことで、論語は最初から系統立てて作られたものではなく、編は全部で二十編ありますがタイトルはそれぞれの編の第一章の「子曰く」の次に来る言葉をもって単に当ててあります……で、結局、私が何を言いたいかというと、何千人とも言われる優秀な孔子の門人たちが纏めてそうだったのですから、凡人の私の解説にも重複があったりするのは当たり前……ということです。つまり、言いわけをしたかったというわけです（笑）どうも訥々とした話になりました。敏速に終わります！

■里仁編第二十五章

子曰く、徳《とく》は孤《こ》ならず必ず隣《となり》あり。

孔子が言った。徳者は孤立せず必ず共鳴者が現れる。

＊＊

本章は超有名なところです。私は論語を勉強していてこの章に差し掛かったとき、大変、感動し勇気が湧いて来たのを思い出します。正確には、さらに諸橋先生の解説を読んでからで、読まれる方もきっと勇気が湧いてくると思われますので、まずはその解説文をそのまま紹介します。

「道徳を実行しても、あるいは世に入れられず、人に用いられない場合もあるが、長い目をもって見、広い目をもってすれば、必ず感化をうけて共鳴する者が出て来るのである。時を得ない孤臣《こしん》などに取って、百万の援軍を得る力強い言葉であると思う」

どうです。〝百万の援軍を得る〟とあります。想像してみて下さい。自分の後ろに自分を支える百万の援軍が鬨《とき》の声を挙げ大音響となっている様子を。凄いです！　まさに勇気百万倍と言った感じです！「徳」の力とはかくも凄いもののようで本当に勇気付けられます。されば、人生は良いときもあれば辛いときもありまさに山あり谷ありです。いつか出て来たように「吾が道、一以て之を貫く」とばかりに己の信念とする所を貫いても他人から疎《うと》んじられたり、馬鹿じゃないかと見られたりして孤立して心細くなるときもあります。しかし、信じたいものです。「徳は孤ならず必ず隣あり」必ず援軍が現れると！　ついでに、孟子も同じようなことを言っています。

「自ら反《かえり》みて縮《なお》くんば千万人といえども吾ゆかん。」

自分を振り返り正しければたとえ一千万人を敵に回してもいいという意味です。一千万人が左と言っても自分は右だと言うということです。流石だと思います。と、ここまで来ればもう一人。日本の竜馬の言葉も引いて置きましょう。

「世の人は我を何とも言わば言え我が為すことは我のみぞ知る」

革命を起こすような男というのは腹が据わってます。この竜馬の言う「人は人、吾は吾」という境地はいつか話しましたが、これこそが〝達観〟で良い意味の開き直りです。

それにしても、今、孔子、諸橋先生、孟子、竜馬と四人の徳者を挙げましたが、そもそも「徳」とは何なのか？　徳の何たるかが今いちピンと来ません？　また、徳が百万の援軍を得るとはどういうことかも？　それで論語を中心とした儒教というものに目を向けて見ますと、そこにはこれまでも何度か説明しましたが「五徳《ごとく》」というのが出てきます。「仁《じん》・義《ぎ》・礼《れい》・智《ち》・信《しん》」とされるものですが、これのそれぞれについては今後、追々掘り下げていくとして、私の今の実感で言うと〝徳〟とは〝人間愛〟の精神と、道理を明らかにする〝叡智〟が合わさったものであるような気がします。人の命には限りがあり、今、目の前に生きている親しい人ともいつかは別れなければなりません。いつかと言ってもそう長くはありません。地球五十五億年の時間と比べればどんな強者もたかが百年です。そう思えば何かものの哀れと同時に刹那的な愛おしさが感じられます。この自然な「人間愛」が徳の一面で、またもう一つは、人間学を修めることにより身につくとされる世の真理を明らかにし物事を正しい方向へと導く「叡智」です。さすれば「人間愛」と「叡智」ある人が孤立しないのは当然のように思われます。

……と、ここで話を終わる予定でしたが、「吉田松陰一日一言」という本に「富永有隣《とみながゆうりん》」という人が出ていましたので最後に紹介します。この人は長州藩士で獄中で松陰と出会い傾倒し松陰を支えた人ですが、この人の本当の姓は「富永」ではなく「徳」だそうです。つまり、下の名と合わせると「徳有隣」……と、これは冗談で（笑）もうおわかりでしょうが、この名前、論語のこの章から来ていますね、きっと！　で、この富永有隣さん、日本の初代総理大臣となった同じ松陰門下生の伊藤《いとう》博文《ひろふみ》より年上であったため、伊藤さんが総理になった後も「ひろふみ、ひろふみと」と人前であろうと呼び捨てにし、流石の伊藤さんもこれには閉口したものの反発はしなかったそうです。何か、この二人にも「徳」なるものが感じられます！

■里仁編第二十六章

子游《しゆう》曰く、君《きみ》に事《つか》うるに数《しばしば》すれば斯《ここ》に辱《はずか》しめられる。
朋友《ほうゆう》に数すれば斯に疎《うと》んぜられる。

子游が言った。主君に仕えしばしば諫言《かんげん》すれば聞き入れられないどころか最後は侮辱《ぶじょく》される。親友に対してもあまりくどくど忠言すると疎《うと》ましく思われる。

＊＊

本章は忠告・忠言はほどほどにして置きなさいということのようです。この話は先日、役所のN先輩の話として「森を越えてはいかん」ということを紹介しましたが、そのことと似ています。「忠言は耳に逆らう」と言います。やはり、相手を一種、否定することですからよ～く考えて踏み込まないと思わぬ亀裂が走ることになりかねません。

ただ、もう一人のM先輩からは「輔弼《ほひつ》の任《にん》」という言葉を教わったことがあります。これは例えば天皇を輔弼するというような使われ方をし、意味は補佐するということですが、問題は現実に忠言しなければならないときで、天皇に「あなたは間違っています。」と言えるかということです。そんなこと軽々しくは言えません。でも、言わなければならないときは勇気を出して言わなければならない。これを自分たちに置き換えれば相手がいかなる上司だろうが正道のためなら一歩も引いてはならない……と教わりました！　それにしても、この「輔弼《ほひつ》の任」というような言葉を知っている人なんてそんなにはいなく、世の中には時々こういったすばらしい先輩たちがおられ本当にありがたいものです。

それで、先日、面白いことを発見しました！　仕事で島崎町にある岳林寺《がくりんじ》という禅寺へ行ったときのことです。入り口の山門の右に阿形《あぎょう》、左に吽形《うんぎょう》の二つの3メートル位の高さの立派な金剛像がありました。あの「阿吽《あうん》の呼吸」といわれる筋骨隆々の像です。それをよ〜く見ると阿形像には「左輔金剛《さほこんごう》」、吽形像には「右弼金剛《うひつこんごう》」……と書いてあるではありませんか！　ハッとしました！　あの〝輔弼〟です！　されば、ここは禅寺だから物の真理を見極めていくのに間違ってはいけないので〝輔弼〟するということかな？　日本の精神文化とは凄いとあらためて感じました。

話は戻って、諸橋先生の解説に本来「君子の交わりは、淡、水の如し」でなければならないとありました。いい言葉です！　君子の交わりとはまさに水のようにサラッとしていて水飴みたいにべたべたしていないと。このことから次のような話が思い出されます。ときは、中国・三国時代、英雄・劉備《りゅうび》と軍師・諸葛亮《しょかつりょう》は出会った瞬間に意気投合し火花が散るような運命的なものを感じ、その後、二人からは凄いパワーが生まれます。でも、日頃の二人はというと、いつもサラサラと水のように淡々としていたようです。これと似た話で先ほどのM先輩が言われたことで忘れられない話がもう一つあります。それは、次のような話です。

「上司と部下の本当の関係は〝絶対〟でなければならない。微塵《みじん》も疑う仲であってはならない。そうあって始めていい仕事ができる」

されば、劉備と諸葛亮とはサラサラと流れる水のようながらも〝絶対〟の関係にあり、「しばしば諫言」したりする必要もまたサラサラなかったのではと！　いい仕事ができるはずです！

公《こう》冶《や》長《ちょう》編

——正道を行く

■公治長《こうやちょう》編第一章

孔子、公治長《こうやちょう》を謂わく、妻《めあわ》す可《べ》きなり。縲紲《るいせつ》の中《うち》に在りと雖《いえど》も其の罪に非ざるなりと。其の子《むすめ》を以て之に妻す。

孔子が公治長について言った。彼なら結婚させても良い。彼は黒縄で縛られ牢屋に入れられていたとはいえ、それは自分の犯した罪からのことではなかった。そう言って自分の娘と結婚させた。

＊＊

本編の第一章は孔子が自分の娘を公治長なる人と結婚させたという話です。それにしても、この頃、既に「妻《めあわ》す」という昔懐かしい言葉があったようで、論語を読んでいるとそもそもボキャブラリーの多さに驚かされます。どうも二千五百年前の人たちの方が現代人より語彙《ごい》は豊富だったなような？　それだけ、的確に物事を表現する能力も高かったことが窺えます。

さて、孔子が自分の娘と結婚させた公治長なる人です。孔子が冤罪《えんざい》だと言う以上はそうであったと思われますが、言い回しからすると世間的にはそうではなかったようです。でも、当の公治長は嬉しかったでしょうね！孔子は当時も聖人的存在であったと思われますから、その聖人の娘を嫁にもらうということは間接的に公に対して「お前は間違っていない。正しい。」と認められたも同然ですから。

ところで、この冤罪ということで思い出される話があります。それは、ある有名な事件に関してのことで、ずいぶん昔の私の若い頃の話ですが、ある知り合いの記者さんに「貴方の好きな言葉は何ですか」と尋ねたときのことです。すると、意外な答えが返って来ました。それは「二つある」というものでした。それは座右の銘が「二つある」ということでなく、物事には真実が「二つある」というような意味でした。この人はどこか記者魂のようなものが感じられる人だったので、さらに深く聞いたところ次のようなことを言われました。

「以前、自分はとある殺人事件を担当したことがあって、その事件は当初、有罪ということでその容疑者は服役していたが、その後、無罪ではないかということで再審が繰り返されていた。私は、その再審の過程で真実を知るべく容疑者と、被害者の家族との両方に何度も取材を繰り返した。すると、右を聞けば右になびき左を聞けば左に傾き双方の話を聞けば聞くほど、どちらも真実を語っているように思えわからなくなった。最終的には無罪という判決が出て事件は冤罪であったとなったものの、以来、〝物事に真実は二つある〟と思うようになった。」

というものですが、私はその話を聞いて、被害者には被害を受けたという被害者側の揺るぎない事実があるが、一方の加害者側にも自分ではないという確たる言い分がある。どちらかが嘘を言っているが、どちらも本当のことを言っていると思わざるを得ないときがある。そういう意味で、真実は二つあるのかもしれないと理解しましたが、この辺、人間界には計り知れない〝妙〟があるようです。以前、ある黒澤映画（芥川龍之介の小説だったと思いますが）のなかで一人の男が言った次のようなせりふを思い出します。それほど人間界とは不可思議であるような……。

「大雨より地割れより旋風《つむじかぜ》より恐いのは、それは人間だ」

■公冶長編第二章

子、南容《なんよう》を謂わく、邦《くに》に道《みち》有れば廃《はい》せられず邦に道無くも刑戮《けいりく》を免《まぬが》れる。其の兄の子《こ》を以て之に妻《めあわ》す。

孔子が門人の南容について言った。南容は国に道があるときも廃《はい》されず、道がないときも刑罰に処せられなかったので、兄の娘と結婚させたと。

＊＊

本章は南容という若者の話で、孔子はこの若者に大事な兄の娘を嫁がせたようです。この時代は世が戦国時代へと向かい乱れ始めていたので時の権力者たちは自分の気に入らぬ者を抹殺《まっさつ》することぐらい何ともなかったと思われますが、かかる時代にあっても南容は正道を踏みながらも身を保ったようで孔子もそこを高く評価しています。この正道を踏みながらも身を保つことを「明哲保身《めいてつほしん》」と言い、これは乱世における君子の理想的な生き方とされました。孔子や孟子のような人たちがまさにそうであったと思われますが、南容にも若いながらその片鱗が窺えます。南容は日頃から口癖のように「口は災いの元。口は災いの元」と自分に言い聞かせ、言葉には慎重を期したようです。孔子も別な章で「言ってしまったことは三頭立ての馬車で追いかけても追いつけない」と言っていますが、やはり言葉は考えて言わなければ災いの元となります。そもそも、言葉とは自分が何と言うかでなく相手が何と取るかということが大事ですから、正しいことでも表現の仕方がよくなかったり語気が強かったりすると事件になります。

さて、「明哲保身」で思い出されることがあります。先日、市民会館で「全国藩校サミット」が開催されたときのことを話しましたが、そのなかで元総理夫人の細川佳代子さんが次のような面白い話をされました。

「あるとき自分が結婚して間もない頃、作家の司馬遼太郎《しばりょうたろう》さんが義父の護貞《もりさだ》氏を訪ねて来られた。自分は二人のお供をして泰勝寺《たいしょうじ》に行ったが、そこで司馬さんが細川ガラシャさんの話などを聞きながらこんなことを尋ねられた。『細川家は南北朝など随分古い時代から戦乱に明け暮れ大変であったにもかかわらず、どうしてこう永らく続いて来たのでしょうか』と。すると、護貞氏は『それは良い家臣に恵まれたからです』と即座に答えた」

という話で、司馬さんはこの答えを聞いて深くうなずかれたそうです。私もなるほどと感心しましたが……ただ、私が感心したのは、護貞氏が、細川家がうんぬんではなく「家臣」と即座に返したところにまさに「明哲保身」の真骨頂を見たような気がしたからです。恐らく司馬さんもそう感じてうなずかれたのではと。この「明哲保身」は大事なところなので実例を三つ紹介します。一人はカンボジアの女流作家でパル・バンナリー・レアクさんという人の話でこれも講演会でのものです。

「時は、ポルポト政権下、ポルポトは百万もの人を虐殺し庶民は当時の世相を〝血の川、涙の海〟と表現していた。そんななか、仲間が次々と呼び出され殺されていってついに自分にも魔の手がやってきた。機関銃を突きつけられこう聞かれた。『お前はポルポト派か反対派か』と。もちろん、みんな反対派ですが、そう正直に答えれば殺されます。でも、正直にそうではないと言って、お前は正直者だと言われて助かった人もいた。また逆に、賛成派だと嘘を言うと嘘を言うなと言って殺された人もいた。そんな難しい命懸けの問いだった。そこで、私はこう答えた。『私は、カンボジアを愛している。カンボジアのために尽くしたい』と。そして私は殺されずに済んだ」

物凄い場面ながらとっさの「明哲保身」に感動しました！　勉強になりました！　さて、ここまで来たら次は竜馬です！

「時は幕末、場所は京都、三条大橋の上。竜馬がお龍《りょう》を連れこの橋を渡りはじめると向こうから浪人狩りをしていた新撰組の一団がやって来た。でも竜馬はひるむことなく……竜馬は行く！　案の定、橋の真ん中で鉢合わせた。新撰組は竜馬とお龍を取り囲んだ。そして言った。『お前は、左幕派か倒幕派か』そこで竜馬が吼えた！『わしゃ～左幕派でも倒幕派でもにゃ～きに。ただの、日本人じゃい！』と。そして、爽やかな五月の風の如くお龍を連れその場を立ち去って行った」

これまた、さすがですね～。ついでに……と言っては失礼！　もう一人、凄い人を！

「時は下がって明治の初め。街は急な革命で混乱し多くの博徒《ばくと》であふれていた。そこを一人の老人が小さな子ども手を引いて通り過ぎようとしていた。するとその時ときこの老人の肩が一人の博徒の肩にぶつかった。博徒は足を止め仲間とともに振り返り『おう、おう、おう、何だお前は～』と言いながら取り囲んだ。そして、『落とし前をどう付ける気だ。金を出せ。さもなくば袋叩きにしてやろうか！』とがなり立てた。気付くと周りはただならぬ雰囲気に黒だかり。みんなは固唾《かたず》をのんで推移を見守った……すると、その老人、背筋を立てて一団を見回し一喝《いっかつ》した！『お前たち、ワシを誰と心得る。ワシは新撰組二番隊隊長・永倉新八《ながくらしんぱち》であ～る！』……シーン、シーン、シーン……博徒たち、噂に響いた新撰組と聞いて『ハァ、ハァ、ハァ、ハァ～』とその場に平伏《ひれふ》した」

という話です。面白いですね～。さてさて、そういうことで「明哲保身」のいくつかをご紹介したところで、丁度、時間となりました。本日はこれにてお開きにしたいと思います。皆々さまにはご拝聴、誠にありがとうございました（笑）

■公冶長編第三章

子、子賎《しせん》を謂わく。君子なるかな若《かくのごと》き人。魯《ろ》に君子者《くんししゃ》無くば斯《こ》れ焉《いずく》んぞ斯れを取らん。

孔子が門弟の子賎について語った。子賎のような者こそ誠に君子である。されど、子賎も魯国に君子者が多くいなければ君子としての徳を備えることは出来なかったであろう。

＊＊

本章は子賎が徳を備えた君子となりえたのは周りに君子に値する人が多くいたからだという話のようです。孔子がこう言って子賎を評価したのには次のような背景があったようです。諸橋先生の解説の概略です。

「孔子が子賎に交友範囲を聞いたところ子賎は次のように答えた。私には父として敬愛する人が三人、兄として尊敬する人が五人、友として交わる人が十二人ほど、師として仰ぐ人が一人いますと。これを聞いた孔子は三人の父からは孝を教えられ、五人の兄からは弟《てい》を教えられ、友とする十二人からは広く知識を得られ、一人の師からは道を学ばれる。かかる人物であれば地方はもとより天下を治めることもできると言って子賎を賞賛した。」

「三人寄れば文殊の知恵」と言いますから世の中を生きて行くのに仲間が二人でもいれば大きな間違いもなさそうですが、子賎のようにこれだけの言わばブレーンが揃えば確かに天下でも取れそうです。普通の人だと自分と気の合った少人数の交友関係に限られますので、どうしても視野が狭くなりがちですが、こんなに多くの友人や兄や父や師と仰ぐような年長者が計二十一人もいるというのは凄いですね～。年長者は何と言っても人生経験が豊富ですから勉強になるのは〝当たり前田のクラッカー〟で……すいません！　昔のテレビコマーシャルで（笑）これからも度々出てきます。あしからず！　でも、考えてみれば子賎にこれだけのブレーンがいたということは、察するに子賎自身に何か誠実に教えを請うような姿勢があって、それを皆が評価していたのではないかと？　そういえば江戸の大儒《たいじゅ》・佐藤一斎《さとういっさい》もこう言っています。「後生《こうせい》、畏《おそ》るべし」と。これは、自分より若い人は確かに今は自分と比べると実力は劣る。しかし、自分より若いということは自分より長生きをするので自分が死んだ後に自分を超え大業を成したりする可能性がある。そう言う意味で恐ろしい存在だということですが、恐らく、子賎の周りの人、特に年長者はそんなことを子賎に期待していたのかもしれません。

それから、子賎について諸橋先生がもう一つ面白い話を挙げておられます。子賤がとある地方を治めたときの話で、実は、そこは以前、孔子のもう一人の門人・巫馬期《ふばき》という人が治めていました。この二人の治め方がだいぶ違ったようです。巫馬期は真面目な性格で朝まだ星が見えているときから仕事に出かけ夕方も星が出る頃に帰ってくるという相当な頑張り屋で、そうやってその地を治めたようです。しかし、一方の子賤は日がな一日、仕事もせず琴を弾いたりして過ごしたそうです。それで、巫馬期が貴方はどうやって治めているのかと聞くと、子賤は、私は仕事をすべて部下に任せている。任せる人には時間があり自分が仕切る人は骨を折るものだと答えたそうです。考えさせられる話で、どうです？　周りにそういう上司はいませんか？　人に任せきれず自分で何でも仕切りたがる、それも部下に自分と同じような仕事の精度を求める……。

恐らく、子賤の場合、琴を弾いて遊んでばかりいたのではなく、空いた時間は人知れず自分を高めるための学問をしていたんじゃないかと……なんせ、あれだけのブレーンがいたので目指す所は天下国家に、でっかい夢があったのかもです？　だからこそ、孔子も君子としての称号を送ったのではと思われます。

■公冶長編第四章

子貢、問いて曰く、賜《し》や何如。子曰く、女《なんじ》は器《き》なり。曰く、何の器ぞや。曰く、瑚璉《これん》なり。

子貢が尋ねた。私をどう評価されますか。孔子が言った。汝は器である。子貢が尋ねた。何の器ですか。孔子が答えた。瑚璉（朝廷で用いる貴重な器）であると。

＊＊

本章は子貢が自分の評価を孔子に尋ねたところです。孔子は瑚璉《これん》の器だと答えます。瑚璉の器とは確かに朝廷に用いる貴重な器です……が、さて、これを聞いた子貢はどう思ったか？　そんな貴重なものに喩えられ嬉しかったと思います……半分は。しかし、子貢は同時にもうちょっと勉強しなければと思ったのではと。というのも、以前、為政編に「君子は器ならず」と出て来ました。これは、小人は椅子は椅子、机は机としてしか役に立たないが、君子はあらゆる機材として役立つという意味でした。聡明な子貢がそれを知らない筈はなかったと思います。なのになぜ、孔子は器と言ったのか？　その答えとも言うべき場面が先の衛霊公《えいれいこう》編に出て来ます。子貢はあるとき孔子に人間が生きて行く上で一番大切なものを一言で言えば何かと尋ねます。孔子は、

「それは恕《じょ》であろうか」

と答えます。〝恕〟とは〝思いやり〟という好い意味ですが、本来、孔子にとって最も大事なものとは〝仁〟である筈です。孔子が他人からの質問に答えるとき相手のレベルや短所に合わせて答えるのはご承知のとおりで、そのことから考えると、子貢にはいまだ何か足らない所があったのではと思われます。

子貢という人は孔門の中でも十哲《じってつ》とされる高弟でそれも上位に評価されるほどの人です。頭脳は明晰、弁舌は爽やか、おまけに金儲けも上手だったようです……ただ、孔子は頭の回転が速いとか言葉が巧みであるとか言うことは、むしろ仁を遠ざかるものであり、本当に大事なのは人間としての〝温か味〟だと考えています。だから、孔子はこのときの子貢には〝恕〟つまり〝思いやり〟と言い、本章では〝器〟という瑚璉の名器に例えたのではないでしょうか。

さてさて、少し話がそれますが、私はこの〝恕〟という言葉が好きで周りの色んな人に、事ある度に子貢が孔子に尋ねたのと同じように尋ねたことがあります。答えは、みんな様々で流石に「お金」とはありませんでしたが、愛やバランス感覚などと答えたなか、友人のH君だけが即座に「それは〝思いやり〟じゃないですか？」と答えました。おったまげましたね！　まったく孔子と同じ答えを返して来ました。この人のレベルは孔子のレベルだと感心させられましたが良い友を持ったと思いました。

戻って、孔子は子貢をして君子とは言わざるも「瑚璉」の名器と評しています。孔子にすれば「お前は元々優れた素質を持っている。どうか今後ともしっかり研鑽を積み〝温かみ〟のある本当の器になって欲しい」という気持ちだったのではないかと思われます。

■公冶長編第五章

或《ある》ひと曰く、雍《よう》や仁なれども佞《ねい》ならず。子曰く、焉《いずく》んぞ佞《ねい》を用いん。人に禦《あた》るに口給《こうきゅう》を以てすれば、屢々《しばしば》人に憎《にく》まる。其《そ》の仁を知らず焉んぞ佞を用いん。

ある人が雍（門人・仲弓）は仁者だが能弁ではないと言った。孔子が言った。何も能弁である必要はない。他人と論議するのに口に任せまくしたてればしばしば反感をかうこととなる。仲弓が仁者であるかどうかは別として能弁である必要はないと。

＊＊

本章は、雍（仲弓）は仁者だが能弁ではないとの評に孔子が能弁である必要はないと抗弁したところです。孔子は、ここで「焉んぞ佞を用いん（どうして能弁である必要があろうか）」と二度も繰り返しています。よほど、このことを強く言いたかったんだろうと思われますが、果たして、このことはもう何回も出て来ました。喋り方は朴訥《ボクトツ》……ボチボチトツトツで良い……と、少しダジャレましたが！

もう一度、なぜ、能弁が評価されないのかおさらいしておきます。その一つは、いかにも〝聡明〟に見られたいというような奢《おご》りが窺えるところです。そこに何とも浅さが感じられ、先日もありましたように〝うぬぼれ〟や〝自負心〟は敵です。聞く側も好い気がしません。もう一つは、能弁に喋る人というのは形にこだわり話に中味があまりありません。だから、喋り方は〝立て板に水〟のように上手ですが内容が人の心に響きません。こんな人はすべてがこの調子で上辺を取り繕うのが上手です。洋服なんかも清潔さやちょっとしたおしゃれを通り越してどこか華美過ぎて厭味があったりもします。世の中もこんな人をカッコイイだとかカワイイだとか表面的なことを評価しがちなところがありますので、この手の人はますます調子に乗ってしまうようです。でも、能弁は君子の条件ではありません。やはり問題は中味で何を言うかにあり、喋り方はそれぞれの人柄で素直に喋るのが一番だと思います。

それから、本文の後ろから二番目の文章です。仲弓が仁者であるかどうかは「其の仁を知らず」と孔子は言っています。この辺がさすがだと思います。目の前の話に惑わされて〝仁〟という大事な言葉を置きざりにせず、ちゃんと仲弓が仁者であるかは別問題だと釘を刺しています。ここら辺りに大事なところを曖昧にしない眼光紙背《がんこうしはい》に徹するものを感じます！

■公冶長編第六章

子、漆雕開《しつちょうかい》をして仕えしめんとす。対《こた》えて曰く、吾れは斯《こ》れを之《こ》れ未だ信ずること能わずと。子、説《よろこ》ぶ。

孔子が門人の漆雕開を官職に就かせようと推薦した。すると、漆雕開は私にはまだ務まるだけの自信が持てませんと辞退した。孔子はこれを聞いて喜んだ。

＊＊

本章は孔子が門人の漆雕開《しっちょうかい》という人を官職に推挙しようとしたときの話のようです。漆雕開とは、また変わった名前で、この名前しっちょうかい……なんて思いっきりオヤジギャグをぶっ飛ばしてしまいました（笑）ま、夏ですから少し涼しく……さて、ギャグは置いといて本文に入ります。諸橋先生の解説がありますので先にそれを紹介します。

「自己の才能学識その他において、いまだ十分の自信なくして士官をあせるのが世の一般の弊風《へいふう》であるのに、漆雕開があくまでみずから内に求めて自己の完成を志した態度に、孔子もいたく満足されたものであろう」

いつの時代も世の常として人は役職を求めたがるようです。しかし、文中にそれは「弊風」とあります。意味は辞書に「悪習」と書いてありました。やはり徒《いたずら》に役職を求めるのは間違いのようです。そこへいくと、漆雕開は自分からは求めようとせず、また、求められてもいまだ実力が備わっていないからと固辞します。この点についても諸橋先生は解説で「内に求めて自己の完成を志した」と付け加えられています。やはり「君子は地位を求めず自己の研鑽に励む」というところでしょうか。

さて、少し話はずれますが、ここに面白い話があります。少し前、NHK大河ドラマで「篤姫《あつひめ》」があっていましたが、この篤姫の義父にあたる薩摩藩主・島津斉彬《しまづなりあきら》が西郷隆盛に庭の池にいる蛙《かえる》を指差しこう言います。「今、お前はあの池にいる蛙だ。島津という一藩の蛙に過ぎない。時代は流れている。これからは日本の蛙になれ。」と。その頃の西郷さんは島津藩にあって藩内の難問や事件に一生懸命尽力していました。しかし、それは小さな現実に過ぎず日本を見渡すと黒船がやって来ていて島津藩どころか日本全体を飲み込もうとしていました。それに気付かされた西郷さんは自分の身を賭《と》して明治維新という偉業に打ち込みますが、そこに自分の役職を求めるなどという気持ちは微塵も感じられません……それから一五〇年。今の私たちはどうか？　この一連の話が教訓になっているか。小さな池の蛙に終わってはいないか？目先のことや自分の利益を優先していないか。ちょっと頭が痛いところです。関連して、教育家・森信三《もりのぶぞう》先生の言葉を紹介します。

「人生の根本目標は、結局は人としてこの世に生を受けたことの真の意義を自覚して、これを実現する以外にない。そしてお互いに真に生き甲斐があり生まれ甲斐がある日々を送ること以外にない」

人生の本当の目的とは「生」の意義を模索《もさく》し実現するところにあると言っておられます。現代は明日の命もわからぬという乱世ではありません。先の大戦も七十一年前に終わり、自分がこの世に生を受けた真の意味を探すことのできる時代です。なのに、他人との競争だけで終わるのは何とももったいない気がします。

それから、森先生の言葉の中ほどに〝そしてお互いに〟とあります。この「お互いに」とは私たち人間集団のことを指していると思われ、ここには、もう相手をライバルとして見ることをそろそろ終わりにし、これまでと違う自己実現のための価値観をともに持とうではないかと言われているような気がします。どうせ人間、この世に生まれたということは、みんな例外なく死に向かっているという事実があります。しかも、私たち人間が生きている時間は地球五十五億年の歴史と比べると、

「白駒《はくく》の隙《げき》を過《す》ぐるが如《ごと》し」
（白馬が襖《ふすま》と襖のほんの僅《わず》かな隙間《すきま》を走って過ぎた）

という言葉のとおり、ほんの一瞬に過ぎません！　そう考えると、この世で出逢った人たちは皆、本来かけがえのない宝物のような気がします。そう言う宝物とどうしてライバルとして競い合う必要があるのか？　何かおかしい気がします？

最後に、同じ森先生の文中にある〝生まれ甲斐〟という言葉、この言葉にもハッとしました。まさに、こんな風に考えることが必要な時代ではないかと。そう考えると人生とは人間お互いに、「生まれ甲斐を探す旅」でもあるような。ひょっとしたら、漆雕開も目先の出世よりそんな「生まれ甲斐」を探していて……孔子もそこを評価して喜んだのかもです。何かつい熱くなり長くなりました。でも、この夏は夜空を見上げ、果てしない空間の広がりと永遠の時間の流れを感じてみたい気分です……

〝池の蛙〟で終わらないように！

■公冶長編第七章

子曰く、道行われず桴《いかだ》に乗りて海に浮かばん。我に従わん者は其れ由《ゆう》か。子路之を聞きて喜ぶ。子曰く、由や勇を好むこと我に過ぎたり。材を取る所無し。

孔子が言った。今の世は正道が行われていない。いっそのこと筏《いかだ》に乗って海に浮かぼうか。こんなとき私に従ってくれるのは由（門人の子路）であろうか。すると、これを聞いた子路は大変に喜んだ。そこで、孔子は由よ、お前が勇気を好むことは私以上である。しかし、その前に筏を作る材料がない。

＊＊

本章は孔子が晩年に時世を憂えて口にした言葉のようです。「筏に乗って海に浮かぼうか」という話は書経に国難を乗り越えることを、川を渡ることに喩え、また、その際に頼みになる人のことを船や楫《かじ》に喩えるという話があり、これから引用したもののようです。

でも、子路はそうとは知らず本当に海に繰り出すと取ったようで孔子に頼りにされ大変に嬉しかったようです。子路は勇敢ではありますが少し単純なところがあり憎めない存在です。孔子もその姿を見てこれこれ早まるな。まだ材料から集めなければならないぞと冗談を言っていますが何とも微笑ましい感じがします。信頼しあった人間関係とは本当に好いもので、ほっとします。

先日もありましたが、組織の人間関係というのも相手をライバルとして見るのではなく、孔子と子路のようにあたかも血の通った親子や兄弟の如く一体となるというのがこれからの新社会には求められそうです。お互いのなかに信頼し信頼されるという人間関係が生まれれば大きな安心となります。その組織なりの仲間が一つのファミリーのようにワッショイ、ワッショイでスクラムを組んで仕事をするのは大変に心強いものです。そこには落伍者など出る隙間はなく皆で助け上げて楽しくなり今の季節のクマゼミのようにワッシワッシと元気が出で来そうです。きっとクマゼミ君たちも「みんなスクラム組んで行こうぜ！　短い命だけど頑張ろうぜ！　ワッシ、ワッシ、ワッショイ、ワッショイと言っているのかもです（笑）

ときに、全国どこの自治体も不祥事が続いているようですが、これを断つに処罰を強化したりすることも必要ながら、職員みんなが自らを正しながら同じ仲間と思いスクラム組んで楽しくやっていけるような方策はないものでしょうか？　そうでないと不祥事は絶えず、また、聞く所によると増えつつあるという心の病を抱えた仲間が可哀相です。先日もある先輩が退職前にうつ病になり、また、別の退職した先輩は六十五歳という若さで亡くなられました。これも全国的な傾向のようで、一説には役所の退職者の三分の一の人が六十五歳までに亡くなるということのようです。せっかくがんばって来てこれからというときなのに人生なんだったのか……なんか可哀相です！　そしてその原因の一つが現職の頃のストレスだとしたら……いつか皆が競い合うのでなく助け合って仕事をするそんな楽しい職場になればと……。

■公冶長編第八章

孟武伯《もうぶはく》問う、子路仁なりや。子曰く、知らずと。又、問う。子曰く、由や千乗《せんじょう》の国其《そ》の賦《ふ》を治めしむ可し。其の仁を知らずと。求《きゅう》や何如《いかん》。子曰く、求や千室の邑《ゆう》百乗の家《いえ》之が宰《さい》為らしむべし。其の仁を知らずと。赤《せき》や何如。子曰く、赤や束帯《そくたい》して朝《ちょう》に立ち賓客《ひんきゃく》と言わしむ可し。其の仁を知らずと。

孟武伯が孔子に子路は仁者かと尋ねた。孔子は知らないと答えた。すると孟武伯が同じことをまた聞いた。孔子は由（子路）はどこの国であっても軍事上の賦役《ふえき》（兵や武器や食糧など）を整えることができる優秀な人物である。しかし、仁者であるかどうかは知らないと答えた。それで、求《きゅう》（冉有《ぜんゆう》）はどうかと尋ねた。孔子は求は千戸を有する村や兵車百台を有する大夫の家などの長官を務められる優秀な人物である。しかし、仁者であるかどうかは知らないと答えた。次に、赤《せき》（公西華《こうさいか》）はどうかと尋ねた。孔子は赤は礼服を着て廟堂に立ち賓客の応対ができる優秀な人物である。しかし、仁者であるかどうかは知らないと答えた。

＊＊

本章は、孔子が孟武伯に答えて子路、冉有、公西華の三門人を批評したところです。孔子は三人のことをいずれも優秀な人材であるとしながらも仁者だとは認めていませんん。仁とはやはり修得するのはなかなかに難しいもののようです。私もこの論語の学習で仁を追い掛けて来ていて、それは痛切に感じるところで……最近、想うことがありますので、ここでそこらを書いてみます。私の場合は、これまでず〜っと世の中のすべての物事を、ある一つの言葉をもってすればすべて正しい判断ができるという、言わば黄金の剣のようなものを探して来ました。でも、これがなかなか見つからず、ときに「あっ、これかな?」と思って晴々した気持ちになっても、暫《しばら》くして、いや、やっぱりちょっと違う。言い当ててないな〜と言った感じで、それを繰り返していました。ところが論語を勉強するようになって、このすべてのものが切れる黄金の剣と、仁とは同じではないかと思うようになりました。なぜそう思うようになったかというと、それは私があの安永先生から歌を作る指導を受けるようになってからです。先生はよく「歌は自然をテーマに詠みなさい。すべて自然が教えてくれます。」とおっしゃられます。それで自然をよく注意して見るようになったとき、たとえば山中の花は誰に見せるでもなく無心に咲いていることなどに何かを感じるようになりました。そんなあるとき、先生から歌の作り方について考えを求められました。私は、「自分が自然や様々な現象と対峙《たいじ》し、まったくの不純でない心の状態になり、あたかも、その相手の存在と一体になったようなときに自然と歌ができるような気がします」と答えたところ、先生が「まったくそのとおりですね。」とおっしゃられました。そこで私は良い歌を作るには山中の花のような〝不純でない心〟になることだと深く確信したところで……と、そのとき、脳裏《のうり》に閃《ひらめ》くものがありました。

それは、それまで論語を勉強し追い掛けて来た「仁」のことです。ひょっとしたら、その「仁」と歌を作るときの「不純でない心」とは同じではないかと。だとすれば、仁とは心が邪悪な気持ちや私欲や衒《てらい》など一切ない状態になったときに自然と発揮される力かもと。だから、心が不純でない状態になれば仁の力、言わば「仁力」が発揮され良い歌だってできる……さすればこれを広げて考えると「不純でない心の状態」になりさえすれば〝仁力〟はあらゆるすべての分野に発揮されるのかもと?歌を詠むときは歌を詠む力を、弱い人を見たらマザーのように愛で包み込む力を、正義を通すときには警察官や裁判官のような強い力を、真理を探究するときには科学者のような理論的な力を。そうなると、私の長年探していたすべてのものごとを切る「黄金の剣」とは「不純でない心の状態」になることで、それが正しく「仁」に同じだとなりま・す・が、果たしてこれがどこまで仁に迫っているか？　それは日が経ってみないと解らないところで……また、ガセネタかもです（笑）

■公冶長編第九章

子、子貢に謂いて曰く、女《なんじ》と回《かい》とは孰《いず》れか愈《まさ》れる。対《こた》えて曰く、賜《し》や何ぞ敢て回を望まん。回や一を聞いて以て十を知る。賜や一を聞きて以て二を知る。子曰く、如かざるなり。吾と女と如かざるなり。

孔子が子貢に言った。汝と顔回《がんかい》とではどっちが優っているだろうか。子貢が答えた。どうして私が顔回に優っているでしょうか。顔回は一を聞いて十を悟ります。私は一を聞いて二を知る程度です。孔子が言った。そうであろう。顔回には私も汝と同様に勝てないところがある。

＊＊

本章は孔子が高弟の子貢と、顔回について語ったところのようです。二人は顔回のことをかなり高く評価していますが、果たして顔回とはいかなる人物か。詳しくは先に「顔淵（顔回のこと）編」というのがありますので、そこで紹介したいと思いますが、顔回とは孔子より三十五歳ほど若いながら大変に修養の進んだ人で孔子も後継者として将来を有望視していました。しかし、残念なことに早世《そうせい》し孔子もそのときは大変に嘆き悲しんでいます。

戻って、本文で孔子はなぜか顔回を直接に誉めるのでなく子貢に話しかけてそう言っています。なぜ、孔子は直接、顔回に言わずわざわざ子貢に話したのか？　どうもこれには理由がありそうな……少々読み過ぎかもしれませんが、人間とは不思議なもので自分の好評を直接、本人から聞くのもさることながら、第三者を介して聞くのも悪い気がしません。孔子はそんなことは先刻、承知で何かこの場合たとえば顔回に迷いがあったりしたため直接言うより他人を介した方が良いと判断したのかもしれません。子貢が後で「孔子先生がお前には勝てないところがあると言われていたぞ」と言ってくれることを期待して？　もし、そうであったとすれば、それを聞いた顔回は大変に嬉しかったと思います。そう考えると、どうも、これは孔子の人を育てる際の心理作戦のような？

となると、本章の主人公は一見、話しかけられた子貢にありそうですが、実は、そうではなく顔回ということになります……読み過ぎでしょうか。でも相手が孔子ですからそれくらい行間を読まなければと。ウムウムです！

　されば、この話は人を動かす際の大事な方法を教えているようでもあります。でも、私の好きな西郷隆盛はこう言っています。人と接するには誠意で当たらなければならない。姑息《こそく》な策を弄《ろう》せず真正面から当たれと。それを〝至誠通天〟と言いますが、するって〜と何ですね？　西郷さんの人の動かし方からすると、孔子の顔回に対する方策は矛盾するようです。もちろん、西郷さんは論語に学び孔子を尊敬していたと思いますが……でも、これは話は似ていますが、ちょっとＴＰＯが違いますね。西郷さんの場合は相手は上役、上司です。下級武士でありながら姑息な策を用いて見破られでもしたら却って信用をそこねます。となれば、恐れず真正面からとなります。さすれば、人を動かすには大誠意でいかなければならないときもあれば、本章の孔子のように第三者を介すべきときもあるということでしょうか？

　話は戻って、もう一人の高弟・子貢です。恐らく子貢も深い人物ですから「孔子先生が自分に向かって顔回を誉めたということは、これは先生が顔回にそう言うように言っておられるな」ということはピ〜ンと来たと思います。ただ、子貢もこの場合、嬉しかったと思います。というのは、孔子から「お前も勝てないだろうが私も勝てなくてね〜」と同調されたのですから。子貢にしてみれば、それって自分は先生とレベルが同じってことですか？　えっ、それだけ先生は俺のことを評価していてくれているのか〜って感じではなかったかと……そうなると、ここも孔子先生の心理作戦でしょうか？　子貢をも励ますための？　であれば、ひょっとして子貢の方が何かあって落ち込んでいたのかも？

　ちょっとややこしくなりましたが、そうなると、主人公は顔回だけでなく子貢にもあったということになります。ただ、これは私の単なる読み過ぎで、孔子は素直な気持ちで言ったのかものかもです。でも、論語を読む際にはよ〜くアンテナを張り巡らせ浅い読みにならないようにしなければと思っている今日このごろです！

■公冶長編第十章

宰予《さいよ》、昼《ひる》寝《い》ねたり。子曰く、朽木《きゅうぼく》は雕《ほ》る可からず、糞土《ふんど》の牆《しょう》は杇《ぬ》る可からず。予に於てか何ぞ誅《せ》めん。子曰く、始め吾《われ》人に於けるや其の言《げん》を聴いて其の行《おこない》を信じたり。今吾《われ》人に於けるや其の言を聴いて其の行を観る。予に於てか是を改めたり。

宰予（宰我《さいが》・孔門十哲の一人）が昼寝をした。これを見て孔子が言った。朽ちた木に彫刻はできない肥料は土塀として塗ることはできない。汝の心も腐っており諌《いさ》めても仕方がない。これまで私は人が言うのを聞けば必ずそれは実行していると信じていた。しかし、今は人が言うのを聞いても、それを実行しているか観察している。こう改めたのは汝を見てからである。

＊＊

本章は門人の宰予が昼寝をしたのを孔子が諌めたところです。それにしても手厳しいですね～宰予は昼寝をしたぐらいなのに、お前の心は腐っていると言われ、その上、私が人を疑うようになったのはお前の言動を見てからだとまで批判されています。さて、それで昼寝です。孔子先生に怒られそうですが……正直に言います。実は私もよく昼休みに二十分くらい寝ています。でも、ちょっとホッとしています。というのも、孔子先生の時代は昼寝の習慣はなかったようですが、現在は、昼寝は短時間だと健康に大変良いとされていますから。だけど、宰予先輩は災難でしたね～。しかし、実は、孔子がここまで言うのにはそれだけの理由があったようです。それは、この宰予、孔門の高弟ながら、どうも利に敏《さと》くときに道徳を軽視することがあったようです。おそらくそんな背景もあったので今日は。

ところで、宰予は昼寝を悪いことだと知りながらこっそりとして見つかってしまったようですが、反対に、こんな他人の見ていないところでこそなされる大事な修養があり、それを〝慎独《しんどく》〟と言います。人は兎角、他人の前ではシャキッと体裁を整えていますが、一旦、他人が見ていないとなるとオヤッと思うようなだらしない行動を取ったりすることがあります。例えば、タバコを投げ捨てたり足で物をどけたりなどです。

〝慎独〟とは文字通り「独りを慎む」と書き他人が見ていないところでも慎ましやかな行動をとることです。そこにムラがあるということは、その人に陰日なたがあるということになります。世の中には色んな偽装問題や贈収賄事件がちょくちょく起きます。こういう事件が起こる背景の一つも「他人が見てないから」ということにあると思います。他人が見ていないなら何をしても良いのか？　いつか、一流料亭が一度お客さんに出した料理を使い回ししていた問題も当人たちは「もったいないから」などと言い訳をしていましたが、本音は金儲けのためであったことは明白で、問題は他人が見ていなくてもピシャッとやるという〝慎独〟の修養に欠けた点にあったと思われます。今、日本で起きている色んな事件のほとんどがこんな感じですが、かつての日本には「お天道様《てんとうさま》が見てござる」という〝慎独〟を大事にする良き風習がありました。これを思い出さなければと！

やはり、陰日《かげ》なたは悪いことで、孔子の言う「仁」は公明正大で堂々としたものであり、人が見ているから見ていないからなどと上手に使い分けるようなものではありません。宰予の場合も、孔子先生から単に昼寝を咎《とが》められたのではなく、この〝慎独〟の修養を咎められたのかもしれません……ということで、ちょっとばっかしお昼寝を！　あ、いや、ほんのちょっとだけ（笑）

■公冶長編第十一章

子曰く、吾れ未だ剛者《ごうしゃ》を見ず。或るひと対《こた》えて曰く、申橙《しんとう》ありと。子曰く、橙や慾あり。焉《いずく》んぞ剛を得ん。

孔子が言った。私はいまだかつて剛者を見たことがない。それを聞いて或る人が言った。申橙がいるではありませんかと。すると孔子が言った。申橙には欲心がある。どうして剛者たり得ようかと。

＊＊

本章は〝剛者〟なる者の話です。孔子はこれまで剛者を見たことがないと言っています。論語には知者、仁者、勇者はよく出てきますが剛者はあまり出てこないような。孔子の時代は言わば乱世ですから剛者に値するような人はいそうなもので、どうもイメージ的には三国志に出て来る関羽《かんう》や張飛《ちょうひ》のような豪傑《ごうけつ》の感じですが……まずは諸橋先生の解説を紹介します。

「剛者とは正義のためには飽くまで屈することのない者を言う。欲心のあるものは必ず利に屈するところがあり、求めるところがあれば、必ず利に屈し勢いに屈する。従って剛者ではありえない」

そうなると、名の挙がった申橙とは欲がありこれで一蹴りとなります。それにしても、人間には、どうしてこの〝欲〟があるのか？　動物や植物にはないのにどうして人間にばかりに？　仮にあったとしても自制心が働けば良いのでしょうが、欲とは満たされるとさらにそれ以上のものを欲しがり際限がないようです。多分、一度、手に入れたものに慣れっこになってさらにとなるんでしょうが、でも、これが、いつも人間関係に災いをもたらします。欲心は他人と比較することから生まれますが、なぜそんなに人に差を付けたいのか？　もう、そろそろいいじゃないかという気がします。同じ人間同士、同じ種族同士で争うのは？

ときに、こんな話を聞いたことがあります。あの論語にも精通された、尊敬するＨ市長の話です。あるとき、出張で東北方面へ行かれ会議の翌日に当地の視察があったそうです。そこは有名な庭園のようなところだったようですが、市長がここはどういう庭園なのかと聞かれると、ガイドがかくかくしかじかの大富豪が造ったものですと説明したところ、市長は「何だ！　ただの金持ちの道楽か！　つまらん！　おい、行くぞ！」と言われ随行者を連れてさっさと立ち去られたそうです。流石ですね〜有名な庭園もただの欲の産物と、これまた一蹴です。Ｈ市長はなかなかな剛者と見ましたがいかでしょうか？　やはり、本物と言われる人とは地位・名誉・金銭に執着せず、もっと崇高な人間世界の真理を悟っている感じです。だから無欲です。いくらお金がかかっていようが「つまらん！」の一言で終わりでさすがです！

さて、もう一人。剛者と聞いて思い出される人がいます。それは孟子です！　この人はまさに剛者ですね。何でも歯に衣を着せずズバズバ言い、王道を堂々と生きました。孔子は「仁」を言いますが、孟子は、それに「義」を加え「仁義」を称えます。つまり〝正義〟です。〝正義〟を通すためにはどこまでもいきます。だから、私欲の「し」の字もありません！　実際、どんな人だったか、その代表的な言葉が次のようなものです。

「自ら反《かえり》みて縮《なお》くんば千万人と雖《いえど》も吾往《ゆ》かん」

己を振り返って正しければ一千万人を敵に回しても戦うという意味です。実に堂々としたものです。まさに剛者だと思います。これだけ正義感が強い人というのは聞いたことがありません。でも、そうなれば、私たちも職場にあって自ら反みて何も悪いことをしていなければ堂々としていて良いとなり・ま・す・が、さて、我々は剛者たり得るか……でも、ここまで腹を据えるのは相当なときで「やるときはやる」ということでまいりましょうか！　それにしても、論語を学ぶのは実行が伴わなければなりませんので大変です！

■公冶長編第十二章

子貢曰く、我《われ》人の諸《これ》を我に加うることを欲せざるを、吾も亦た諸を人に加うること無からんと欲す。子曰く、賜や、爾《なんじ》の及ぶ所に非ざるなり。

子貢が言った。私は他人が私にして欲しくないと思うようなことを他人にしないようにしています。これを聞いた孔子は子貢や、それは今のお前の及ぶところではないと言った。

＊＊

本章は諺《ことわざ》に聞く「己の欲せざる所、人に施すこと勿《な》かれ」と同義と思われ、実は、これは先の顔淵《がんえん》編と、衛霊公《えいれいこう》編にも出てきます。また、聖書にも同じような言葉が「自分のして欲しいことを他人にしなさい」とあります。さすれば、これは、洋の東西を問わず大事なところだと思われます。

そもそも、要は人間関係です。人間という字はもとより〝じんかん〟と書きますが、これがうまくいくことが職場や人生が楽しくなるか気まずくなるかの分かれ道です。だから「人様に迷惑をかけない、人様の嫌がることをしない」というのは、まさに、人間《じんかん》の大原則でさらには聖書にあるように「周りが喜ぶようなことをしていく」そうすれば、この人間関係がとても楽しくなること間違いなしです……しかし、これがなかなか難しくちょっとしたことで、不注意な言葉を発したり、つい身勝手なことをしたり、また、人間の悪性であるオレの方が上だ、ワタシの方がお金を持っているなど競争心にかられたりして人間《じんかん》を引っ掻き回す……人がいると！　こんな人を何というか知っていますか？　そうです、〝エゴイスト〟です！　そして、そういうエゴイストは悪いことは決まって他人のせいにします。何でも一方的に片方が悪いということはありません。相手にも言い分はあります。でもエゴイストは元々気位が高かったりしてなかなか他人に勝ちを譲るということがありません。

そういえば、最近、発見されたようですが、このエゴイストはある害虫をお腹の中に飼っていてある病気にかかっているそうです！　害虫名は、確か……「ジコ虫《ちゅう》（別名エゴ虫《むし》）」と言い、病名は「ジコチュウ病」だったと思います。でも、この虫は電子顕微鏡などで見てもなかなか見つからないそうですが確かに存在は確認されているようです。ただ、特効薬を作るのは難しいそうで、これを退治する薬を見つければノーベル賞ものだと！

えっ？　何ですか？　嘘だって？　いやいや、そうではないらしいですよ！　どうも本当にいるらしいんですよ、これが！　嘘だと思うなら周りを見渡して下さい。きっといるはずです。目立ちたがりで威張った感じの人が！

それで、問題はそんな人にどう対処するかです。特効薬がないので今のところ対症療法となりますが次のようなことのようです。まず、第一に、かかる病人が仕掛けて来たら感染しないことが一番大事で冷静に対応する。早く言えば、第一段階は、相手は病人だから仕方がないと諦めるということらしいです。「あ〜また、発病したな〜」ぐらいに受け止めるということでしょうか？

次に、口先で言い負かそうとすることは厳に慎む。枝葉末節《しようまっせつ》、重箱《じゅうばこ》の隅《すみ》のような話に巻き込まれると抜き差しならない泥仕合となります。くれぐれも巻き込まれないように時を待ちます。そして、ひとしきり喋って勢力が弱まって来たら、そこを見計らって、再燃しないよう言葉を選びながら、穏やかに相手の言い分にも理解を示しながら幕引きを図るということのようです。

さすれば、人間関係とは本当に難しいところながら、本来、他人とはどう交わらなければならないのか最後に、西郷隆盛翁の言葉を紹介します。

「天を咎《とが》めず人を怨《うら》まず、我が誠の足らざるを尋《たず》ぬべし」

■公冶長編第十三章

子貢曰く、夫子《ふうし》の文章《ぶんしょう》は得《え》て聞く可《べ》きなり。夫子の性《せい》と天道《てんどう》とを言うは得て聞く可《べ》からざるなり。

子貢が言った。先生は国の基本を成す礼学制度などについては話されることがあったが、人間の性質や天道のようなことはあまり話されなかった。

＊＊

本章は孔子が日頃、話題とした事柄についてのようです。ご承知のとおり、孔子が最も大切にしたのは日常の倫理の道、つまり、日常生活における人間としての生き方ですので、人間の「霊性（神の存在や死後の世界）」や「超常的」な話、また、人間と自然界の法則などの「天道」のような話はめったにしなかったようです。でもせっかくの機会ですから、ちょっとぐらい暑い夏ですので背筋の凍るような話を聞きたかったところですが（笑）仕方ないですね。後の「述而編《じゅつじ》」にも、孔子は「怪《かい》・力《りき》・乱《らん》・神《しん》」を語らずとあり、このなかに、しっかり奇奇怪怪は入っていますから。でも、「先進編《せんしん》」では子路が「鬼神へ仕える道、また死とは何ぞや」と孔子に迫ったところがあります。さて、それで孔子は何と答えたか？　少し面白くなってきました……孔子は「何を言っとるか、我々は人間のこと生きて行くことで精一杯じゃないか」と……残念！　幽霊とかに関する話は出てきません。

それでも、さっきの「述而編」の別な章で二～三人の不思議に思った弟子たちが「先生は、何か人生の奥義というか、神の啓示を受けたとか、何かそんなのを隠してはいないですか？」と食い下がります！　さて、今度こそ面白くなってきました！　さ～、孔子は何と答えたか？　ジャジャジャジャーン！「わしは何にも隠しちゃおらん、ぜ～んぶあんた達に話しとる！」と返します……つまらん！　面白くないですね！　でも、ま～、確かに、そうですね！　天下の聖人ですから。聖人が幽霊とかホンコワとか寝とぼけたことを言っていてはおかしな話です（笑）では、仕方なく先に進みます！

後段の「天道」の話です。これは「易学」を指しているような気がします。つまり「占い」で、神との語らいです。これについては、孔子は晩年その研究にいそしんだとも言われており、また、五経の一つ「易経」の編纂は孔子がしたともされています。事実、さっきの「述而編」でも「我、五十にして以て易を学べば、もって大過無かるべし」と言っています。この易については、いまだ私も勉強不足ですのでそのうち勉強して触れたいと思いますが、孔子の孫にあたる子思《しし》は著書『中庸』のなかで、「誠は天の道、之を誠にするは人の道」などと天道の話については多く触れています。さらに、その弟子の孟子に至っては、「それ、君子は過ぐる所の者は化し、存する所の者は神なり。上下天地と流れを同じうす。」とも言って自分は神と一体だと言っています。

だとすれば、その辺り本当はなにかありそうですが、人間、兎角、若いうちは奇奇怪怪な話に興味をもったりしがちです。それで、おそらく孔子は意識してそんな話は若い人には語らなかったのかもしれません。親分が浮ついた感じだと弟子たちは取り返しのつかない間違いを犯しかねませんから。やはり、この辺は五十を過ぎて落ち着いてから学び深めていくべき分野ではないかと。そう考えるとやっぱり先生は流石です！

それから、蛇足ながら、「性」については、これはもちろん、孔子先生が下世話な下ネタの話などをされるわけがありません。別編でそんな時間があったら立派な人に付いて学ぶ時間に当てなさいと言われています。

■公冶長編第十四章

子路、聞くこと有りて未だ之を行うこと能わざれば、唯だ聞く有らんことを恐る。

子路は何か教えを聞いて、それを実行に移さない間は次の教えを聞くことを恐れた。

＊＊

本章は子路の話です。子路という人はよく出てきますが根が純粋過ぎるくらい純粋な人です。しかし、同時に正義感も強かったようです。先の「顔淵」編に出て来ますが「子路に宿諾《しゅくだく》無し」とあり、宿諾とは承諾したことを保留するという意味で、子路は一旦、承諾したことは間を置くことなく実行に移したようです。このことからすると、本章の言葉は子路の性格をよく表したものと言えそうです。

さて、人からの信用を得るということで、どんな小さなことでも約束したことは〝宿諾〟することなく実行すべきだということは、いつかも触れましたが、思い起こせば、私も新人の頃は人とかわした約束は、どんな小さなことでもすぐに実効に移したものです。でも、だんだん大人になり「ま〜、いいや、そのうちでいいや」といった様に横着《おうちゃく》になっていきました。しかし、論語を勉強するようになって、その辺は小さいようだけど人の信用という意味では大変に重要だと気付き、できるだけすぐに実行に移すよう心掛けています。その方が相手も気持ちよく良い人間関係を結べそうです。やっぱり、この辺で子路のように忘れかけた〝初々しさ〟を取り戻さなければと！

それから、話はちょっと逸《そ》れるかもしれませんが、私も子路と似て、自分が得た情報を咀嚼《そしゃく》して自分のものとしない間は次のステップにいけないというところがあります。例えば、読書です。今、読んでいる本に書いてあることが、もう大体、自分のものになったというところまでいかないと次の本に移る気になれません。自分としては早く次の本を読みたいのですが、それがなかなかできません。人生も段々短くなって来ているのに……性分だからと諦めていますが。ただ、孔子先生は先の編で〝無欲速（速《すみ》やかならんことを欲すること無《な》かれ）〟と言われています。つまり大事なことは急がずじっくり取り組みなさい。また、孟子先生も「浩然の気はゆっくりと養え」と言っていますので、これで良いかなとも思っているところです。

あ、それから、読書について思い出しました。先日、孔子先生は難しい話は五十歳を過ぎたぐらいから取り組みなさいと言っておられたと言いましたが、これは確かに言えますね。人間、五十くらいまでは道の本など、どこか分かったようで分からないような何かモヤモヤとしピンと来ないところがあります。これはたぶん、実感が持てるだけの人生経験が少ないんだと思います。でも、それが五十歳を過ぎた頃になると霞が晴れたようにすんなりと理解できるようになります。これは不思議ですね！　されば、五十歳ぐらいまでは本を読んでもあんまり意味がないじゃないかということになります……ところが、ところが、これが違うんですね！　いつか話した作家の神渡良平《かみわたりりょうへい》さんがそのことに触れて次のように！

「確かに、五十歳を過ぎたぐらいからでないと道につながる本など実感は湧かない。だからと言って若い内は読まないで良いかというとそうではない。それまでかかる本を読んだ蓄積のある人は五十歳を過ぎてからは堰《せき》を切ったように理解を深めていく、しかし、そうでない人は、せっかく、五十歳を過ぎても今までと同じようにぼんやりしている」

とです！　恐いですね〜。いつまで経ってもアンパン（アンポンタン）ということでしょうか。くわばらくわばらで読書は欠かさないようにしたいものです。特に〝人間修養〟の本は！

■公冶長編第十五章

子貢問いて曰く、孔文子《こうぶんし》は何を以て之を文《ぶん》と謂うや。

子曰く、敏《びん》にして学を好み下問《かもん》を恥《は》ぢず。是《これ》を以て之を文と謂う也。

子貢が孔文子《こうぶんし》（衛国の大夫）にはどうして文という諡名《おくりな》（生前の徳を称えた称号）が贈られたのですかと尋ねた。孔子は、彼は敏捷《びんしょう》に学問を好んだので、目下の人にも解らないことを尋ねることを恥としなかった。だから、文という諡名がついたと答えた。

**

本章は孔文子という人の諡名の話のようです。「文」とは教養人また君子人を指すようで、これが「孔子」という字のなかに入っています。随分、立派な人のようです……が、実は、必ずしも名に値するような善行があった人ではいないようです。それで子貢はこのような質問をしたようです。それでも、孔子は自分と名前が似ていたので孔文子のことを立派だと誉めています……というのは冗談ですが、孔子が孔文子を評価したのは彼の業績というより学ぼうとする姿勢にあったようです。孔文子は「学に敏、下問を恥ぢず」とあり、解らない事をそのままにせず即座に部下だろうが年下だろうが聞いて明らかにしたようで、確かにその点は偉いと思います。

日頃、私たちは新聞やテレビなどで知らない言葉や意味合の解らない道理にちょこちょこ出くわしますが、ついつい忙しかったり面倒だったりして「後からにしよう」となりがちです。でも、そうやって結局は目の前の仕事やなんやかんやに流されてとうとう調べずじまいで終わってしまいます。これでは知識が広がらず考え方が深まらん。精通して来るのは仕事をさばくことばかりで、年がいくつになっても子供のような独りよがりの大人になってしまうぞ……と、いつか先輩が言っていました。確かに夏の幽霊も恐いですが、この話もゾッとします！やはり、知らない言葉などその場で解明すべきで、でも、だからと言って年下の人に尋ねるのは恥ずかしいときがあります。されど、孔文子は「下問を恥ぢず」と。

　では、孔文子はなぜ他人に尋ねることが恥ずかしくなかったのか？　それは、恐らく修養が進み世の真理や仕組みや骨格など〝大きな〟ことが見えてきた人にとって、単なる知識とは知っているかいないかだけの〝枝葉〟に過ぎないと達観してくるからではないかと？　孔子も、また、そんなところを評価したと思われ、されば、無知など恐れず〝下問を恥ぢず〟参りたいものです。

■公冶長編第十六章

子、子産《しさん》を謂わく。君子の道四つ有り。其の己れを行なうや恭《きょう》、其の上《かみ》に事《つか》うるや敬《けい》、其の民を養うや恵《けい》、其の民を使うや義《ぎ》。

孔子が子産を評して言った。子産には君子に必要な四つのものが備わっている。己の身を処するに謙虚で、上に仕えるに敬の心を持ち、民を養うに恵み深く、民を使うに道義にかなう。

＊＊

本章は子産という人を孔子が君子であると評しているところです。孔子はその理由として「恭《きょう》・敬《けい》・恵《けい》・義《ぎ》」の四つを挙げています。このうち本章では「恭」に注目したいと思います。諸橋先生は「恭は富貴をもって人におごらず才能をもって他にほこらぬ謙虚な気持ちである。」と評されています。

「恭」は現在では礼儀正しい丁寧とかいう意味で使われますが、元々は自分が金持ちであったり才能があったりしても威張らず謙虚であることのようです。今の世もそうですが、お金のある人はお金のない人を見下しがちです。でも、本当は人間はお金に誠実さを奪われてはならず、また、才能もひけらかしてはならず……これでちょっと思う節があります。某高校は頭の良い学校で知られていますが、なぜか、ここの卒業生だけは自校を指して言うとき「〇〇高校のときは……」と頭に固有名詞を付けます。他の学校は普通に「高校のときは……」と言いますから何か自分の才能をひけらかせているようでちょっと気になります。

それと、話がそれますが、出身高校に関連して気になることがもう一つ。それは学校閥のことです。よく県外から移り住んだ人から「熊本はどこの高校を卒業したかを強調する所ですね。お祭りなんかも」と聞きます。確かにそうで、九月になると「藤崎宮秋《ふじさきぐうあき》の大祭《たいさい》」があり、これなどまさに学校閥の感じで県外の人には不思議なようです。おそらく、これは熊本では有名な「肥後の引き倒し」とか「肥後の議論倒れ」とか言われることと関係するのかもです。ご存じのとおり熊本藩はいくつかの派閥ができて牽制《けんせい》し合ったり、議論ばかりして事が先に進まず明治維新に乗り遅れた歴史があります。さて、そこで孔子は言います。

「君子は群《ぐん》して党《とう》せず」

君子は群れの中にいても徒党《ととう》を組んだりしないと。では、徒党を組むことがなぜいけないか？　それはグループができることにより排他性が生じ、対立構図を生むからではと思われます。対立構図ができては全体がまとまりません。そして、これは四年に一度開催されるオリンピックについても同じことが言えるような。オリンピックが少し国家閥の「肥後の引き倒し」ならぬ「各国の引き倒し」のメダル争いに終わっているようにも思われます。これでは世界の人が一堂に会するせっかくの機会がもったいない気がします。今一度、オリンピックの原点に立ち返り、ただメダルを競うことに止まらず世界平和や地球環境問題などへも貢献する祭典としての色合いを工夫して出すようなことがあっていいような……。

ここまで来れば、最後に、夢のような話を！　今、世界は「核」「環境」「貧困」の「世界三大問題」を抱え、ある意味で人類存亡の危機にあります。さて、そこで、これらの問題を一発で解決する方法はないものか？　私は一つだけあり、それは……「世界大統領制」を布くことではと。そうすれば、今の「国々」は一気に「地方」になります……これってやっぱり夢物語でしょうか？

公冶長編第十七章

子曰く、晏平仲《あんぺいちゅう》善く人と交わる。久しくして之を敬す。

孔子が言った。晏平仲は長く付き合えば付き合うほど人の尊敬を集める。

＊＊

本章は斉国の大夫・晏平仲（晏子《あんし》・晏嬰《あんえい》）という人の話です。孔子は三十五歳のとき斉国に召抱えられようとしたことがあり、晏子はこれを阻止《そし》した人ともされています。それでも孔子が誉めているのはどういうことか？　孔子は阻止される話の前に誉めたのか、阻止された後に誉めたのか？　晏子については詳しくは古典「晏子春秋《あんししゅんじゅう》」に様々なエピソードや人となりが全八巻二一五章に亘って記されているようです。この本は読んでいませんが私の大まかな印象としては「頭の切れる義の人」という感じで、名著「史記」を残した司馬遷に歴史上、自分が一番仕えたい人物だと言わしめた人であったようです。そのことからしても、付き合いが長くなっても飽きられず却って他人の尊敬を集めたというのもわかるような気がします。孔子の斉国登用を阻止したことについても、一説には孔子が反対する勢力に命を狙われたのを助けるためであったとも言われ、確かに晏子ともあろう人が聖人・孔子を見抜けないはずはなく、そんなことからすると、登用を阻止された云々に関係なく孔子は高く評価していたと思われます。晏子については後段で詳しく触れたいと思います。

さて、この孔子が「登用を阻止された」と言うことから考えさせられることがあります。おそらく、孔子自身もこのときは登用されることを望んでいたと思われますが、こんな自分の「思い」どおりに事が運ばないことをどう考えたら良いのか？　思いが強ければ強いほど心の整理が付きにくいものです。

いつか、マラソンの野口みずき選手がオリンピック出場を足の肉離れで断念したという話がありました。本人や周りの人たちはそれまで一生懸命頑張って来てオリンピック二連覇をと願っていたようですが残念ながら断念せざるを得なかったと。彼女は何も悪いことをしていないと思いますが、そういう事態になったことを、どう考えたら良いのか難しいところです。もしオリンピック二連覇の夢を抱いたことが間違いだとしたら、極端に言えば、夢を抱くことは間違いとなります。我々だって日常的に夢や希望や期待など色んな「思い」を抱きます。さて、それは良いことなのか悪いことなのか？　ある人がこんなことを言っています。いわゆる神社という所は何をしに行くところか？　普通はお金がもうかるようにとか、健康になりますようにとか、合格するようにとかお願いに行く所だと思います。しかし、これは見方を変えれば今の自分には不満があるということを言いに行っているのと同じで、不平不満を言う人の願いを神様が聞いてくれるはずがないじゃないかと。じゃ〜神社は何をしに行くところか？　その人は言います。お礼を言いに行く所だと。昨年、一年間おかげで大過なく過ごせました。ありがとうございましたとか、また、世界が平和になりますように、世界の人が幸せになりますようにとか祈りに行くところだと。

ということは、神社には神様が奉ってありますが、神様はどうも個人的なお願いなどは聞き入れないで、皆の幸せやお礼のようなことを聞き入れられるとなります。さすれば神様は個人的な「思い」は好きじゃないとなります。となると、野口選手はどう考えれば良いのか。彼女のオリンピック二連覇の夢は個人的な「思い」だけではなかったはずです。日本も背負っていたと思います。その上で人事を尽くしたにもかかわらず思い通りにいかなかった……ということは、神は「それは貴女の進むべき本当の道ではない」と方向修正をしてくれたとは考えられないか。されば、本当の道とは……それは時の経過と共に明らかになっていくようで、教育家の森信三《もりしんぞう》さんが次のように言っています。

「逆境《ぎゃっきょう》は神の恩寵《おんちょう》（慈しみ）的試練である」

森先生のような人生の達人からすれば、逆境とは神の恩寵です。つまり、神の愛だとです！　苦境を愛とです。よく考えればそうかもしれません。海老は脱皮するから貴重だそうですが野口選手にもさらなる脱皮の季節が来ていたのかもしれません。何か物事はこんなふうに〝前向き〟に考えるべきであるような気がします！

■公冶長編第十八章

子曰く、臧文仲《ぞうぶんちゅう》蔡《さい》を居《お》き節《せつ》を山にし梲《せつ》に藻《そう》す何如《いかん》ぞ其れ知《ち》ならんや。

孔子が言った。臧文仲は天子の真似《まね》をして自宅に大亀を飼い、部屋の柱の上部には山の彫刻をし、小さい柱には水草の模様を入れている。何で知者と呼べようか。

＊＊

本章は臧文仲という太夫の話です。当時は国が大事な問題に直面したときは天子が霊廟で亀の甲羅を使って占ったようです。臧文仲という人は知者で知られたようですが、このような天子の真似をしたようで、それでどこが知者と言えるかと孔子が一蹴りしたところです。

それにしても人間ってどうしてこう威張りたがるのでしょうか？　これは人間の悪性でこれによっていつも世の中が乱れます。なぜ、神はこの悪性を人間に備えたのか？　そして、これを取り去ることが人間の修養となっています。であれば最初からなければいいのですが。体のどこそこにこびり付いていて、うっかりすると見逃してしまいます。今、私にも、ちょっと悩ましいことがあります。実は、乗っている車が十七年を経過しどこそこガタが来ているのでそろそろ買い替えかなと。ところが、最近の車は装備のいい高級車が多いですね～。ちょっと良いのになると何百万円とします。車は、男族にとっては若い頃からの憧れでもあり、せっかくなら自分の気に入った車に乗りたいな～と思っています。それに、私も、もう年齢が年齢なので仮にあと十七年乗ると七十歳を過ぎます。そうなると、あと乗れるのは一～二台です。であれば、益々この辺で好きなのにとなりますが、どうも高級車は成金趣味みたいで嫌だな～、でも、好きなのに乗りたいな～、それに金もかかるな～といった葛藤です。それでなかなか悩ましいところながら少なくとも臧文仲が天子の真似をしたようなことにはならないようにしたいと思っています……が、それでは面白くない……ですかね？　やっぱり！　じゃ～いっそのこと退職金による残金一括払いで八百万円の〝スカイラインＧＴＲ〟といきます！　なんて、考えときます（笑）で、威張りたがりの臧文仲の話については、この辺の話は今までもだいぶ出てきましたので、どうあるべきかの説明は省かせていただいて、最後に最近の質問にお答えさせていただきます。

＊＊

「世界の三大問題」とされる「核」「経済格差」「環境」問題を一度に解決する「世界大統領制」とはどういうものか？

これは突飛な話ですが、もし、そうなれば、国々は地方になりますので地方同士が戦争をするようなことはそもそも考えられません。予算は適正配分ですから経済の格差も生じません。環境問題は環境省の所管で法律で規制されますので各国の二酸化炭素の排出量がどうだこうだという問題もなくなります。されば、国連でもアメリカでもいいですから、いや、日本あたりが提唱者になって世界に本気で呼び掛けてみては……と？　でも、誰が初代大統領になるならんとかでまとまらないかもです？

■公冶長編第十九章

子張《しちょう》問いて曰く、令尹《れいいん》の子文《しぶん》は三たび仕《つか》えて令尹と為れども喜ぶ色なし。三たび已《や》めらるれども慍《いきどお》れる色《いろ》無し。舊《もと》の令尹の政《まつりごと》は必ず以て新しき令尹に告ぐ。何如。子曰く、忠《ちゅう》なり。曰く、仁なるか。曰く、未だ知らず。焉《いずく》んぞ仁たるを得ん。崔子斉《さいしさい》の君を弑《しい》す。陳文子《ちんぶんし》馬十乗あり。棄てて之を違《さ》る。他邦に至りて則ち曰く、猶《な》お吾が大夫の崔子がごときなりと。之を違《さ》る。一邦に至りて則ち又た曰く、猶お吾が大夫の崔子がごときなりと。之を違る。何如。子曰く、清《せい》なり。曰く、仁なりや。曰く、未だ知らず焉んぞ仁たるを得ん。

子張が孔子に尋ねた。子文は三度、令尹（総理大臣？）の高職に就いたが特段に喜ぶ風でもなかった。また、三度この地位を更迭《こうてつ》されたがそれでも憤慨《ふんがい》しなかった。また、政治のやり方についても自分のやり方をせず前任のやり方を尊重して踏襲《とうしゅう》し、後任の新しい令尹にもそのやり方を申し送った。この人物をどう見られますかと。孔子は忠実な人だと答えた。子張は仁者と言えますかと聞いた。孔子は仁者とは言えないだろうと答えた。そこで、子張が次の人の話をした。崔子という斉国の大夫が主君を殺した。それで、同じ大夫の職にあった陳文子はそんな男と一緒に仕事はやれないといって財産の馬四十頭を破れ草履《ぞうり》のように捨てて国を去った。そして、他国に行ったところ、そこにも崔子のような者がいたのでここにも崔子のような者がいると言ってそこを去った。そして、また或る国に入るとそこにも同じような者がいたのでここにも崔子のような者がいると言って去った。この人物をどう見られますかと。孔子は高潔な人だと答えた。子張は仁者と言えますかと聞いた。孔子は仁者とは言えないだろうと答えた。

＊＊

本章は門人の子張が仁の何たるかを知ろうと二人の人物を挙げて孔子に聞いたところです。最初の子文という人です。子文は今で言う総理大臣のような職に三度も就いたがそれを誇らず、また、その地位を三度も更迭《こうてつ》されたがそれでも落胆しなかった。また、前任者のやり方を尊重しそのまま引継ぎ後任にもそのまま引き渡したとあり、子文には地位に恋々《れんれん》とした様子がありません。それでも当職に何度も就いたということは、それだけ人望や力量があった相当な人物だと思われます。当時もそうでしょうが、今の世にも政治家に限らず「長」と名の付く地位なら盲腸以外は何でも良いという、少し古いギャグですが「成りたがり屋さん」は多いような……人望があって皆から推されてという感じではなく自分から手を挙げて……という感じで、その点、やはり子文はなかなかだったように思います。それでも孔子は仁者とは言えないと言っています。はて？　ではどのような人をして仁者と言うのか？

次の陳文子は仁者たるか。彼は、反逆者と一緒にメシが食えるかと言って貴重な財産である馬四十頭を打ち捨て次々と理想国を探した人のようです。当時、馬は王から送られるほどの貴重な財産で、さすれば、この人は正義感が強いこともさることながら、かかる財産を投げ打つぐらいの人ですからお金にも動かされない大した人だったと思われます。この人から先の微子《びし》編に出てくる話が思い出されます。内容は、世の中に嫌気がさし人里離れ隠遁《いんとん》生活を送っていた人が、あるとき、孔子が通りかかったので「そんな世俗的な世にいないで一緒に山の中で綺麗な鳥の声でも聞いて暮らしたらどうだ。」と勧めます……でも、孔子は次のように答えます。「私は鳥や獣じゃない！　人間だから人間界に止まって人間界を少しでも良くしたいと思う！」と。この乱世匡救《らんせきょうきゅう》の大使命こそが孔子の孔子たる本懐《ほんかい》です。ですから、孔子は陳文子のように理想国を求め歩くのではなく、かかる地であればこそ、そこに止まり少しでも良いものに変えようとするのが本筋だと思っていたのではと。だから、陳文子にも清廉で立派ながら仁者としての称号は送らなかったのではないでしょうか？

　されば、地位やお金に固執せず、しかも正義感が強くともそれだけでは仁者とは言えないようです。最後に、仁者・高杉晋作の歌を送ります。どうも、仁者とは人の道を極めんとする人のような気がします！

「死んだなら釈迦と孔子に追いついて道の奥義を尋ねんとこそ思へ」

■公冶長編第二十章

季文子《きぶんし》、三たび思いて而《しか》る後《のち》に行う。子之《これ》を聞きて曰く、再《ふたた》びすれば斯《ここに》可なり。

大夫の季文子は万事に慎重で三回思いを巡らした後に物ごとを実行した。これを聞いた孔子は二回考えれば十分であると言った。

＊＊

本章は孔子が物事は二度考えて実行すれば十分であると言ったところです。何度も考えれば、それだけ慎重な上にも慎重を期したことになり大変いいように思いますが、違うんですね、ここが？　なぜ、孔子が二度で良いと言ったのか。諸橋先生の解説を見てみましょう。

「事に当たって熟慮することは人間の大切な工夫であるが、あまりに思い過ぎ考え過ぎると、かえって、断行の勇を欠き、またかえって邪念欲望が起こって別の迷いが生じるものである」

さすによく見ておられます！　考え過ぎは勇気がなくなりまた迷いの原因にもなると。確かにそうで、何か事が起こってそれに決断を下すのに考え過ぎてあまり時間が経過すると熱い思いも冷えてしまい士気が薄れます。また、同じように物事には色んな見方がありますので、あれも大事これも大事こんなことも言えるなどと言っていると、根幹の話をしているのか枝葉の話をしているのか解らなくなります。そしてしまいには声の大きい者が勝ちとなるか、または、み〜んなの意見を取り入れて総花的なメリハリのないものとなってしまいます。ここを孔子と諸橋先生は指摘しているようです。

この「総花的」ということと似たようなことが大きな組織によく見られます。何か事業を行う部署がよく○○委員会とかいうのを立ち上げ、そのことに少しでも関係のある他の課にも出席してもらうというものです。でも、それに出席することになった他課の担当者は、本来の業務とは関係ないため、本気でそのサブ的な事業については考えてはいないようで、当然、意見などそうそうには出ず帳面消しで出席している感じです。お願いする側も、既に大方の結論は出ており、みんなの意見を聞いたというスタンスは取りたいものの、なまじっかこんな会議を開くと本当に色んな異見が出たら収集が大変だというようでもあります。こんなことは身近なところでも見られ時々おっくうになりそうですが……でも、これくらいの大変さは耐え忍んでいかなければと！　先日、お盆で会った叔母が言ってました。「私達の時代は戦争で苦労したけど、あなたたちは良か時代に生まれて幸せね」って。今の時代もそれなりに苦労はありますが、確かに戦争時代と比べるとかなり良い時代です。前向きに取り組まないとバチが当たりそうです。

それで思い出しました！　今度は叔父の話です。先日、皇居の奉仕（清掃）活動に参加したそうです。そのときは全国から三〇〇人ぐらいの人が集まったそうですが最後に両陛下からねぎらいのお言葉があったそうです。そのとき、叔父の村の代表がうちの村も今は産業が衰え大変ですと言ったら陛下が、「それは大変ですね。でも、そのうち良いこともあるでしょう！」とおっしゃって、どっと笑いが起こったそうです。何ともわだかまりのないユーモアで、確かに人生は山あり谷ありで悪いこともあれば良いこともあります。「そのうち良いこともあるでしょう！」という言葉、私は大変気に入りました。何てたって前向きです。さすがに陛下です。仕事、辛くとも頑張ります……そのうち良いこともあるでしょうから！

■公冶長編第二十一章

子曰く、寧武子《ねいぶし》、邦《くに》道有る時は則ち知《ち》なり。邦道無きときは則ち愚《ぐ》なり。其の知には及ぶ可し。其の愚には及ぶ可からざるなり。

孔子が言った。寧武子は国に正道があるときは知者ぶりを存分に発揮した。しかし、国に正道がないときは暗黙《あんもく》のうちに問題を解決しながら愚者の如く振る舞った。その知者としての振る舞いには及べるが、愚者としての振る舞いには及べない。

＊＊

本章は寧武子という人の話です。寧武子は孔子が生まれる前の人で、孔子がこれだけ評価しているからにはなかなかの君子と思われます。これまで出てきた君子と評された人とは「治世」にあって実力を発揮するのは当然ながら「乱世」にあっても自分の意見を通し、それでも抹殺されない人を指しました。しかし、寧武子は「治世」にあっては当然、実力を発揮しますが「乱世」では陰で問題を解決し上辺は愚者のように振る舞い、その点ちょっと異なるようです。では、寧武子はどうしてそう振る舞ったのか？　それは、寧武子が仕えた成公《せいこう》と言われる人が相当な暴君で、普通に異見をすれば殺されかねず止むを得ず愚人を装ったようです。そんな状況であれば普通の人であれば「や～めた！」と世を捨てたくもなるでしょうが、寧武子はそうせず愚人を装ってまでも暴君から民を救おうとしたようです。そうなるとなかなかの信念が窺えます。おそらく孔子もその辺を評価したのではと。

この「民を救う」という思想に「経綸《けいりん》」という言葉があります。〝競輪〟ではありません！　中国の都市名の〝桂林〟でもありません！「経綸」です（笑）で、これは「経済」という字の元になった「経国済民《けいこくさいみん》（国に政治を敷き民を救う。経世済民ともいう）」ともよく似ています。「経」の字は左側の「糸」に元々の意味があって

「縦糸」を表し、それから派生して「すじみち」「道理」「法則」などの意を持ち、仏教の「お経」もこれから来ています。また「綸」も左の「糸」に元来の意味があって「大綱」「つかさどる」などの意のようです。よって「経綸」とは「世の大綱の道」となり、これはとりもなおさず〝民を救う〟ことを意味し寧武子は自分なりのやり方でそれをやったのではと。そう考えると寧武子という人はやはりなかなかにビッグな人です。

　普通だと「上司の頭が固いから仕事に熱が入らない。アイツは誰々の一派だから一緒に仕事はしない」などと愚痴るのが関の山ですが、寧武子は違って、そんな人たちを見ずその向こうにいる民を見ていたようで、ここら辺しっかり学びたいものです！　私も役所勤めが三十年以上になり色々ありました。事務屋ですからしょっちゅう異動ばかりでいつも一年生からです。なかにはあまり好きになれない上司や先輩がいて嫌になることもありました。でも、寧武子のことを知ってからはそういう人たちの向こうには無辜《むこ》の善良な市民がいる。その市民のために頭の一つぐらい下げたっていいじゃないか。ちょっとぐらい愚者のように見られてもと、少し〝達観〟したような清々しい気持ちになったことが思い出されます。やはり寧武子は孔子が評価したようにさすがです！

■公冶長編第二十二章

子陳《ちん》に在り。曰く、帰らんか帰らんか。吾が党《とう》の小子《しょうし》、狂簡《きょうかん》なり。斐然《ひぜん》として章《しょう》を成すも之を裁《さい》する所以《ゆえん》を知らず。

孔子が陳という国に滞在していたとき言った。帰ろう、帰ろう。故郷の若者は志を高くし美しい色模様を成しながらも、それをどう裁断したらいいか知らないでいる。

＊＊

本章は孔子が長い旅路の果てに言った言葉で「帰らんか、帰らんか」は有名です。千昌夫の「北国の春」の歌はどうもここから来ているんじゃないかと私は睨《にら》んでいます……最後が「あの故郷へ帰ろかな～帰ろかな～」となっていて、孔子の言葉と同じなんですね。これはどうもパクリですね（笑）ま、それは、どうでもいいとして先にいきましょう。孔子は五十六歳のときに世の乱れを見るに見かね、これを正さんと門人を連れ天下周遊の旅に出ます。しかし、諸国の君や大夫たちは小さな己の権力闘争に明け暮れ、世の中が今後どうあるべきかなどの大きな流れに想いを馳せたりすることもなく、孔子の言葉に耳を傾けようとしません。そんな最中、陳という国に差し掛かり齢《よわい》六十八歳になったときふと故郷のことを想い出します。そしてこの一説となります。孔子にしてみれば「こんな者たちに構っとっても埒《らち》があかん。」というところだったのではと。このときの孔子の心境を察し、ちょっと思い出した言葉があります。

「川の中の魚は、どこに浅瀬があり、どこに深みがあり、岩の中の構造はどうなっているかなどは、つぶさに知っているが、この川がどこから流れて来てどこへ流れて行くかは知らない」

人は川の中の魚ではありません。やはり目先の私欲を捨て地球全体をどう持っていくべきか、世界の秩序をどう保つべきかなども考える必要があると思われビッグな人とはそのことがいつも頭にあるようです。

話は戻って、故郷の若者です！　人は壮年期を過ぎる頃になると後人に期待をかけるようになるようです。事実、私も精神年齢は三十歳ぐらいながら人生は長いようで短いことも実感し、そもそも、この世に有り難くも生を受けたことに想いがいき、現世で掴んだ大切な考え方などを申し送るような気持ちで時々若い人に目が行きます。されど、人間って不思議で死なないときはなかなか死なないようです。いつまでも生き続けます。意外でしょうが本当に人間は死にません！

これは、最近の私の死生観《しせいかん》ですが、もちろん、個々の肉体は死にます。やっぱりです。しかし、人間という種族を全体で一つと考えると、これは地球の地表に張り付いて個々の生死を絶え間なく繰り返しながら姿かたちを自在に変え存在し続けていて、あたかもアメーバーのようです。だから、個々の人たる細胞は死んでも人間という集団化した生き物は死なないのです。そして、消滅していく人も寂しくなく諦めのつくところがあります。それは生き残る人たちに自分が大切だと思うことを申し送り、それを相手がキャッチしてくれていることを実感しているからで、これを「人間アメーバー説」と言います。自作です！　すみません！　でも、そう考えるとやっぱり人間は死なないとも言えるような気がします。

話は戻って、孔子が言っています。故郷の若者たちは志を高くし美しい色模様を成している。これをどう立派に作り上げていくかが自分の役目だと。まったく、そのとおりのような！　現代の二十一世紀を生きる若者にもオジサン、オバサンになってからも世俗的な欲得に流されることなく清く正しく生きて行ってほしいものです。そういう意味では大人は良い手本を示さなければいけません……〝伝えんか伝えんか〟……私では役不足ながら。

■公冶長編第二十三章

子曰く、伯夷《はくい》・叔斉《しゅくせい》は舊惡《きゅうあく》を念《おも》わず。怨《うらみ》是《ここ》を用《もっ》て希《まれ》なり。

孔子が言った。伯夷・叔斉は他人が改めた古い悪事を問わなかったので恨みをかうことが少なかった。

＊＊

本章は有名な伯夷・叔斉兄弟の話です。東洋史に燦然《さんぜん》と輝く君子ですのできっちりと紹介しておきます。伯夷と叔斉は孔子より五百年ほど前の人で、孤竹国《こちくこく》という国の長男・三男の王子で大変に清廉潔白《せいれんけっぱく》で正義感の強い兄弟でした。あるとき、父が位を叔斉に譲ろうとすると叔斉は兄の伯夷に譲ろうとします。しかし、伯夷は父の意向なので受けられないとやはり叔斉に継がせようとします。そうやってお互いに譲り合いついには二人とも国を出てしまいます（結果、次男が継ぐ）。そして、当時、名君と言われた文王《ぶんおう》を慕って周の国に向いますが、その途中、文王は死んで後を継いだ息子の武王《ぶおう》が殷《いん》王朝の紂王《ちゅうおう》を伐とうとしているのに出っくわします。二人は、それは不義・不仁だとして武王を諫《いさめ》ますが武王は聞き入れず、ほどなくして武王は紂王を討ち新たに周王朝を打ち建てます。二人は、

「二君《にくん》に仕えて周の粟《ぞく》（あわ）を食《は》むを潔《いさぎよ》しとせず」

として、首陽山《しゅようざん》に隠れ棲み蕨《わらび》や薇《ぜんまい》などを食べながら、ついには餓死《がし》してしまいます。何とも凄まじい生き方、死に方で抵抗するにしても餓死です！　今の世の中なら「誰がそこまで。その人たちはおかしいんだ。単なる痩せ我慢だ」で終わるかもしれません。しかし、作家の林房雄《はやしふさお》さんは著書「大西郷遺訓《だいさいごういくん》」のなかで、西郷隆盛がこの話を後輩たちによくしたとして次のような言葉を紹介しています。

「正道を行うものは国中のものから非難を受けても不満

を言わず、また、国中の人から誉められても決して満足しないのは自分を深く信じるからである。そのような人物になるには伯夷・叔斉にしっかり学ぶべきである」

　これに対して林房雄さんが注目すべきコメントを！

「人間、誰しも非難されれば癪《しゃく》に障り誉められればいい気になる。この動揺から一日も早く脱却することが人間の修養であり傑士《けっし》に近付く方法である。伯夷・叔斉を笑うものがあるかもしれないが、己を信じ信念と大義を守り通したという点で後世の人心を引き締めるものがある」

　最後に、二人の生き方には「後世の人心を引き締めるものがある」と言われていますが、まさに君子にはその時代その時代にあって、そこに生きる人々の甘えを吹き飛ばす真っ白な真実の稲妻のような凄まじさがあります。事実、その後、この話は日本に伝わり、日本人の魂を揺さぶり武士道へと深く浸透していったようです。日本の武士道もまた、凄まじいもので武士道については改めて触れますが、それにしても人間って凄いものです！　こんな人が時々現れて人間界は正しい方向へ流れて来て、また、流れていくのでは。私たちも世評世論に流されて自分の「信念」を曲げることがないよう心しなければならないところではと！

　話は戻って本章です。よく解らないのは、伯夷・叔斉が恨みごとを引きずらなかったところで、であれば二人は寛大な気持ちを持っていて、人間とは時々過ちを犯す哀れな存在であると承知していて、包み込んでいるような人たちではなかったかと……されば、なぜ、二人は武王に反発し、餓死するまでの生き様を通したのか……それは、武王を怨んでいたからだとの説もありますが、これに関連して、孔子は先で度々触れ、「二人は世を隠れ住んでも高潔を保ち己の仁道を貫いたのだから恨みなどあるはずが無い」と言っています。ということは、二人は武王に反発したのでなく、本当のところは、武王がどうだこうだとかいう相手に対するものではなく、自分たちの生き方がどうかにあったのではと？　つまり、二人にとって大事だったことは他人に対してのものでなく、自分たちの〝生き様〟に対してであったと思われます。司馬遼太郎が、とある小説のなかで、新撰組の土方歳三《ひじかたとしぞう》にこう言わせています。

「薩摩がどうだ、長州がどうだ、幕府がどうだ、天子様がどうだ、とかそんなことはどうでもいいんだよ。問題はこの新撰組がどうするかなんだよ！」

されば、人生とは他人がどうだこうだと他人のせいにするのでなく、すべては自分がどうするかにかかっていると言えそうです。本章は気合が入りました！「二君に仕えて周の粟《ぞく》を食《は》むを潔《いさぎよ》しとせず」の気概に学びたいものです！

■公冶長編第二十四章

子曰く、孰《たれ》か微生高《びせいこう》を直《ちょく》なりと謂うや。或るひと醯《けい》を乞う。諸《こ》れを其の鄰に乞いて之に与へたり。

孔子が言った。どうして微生高は正直者と言えようか。ある人が酢を借りに来たとき隣から借りて来て、それをあたかも自宅にあったかのように与えている。

＊＊

本章は微生高なる人が正直者かどうかの話です。微生高は酢を借りに来た人に借りてまで貸してやっていますから優しい人のようですが孔子は正直者と認めていません。どうも、借りて来たことを言わなかったことがまずかったと思われます。微生高は相手には解らないと思ったのではと思われますが、孔子が知っているということは後で知れたようで、あたかも親切であるかのように振る舞って微生高もあとで罰が悪かったのでは。さすれば、問題は他人によく見られたいという行為にありそうで、私たちも体面を取り繕ってついつい親切者ぶったりしそうなときがあります。でも、やっぱり嘘は嘘。仁の道からはずれそうです。そこへ行くと、前章に登場した伯夷・叔斉のような人が頼まれたとすれば、「わかった。あいにくわしゃ持ち合わせがないから、ちょっと待っときなはれ隣から借りてきちゃるけん。」となるような？やはり、こんな風に広々とした心を持ってフリをしないことが大事な気がします。

この〝フリ〟をするということで、イギリスに日本の「武士道」と似た清廉《せいれん》で強靭《きょうじん》なジェントルマンを作る「騎士道《きしどう》」という精神規範があり、そのモットーが〝フリをしない〟ことだそうです。持ってるフリ、知ってるフリ、優しいフリなど様々なフリが対人関係では出てきそうですが、それを抑え込むのが修養だそうで、イギリス人にどこか気品を感じるのはそう言うところにあるのかもです。やはり〝フリ〟をしては〝フリー〟になれません……オヤジギャグですが、でも、これは大事なところで、整理すると「フリをするとフリまわされてフリーになれないぞ〜」……ですかね（笑）ということで最後にとある話をもう一つ！

ある男がある女と橋のたもとで会う約束をした。男は早めに行き女を待っていた。すると雨が降り出した。雨は次第に激しくなり大雨となりだんだん水かさが増して来た。しかし、男は女との約束を守るべく立ち去ろうとせず橋げたにしがみついた。しかし、水かさは容赦なくどんどん増していって、そして、遂に男は耐えられなくなり濁流に流されて死んでしまった、という話で、一説にはこの男が微生高とも言われています。はて、微生高は義理固かったのか？　馬鹿正直だったのか？　〝フリ〟とは時に死をも招きかねず素直に参りたいものです！

■公冶長編第二十五章

子曰く、巧言《こうげん》・令色《れいしょく》・足恭《すうきょう》なるは左丘明《さきゅうめい》之を恥《は》ず。丘《きゅう》も亦た之を恥ず。怨《うらみ》を匿《かく》して其《そ》の人を友とするは、左丘明之を恥ず丘《きゅう》も亦たこれを恥ず。

孔子が言った。口先が巧みなこと顔を柔和にみせること態度が恭《うやうや》し過ぎることを左丘明（孔子の先輩）は恥とした。丘（孔子の名。姓は孔。子は尊敬を表す語。孔子の呼び名は他にも仲尼《ちゅうじ》、孔丘《こうきゅう》、孔夫子《こうふうし》などがあり、英語ではConfucius〈コンフューシャス〉）も恥とする。また、怨みがありながらないふりをして友になることを左丘明は恥とした。

＊＊

本章はいつかも似た話が出てきました。「巧言令色」はやっぱりいけません。「剛毅木訥」でなければ。また、恭しすぎる「足恭《すうきょう》」もいただけないようです。

さて、気になるのは「怨みがあるのにないふりをして友となるな」というところです。これは何かちょっと意外な感じもします。様々な人間関係においてはときには恨みを忘れて付き合わなければならないケースもありそうで、その方が人間的にも寛大な気がします……でも、そうではないようです。恨みがあるのにないふりをして友となるのは自分の心を偽っていることになり、そうなると、誰にでも長いものには迎合することになりそうです。それでは、その人の存在の意義がなくなり、そこが孔子の咎《とが》めるところの一つではと思われます。

それと、もう一つの問題は心のなかのもう一人の自分に嘘をつくことで、前章でもイギリスの騎士道は〝フリ〟をしないとあり、やはり、自分を偽ることは嘘と同じで……されど、現実的には怨みとまではいかなくとも、あまり好きではない上司や自己主張の強い人などと仕事を組んだりしなければならないときも出てきます。そんなときどうするか？　先の編で孔子が言っています。「君子は和して同ぜず、小人は同して和せず。」つまり、小人は一部の人とだけ付き合おうとするが君子は広く付き合おうとすると。されば、恨みとまでなければ、広く和を保つことが基本かと思われます。

戻って「怨をかくすは恥」なれど、ときには「怨讐《おんしゅう》（恨み）を超えて」ということもあり、思い出される話があります。それは、いつもの私の好きな幕末・明治維新の頃の話です。あの竜馬が長崎の亀山社中《かめやましゃちゅう》（日本初の商社？）に居たところ、同じ土佐藩の後藤象二郎《ごとうしょうじろう》（当時は名前に動物を使うのが多かったようで竜馬然りです）が尋ねて来ます。用向きは維新の改革にあたって一緒に手を組もうということでした。後藤といえば竜馬ら土佐藩の勤皇《きんのう》党の仲間、武市半平太《たけちはんぺいた》や岡田以蔵《おかだいぞう》を切腹、斬首に追い込んだ藩側の上役です。竜馬配下の仲間は顔も見たくなく、むしろ殺したいぐらいの男でそれは竜馬も同じでした。しかし、竜馬はみんなの反対を押し切り恩讐を超え手を組む決断をします。それは、維新の革命を成功させるためには薩摩・長州のほか土佐藩の後ろ盾も欲しかったからでもありますが、話せば、後藤はなかなかに大局が見え、また、自身も叔父にあたる家老・吉田東洋《よしだとうよう》を勤皇党に殺されていながら、そのことには触れず自分の方から頭を下げて会いに来るなど寛大な男だったからです。竜馬も複雑で武市や以蔵のことを考えれば断腸の思いだったと思いますが、まさに恩讐を超えて……というようなあらましで、されば、大義の前には〝恨みを捨て〟手を結ぶことも必要となるときがあるようです。

似たような話で〝呉越同舟《ごえつどうしゅう》〟という話もあります。お互い敵同士でも同じ船に乗せて強風が吹けば転覆しないように敵味方関係なく助け合うという意味で、軍師・孫子が兵法のなかで犬猿の仲を良くするための作戦として言っています。何か人間って不可思議です……となると、竜馬と後藤の話も強風とは黒船だったということでしょうか？　ちょっと、ややこしくなりましたが、大事なことは人も自分も裏切らず堂々と青空の下を歩くことだと……自分には少々難しいときもありそうながら！

■公冶長編第二十六章

顔淵・季路侍《じ》す。子曰く、盍《なん》ぞ各々爾《おのおのなんじ》の志を言わざる。子路曰く、願わくは車馬衣軽裘《しゃばいけいきゅう》を朋友と共にし之を敝《やぶ》るとも憾《うら》むこと無からん。顔淵曰く、願わくは善に伐《ほこ》ること無く労を施すこと無からん。子路曰く、願わくは子の志を聞かん。子曰く、老者は之を安んぜしめ朋友は之を信ぜしめ少者は之を懐《なつ》かしめん。

顔淵と季路（子路）が孔子の傍《かたわら》に侍《はべ》っていた。すると孔子が、それぞれ自分のモットーとするところを言ってみなさいと言った。まず、子路が私は自分の馬車や衣服を友にも分かち、たとえ、それが壊れたり破れたりしても怒ったりしないことですと答えた。次に、顔淵は私は自分のした善行を誇ったりせず、また、他人にむやみに労働を強いないようにしていますと答えた。すると、子路が願わくは先生のモットーをお聞かせ下さいといった。そこで、孔子が言った。私は、老人には安心され友達には信じられ年少者には懐《なつ》かれるようにしたいと。

＊＊

本章は孔子をはじめとするビッグスリーのモットーが語られたところです。自分がこんな風に聞かれたら何と答えるか？　この手の質問は人間の出来具合が試されているようでちょっと動揺します。でも、こんなときでも他人の目を気にせず素直に自分の考えを言うべきではと思います。というのも、私の好きな「禅語」に、

「松は直《なお》く、棘《いばら》は曲《まが》れり」

とあるからです。松の木は真っ直ぐ上に伸び棘は横に曲がって広がる。つまり、人それぞれ性格が違うので物の見方や考え方も違って当然だという話です。だから、的外れになるのではなど、いちいちこだわらなくても良いのではと思います。

本題にもどって、三人のモットーを比較してみたいと思います。まず、子路です。子路は切り口を「友人」に持っていって答えています。当時は、財産を友と分かち

合うのが美徳とされたようで、子路は早速それを引用し馬車や衣服を友人と分かち合い、例えそれが壊れてもその人を責めたりはしないと。でも、ここには、どうも友を「許してやる」というような「上から目線」的なものが感じられ……ちょっと首をかしげたくなりますが、元気者の子路アニーですからさもありなんというところでしょうか。

次は顔淵です。顔淵は子路の一枚上を行き「他人」と「自分」という両方の切り口から、他人に優しくすることを心がけるとともに自分を誇らない戒めを忘れていません。ここにいかにも顔淵らしい「道の人」を感じますが、この顔淵の答えで思い出される言葉があります。

「春風《しゅんぷう》を以って人に接し秋霜《しゅうそう》を以って己を粛《つつ》しむ」

他人には春風のように暖かく接するが自分には秋霜のよう厳しく接する、という佐藤一斎の代表的な言葉です。因《ちな》みに、私もこの言葉を戒めとするため先日この書を入手しました。本物か偽物かわかりませんが参考までに写真（初写メ）を添付します。なかなかに味があります。

さて、問題は孔子の答えです。孔子は老人には安心され、同僚には信頼され、年下にはなつかれるように心がけていると答えます。子路が友達だけを例に取ったのに対し孔子はすべての人を対象としていて、さすがに孔子らしい聡明さが感じられます。でも、最初に答えを聞いたときは正直に言って、あれ～って意外な感じがしました。というのも孔子先生ですからもっとカッコいいことを言われるのかなと期待したからで、でも、そんなことには一切こだわらず素直な答えをされたところに「フリをしない」至人の域を感じます。また、もう一つ、老人には〝安心〟されと言っているところに感心させられました。お年寄りは年のせいで何かに付け疎《うと》く、時代についていけず不安に思っているところがあると思います。そこを孔子は〝安心〟されと言っています……さすがです！　やはり、孔子先生ともなると自他の次元から離れた広くて深くて暖かい〝三次元〟の世界が感じられます！

■公治長編第二十七章

子曰く、已《や》んぬるかな。吾未だ能く其の過ちを見て内に自ら訟《せ》むる者を見ざるなり。

孔子が言った。もうどうしようもないな。私は自分の犯した過ちを深く反省する者をまだ見ない。

＊＊

本章は自分の犯した過ちに対する反省の話です。それにしても「已《や》んぬるかな」ときました！　詳しくは解りませんが、よっぽどの不届き者がいたのか、珍しく孔子先生も怒っておられます。でも、これは孔子先生が仁者だから許されるところで、なぜなら、里仁編に「ただ仁者のみ能《よ》く人を好《よみ》し能く人を悪《にく》む」とありました……ただ、普通は軽々に感情的になったり、また、否定語を使ったりしてはいけないところと確信します。

　というのも、以前、もう亡くなられましたが小林静観《こばやしせいかん》という作家の方の講演を聞いたことがあります。この話が実に興味深い話でした。あまりに良い話だったので関連して一部を紹介します。内容は「病気になるかならないか」「金持ちになる方法」それと「笑い」についての三つの話です。

　まず「病気」です。日頃、仕事なんかで「面白くないな～こんな仕事、こいつ嫌だな～」などと不満を思ったり口にしたりしていると、身体が反応して、そんなに人生が嫌だったら分かった早く終わらせてあげるからと、あちこちに病気をさせたり悪運を呼び込んだりして最後は死に導くとです……怖いです！　で、小林さんは言いました。人生で自分に降りかかる様々なことを良い方向に良い方向に考え楽しむようにした方が良い。そうすると、身体や神様は、そんなに楽しいんならもっと楽しくしてやろう、もっと長く生きられるようにしてあげようと病気など治してくれるそうです……これ、なんか当たっているような？　先日、友人と話したときにも彼が言っていました。「自分は人から見れば小さなことに見えるかもしれないが、そんなことにも喜びを感じるようにしている。身の周りの小さな自然などにも……」と、立派です！　まったくそうで大事なことだと思います！

　小林さんも自分が気付かないだけで喜びやありがたいことはいっぱいあると言っておられました。例えば、目が見えること、歩けること、食べられることなど当たり前のようだがよく考えると本当にありがたいものだと。

次に「金持ちになる方法」です。これも因果関係は解らないが結果が出ているそうでこれまた凄い話です！で、何をするかと言うと……なんと、〝トイレ掃除〟をすることだそうです。例えば、デパートや居酒屋さんなどに行ってトイレが汚れていたら綺麗にして出て来ることだそうです。そうしていると、どこからともなくお金がやって来るようになりお金に困らないそうです。それと、この掃除、便器に時々うんちやおしっこがこぼれていたりしますが、これを素手でふき取り、さらに後がキュッキュッとなるまですると、五百万円、一千万円といった単位でお金が舞い込むそうです……これ信じます？　因果関係は解らないがなぜかそうなるそうです。さっそく、今日から素手で頑張ってやってみ・ま・す・か？　でも本当らしいです！

最後に「笑い」の話です。〝笑い〟は、何んですかドーパミンとやらの色んな身体に良い物質を発生させるそうです。それに人間関係や運命にも良いそうです！確かに、これは私も実感していましたので私の人生ノートには〝笑いから入れ〟といつも書いていました。難しい会議でも、ちょっとしたことに大きな笑いが起きたりします。みんなカタッ苦しい雰囲気は嫌でリラックスしたいんですね！　笑いとは人間関係を和やかにする力を持っているようです。小林さんも〝笑い〟は人の運命を変えたりする本当に不思議な力を持っています。いつもニコニコしていて下さいとおっしゃっていました。ということで、容易に嘆息《たんそく》を付いたりせず、物事は良い方向に良い方向に考え、笑いながら、トイレ掃除をしましょうか（笑）

■公冶長編第二十八章

子曰く、十室《じゅっしつ》の邑《ゆう》にも必ず忠信、丘《きゅう》が如き者有《あ》らん。丘の学を好むに如《し》かざるなり。

孔子が言った。僅か十軒ぐらいしかない村にも私ぐらいに誠心を大切にする者はいるであろう。しかし、私以上に学問を好む者はいないであろうか。

＊＊

本章で孔子先生が言わんとするところは、自分以上に好学心を持った人はなかなかいてくれないものだな〜〝やんぬるかな！〟と、さっそく前章の〝やんぬるかな〟

を使ってみましたが、こんな感じではと？　ここで孔子の言わんとする「学」とは、もちろん、単なる「知識」とかではなく「人間学」のことで、この「人間学」なるものの勉強を普段、わざわざ時間を割いてしている人は確かに少ないのではないでしょうか。私も、つい先日まで何とはなしに道につながるような本は読んではいたものの、それほど意識はしていませんでした。毎日、朝起きて仕事に出かけ、家に帰ったら、ご飯を食べて、テレビを見て、風呂に入って、眠くなったら寝て、また、次の朝が来て、ときには仲間と飲みに行ってワーワーという日々でした。でも、その頃はそれで良いと思っていました。なぜかというと勉強とは大学までにするもので就職したら勉強の代わりに仕事をするものと解していたからです。それに、仕事をすれば嬉しいことにお金がもらえそのお金は自由に使えました。まさに火に油で自由に遊び廻っていてやがて結婚し子供が出来ても遊び主体の人生でした……しかし、それではいけなかったようです。大人になってからは特に孔子先生が言うような人間はどう生きるべきか〝人間学〟の勉強が大事で、言葉を変えると「知識」から「哲学」へということでしょうか？

このことに気付かされたのが私の敬愛する仕事上の先輩方や、歌人の安永先生との出会いがあってからで、この頃から、それまで心でモヤモヤとしていたものが沸々と湧きあがってきました。自由はあるもののどこか他人と比較ばかりしたがる自分の心、皆と遺伝子が違うということは自分がしなければならない何かがあるのではと思う気持ち、また、競争社会だからと言って自分だけが勝者になれば良いのか、それじゃ〜弱い人や負けた人が可哀そうではないか、自分だけ自分のチームだけが良ければいいのか、才能があって生まれたり、頭が良く生まれたり、お金持ちで生まれれば良かったのか、そうでない人はどういう価値観で人生を送ればいいのか……など様々な想いが脳裏をかすめるようになりました。それから、遅ればせながら意識して「人間学」の勉強をするようになり、さらに出会ったのが「論語」でした！　これが人生を変えましたが、今、思えばこんな出逢いがなければ、もっとひどいアンパンブルース（中味のないアンポンタン）になっていたんではと、ぞっとします！

本文に戻って、孔子先生が言われるように世の中に誠実な人はたくさんいますが、誠実なだけでは不十分でそこに人間とはどういうものであり、また、人間はどう生きなければならないかの「人間学」を学び、またさらには、生きた碩学《せきがく》（学を積んだ偉人）の謦咳《けいがい》に触れることが大切なことだと思われます。この偉人から直接、薫陶

を受けることは、

「百冊の本を読むに勝る」

と言い、吉田松陰や高杉晋作が偉人を訪ねた旅は有名です。維新の先輩たちが優秀だったのはそのためで、そもそも日本人が世界に類を見ない優秀な民族であると言われるゆえんもそこにあります。

しかし、戦後、日本は「人間学」の大切さを亡くしてしまったかのようです。恐らく、そこには〝3S（スリーエス）政策〟なるものがあったからとも思われるところで、真実か否かは一度インターネットで確認してもらえればと思います。いずれにしろ「人間学」とは、人間が人間世界で人間らしく生きて行くうえで、最も大事なものだと思われます！

雍《よう》也《や》編

――面白く大らかに生きる

■雍也《ようや》編第一章

子曰く、雍《よう》や南面《なんめん》せしむべし。仲弓《ちゅうきゅう》、子桑伯子《しそうはくし》を問う。子曰く、可なり簡《かん》なり。仲弓曰く、敬に居て簡を行い以て其の民に臨めば亦た可ならずや。簡に居て簡を行うは乃《すなわ》ち大簡《たいかん》なること無からんか。子曰く、雍の言然り。

孔子が言った。雍（仲弓）は公職（当時、天子や諸侯は南の太陽に向って政治を行った）に就けて良いであろう。すると、それを聞いた仲弓がでは子桑伯子はどうでしょうかと聞いた。孔子が言った。良いであろう彼も寛大であると。仲弓は確かに自分に慎み深く民に寛大なことは良いことだと思います。しかし、自分にも寛大で他人にも寛大なのは単に大雑把ということではないでしょうかと言った。孔子は汝の言うとおりであると言った。

＊＊

本章は「寛大」ということがテーマのようです。「簡」という字は竹で編んだものを言い、その隙間があらいことから寛大なたとえのようです。子桑伯子という人は詳しいことは解りませんが、外に対しても寛大であったと同時に、自分の着る物などにもあまりこだわらない人であったようです。でも、その辺りが当時、同じく寛大な人格者と評されていた雍にとっては大雑把に見えたようです。それで孔子が「可なり」と子桑伯子を認めたことに不満があったと見えて、「子桑伯子は寛大というより単に大雑把というだけではないですか。私とは一緒にしないで下さい」とばかりに孔子に食い下がったようです。孔子も「そらそうだ。」と少し返答に困ったように返しています。でも、子桑伯子はそんなに悪い人ではないと思います……と弁解しましたが、実は、私も大雑把なもんで（笑）ま、これは持って生まれた性格ですからどうしようもないですが、と開き直っていますが、いいかげんな私のことはさて置き、要は「大簡」という言葉です。これが「寛大」という良い意味なのか「大雑把」というあまり良くない意味なのか？雍はあまり良く見てないようですが、私は、この言葉にはもう少し違った意味があるように思えます。思い付く所を挙げてみます。

大義、大局、大観、大綱、大本、大筋、大流、本流、本筋、本流、根本、根幹、骨格、大らか、鷹揚、豪胆、豪傑、

豪快、大胆、天真爛漫、天衣無縫、オヤジの貫禄

こんな感じで大きな流れを見誤らないことを表わすようで、最後がよかったですかね（笑）されば、人間、特にリーダーとなる人は、真摯であることも大事で前回も〝誠実〟であれと出て来ましたが……やはり、右に並べた言葉のように人を包み込む大らかさやダイナミックさの方がより大切で、孔子もその辺りを見ているような気がします。極論すれば、あまりに真面目・誠実なことは枝葉末節にとらわれ根幹を見落としがちです。枝葉が落ちても木は立ち直りますが、幹が折られたり根っこが掘り起こされると木は枯れます。だから、枝葉と幹を同じに見てはいけないところで、人間も多少、鷹揚《おうよう》で遊び心があると余裕がありぐらつきません。私たち、特に勤め人はときどき大局を見ていないと指摘されます。入社して何年かまでは大志を抱いていますが、組織が大きいほどセクション主義に陥り目の前の仕事にのめり込みます。そうやって次第に指示待ち族となり若き日に秘めていた「爪」は切られ「牙《きば》」はもがれ「角」も矯《た》められ良い意味の野性味がなくなりダイナミックさも消えていきます。そう言えば、若い頃よく「支持待ち族」、「イエスマン」にはなるなと言われたことが思い出されます。

それと、もう一つ言われていたことがあります。表現があまり良くありませんが「専門馬鹿」です。人はとかく自分の考えに固執しがちで、会議などでもついついヒートアップして〝蝸牛角上《かぎゅうかくじょう》の戦い〟になってしまうことがあります。二匹のカタツムリが争っていてふと気が付いたら大きな牛の角先にいたというものです。ついでに、面白いことに、熊本を終《つい》の棲家《すみか》とした剣豪・宮本武蔵も晩年に著した兵法書「五輪の書」の「火の巻」で同じようなことを言っています。

「兵法の道を常に鼠頭牛首《そとうごしゅ》鼠頭牛首と思ひて、いかにもこまかなるうちに俄かに大きなる心にして大小にかかわる事、兵法一つの心だて也。平生の人の心も、鼠頭牛首と思ふべき所武士の肝心なり」

鼠頭牛首とは、ねずみの頭と牛の首のことです。この二つはまったく大きさが違います。つまり、いざ、戦いの場になると細部に捕らわれがちで大きなことを見失いがちになってしまう。だから、日頃から小さくならないよう「鼠頭牛首！　鼠頭牛首！」と念仏のように唱えよということです。私も、会議や打合せのとき額を付き合わせたように小さな内容に入っていこうとするとき「鼠

頭牛首！鼠頭牛首！」と心で言っています。すると自然に顔が上がって遠く窓の外の景色などに目線が行きます。そして、不思議に忘れてはならない一番大きなことが頭に浮かんで来たりします。やはり〝大簡〟とは大事な気がします！

■雍也編第二章

哀公《あいこう》問う、弟子《ていし》孰《たれ》か学を好むと為す。孔子対《こた》えて曰く、顔回《がんかい》という者あり。学を好めり。怒《いかり》を遷《うつ》さず過ちを弐《ふた》びせず。不幸短命にして死せり。今や則ち亡《な》し。未だ学を好む者を聞かず。

哀公が弟子のなかで誰が一番学問に熱心であるかと聞いた。孔子が言った。顔回という者がいて、学問を好み怒りを他人にぶつけたり翌日に引きずったり、また、過ちを繰り返したりしませんでした。しかしながら、不幸にして短命で亡くなりました。彼ほどに学を好むものは知りませんと。

＊＊

本章は孔子が哀公に問われ一番の弟子に顔回の名を挙げたところです。確かに顔回は優秀でしたが……普通であれば目の前の弟子たちのこともあり、生きている人を挙げそうなものです。でも孔子はなぜか顔回の名を挙げます。

察するに、それは、やはり顔回が余程の優秀な人であったからで孔子は本章でも二つ例をあげています。一つは〝怒りを移さず〟と！　私たちは日常生活のなかで他人のちょっとした一言一動にムカッとすることがあります。これは誰にもありますが、問題は、その怒った感情を家に持ち帰ったり他人にぶつけたり次の日まで引きずったりしないということですが、なかなかに難しいような？　しかし、顔回はそんなことがなかったということです。それは、たぶん顔回が〝怒りのあり方〟をよく心得ていたからではと察せられます。しかして〝怒りのあり方〟とは〝私憤《しふん》〟と〝義憤《ぎふん》（公憤《こうふん》）〟の違いです。〝私憤〟とは個人的な怒りであくまで自分のことに過ぎません。しかし、一方、〝義憤〟となると公の正義を乱すことに対してで、これには怒りを覚えたのではと。そこをよくわきまえていたので〝私憤〟というレベルではムッとすることはあっても腹でグッと納め表情には出さなかったのではと思われます。それに、顔回にとって他人とはそもそも血は繋がらなくとも皆愛《いと》しい兄弟《けいてい》であり、競争したり嫌ったりする存在ではなかったので、広い〝人間愛〟の気持ちで包み込み……そうかそうか、ハイハイ、という感じではなかったかと？

二つ目は〝過ちを繰り返さず〟とあります。これは当然のことで「自覚が足りない」の一言に尽きるのではと。すいません。私にあまり偉いことは言えませんが。ただ、〝過ち〟と似たものに〝失敗〟というのがあります。これは似て非なるもので、自分が積極的に前向きに勇気を振り絞って打って出て、そして生じた失敗は失敗ではなく成功の種ではと解されます。

話は戻って、孔子が亡くなった顔回を一番弟子に挙げた理由がもう一つあるような気がし、そこがまた孔子の〝仁者〟たるゆえんのような……というのも、顔回は確かに亡くなりました。つまり目の前から居なくなりました。しかし、孔子の心のなかにはいつも活き活きと生きていたのではないでしょうか？　人間は、故人でも特に親しかった人のことはいっぱい思い出があり忘れようにも忘れられません。また、その人のことを忘れたくない憶えていたいという〝惻隠《そくいん》の情《じょう》〟のような習性もあると思います。忘れてしまっては、その人が可哀そうだし、亡くなった人は言いたいことがあっても一言も言えません。そんなその人に対する思慕《しぼ》の念と、そこに湧く言葉では表現しにくいどうしようもない〝切なさ〟〝虚しさ〟があります。孔子にもそんな気持ちがあって亡くなったけども顔回というすばらしい人がいたということを、君主にも知ってもらいたかったのではと。それがまた、顔回の名を世に知らしめ顔回の〝名誉〟にもつながると思ったのではと？

生きていると、時々、何の関係もない何の悪いこともしていない人が理不尽に殺されたり事故で亡くなったり、不治の病にかかったりするようなことが起こります。身近な人にすれば、まったく孔子と同じでさぞかし無念で決して心のなかから消えるものではありません。私もこの歳になるまで色んな別れをして来ました。そういった人たちのお墓に行ったり仏壇に手を合わせたり写真を見たりすると、神妙な気持ちになり生かされていることへのありがたさや感謝の念が湧いて来ます。そう思うとやっぱり、何やかんやつべこべ言わず頑張らにゃーいかんですね〜。生きて行くのに時々辛いときもありますが二十四時間辛いことばっかりじゃないし楽しいこともありますから。感謝と希望を持って天寿を全うしないと！

されば、今日は敬老の日、来週は彼岸です……。

■雍也編第三章

子華《しかさい》斉に使いす。冉子《ぜんし》其の母の為めに粟《ぞく》を請う。子曰く、之に釜《ふ》を与えよ。益を請う。曰く、之に庾《ゆ》を与えよ。冉子之に粟五秉《へい》を与う。子曰く、赤《せき》の斉に適《ゆ》くや肥馬《ひば》に乗り軽裘《けいきゅう》を衣《き》たり。吾れ之を聞けり。君子は急なるに周《あまね》くして富めるに継がずと。原思《げんし》之が宰と為る。之に粟九百を与う。辞す。子曰く、毋《な》かれ以て爾の隣里郷党《りんりきょうとう》に与えんか。

門人の子華が斉国に使いに出た。冉子（冉求《ぜんきゅう》）は残された母のために米を差し入れしようと孔子に相談した。孔子は一釜分を与えなさいと言った。しかし、冉子はもう少し増やしてくださいと頼んだ。そこで孔子は一庾（一釜の2・5倍）を与えなさいと言った。それでも冉子は足りないと思い自分の判断で五秉（一釜の25倍）を与えた。孔子が言った。赤（子華）は斉国に行くときは肥えた馬に乗り軽い毛皮の服を着ていた。私は次のような話を聞いている。君子は切羽詰った人には滞《とどこお》りなくしてやるが、富める人に継ぎ足してまでしてやることはないと。原思（門人）が孔子の家の家宰（家長に代わって家を取り仕切る人）となった。それで、孔子が給料として米九百を与えようとした。すると、原思はそれは多過ぎると辞退しようとした。それで、孔子はもし多いようであればお前の隣人や田舎の人たちに分けてやりなさいと言った。

＊＊

本章はお金に余裕のある人にお金を与える必要はないという話のようです。それにしても、冉子は孔子先生の言うことを聞かずよくも十倍もの米をやったものでそっちの方がびっくりします。この場合、年齢構成は冉子は孔子より二十九歳若く、さらに、子華は冉子より十三歳年下です。ですから、冉子からすると子華はかわいい弟分にあたり、それで、孔子もそんなに咎《とが》めだてはしなかったのではと思われます。

しかし、人に優しくしたり施しをしたりするその兼ね合いはなかなか難しいときがあります。基本的に〝自分には厳しく人には優しく〟というのが儒教の教えですが、ときどき「あの人に優しくしてもあの人は恩を知らん」というようなことを耳にします。やはり、人さまから受けた恩は忘れてはいけないところで、そこをしっかりしていないと自然に人が離れていきそうです。また逆に、自分が何かをしてあげまったく見返りなど期待していなかったのに大変なお礼の品を戴くということもあります。なかには、そんなふうにピシャッと返礼をされる方もおられますから油断はできません！　良い意味で！

また、結婚式などは呼ばれたらお祝い金はいくら包むかはだいたい決まっていますが、ご香典となると、付き合いの程度などで金額に違いがあったりします。されば、お金はなかなかの曲者です！　お金とその人がどういう付き合っているかで、その人の人間性まで見られます……はっきり言ってケチと思われる危険性があります！

最後に、最近感動した高村光太郎の詩を送ります。

「最低にして最高の道」

もう止そう
ちいさな利欲とちいさな不平と
ちいさなぐちとちいさな怒りと
そういううるさいけちなものは
ああきれいにもう止そう
わたくし事のいざこざに
みにくい皺《しわ》を縦によせて
この世を地獄に住むのは止そう
こそこそと裏から裏へ
うす汚い企みをやるのは止そう
この世の抜駆けはもう止そう
そういう事はともかく忘れて
みんなと一緒に大きく生きよう
見えもかけ値もない裸の心で
らくらくとのびのびと
あの空を仰いでわれらは生きよう
泣くも笑うもみんなと一緒に
最低にして最高の道をゆこう

■雍也編第四章

子、仲弓《ちゅうきゅう》に謂いて曰く、犂牛《りぎゅう》の子赤《あか》くして且《か》つ角《つの》あらば、用いること勿《な》からんと欲すと雖《いえ》ども山川《さんせん》其《そ》れ諸《これ》を舎《す》てんや。

孔子が仲弓《ちゅうきゅう》に言った。犂牛《りぎゅう》（まだら牛）の子であっても赤色をしてかつ角が生えていれば、たとえ、この牛を祭事に使わないようにしても、山川の神がこれを捨て置かないであろう。

＊＊

本章は仲弓を犂牛《りぎゅう》という牛に喩えた話で人間は生まれがどうであるかは問題でないと言っているようです。明治の先覚者《せんかくしゃ》・福沢諭吉が「学問のすすめ」で次のようなことを言っています。要約します。

「天は人の上に人を造らず人の下に人を造らず。されども今、広くこの人間世界を見渡すに、かしこき人あり、おろかなる人あり、貧しきもあり、富めるものあり、貴人もあり、下人もありて、その有様、雲と泥との相違あるに似たるは何ぞや。実語教（平安期から近代まで寺子屋などで使われた子供向け教科書の一つ）に、人、学ばざれば智なし、智なき者は愚人なり、とあり。されば賢人と愚人との別は、学ぶと学ばざるとに由ってできるものなり。天は富貴を人に与えずしてこれをその人の働きに与うるものなり。されば、人は生まれながらにして貴賤貧富の別なし。ただ学問を勤めて物事をよく知る者は貴人となり富人となり、無学なる者は貧人となり下人となるなり。学問とは、ただ、むずかしき字を知るなど実のなき文学を言うにあらず、天の道理に基づき実事を押さえ今日の用を達すべきなり……」

されば、人間は生まれたときは差はないが、その後その人が「学」を修めるかどうかによって賢人と愚人との差が生じると言っています。さすがに諭吉先生、するどいところを突いています。そして、この学問とは単なる知識ではなく人間が生きて行く上で必要な道を知ることであり、それがさらにその人を「自由」へと導くと後段に！　さて、もう一人、偉人の言葉を紹介します。

「科学技術の進歩と人間精神の進歩は根本的に違っている。科学技術は、その時代その時代の人が引き継ぎレベルはどんどん上がっていく。しかし、人間精神は、いつの時代も赤ん坊というゼロのレベルから出発しなければならず、親が身に付けた水準を子が引き継ぐというわけにはいかない。科学技術は進歩したが人間精神は数千年、ほとんど進歩していないと言われるゆえんである。人は、それぞれ、その時その環境に応じて己の人間完成に向かって一歩一歩努力していくほかはない。」

これは尊敬するH市長の言葉です。すばらしい洞察力です！　さて、それではこの二人の偉人の言葉から少し人間というものを考察してみたいと思います。二人のおっしゃるとおり、人間は確かに生まれたときは赤ちゃんであり、位もなく平等です。これは事実だと思います。しかし、なかには生まれながらにして才能があり、また金持ちに生まれる人もいます。そういう人は、そうでない人と比べると幸せそうです……しかし、世の中、問屋がそうは簡単に卸しません！　そういう生まれながらに恵まれた人が、H市長の話のとおり親から〝高度な〟人間精神も一緒に引き継げばいいのですが、それはできないことです。ここが一番大事なところで……ですから、人間性という精神が伴わずお金や才能があったりするとは往々にして〝奢り〟を生じさせる危険性があります。「オレのほうが金を持っている」「私の方が才能に恵まれている」と。そうなると肝心の人間関係がうまくいきません。当然それなりの衝突や苦悩が発生し幸せかというとそうではなくなります。そう考えるとなまじっかお金や才能があることが災いしたとも言えそうです。

でも一方、才能もなく金持ちでもなく生まれた人は「どうせオレは……」などと卑屈《ひくつ》になって、それを一生涯引きずるかと言うとそうでもありません。物心つく頃にはそんな考えても仕方のないことは遠い昔に諦めて、前向きにみんなと仲良く活き活きしている人もいっぱいいます。と、なると、どっちが幸せなのか解りません……そこで二人の偉人が言います。「決め手は人として生きるべき人間関係学を修めるかどうかだ」と！　やはり、ここが大事で論語で孔子が一貫して言っていることもそこにあります。さらに、H市長はこの赤ん坊の話のあとに次のようなことも言っておられます。

「徳川家康の東照公遺訓のなかに『及ばざるは過ぎたるに勝れり』とある。まことに味わい深い言葉だ。完成は崩壊の始まりである。及ばざるもの、足らざるもの、そして未完成なるものを完成させようとして、真剣に努力を積み重ねる人間の姿は美しい。そのなかにこそ人生の生き甲斐と生命の充実があるのではなかろうか。かくして、未完成こそは人間生活の希望と進歩の源泉である」

これもまた凄い洞察眼で「完成は崩壊への始まり」とあります。なるほど、すべてのものは完成した瞬間に崩壊がはじまります。そうなると、生まれながらにお金や才能に恵まれた人は完成に近いのかもしれず、ここは用心すべきかもです。

欲を離れた「禅」の世界でも人間界とは大変に奥深く、よしこれだ！　と悟っても、しばらくすると迷いが生じ、また悟ったかと思うと、また別の迷いが生じ〝悟りと迷いの繰り返し〟だと言います。分け入っても分け入ってもというところでしょうが、いずれにしろ、人間、完成だと思った瞬間、崩壊が始まり、逆に、まだまだ未完成だと思っている限り崩壊は始まらないようです。面白いところながら、これの見方を変えれば、完成がなく一生悟ることができないのであれば、無理に悟らなくても良いとなり何となく気が楽です。矛盾しているようですが〝不十分で充分〟だ！ と。私は、これまで早く悟って〝自由〟になりたいと思っていましたが、それはどうも間違いで人生とはじっくり腰を据えて〝真理〟を探究していく終わりのない旅で、その途中途中のディスカバリーを楽しむのがの醍醐味なのかもです。あ～何かすっきりし台風一過の青空のような気分です。どうも悟ったようです……ということは明日から崩壊です（笑）

■雍也編第五章

子曰く、回《かい》や其の心《こころ》三月《さんげつ》仁に違《たが》わず。其の余は則ち日に月に至れるのみ。

孔子が言った。顔回は三か月経っても仁道に違うことがないが、他の門人たちは一日あるいは一月ぐらいしか続かない。

＊＊

本章も顔回の話です。孔子はここでも顔回のことを長らく仁に止まることができたので仁者だと高く評価しています。他の門人たちはそうではなかったとありますから仁に止まることは余程に難しいことのようです。

さて、その仁です。これがどう言うものなのか？ 今もってはっきりした定義は難しいところですが、これまで〝三月《さんげつ》〟と言わず一年近く論語に触れて来ましたので、何んとなくおぼろげながら、こういう感じかな～とも思われますが……では、説明しろと言われてもなかなかできそうにありません。されど、長らく他の聖賢の書にも触れているので仁は少しは知らず知らず身についているかもです。なぜなら禅の高僧・道元が「霧露《むろ》の中を行くが如く」……あるお坊さんが霧の中を蓑《みの》を着て出かけ帰って来たらその蓑がびっしょり濡れていた。そんなふうに、いつもそれに触れていると自然に身に付くと言っていましたから。

されば、最近、仁について思うことを書いてみます。それは仁の一面には〝私欲〟がからまないことがあるような気がするところで、この〝私欲〟が曲者でこいつをやっつけないといけません！　仏経書家・相田みつをさんの言葉にもこんなのがありました。

「損か得か人間の物差し、嘘か真《まこと》か仏さまの物差し」

人間、この損得が絡みがちです。一日の人間関係でもつい自分の損得が頭をかすめ、これに流されそうになり〝あ～あさましい！〟と冷やりとするときがあります。こういうのって神がその人の人間のでき具合を試しているようでもありますが、そこいくと、顔回は三ヶ月に亘ってそれがなかったということですから、やはり大したものです。それに、以前に顔回は「怒りを還《うつさ》ず」ともあり、これもまた難しいところです。関連して、最近、昭和を代表する有名な禅僧・山田無文《やまだむもん》さんの面白い言葉を知りましたので紹介します。

「人間の心だけが古いところにこだわっておる。三年前にあんなことを言いよった。忘れられん。死んでも忘れん。これは病気であります。昨日のことは忘れて、喧嘩したり、恨んだりしたこと、憎んだことも忘れて、あーあのときは私も若かったな～ぐらいに古いものをさっさと捨てていける心の切り替えの稽古をする。こういう切り替えができるようになったら、そのまま仏である」

然《しか》りの感で、人間は生きている限り変わる可能性がありますから。それをいつまでも根に持っては相手は辛いものです。それに、そう言う人だって他人様に迷惑を掛けていることもいっぱいあるでしょうから。この〝忘れる〟ということも〝仁〟であり、神が試しているのかもです？　それから、安岡さんが次のように。

「人生の艱難辛苦《かんなんしんく》、喜怒哀楽《きどあいらく》、利害得失《りがいとくしつ》、栄枯盛衰《えいこせいすい》などあらゆることを勇敢に体験することによって知行合一《ちこうごういつ》的に自己人物を練ることができるのであります」

ということは、〝勇敢〟であることも〝仁〟の大きな特徴でこれも神がときどき試すような？

また、先日、私が車を買い替えたことを話しましたが、そのときの若い営業マンの人から昨日お礼のハガキが来ました。彼は二十歳過ぎぐらいだと思いますが大変、〝純粋〟で初々しい感じで「これからも一生懸命頑張りますので末長いお付き合いをよろしくお願いします」と丁寧に書いてあり〝一生懸命〟という字が印象に残りました。この〝純粋さ〟も〝仁〟の大きな特徴で、これまたときどき神様から年を取って心が汚れてないかと試されます。

されば、顔回のように「三月、仁に違わず」とまではいかないまでも、どれくらい〝神の試し〟に耐えられるか挑戦してみたい気分でもあります。しかして、自分が浅ましく感じたときが負けで！

■雍也編第六章

季康子《きこうし》問う、仲由《ちゅうゆう》は政《まつりごと》に従わしむ可きか。子曰く、由《ゆう》や果《か》なり政に従うに於て何か有らん。曰く、賜《し》や政に従わしむ可きか。賜や達《たつ》なり政に従うに於て何か有らん。曰く、求《きゅう》は政に従わしむ可きか。曰く、求や芸あり政に従うに於て何か有らん。

季康子が尋ねた。仲由（子路）は政治に携《たずさ》わらせられるか。孔子が答えた。子路は果敢で決断力があるから政治をするに何の問題もない。季康子が尋ねた。賜（子貢）は政治に携わらせられるか。孔子が答えた。賜は実務に長けているから政治をするに何の問題もない。季康子が尋ねた。求（冉求）は政治に携わらせられるか。孔子が答えた。求は多芸多才だから政治をするに何の問題もない。

＊＊

本章は時の権力者である季康子の問い掛けに答えて、孔子が門人の子路、子貢、冉求の三人はそれぞれに特質があり政治をやらせても大丈夫だと言った話です。孔子は子路は決断力があり子貢は事務処理能力があり冉求は博識である。だから大丈夫だと言っています……が？

でも、何かおかしいような？　というのも、人間、しかるべき地位に就くのにたった一つの長所だけで、それだけで本当に大丈夫なものか。それでは不十分なような気がします？

あっ、ここで、この疑問に迫る前に一つお断りをしておきます！　それは論語のなかの孔子の言葉に対し、時々「それはおかしいんじゃないかな？　自分はそうは思わないが……」などと感じるときがあると思います。でも、私はそういう風には考えないようにしています。それはなぜかというと孔子が聖人だからです。聖人は軽々に間違ったことは言いません。今の私たちが理解できないだけで実は正しい判断をしていると思うからです。だから、矛盾が生じたときもそのことを肯定的に考えるようにしています。そうやって読み進めると段々なるほどそういうことかと真意が見えて来るときがあります。だから、孔子の言葉は私にとっては〝絶対〟です！

それと、このことに関係して賢者と言われるような人の話を聞くときの注意点です。それは、もちろん、自分の立ち居振る舞いなどで礼を失しないことは言うまでもありませんが、さらに注意を要するのは話を聞いていて今のように異見を思い立ったときのことです。そこで「先生はそうおっしゃられますが私はこう思います…」とやると大変なことになります。そう言えば先生によっては「あ～そうですか！　じゃ～あなたの好きなようにすれば良いじゃないですか！」あるいは「人の話は最後まで聞きなさい！　失礼な！」と言われそうな要素を多分に含んでいます。もしそうなったら大変です。だから、先ほど言ったように賢者の言葉には、そのときの自分のレベルでは及ばない深みがあったりします。そこを考えなければならずくれぐれも注意を要するところです。

本章にしても、孔子は、子路、子貢、冉求の三人にはそれぞれの長所があるから政治に参加できると言っています。しかし、それでは当然、不十分だと疑問が湧きます。他にも、先見性、洞察力、正義感、人間愛など大事なことがありそうです。でも、そこを前向きに捉えます。ではなぜ、孔子はそれでも十分、政治ができると言ったのかと？　さればこの場合、私は一つの見方としてこう思います。実は、孔子はそんなことは百も承知で、ただ、その人に為政者として持ち合わせていなければならない要素がたった一つでもあればよしとすると踏んでいたのではと。では、不足する分はどうするか？　そこは、優秀な補佐役を付けるのではと。例えば、諸葛孔明や太公望や魏徴《ぎちょう》や晏子《あんし》のような。振り返れば、いつの時代もそうで徳川家も将軍は幼少でもいつも周りに良いブレーンがいました。

となると、誰でもできそうな気がしますが？　でも、最後は本人の人徳でしょうから人間性だけは磨いて置きたいものです！

■雍也編第七章

季氏《きし》、閔子騫《びんしけん》をして費《ひ》の宰《さい》為《た》らしめんとす。閔子騫曰く、善く我が為に辞《じ》せよ。如《も》し我を復《ふたた》びする者《もの》有らば則ち吾れは必ず汶《もん》の上《ほとり》に在らん。

大夫の季氏が閔子騫（孔門十哲の一人）を費という地の代官に登用しようとした。しかし、閔子騫は辞退する旨を伝え、さらに、それでも私を登用しようとされるなら、私は汶（川の名）のほとりに逃げ出すでしょうと言った。

**

本章は閔子騫という高弟の話です。孔子が出て来ませんが、これは多分、孔子没後に論語をまとめた門人たちが閔子騫をして優秀な高弟だと評価し美談として掲載したのではと思われます。それにしても閔子騫とは、また、変わった難しい名前です。当時の人がこんな難しい漢字を使っていたとはいつもながらに驚きですが教養の高さが窺えます。内容も官吏登用をきっぱりと辞退したという話です。

さて、せっかくですので、まずはこの「閔子騫」という字にスポットを当ててみたいと思います。実は例の漢和辞典で字の意味を調べてみました。ありました！　なかなか面白い話です！　まず「閔《びん》」という字ですが、これには「見舞う・憐れむ・心配する」などの意味があるようで驚きです！　名は体を表すと言いますが閔子騫は正《まさ》にそのとおりのようです。というのも、あるとき、孔子が彼を評してこんな話をしています。「閔子騫は孝行者だ。親や兄弟が自分の息子である彼を孝行だと誉めても、誰も反論しない」と。普通、自分の子供を他人に誉めるのは聞き苦しいものですが、それだけ周りの人も閔子騫を憐れみ深い人間だと認めていたのではと推測されます。次に「騫《けん》」という字です。本章は官吏登用を断るという内容でなかなかに志の高さが窺えますが、果たして、この字の原義は「空を飛ぶ鳥」という意味のようです。面白いですね～。まったくそのとおりで高潔です！先の「先進編」にも閔子騫は登場し、ここでも孔子は閔子騫を「徳者」であると評しています。「徳」があるからこそ親孝行であり志も高いのかもで流石は孔門十哲です！

それにしても、当時の人は難しい字を使いこなし志も高く大したもので、とても二五〇〇年も前の人たちとは思えません。先日、出て来た「人間は生まれながらに文明は引き継ぐが精神は引き継がずいつもゼロから始めなければならない」という話からすると、精神レベルは私たち現代人より高度な気がします。どうも私たちのレベ

ルはラベル程度かもです。特に私なんぞ（笑）

ところで、やはり「名は体を表す」のでしょうか？　何んかそんなところは確かにありそうな？　私の場合「昇」ですが、考えてみると昔から成績は芳しくなかったものの、この精神の向上のような話には興味がありました。特に、そのきっかけとなったのは例のお金を落として親戚の爺さんから「良いことをしたな」と逆に褒められたあの豆鉄砲事件あたりから……何か物事をノー天気に前向きにとらえるようになったような？　やはり「名と体」は関係しているような気がします。因みに、私の名前を付けたのはその爺さんで、また、私の考え方を変えたのもこの爺さんでした。振り返って考えれば、あの爺さんは私に名前を付け、途中、名前と人生が一致するように軌道修正したのかも？　恐らく、爺さんはそんなことは意識していなかったと思いますが……でも、そう考えると「名と体」には、どうも摩訶不思議な力が働いているような気がしないでも？　ま、私の話はどうでもいいのですが、みんなはどうなんでしょう？　名前と性格とに何か因縁じみたことは？　その謎解きの一つに自分が出生したときにその名が付けられた経緯、つまり、親の想いに一つの鍵があるようで、一度、調べてみると何か面白そうです。

なお、戻って、閔子騫が官吏登用を辞退した理由は、言うまでもありませんが、登用しようとした季氏が志の低い単なる権力者だったからではと思われます。

■雍也編第八章

伯牛《はくぎゅう》疾《やまい》有り。子之を問う。牖《まど》自《よ》り其の手を執りて曰く、亡《ほろ》びなん命《めい》なるかな。斯《こ》の人にして斯の疾《やまい》有ること。斯の人にして斯の疾あること。

門人の伯牛が病気になった。孔子はお見舞に行き窓越しに伯牛の手を取って言った。もう助からない。これも天命だ。それにしても、こんな立派な門人がこんな病気になるとは。こんな立派な門人がこんな病気になるとはと嘆いた。

＊＊

本章は何とももの悲しい場面です。愛おしい門人が重い病気にかかり今まさに死のうとしている。しかも、その病気は当時みんなが避けたがる病気だったようで、孔子にすれば何ともいたたまれない気持ちだったようです。しかし、人生には時々こんなことが起きるんですね。何でこんな良い人がこんな病気に、また、こんな若さでとか……理解に苦しみ、それこそ〝天も地もあるものか〟と言いたくなります！　孔子も「この人にしてこの疾あるや、この人にしてこの疾あるや」と二回繰り返し嘆いていますが、まさに、こんな良い者が何でこんな病気にかかって死ななければならないのか。それに何の意味があるというのか。天は良く人間界を見ているんじゃないのか。何もこの門人をこんな風にして召さなくてもいいではないかと理解に苦しんだのではないでしょうか。もちろん、孔子は七十三歳まで長生きしていますので何度もこんな経験をしたことと思いますが…

　ここで、話はちょっと脱線しますが、人間、〝長生き〟することはみんなの願いで、そうなる人は羨ましい限りですが、実は、そうでもないらしいです。なかなか辛いらしいです！　というのは、自分が長生きすればするほど知人の多くの死に直面しなければならないという宿命にあるからです。自分の親しい友人や身内などを何回も何回も見送ることは大変、辛いことと思います。以前、ドイツの有名な詩人ゲーテの詩の朗読を聴く機会があったのですが、ゲーテも八十三歳と当時としては大変に長生きをしていますので、何度も親しい人と悲しい別れを経験していて、そのなかには自分の子供や恋人までいます。そのゲーテの悲しい胸の内を象徴するかのような場面があります。晩年、ゲーテは、昔、若い頃に登ったある山に登ります。そこには一つの山小屋があり、その壁にはゲーテがその頃に記した詩が残されていました。ゲーテは、その横の窓から外の山々を眺めます。山々はシ〜ンと静まりかえり微動だにしません。それをしばらくじ〜っと見つめた後、ゲーテはおもむろにその若い頃に書いた詩に言葉を書き加えます。そして、振り返って一言いいます「さあ行こう！」と。何かこのシーンはジーンと来ました！　長年の重い辛い胸の内が感じさせられます。辛くとも生きて行かなければならない人間の宿命！　何とも形容しがたい人生の深みが！　ゲーテが世界の人に親しまれているのもこんな辛い経験があり人の心の痛みが解り、また、同時に生きていることや生かされていることの喜びをよく知っていたからではと思われます。私の最近、好きな言葉に、

「苦労、苦しみのない人生なんて味気ない！」

というのがあります。人生、ただ楽しければそれで好

いのか、やはり、悩み苦しみも経験してこそ充実した人生、味のある人間になるんではないでしょうか？　だから、先人は言いました。「苦労は買ってでもせよ」と。それだけ苦しいことは逆に価値があるようです。

　話は戻り、伯牛です。人生にはこんな理不尽なと思われるようなことが度々起きますが、それはなぜなんでしょうか。普段、日常生活で何も心配なく暮らしているときに突然に身近な人が亡くなったり、また、伯牛のような良い人が重い病気にかかったりするのでしょうか？　これを、どう解釈したらいいのか？　運命だと言ってしまえばそれまでです。また、前世がどうだこうだとかいう話もありますが、それもハッキリとは言えません。ただ、何が原因で起こるかは別として、結果としてこういうことが起きると、人間、目を醒まさせられます。そうか、俺たちは生身だったんだ。生身ということはいつかは死ぬんだ。そして、それがいつなのかは誰にもわからないんだったっけ。そうだ、だから人生はもっと大事に生きなければならないんだったな〜。身体も大事にせんといかんな〜。などと今さらながら気付かされます。ここに、何か大事な意味があり、そうやって、天は時々人間界に〝喝〟を入れているようにも思われます。

　でも、亡くなる人はみんな不思議と良い人ばかりです。だから、残された周りの人はその人の死を悼むと同時になおさらものの哀れや愛おしさ、また、人間は周りの人と本来は助け合って生きて行かなければならないなどと再認識します。それがなかったら世の中もっと弱肉強食の冷たい暗いものになりそうで、そんなところに何か意味があり、そう言う意味では、伯牛の病気は、同じ病気の人たちに「みんなから信頼があったかもしれないこの私でさえこんな病気になるんだから、あなたたちも何も悪いことはしていないし自分を否定したりすることはないよ」と安心感を与えたような気もします？

　それにしても、別れとはいずれの別れも辛く、私も昨日、一七年間の長い友であった愛車を見送りました。色んな思い出があって……後ろ姿にジーンと来ました！　いつも黙って大きな役割を果たしてくれて感謝です！

■雍也編第九章

子曰く、賢《けん》なるかな回《かい》や。一簞《いったん》の食《し》、一瓢《ぴょう》の飲《いん》、陋巷《ろうこう》に在り。人は其の憂《うれい》に堪《た》えず。回や其の楽しみを改めず。賢なるかな回や。

孔子が言った。顔回《がんかい》は何と賢者であることか。一椀《ひとわん》の飯に一皿の汁を食し狭苦しい長屋に住んでいる。普通の人であればそのわびしさに堪えられないであろうが、回はそれを楽しみ改めようとしない。誠に賢者である回は。

＊＊

本章は顔回（顔淵《がんえん》）の話です。顔回については先に「顔淵編」としてありますが、それでも、これだけ他の章にも登場するということはいかに孔門十哲の第一人者として他者にも認められていたかが窺えます。この章は有名な一説で、最初の「賢なるかな……在り」までは日日本の武士がよく書にしたためた言葉でもあります。そう言えば「武士は食わねど高楊枝《たかようじ》」という言葉が有名で、この由来もここにあるのかもしれません。あ〜、それから「高楊枝」のところを間違っても「つま楊枝」とは言わないようにしたが良いと思います（笑）

ところで、興味深いのは文中に「回や其の楽しみを改めず」とあるところです。私は、ここを今の貧しい生活を楽しんでいるように訳しましたが、本当の意味は食べ物にあるのではなくもっと深いもののようです。というのも、諸橋先生が、

「〝その楽しみ〟とは〝道〟を求める楽しみのことだ。宋時代の儒者・程子《ていし》などはこのときの顔回の楽しみとは何ぞやと弟子たちに研究させたほどである」

と言っておられます。それほどまでに〝道〟に生きるということは大切なことであるようです。さすれば、顔回は「食」より「道」に関心があったようです。

それにしても「一箪の食、一瓢の飲」とはいかにも粗食です。これで栄養は足りていたんでしょうか……このことから最近の日本人の「食」が気にかかります。戦後、日本人の体形は食生活の改善で欧米人並みになって来ました。「食」とはそれだけ大切なものに他なりません。ただ、現代の「食」の取り方は顔回とくらべると、少々どころではなく、かなり行き過ぎの感があります。連日、テレビではグルメ番組が流され、毎日、美味いものを食おう食おうと連呼されているようで皆、世界中の色々な食物を食べまくっている感じです。顔回が見たらさぞや驚き目の玉がすっ飛び出すんじゃないでしょうか？　また、それが原因でか日本人には今まで聞かなかったような深刻な病気が蔓延しつつあります。アレルギーもその

一つで、これは熊本県出身で東京の赤坂プリンスホテルの総料理長を務め、宮内庁や迎賓館などへも料理の提供をされ、先日までホテル熊本テルサの総支配人であられた土山憲幸《つちやまのりゆき》さんのお話です。

「日本人は農耕民族で四千年の昔から穀物を中心とした食事をして来た。それで腸の長さが欧米人に比べて一・五倍ある。ところが近年、洋食を食べるようになり体質がおかしくなってきた。それが現代病の大きな原因のひとつのような気がする。」

されば、ある程度の栄養価は現代を生きる我々には必要で、また、食の楽しみもあっていいと思いますが、むやみやたらに口に好いものばかりを食べるのは日本人の元来の体質に合わないことも頭に置かなければ深刻な病気になるかもです。土山さんにはまだまだ面白いさすがな話がいっぱいありますので先で紹介します。

それと、私は以前たまたま「食」に関する仕事をしていて気になることがあります。それは学校の「食育」の話です。ある学校の「食育」の会議に出席したとき、一人の方が「学校給食では子供たちに、カロリー、バランス、栄養価、おいしさ、さらには、残さないような食事を提供するよう心掛けている」と言っておられました。何か、日本の子供たちは至れり尽くせりで幸せだな～。でも、ちょっと考えるところもありそうだな～とも思われました。というのも、私はその職場の前は国際関係の仕事でしたのでフィリピンやカンボジアなどの途上国の食糧事情を知る機会が多くありました。知ってのとおり、これらの国のなかには学校にも行かず、毎日、ゴミの山に出掛け金目のモノを探し、それを売ったお金で親を養い食事をしている子供がいます。一人の女の子がテレビで「昨日は何も食べてないの。今日は何か食べられるかな」と言っていました……「食育」には、カロリーや栄養バランスを考えることも必要ですが、同時に世界の同世代の子供たちの「食糧事情」を教えることも大切で、さらに、そのことは「食」への関心は元より「正義感」の強い人間を作ることにも繋がりそうな気がするところです。

されば、食欲の秋ながら、たまには顔回さんのことを思い出して味わいながらありがたくいただかなければ罰が当たりそうです！

■雍也編第十章

冉求《ぜんきゅう》曰く、子《し》の道を説《よろこ》ばざるに非ず。力《ちから》足らざればなり。子曰く、力足らざる者は中道《ちゅうどう》にして癈《はい》す。今、女《なんじ》は画《かぎ》れり。

冉求が言った。私は先生の道の話を聞いて喜ばないのではありません。ただ、私には力不足なのです。孔子が言った。仮に力不足であってもやるだけはやってみてその上で諦めるものだ。それなのに、今お前はやる前から自分を見限っている。

＊＊

本章は大変に有名なところです。実は、私もここには大変ショックを受けました。どこがか、というと孔子の最後の一言です。

「今、女《なんじ》は画《かぎ》れり（お前は今、自分自身を見限った）」

と、言ったところです。自信を持つことは大事なことですが私も時々自信を持てないときがあります。でも、言われてハッとしました！　自信を持てないということは「自分を見限った」ことで、それは「自分を見捨てた」のと同じだという気がしたからです。自分から「自分を見捨てた」とあっては何とも情けなく、それで「ハッ」としたということですが、おそらく、引っ込み思案を自覚していた冉有も、さすがにこの言葉には気合が入ったのでと思われます。ふり返ってみれば、私もこれまで「自信」を持てないということが「自分を見捨てた」のと同じことだというような考え方をしたことがなく、いつも行き当たりばったりの日々を送って来たような気がします。自信が持てるときもあれば持てないときもある。そんなものだと。ところが、この孔子の一喝で少し変わった気がします。

昔から「自信」を持つということは大事なものであったようで、このことについては、孔子ならずも様々な偉人がアドバイスをしてくれています。総じて皆に共通して言えることは日頃の「学」と「実践」を大事にしていることにあり、頭では理解していても実践はプレッシャーがあったりしてなかなかうまくいかないときがあります。でも、その一つ一つを修養だとして逃げずに立ち向かう。この試行錯誤、成功と失敗、悟りと迷いを繰り返すことで自信が生まれるということのようです。

中国、明時代の大思想家で陽明学の創始者である王陽

明は「事上摩錬《じじょうまれん》（事上練磨とも）」と言って、その大切さを説いています。また、孟子は、
「浩然《こうぜん》の気《き》（天地に満ち万物を成育する力）を養う」
と言い、さらに、これを身に付けるのに急いではならないと言っています。また、易経では、自信が身に付く段階のことを竜の成長に喩え、満を持して力が付き天空を翔け巡る段階を〝躍竜《やくりゅう》〟と呼んでいます。

さて、そう言うことで日々の鍛錬の大事さを知るところながら、その際に忘れてならないのが本章の孔子が言う「自己否定」をしないということではと！　水俣病詩人の石牟礼道子《いしむれみちこ》さんをご存知だと思います。この方には私は神様のような印象を持っていますが、その石牟礼さんが「人間、何があっても自己否定してはいけない」と言っておられました。本章の孔子も同じことを言っているような気がし、二人の言葉を考え合わせると、孔子はやる前から自己否定をしてはならないと言い。石牟礼さんはやった後でも自己否定してはならないと言っておられるようで、事前事後、いずれにしろ自己否定だけはしてはならないとなりそうです。ということは、解りやすく言えば、自信がないときでも初めから諦めず、とにかく「トライ」してみる。そして、仮に失敗しても「あっけらか～ん」としているということでしょうか？　明るく大らかにいきたいものです！

■雍也編第十一章

子、子夏《しか》に謂《い》いて曰く、女《なんじ》君子の儒《じゅ》と為れ。小人の儒と為ること無かれ。

孔子が子夏《しか》に言った。子夏よ、君子の学人となれ小人の学人となるなかれ。

＊＊

本章には子夏が出ています。子夏は孔門十哲の一人に称される優秀な人ですが、内容からすると文言にこだわる学者肌だったのかもしれません。恐らく孔子が弟子たちに期待したのは世の良きリーダーになることだったと思いますので、孔子は大きく目を開くよう諭したのではないかと。このような話はこれまでも何度か出て来ましたが、男なら……いや、女性も大きな視野を持て！　と

いうことで、二宮尊徳翁が面白いことを言っています。

「神道《しんとう》は開国の道なり、儒学は治国《ちこく》の道なり、仏教は治《ち》心《しん》の道なり」

さすがに大局をよく見ておられます。孔子が期待するのもこういう大局観のような。そして翁はここで儒学とは「治国」の道だと言っています。然りの感で儒学は「修己治人《しゅうこちじん》」に始まり「治国平天下《ちこくへいてんか》」へと進まなければなりません。そう言うと政治家になれということかと思われますでしょうが、必ずしもそうではありません。学而編の第一章に次のようにありました。

「人、知らずして慍《いきどう》らず、亦《また》君子ならずや」

ですから、治国への参加のあり方は色々あると思われます。大事なことは仁心で、仁が備わればその影響は様々なところに及ぶものではと思われます。

さて、「小人の儒」と「君子の儒」です。小人の儒とは一言で言えば「枝葉末節」で君子の儒とは「大所高所」という感じがします。よく打ち合わせや会議などで自分の考えに固執するあまりついつい末節にこだわり大きな所が見えなくなる現象があります。やはり、そこは「思考の三原則」を基本に置かなければと。つまり、

一、目先に捉われないで長期的に見る。
一、一面に捉われないで多面的に見る。
一、枝葉末節に捉われないで根本的に見る。

ということです。これが基本の大原則であることに間違いはありませんが、ただ、ときにはもっと大事なことがあると作家の神渡良平《かみわたりりょうへい》さんが言っておられます。それは「そのことに賭ける情熱だ！」と。確かに、〝情熱〟こそが生きている証で時代を創造する原動力でもあるような気がします。さすれば「思考の三原則」の段階は言わば「中人の儒（造語）」かもしれません。なかなかに勉強になります。また、たとえば、人混みを抜けるとき遠くに目線を向ければ自然とすーっと抜けられます。また、力を抜くと身体が水に浮きます。なんとも人間とは不思議なもので、目先のことに囚われなければ、色々と問題が解決します。

ということで、私もこの論語が「小人の儒」とならないよう文言の一つひとつにはあまりこだわらず、孔子の言わんとする大意を汲むように心掛けたいと思います

……なにも手抜きではありませんが（笑）

■雍也編第十二章

子游武城《しゆうぶじよう》の宰《さい》と為る。子曰く、女《なんじ》人を得たるかと。曰く、澹台滅明《たんだいめつめい》という者有《あ》り。行くに径《こみち》に由らず。公事《こうじ》に非らざれば未だ嘗《かつ》て偃《えん》の室《しつ》に至らず。

子游が魯国の武城の代官になった。孔子が言った。女《なんじ》は優秀な人材を得たかと。子游が言った。澹台滅明《たんだいめつめい》という者がいます。この者は小道を行かず常に大道を闊歩《かっぽ》しています。また、公務でないかぎり私の家に参ったことがありませんと。

＊＊

本章は〝澹台滅明《たんだいめつめい》〟の話です！　私の大変に好きな人で数年前には年賀状にこの人のことを書きました。それはそれとして実に堂々としたもんです。名前も変わっています。最初、私は何のことか分からず、あとでこれは人名だったという感じでした。それにしても「澹」とかどんな意味なんでしょうか？　それに「滅亡」の「滅」という字まで入っています？

さっそく例の漢和辞典で調べてみました。ありました！　ありました！　まず「澹《たん》」ですが、これは「淡」の字と同じで「静か、落ち着く、定まる」などの意味があり「澹澹《たんたん》」といえば、水の揺れ動くさま、心の動かないさまとあり、水面は動いていても深層部は動かないという意味でしょうか？　う〜ん！　さすがに納得がいきます！　次に、「台」ですが、この原義は「よろこぶ」という意のようです。それから派生して高殿、高台、貴台（尊称）などとなるようです。さらに「滅」ですが、これはやはり滅亡の滅です。でも、面白いことを発見しました。「滅明」とは熟語だったようです。言われてみれば確かにそんな気がします。つまり、光が点いたり消えたり点滅するという意味だったようです。それとまた、遠くにあるものが見え隠れするという意味もあるようです。で、まとめると「澹台滅明」とは、蜃気楼のように見え隠れする不動の高殿ということでしょうか？　完全にあてずっぽうですが（笑）

ま、それはそれとして、澹台滅明の人となりです。なかなかに大した人物だったようです。脇道、小道、早道、近道など通らず大道を闊歩して行ったとありますから相当なもので実に堂々たる生き方です。「誰も恐れるものはない。何も慌てる必要はない。」という感じです。世の中に誰も恐れる人がなく時間にも追われることなく、まるで天のときや地球の自転に合わせて生きているかのようです。凄い自信で、これは、ちょっと大物です！　でも、実は、孔子は最初、彼の才を見誤ったようで、後に、それは間違いだったと訂正しています。では、どうして澹台滅明が大人《たいじん》へと変身したのか？　それは、やはり「学の力」にあったようで、滅明はそれこそ人並み以上の「学」を積んだようです。「学」を積めば恐れるものがなくなるのは事実のようで、確かに、世の中や人間界の真理に明るくなり明るくなれば恐れるものもなくなりそうです。人間、暗い所は恐いものです。古びた旅館の暗がりなど恐いものです。しかし、彼は学により〝滅明〟の名のとおり暗がりを照らす超能力？　を身に付けたので何物も恐れなかったのではと……やっぱり「学」ですね！　超能力も身に付けますから（笑）また、彼は暮夜《ぼや》にボヤッとして上司の家を訪ねるようなこともしなかったとあります。滅明は徒に上司の機嫌をとったりせず、さすがに節義も大したもんで実に正々堂々という感じです。

それから、見落としてならないのは上司の子游です。諸橋先生も評価しています。自分に諂《へつら》わない部下を誉めてさすがであると。確かに、そんな上司なんてめったにいません。誉めるどころかそんな部下は横着とばかりに上から押さえつけて頭を上げさせない小さな上司が多いとか？　でも、子游はさすがに孔門十哲です。部下を次の時代を背負っていく大切な人材として見ている感じがし、かえって頼もしく思っているかのようです。大きいです！　澹台滅明も、こんなビッグな子游を尊敬していたのだと思います。さればこの二人は、劉備玄徳と諸葛孔明のような〝水魚の交わり〟のような大変に好い感じだったのかもしれません。

しかして、いつもながら二五〇〇年も前の人達の精神水準の高さ爽やかさには驚かされますが、澹台滅明や子游をみならい、小道に由らず天下の大道を歩いていきたいものです！

■雍也編第十三章

子曰く、孟之反《もうしはん》伐《ほこ》らず。奔《はし》りて殿《でん》たり。将《まさ》に門に入らんとして其の馬に策《むち》ちて曰く、敢て後《おく》れたるに非らざるなり、馬進まざればなりと。

孔子が言った。孟之反（魯国の大夫）は自分を誇らなかった。ある戦《いくさ》で敗走し殿《しんがり》（大将を無事に逃がす最後尾の危険な役目）を勤めたとき、いよいよ馬が城門に入ろうとするときになって鞭《むち》を入れて、私は敢《あえ》て最後尾に付いたのではない。馬が進まなかっただけだと言った。

＊＊

孟之反とは立派な人だったようです。その人が本物か偽物かは事件が起きたときに解ると言われますがまさにその感じです。何か「五本のビン」の話を思い出します。

「今、目の前に五本のビンが置いてあり、まず最初の空ビンを手に取って振ってみる。当然ながら何の音もしません。次に水が三分目ぐらい入ったビンを振ってみる。するとチャポンチャポンと音がする。次に半分入ったビンを振ってみる。するとピシャンピシャンと音がする。次に七分目ぐらい入ったビンを振ってみる。それでも、ピチャピチャと音がする。最後に満杯に入ったビンを振ってみる。それは何の音もしない」

何を言っているかはお解りいただけると思いますが、人間も中味がどれだけ詰まっているかは事件が起きると解るという話です。この話から、昔、先輩が言った言葉が思い出されます。「人は会って暫く話をしてみると大体その人がどの程度の人かは解る」と。中味がないと底の浅さが知れそうで怖いです。また、別の先輩が言った言葉も身に沁みました。それは私の若い頃の話で、私が人事異動で本庁から外に出ることになったときのものです。当時、その先輩とは昼休みによく碁を打っていたので挨拶に行き、「今度、帰って来るときは碁が強くなって来ます。」と言うと、課長は「バカ！　しっかり勉強せないかんた！」と怒られました。そのとき、ハッとしました。外局はそんなに忙しくないからと甘く考えていましたが、この一言で気合が入りました。「よ〜し、今から何年になるか分からんが頑張るぞ〜」と闘志が湧いて来ました。考えて見れば、その一言がなかったら今頃はもっとひどいアンパンになっていたのではと。やっぱり、中味の詰まった人の一言とは大きいものです。

さて、話は孟之反に戻って、彼は殿《しんがり》という非常に危険な大役を果たしながら「馬が進まなかったから」と謙遜しまったく誇っていません。恐らく、孟之反のビンも満杯に詰まっていたんではと。人間、修養ができていないと他人と比較しライバル意識を持ちますから、自分が勝っているときは何かと自慢したがり、チャポンチャポン、ピシャンピシャン、ピチャピチャと音がします。でも、中味の詰まった域に達した人は他人を比較の対象として見ていません。ともに現世を生きている仲間と見ています。だから、自分たちの生きている世を一緒にどれだけ良いものにできるかと考えています。そういう感覚で周りを見てみると？　なかなか孟之反のような人は少なく手柄があれば周りに誉めてもらいたがり、また、それに見合うお金や地位を求めるという人もいるような？

　また、孟之反は故意に殿《しんがり》を務めたと思われ、これはなかなかに勇気がいりそうです。この役目は大変、危険で後ろ向きなので弓で射られる恐れも十分あります。また、馬が何かの拍子に足を骨折してしまうかもしれません。そういう死と隣り合わせです。でも人間とは、勇気を出さなければならないときは出さなければならないようで、為政編の最後にも「義を見て為さざるは勇無きなり」とありました。やはり、恐くとも腹を決めるべきときは腹を決めなければと！　最後に安岡さんの「勇気」についての言葉を紹介します。

「器量が大きそうに見えても時々決断を欠く人がいる。人間は見識と勇気をもってよく決断しなければ実行が立たない。大きな天地生成化育の心を仁心とすればよく決断することができる」

　それで写メを送ります。先夕に見つけた百舌《もず》ですが、百舌は大変に勇敢な鳥で自分の身体より何倍もある雉《きじ》にも戦いを挑むようです！

■雍也編第十四章

子曰く、祝鮀《しゅくだ》の佞《ねい》有りて宋朝《そうちょう》の美《び》有らずんば難《かた》いかな今の世に免がれんこと。

孔子が言った。祝鮀《しゅくだ》のように言葉巧みであったり、宋朝《そうちょう》のように美男子であったりしなければ、今の世で災難を免がれるのは難しいのかもしれない。

＊＊

本章は孔子が二人の人物を引き合いに出し当世を嘆いたところのようです。まず、祝鮀です。この人は衛国の大夫ながら中味があんまりなく「佞《ねい》」つまり、他人にへつらい口先だけでその場をしのぐのが上手な人だったようです。ただ、諸橋先生は、本来、佞という字は必ずしも悪い意味を含んでなく、祝鮀はむしろ弁舌によって霊公を支えた人であるとも言えると言っておられます。しかし、孔子が祝鮀のことをあまり良く言っていないのは、確かに当時は乱世であり出方によっては身に危険の及ぶ大変な時代なれど、最近、出て来た人たちです。敗戦の殿《しんがり》を務め誇ろうとしなかった孟子反《もうしはん》、小道に由らず大道を悠々と闊歩した澹台滅明《たんだいめつめい》、また、以前には不道を咎め餓死するまで信念を貫いた伯夷《はくい》・叔斉《しゅくせい》のような凄まじい生き方をした兄弟もいました。これに比べ祝鮀です。大体お分かりだと思います。その点では宋朝も同じで、ただ美男子というだけで霊公夫人に気に入られ上手に生きた人のようです。

ただ、孔子は祝鮀や宋朝のような人をそこまで嫌っていたのではないと思います。時代が時代であり、ある程度は仕方のないことで、問題なのは、そう言う人がいるがために真似をして上手に泳いで生きようとする人が世の中に増えることを嫌ったのではと。それと、祝鮀や宋朝には私も少し可哀想な気もします。というのも、人生は「出会い」が大切だと言いますが、そう言う意味では祝鮀たちは人生において本当に大事なことを教えてくれる「師」や「書物」などとの出逢がなかったのではないかと。だから、そういう生き方をせざるを得ずそう思うとちょっと気の毒な気がしないでもありません。

でも、その半面、澹台滅明などは「出会い」によって人間の生き方や世にどう貢献すべきかなど大事なことに気付かされ、読書と実践を繰り返し、人知れず己を磨いていったと思われます。この大事なことに気づかされた人生もそれはそれで大変です。高い天上から絶対とも言える「命」が下りた感じで、それはとても重いものと思われます。でも、そんな修養の果てにこそ人間世界の真理真実が見える自由自在な明るい境地も拓けます。正に〝楽は苦の種、苦は楽の種〟ということでしょうか！

■雍也編第十五章

子曰く、誰《たれ》か能《よ》く出《い》ずるに戸《と》に由らざらん。何ぞ斯《こ》の道に由ること莫《な》き。

孔子が言った。外に出るときに戸口を通らない人はいない。しかるに、なぜ、人は生きて行くのに道徳に頼ろうとしないのか。

＊＊

本章は先日の祝鮀や宋朝《そうちょう》の話と似ているようです。具体的な名前は出ていませんが孔子が当時の人たちが道を踏み行わないと嘆いています。喩え方がいいですね。人は家を出るときは戸口に由るが生きて行くのに道に由らないと。それにしても、孔子先生の時代も私たちの時代も一緒なんでしょうか、毎日、新聞やテレビのニュースを見ていると道を知らない欲に溺れた人の話が多いようで、こちらも孔子先生につられて溜息が出そうです。

面白いことに、老子が同じようなことを言っています。「上士《じょうし》は道の話を聞くと真剣にこれを受け止め実行に移そうとする。中士《ちゅうし》は道の話を聞くとそんなのあるのかないのか鳩が豆鉄砲をくらったようになる。下士《かし》は道の話を聞くとそんなものあるかと笑い出す。」

人間を三段階に分けて言っています。流石に「上士」となるとインスピレーションがひらめくところがあるようです。論語を学ぶ人は恐らくは孔子のマジナイがかかっていますので「中の上」ぐらいのラベル、いや、レベルではと（笑）というのも先日、仲間のFからメールが来て、内容は「中国の代表的女性三人」というテレビ番組の話で、その三人とは楊貴妃（言わずと知れた世界の三大美人）、西太后（清王朝末期の女帝）、江青（毛沢東夫人）ですが、そのうち西太后の直筆の書が紹介されたそうです。西太后と言えば相当な悪女のイメージがありますが、その字は大変、達筆だったようで、さらに、それよりもびっくりしたのがそこに書かれていた言葉で驚きです！　何と「仁者寿」とあったそうです！　あの悪女がこんな言葉を書くとは？　中国という国がますます分からなくなりますが、問題はこれの意味です。もちろん、論語の言葉で「じんしゃ、いのちながし（仁者は長命）」で、友人もさすがでインスピレーションがひらめいたようで、あの悪女・西太后が「仁者」？　という感じだったようです。

老子の言葉に戻って、二番目の鳩の豆鉄砲はひどいですね！　これが「中士」で、良いのか悪いのかも分からず「ポカーン」とした感じでは話になりません。最後の「下士」これはもっとひどい！　道の話を聞いたら「笑い出す！」とは、もう人生も何も滅茶苦茶です！　でも、悲しいかな。こんな人も時折り見かけるような？　特に、権力やお金に物を言わせるような人に？　そんなかんだで道につながる話のできる人が少なくなりましたので、仮に、道の話をするときはよっぽど考えてしなければ相手が見下されたように取りかねず注意を要します。

それからすると、江戸や明治や大正や昭和初期の人たちは、しっかり「論語」などを読み道の学問を積んでいました。明治維新はその真骨頂ともいうべきすばらしい瞬間で松陰先生や西郷さん、坂本竜馬など誰を取っても〝超上士〟です！　最後に、いつものM先輩の言葉を紹介します。まさに上司とはこんな〝上士〟でないと！

「人間の心は淀んだドブのように石を投げてもゲボゲボゲボというようでは駄目だ。静かな湖のように小石を投げても波紋がパーッと広がるようでなければ！」

■雍也編第十六章

子曰く、質《しつ》、文《ぶん》に勝てば則ち野《や》なり。文、質に勝てば則ち史《し》なり。文質彬彬《ぶんしつひんぴん》にして然る後に君子なり。

孔子が言った。質朴が学識に勝れば粗野になり、学識が質朴に勝れば史《し》（学識がありながら誠実さに欠ける小役人）になる。学識と質朴の両方が備わって始めて君子といえる。

＊＊

本章は君子とは「質朴」と「学識」の両方を兼ね備えると定義したところです。分かりやすく言うと「粗野な人は力にばかり頼らず学識を。学識ある人は知ばかりに走らず素朴さを持ちなさい」と言うところでしょうか？

因みに「文質彬彬」という言葉ですが、驚いたことに辞書に出ています。意味は外見的な美しさと内面的な実質さとが調和されているさまとあります。孔子の言わんとすることとはちょっとニュアンスが違う感じがしないでもありませんが要はバランスが取れた人ということでしょうか。似たような話は以前も出て来ました。「巧言令色《こうげんれいしょく》より剛毅朴訥《ごうきぼくとつ》たれ」その方が仁に近いぞと。しかし、本章の孔子の指摘は剛毅木訥も粗野な荒々しいものであってはいけないと言うことのようです。多分、「粗野」にも何でも力に頼るガサツなものと、穢《けが》れのない純朴なものの二通りがあるような感じがします。もちろん、後者の粗野であるべきでこの「野」という字から連想されるいくつかの話を紹介させていただきます。

実は、私も時々（?）お酒を飲みに行くことがあり盛り上がっては孔子先生に似て歌を歌っていて（笑）その一つに河島英五《かわしまえいご》の「時代おくれ」というのがあり、なぜかこの歌のある箇所が心に響いています。

「純粋だけど野暮じゃなく。ねたまぬようにあせらぬように♪　飾った世界に流されず人の心を見つめつづける時代おくれの男になりたい♪」

この「純粋だけど野暮じゃなく」って、まさに孔子が言わんとする〝質〟じゃないでしょうか？　続く「ねたまぬようにあせらぬように」も良いですが、その後の「飾った世界に流されず」のところは、〝文〟でしょうか？　最後の「人の心を見つめつづける時代おくれの男になりたい」ここもなかなかで、英五やこの歌の作詞家はきっと論語を読んでいたんじゃないかと？　この歌を孔子先生が聞いたら涙がちょん切れるくらい嬉しいんじゃないでしょうか？　孔子先生がマイク片手に片足をカウンターに掛けて歌っている姿が目に浮かぶようです！　これは絶対、今度、飲みに行ったら孔子先生を思い出して「時代おくれ」を歌わなければですね（笑）

次に、ちょっとシビアーなところで安岡先師です。先師も次のように言っておられます。タイトルは「創造的人物」です。

「創造的人物は所謂《いわゆる》知識階級からは出ない。野人《やじん》は実際の人生に生地《きじ》（手を加えていない、もともとの性質）でぶつかる。そこに強味がある」

と〝野人〟を評価されています。この辺、我々、組織人は特に心すべきところではと。先日も組織人の弱点について触れましたが、組織人は上からの命令に忠実にならざるを得ないところがあり、良いアイデアを提言しても上に認められなければそれが実現できません。そんなことが続けば自然と「指示待ち族」になりがちです。でもやはり、そこは意識して〝野人〟のような活力を秘めていなければ、明日という新しい世界に挑戦する闘志も萎え、その時代やその世界をときにはスリリングにクリエイトする喜びも味わうことができません……なんて、他人ごとのように言っていますが！

最後に、とある有名な尊敬する八十過ぎの女性の方が、こう言われたのを聞いて度肝を抜かれました！

「昔、中国には東夷《とうい》・北狄《ほくてき》・南蛮《なんばん》・西戎《せいじゅう》と呼ばれる野蛮人がいた。私も一度そんな人にさらわれてみたい」

魚・魚・魚って感じでしたが、それほど〝野《や》〟とは魅力的なようです！　されば、男族よ〝荒野〟を目指そうじゃないか！

■雍也編第十七章

子曰く、人の生けるや直《なお》ければなり。之《これ》罔《な》くして生《い》けるは幸《さいわい》にして免《まぬが》るるなり。

孔子が言った。人が生きて行けるのは正直であるからだ。そうでなくて生きながらえているのは僥倖《ぎょうこう》（たまたまの幸運）に過ぎない。

＊＊

本章は孔子が正直に生きることの大切さを言っているところです。確かに、そうだと思います。不正直で後ろめたいところがあると上手く取り繕ってもどこか歯切れが悪かったりします。後段に「幸いにして免るる」とあり、これを諸橋先生は「僥倖」と表現されていて、正しく不正義の果てに得た幸運とは少し恐い気がします。老子も次のように言っています。

「天網恢恢疎《てんもうかいかいそ》にして失《うしな》わず」

天の網《あみ》の目は粗くゆったりしているようだが僅《わず》かな悪も見過ごさないというものです。されば、ここで思うことがあります。地球は昨日と今日とでは見た目にはあまり変わりはないようですが、一年を通せば確実に四季の〝変化〟があります。寒い冬の後には暖かい春がやってきて万物が一斉に芽を吹き花が咲きます。そして、やがて暑い日差しが照りつける夏になり緑は益々濃くなります。そして、木の葉が紅葉する頃には実りの秋を迎えます。そして、北風が吹き万物が深い眠りに着く冬に入ります。しかし、年を越せばその長い冬も終わりに春に近づき…と絶えず〝変化〟を繰り返しています。そして、そんな一年も穏やかなときばかりではなく、ときには容赦なく、とんでもない大嵐が吹き荒れたり、地殻変動が起こったり、疫病が蔓延したりします。そして、すべて地球上に存在するものは、鳥だろうが獣だろうが、善人だろうが、どんな悪党だろうが、皆この影響を受け免れることはできません。そして、その移り変わりは五十五億×三六五日という天文学的な自転をかけ繰り返されて来ました。

そう考えると、何か地球という星は神様が手のひらで一年に三六五回転させながら、悪事を働いたり〝僥倖〟にして不正を免れている者がいないかジーッと見ていて天罰を下す。それでも、効き目がないようなら全体責任とばかり天災をもたらす……そんな感じがします。

だから、悪事は働いてはならないところですが、自分の人生を振り返ってみますと、相田みつをさんじゃありませんが、あのバチこのバチ思い当たることがいっぱいあります。それでも、いまだに、神様が私を生かしてくれているということは、今後、地球上に起こるであろう悪しき出来事に磨きようによっては役立つかもしれんと思っているのかもです？　また、そうさせていただくことがせめてもの償いでもあり……

ところで、このことからいつか業者からゴルフ接待などを受け便宜を図ったとある官僚の話が思い出されます。この人は裁判の席上で「自分のやったことを深く反省している。退職金（七千万円ぐらい？）も全部返上したい」と言っていました。大体、この辺の人たちは潔くなくゴネまくるのが普通ですが、この人はよくそこまで〝素直〟になったものだと感心しました。やはり神様から自然治癒力の影響を受け良心が咎めたのかもで、そういえば、新渡戸稲造が「武士道」のなかで「仁は良心の掟《おきて》」と言っていたことにも通じるような気がします。

もう一人はとある大臣です。この人も問題ある企業から政治献金を受けていたことを自分の方から発表していました。これにちょっと武士の良心を感じました。その後、この人が辞める気はあるかとの記者団の問いに「十数年前のことで今は改めているので辞める気はない」ということでしたが、当時はそういう風潮にあり咎めだてされるものではなく、その後、改めたのであればそれで良いような気もしないではありません。

最後に大事なことを！　それは不正直に生きれば〝天罰〟が下るが、逆に正直に生きれば〝天恵《てんけい》〟がもたらされるということです！

■雍也編第十八章

子曰く、之《これ》を知る者は之を好《この》む者に如《し》かず。之を好む者は之を楽《たの》しむ者に如かず。

孔子が言った。そのことを知っている者はそのことを好む者に及ばない。そのことを好む者はそのことを楽しむ者に及ばない。

＊＊

本章は大変に有名です。ここでいう「之」とは、仕事、芸事、はたまた人生など様々なものがあると思われ、そのことに対しどういう気持ちで臨んでいるかに三段階があり、知っている人より、好きだという人、好きだという人より、楽しむ人の方が勝っていると！　それにしても、こう言う観察眼といい表現といい今さらながら孔子先生の非凡さには驚かされるところながら、これは面白そうですので何かに例を取ってみたいと思います。

では、まず「仕事」に喩えるとどうなるか？　仕事にも色々あり、かっこいい仕事や面白い仕事や楽な仕事などは喜んで受けても厭な仕事はとなると……されば、この厭な仕事に取り組む人に当てはめてみると。

一、やり方は知っていて仕方なくしている人
二、好きになる努力をしてやっている人
三、工夫し楽しみながらやっている人

と分けられそうで、どうも、この三段階から人間の出来方も見えて来るようです。ということは、嫌な仕事も工夫して楽しむ境地にならなければならないとなりますが、果たして本当にそうできるのか？　なかなか難しそうですが、人生とは〝妙なる〟もので、そんな辛い仕事でも前向きにぶつかっている人ほど尊敬を集め、また、本人の精神力もこの苦労により強靭なものに磨かれ力量も増すものです。反対に、かっこいい日の当たる仕事ばかりしている人はどうなるか……なんか、わがままで不平不満ばかりの薄っぺらないかにも軽そうな人になってしまいそうです。とは言っても、やっぱり辛い仕事は大変です。では、どう考えれば辛い仕事も「楽しむ」境地へと持っていけるのか？　近江聖人とよばれた中江藤樹《なかえとうじゅ》が次のように。

「順境にいても安んじ、逆境にいても安んじ常に坦々《たんたん》

蕩々《とうとう》として苦しめる処なし、是を真楽《しんらく》というなり。萬《よろず》の苦を離れてこの真楽を得るを学問のめあてとす」

人間は、たとえ逆境にあっても坦々蕩々と心安らかにし、さらには、それをどこか楽しむところが必要で、そんな努力をすることが学問の目的のようです。

「面白《おもしろ》きことも無き世を面白く」

とは、ご存じ英雄・高杉晋作の辞世の句です。高杉は明治維新という激動の乱世に重い病を持ちながら短い一生を送らざるを得ませんでしたが、そんななかにあっても心を坦々蕩々と保ち、どうすれば面白くなるか楽しくなるかを考えていたようです。ここが、どうも孔子の言わんとする「之を楽しむ者に如かず」であるような気がします。高杉晋作、さすがです！

■雍也編第十九章

子曰く、中人《ちゅうじん》以上は以《もっ》て上《じょう》を語《かた》る可《べ》し。中人以下は以て上を語る可からず。

孔子が言った。仮に人間を三段階に分けたとして、中以上の人であれば道につながる高尚な話はしても良いが、中以下の人であればしてはならない。

**

本章は中段以下の人には道につながるような高尚な話はしない方がいいという話のようです。ここで言う人間の三段階とはもちろん「人間学」の修め方の程度のことですが、そもそも、人間を段階分けするのはあまり良いことではないところながら、ただ、現実的には確かに道を学んだ人と遊んでいた人とでは人間的に開きがあるようです。だから、道を学んでいない人に難しい話をしても、的外れだったりときには相手を辱しめることにもなりかねません。先日も、老子が人間を、上級者、中級者、下級者の三段階に分けて、上級者は道の話を聞けばすぐにそれを実行しようとする。中級者はポカーンとしている。下級者は笑い出す。少なくとも笑い出すような人にだけはならないようにと言っていました。本章の孔子もまったく同じことを言っているようです。

現代社会は日本人の昔からの美学とされる「道徳

的」なものが尊重されるのでなく、どっちが頭がいいか、どっちが地位が上か、どっちが金を持っているかなどの「勝ち負け」の価値観の世界となっています。周りを見渡しても確かにそう言う人が多く、残念なのは、このパラダイムがあまりよろしくないと気付いている人が少ないことで、それこそ「道」の話でもしようものならポカーンとしてしまうか笑い出されてしまいそうです。

さて、されど孟子は、本来、人間には良いものが備わっているとして次のようにも言っています。

「人の学ばずして能くするところのものは、その良能《りょうのう》なり。慮《おもんぱか》らずして知るところのものは、その良知《りょうち》なり」

これは孟子の「良能良知説《りょうのうりょうちせつ》」で、人間は元々学んだり思慮をめぐらさなくとも〝良〟なるものを生み出す力を持っているというものです。でも、もちろんこれは勉強などしなくともいいというものではありません。インドで発見された狼に育てられた二人の少女の話に例をとれば分かるとおりです。見た目は人間でも性質は狼です。四本足で歩き月に吠え鶏を追廻します。でも、二人が狼のなかではなく人間世界にあって素直に育てば孟子のいうとおり〝良能良知〟を発揮できたものと思われます。

大事なことは、徒らに本能や欲望に流されず、人間が本来、持ち合わせている純粋さや素直さを大事にしながら人間界の真理を学んでいくことではと思われます。

そう言えば、「良能」という字で思い出される人がいます。昔、役所におられた方で、この方の名前が「良能」という字で名前にたがわず立派な人でした。トップが辞められた時に自身が近い存在だったためか、いまだ若く実力もあられたと思いますが、以後、上位を求めたりすることもなく退職まで表に出て来られずさすがでした。「二君《にくん》に仕《つか》えず」という言葉がありますが、歴史上、こんな生き方をする人が時々現れ世を引き締めていくようで、男児の美学が見て取れ、かかる人こそ孔子が言う「上を語る」にふさわしい人ではと！

■雍也編第二十章

樊遲《はんち》、知《ち》を問う。子曰く、民《たみ》の義《ぎ》を務《つと》め鬼神《きしん》を敬《けい》して之を遠ざくるは知と謂《い》う可し。仁を問う。曰く、仁者は難《かた》きを先にして獲《う》ることを後《のち》にす。仁と謂う可し。

門人の樊遅《はんち》が知者について尋ねた。孔子が言った。道義を大切にし鬼神はこれを敬いながらも馴れ馴れしくしない者をして知者というと。さらに、仁者について尋ねた。孔子が言った。困難なことを率先して行い、見返りなどまったく気に掛けない者をして仁者と言うと。

＊＊

本章は知者と仁者について孔子が門人の樊遅にさとしたところです。最後の「難きを……」のくだりについて、諸橋先生が特に大事だと言われていることを紹介します。

「仁者の特性とされる〝先難後獲《せんなんこうかく》〟をそのまま解釈すると、仁者は困難なことを先にし見返りは後にするとなるが、そうではなく、仁者は困難な仕事に率先して取り組み、利益や名誉などの見返りはまったく眼中に置かないという意味である。ここを誤解してはならない」

確かに、仁者が見返りを期待したりするのはちょっとおかしい気がします。「見返り」ということで思い出すことがあります。それは私の大学生の頃の話で、母方の叔父で通称「ミノルオジ」という人がいて、この人は昔から冷静でなかなか拓けた考えを持っていました。その叔父がよく、「人の生き方はギブ・アンド・ギブやで〜ギブ・アンド・テイクなどケチなことを考えてたらあかんで〜」と言っていました。ま〜、今思えばオジながらま〜ま〜です。本章の話からいくとひょっとしたら少し仁者に近いかもです？　このオジの言ったことには、ときどき面白いところがありますので、また思い出したら紹介します。

それから、横道にそれますが、今の「叔父」という字です。ちょっと面白いことに気付きました。この字には「伯父」と「叔父」の二つがあり、違いを辞書で見ると「伯父」は父母の兄の場合で「叔父」は父母の弟だそうです。さてさて、ここでピーンと来たんですが、この字って、ひょっとして、あの伯夷《はくい》と叔斉《しゅくせい》の「伯」と「叔」から来ているんじゃないでしょうか？　伯夷は兄で叔斉は弟です。どうも偶然ではないような？　もしそうだとすると、二人の逸話とは以後の東洋史に残る余程、強烈な事件だったようです。凄いですね〜あ、でも単なる勘違いかもです（笑）

さて、それはさて置き話を樊遅《はんち》の知者・仁者の定義に戻します。推測するに、孔子がこの話をしたのは何かこの頃に皆が神社やお寺のようなところによく参るようなことがあったのではないでしょうか？　人は何かと仕事や物事がうまくいかないときなど「苦しいときの神だのみ」とばかりに寺社にお参りに行きます。孔子はそんな目の前の仕事に全力では打ち込まず軽々しく神頼みをする風潮を嫌ったのかもです。

それと、蛇足ながら「鬼神を敬して遠ざける」とありますが、これは、ひょっとして野球などで使う「敬遠《けいえん》」という言葉の語源でしょうか？　だとすると、二千五百年も前からあったとは驚きです！　最後に、せっかく、鬼神の話が出て来ましたので宮本武蔵の有名な「独行道《どっこうどう》」を紹介します。「独行道」は武蔵が晩年「五輪の書」を書き上げた後、亡くなる七日前に自分の心境として記したもので全部で二十一箇条あります。

宮本武蔵「独行道」

一、世々《よよ》の道にそむく事なし
一、身にたのしみをたくまず
一、よろずに依枯《えこ》の心なし
一、身を浅く思い世を深く思う
一、一生の間よくしん思わず
一、我、事において後悔せず
一、善悪に他をねたむ心なし
一、いずれの道にも別れを悲しまず
一、自他共に恨みかこつ心なし
一、恋慕《れんぼ》の道思いよる心なし
一、物事に好き好む事なし
一、私宅において望む心なし
一、身ひとつに美食を好まず
一、末々代物なる古き道具を所持せず
一、我が身にいたり物いみする事なし
一、兵具は格別余の道具をたしなまず
一、道においては死をいとわず思う
一、老見に財宝所領もちゆる心なし
一、神仏は尊し神仏をたのまず
一、身を捨てても名利は捨てず
一、常に兵法の道をはなれず

表現の正確でないところもあるかと思いますが大体こういったところです。生涯、真剣で六十回以上戦って負けたことのない剣豪の最後の境地で、さすがと思われるところがたくさんあり私も机のマットにはさんでいます。本章のテーマからいくと終わりから三番目の「神仏は尊し神仏をたのまず」これが知者、仁者の域かと！

■雍也編第二十一章

子曰く、知者は水を楽しむ。仁者は山を楽しむ。知者は動く。仁者は静かなり。知者は楽しむ。仁者は寿し。

孔子が言った。知者は流れる水を楽しみ、仁者は動かざる山を楽しむ。知者は活動的であり、仁者は物静かである。知者は動きのなかに楽しみを見出し、仁者は安寧のなかにあって長寿である。

＊＊

本章も先日に続き知者と仁者とを比較した大変に有名な一節です。文言を覚えたが良いと思いますがリズム感がいいので自然に覚えてしまうかもです。で、最後の漢字の「寿し」です。これは何と読むのか？　意図的にふり仮名を付けませんでしたが、これが読める人は随分、長生きされることでしょう。そうです！　これはなんと〝いのちながし〟と読むようです。

本章は孔子の知者と仁者を比較した巧みな喩で、さすがに世の中をよく見ている感じがします。確かに、知者は頭の回転が速く生き馬の目を抜くようなところがあります。ですから動くものに目ざとく活動的です。それで動く水を好み人生も激動のなかに楽しみを見出したものとなりそうです。一方、仁者はというと、鷹揚としてゆったりした感じがします。どことなく落着きがあってあんまり慌てたところがありません。仁者が仮にパソコンのキーを打ったらどんなスピードなのか。そんなことさえ想像させる落ち着きがありますから、激動というより安らかな人生を送り寿命を全うするんでしょうね。

関連で、我が家に「谷川岳の春」という山の絵があります。白川毅弘《しらかわたけひろ》さんという日本人の父と中国人の母を持つ方の作ですが、実はこの絵を買ったときに一つの思い出があります。この方の絵は全部で三十点ほど展示してあり私は「桜吹雪」の絵が好きだったんですがワイフは谷川岳の山の絵が好いと言いました。すると、そばにいた絵心のある先輩が「奥さんは数あるなかからこの絵を選んだということは大したもんです」と言われ、ふっと論語の本章のことが思い出されました。「仁者は山を好む」……「静」、対して私は桜吹雪の絵。まさに「動」。

何か、その辺をうろちょろする知者のようでちょっとばっかし一本取られた感じでした。ただ、桜吹雪の絵も流石な絵ではあり、動きはあったものの水の絵ではなかったところがせめてもの救いでした。さて、されど、先日、孔子は「之を知るものは之を好むものに如かず、之を好むものは之を楽しむものに如かず」と言っていました。これからすると万事〝楽しむ〟ことが人生の最上策であると思っていましたが、本章の最後は「知者は楽しみ仁者は寿し」と結んであります。ということは、どうも孔子は知者の楽しむ境地より仁者の落ち着いた境地の方が上だと言っているような感じがします。となると、やはり、仁者を目指さなければなりませんが、仁者はどうしてそうも落ち着いていられるのか？　これを解く鍵に、とある一つの禅語があります。

それは、「主人公《しゅじんこう》」というものです。この「主人公」とは映画やドラマなどでいう「主人公」という意味ではありません。自分を動かす主役は他人ではなく自分だという意味の主人公です。言われて見れば、至極、当然のようですが、これが現実はそう簡単にはいきません。兎角、他人の目に左右されつい自分を主役の座から引き降ろしてしまうことがあります。ある禅僧が良き例として「東京に行くのじゃなく行ってやるのじゃ」と言っておられます。何も威張っているわけではありませんが、なるほどという感じで他人の目線を気にし過ぎたり、あらぬ先入観があると本来、主人公であるべき自分を見失いそうです。

また、人間はときに抜け駆けをして今ここでこれをすれば自分の得になるな……ウッ・シッ・シというような、ちょっとした先を計算したようなことをしようとするときがあります。そんなとき、心のなかのもう一人の自分が「え〜？　それで良いのかいな？」と不純な心を咎《とが》めようとします。このもう一人の本来の自分というのが主人公であるようです。つまり主人公とは他人の目線に左右され自分を失いかけたり、誤って邪道に入ろうとする自分を正してくれるもう一人の本来の自分であるようです。この主人公の感覚が無意識また有意識の内に備わっているのが仁者ではないかと？

だから仁者はいつもあわてず落ち着いているのではという気がします。

なお、添付の写メよ〜く見て下さい。これは偉大な言論人・徳富蘇峰の個性ある書で

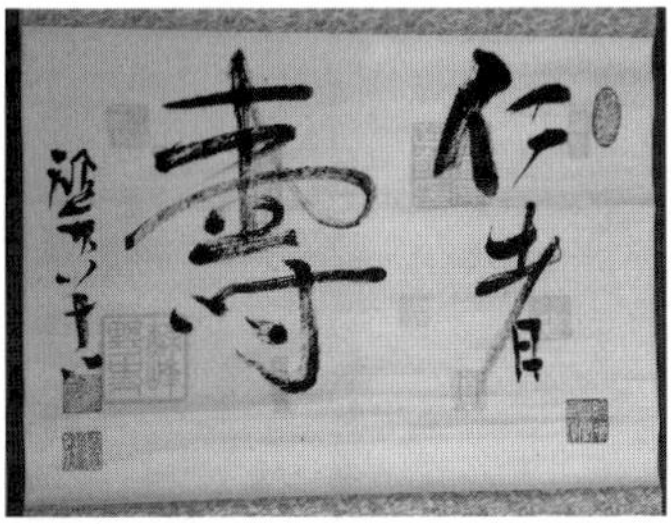

すが、何と書いてあるか読める方はこの章の解説は聞かなくて良かったような……今さらですが（笑）

■雍也編第二十二章

子曰く、斉《せい》一変せば魯《ろ》に至らん。魯一変せば道に至らん。

孔子が言った。斉国はもう少し変われば魯国ようになるであろう。魯国はもう少し変われば道の国となるであろう。

＊＊

本章は魯と斉の二国の話です。孔子は後段で魯国はもう少し変われば道の存する良い国になるだろうと言っています。当時でも魯国には少しは仁道が残っていたことが窺えますが、そんな魯国のように変わって欲しいとして数ある国のなかから斉国を挙げているということは何かありそうです。実は、この両国には深い因縁があり、孔子を遡ること約五百年、周の時代が武王《ぶおう》によって始まります。その開国のとき、武王を補佐した実弟の周公旦《しゅうこうたん》が魯国の始祖となり、呂尚《りょしょう》こと太公望《たいこうぼう》が斉国の始祖となりました。よって、両国は兄弟国としてスタートしたことになります。まずは、この両国から「王道《おうどう》」「覇道《はどう》」について触れてみたいと思います。

魯国は周の都の流れを汲む小京都として栄えますが、孔子の春秋時代になると小国へと縮小しています。それでも周の開朝当初の仁政によって世を治める「王道」の考え方が色濃く残されていました。孔子は始祖の周公旦を「聖人」と尊敬し夢にまでみていて、また、この国の首都（曲阜《きょくふ》）に生まれたという縁もあってか、「王道」が廃れて世が乱れるのを守らんと立ち上がります。

一方、斉国は有名な大軍師・太公望を祖として栄え、それから五百年後の孔子の時代にも勢力を持って存在します。この太公望の国の治め方が「覇道」と呼ばれるもので権力や懲罰を重視したもので、当時もその名残が斉国には残っていたようです。それで「王道」と「覇道」です。これについては孟子がしっかりと「王覇《おうは》の弁」として定義付けしていて、諸橋先生が「孟子の話」という本で触れておられますので要約して紹介します。

「王者（君子）は真に仁を実行し自分のことや自分の世

界だけでなく時代の流れや人間世界の在り方などを長く広く見ている。一方、覇者（知者）は本当は武力や力に頼りながらも表面的には仁を口にし、それをいかにも行っているかのように振る舞い自分のこと自分の世界だけを視野においている。覇者は天を畏れるが王者は天を楽しみ、覇者は利害関係だけで世の中を考えるから衝突が多く卑小になるが、王者は大きな心をもって小さい人にも使える広い心を持っている。また、覇者の民はその日その日の出来事を楽しみ喜んでいるが、王者の民は格別、喜ぶことを自覚せず普通に生活し、王者は何かしてくれているのだろうかぐらいの感覚で、その存在は、あたかも太陽のようである。しかして、王者の徳たるや凡人のはかり知れない神妙不可思議なもので、『過ぐる所の者を化《か》し、存する所の者は神で上下天地《じょうげてんち》と流れを同じくする』つまり、王者は天地と気の流れが同じであるため、自分を過ぎ去る者の精神を変える神にも等しい力を秘め……天地万物を育成し、その効果の偉大さは覇者の比ではない」

どうです。王者とは物凄いものです。覇者とは比べ物にならないほど違うようで王者はでっかいです！　されば、現代の社会組織は仁道も見られますが、多くは覇道に似た力による支配が強いような気がします。力あるものが力の弱いものに物を言わせない上意下達方式を、さらに規律・懲罰で固めるというやり方です。こう言うやり方だと問題が生じる度に「これをしてはならない」「あれをしてはならない」と次々にお達しを出さなければならなくなります。しかし、真に仁道が敷かれている組織となると、皆がその支配を感ずることなく自然な道義に従って仕事をし、上の存在はまさに太陽の恵みのようなものです。されば、良き組織とは、上下左右が自然に自分の持っている固有の力を闊達に発揮し合っているところにあり、そういう良き雰囲気を作る役目が王たるトップにあるようです。おそらく、本章で孔子が斉国に言わんとしたことも、そんなところにあったのではと！

■雍也編第二十三章

子曰く、觚《こ》、觚ならず。觚ならんや、觚ならんや。

孔子が言った。今の觚は本来の觚ではない。觚であろうか、觚であろうか。

＊＊

本章も孔子が世を嘆いた所のようです。最近は嘆きの場面が多いようですが、弱肉強食の戦国時代へと向かうときですから致し方ないんでしょうが……でも、あまり、泣き言を並べるのは前向きではないような気もする所ながら、孔子先生でもそうあったということは私たちだってたまには溜め息をついても良いようです。先日も、知人が上層部から「こういう資料を出せ、ああいう資料を出せと言って来て本来の仕事ができない」と溜め息をついていましたが、たまには良いかもです。

さて、本文に戻って、孔子先生は「觚、觚ならず」と言われています。觚とは酒を入れる器や文字を書くための木札のことで、いずれにも稜《りょう》と言われる角があったことから筋目正しいことの象徴とされ、これが転じて、人間世界が秩序正しく保たれるために必要な「名分」「本分」「道理」「道義」また「大義」などを意味したようです。

このことから、先日、いつものM先輩が言っておられたことを思い出しました。それはとある市の大きな公式の式典でのことです。まず主催者側の挨拶ということで市長が挨拶した。これは当然だとして、次に知事が挨拶しその次に市議会議長が挨拶をした。これはおかしいと。問題は挨拶の順番です。市長の挨拶の後には来賓の知事ではなく主催者側の市議会議長がするべきだということです。確かに、主催と来賓の区別が曖昧で孔子先生の言う大事な「稜《りょう》」が欠けている気がします。どうしてこうなったのか？　多分、関係者の事務方が市長は市の行事だから最初に挨拶するのは当然としても、市議会議長よりは知事の方が格が上だからそうしたのだろうということでしたが、やっぱり、道理は「主催・来賓」という考え方が正しい「稜」だと思われます。

また、この話には続きがあって、さらに司会者が民間のアナウンサーさんだったそうで、これもおかしいと。普通のイベントであればいいですが行政の公式な式典ともなれば担当課長なりがするべきだということでした。確かに民間の人だと柔らかくはなりますが公式な感じがしません。結婚式で言えば式の進行を神主さんではなく普通の人がする感じで、どこか締まりません。やはり「式」などはそれなりに古式ゆかしく厳かに執り行われて始めて身が引き締まり決意も新たになるものと思います。余談ながら、逆に、披露宴を神主さんがしたら……考えただけでもチグハグです。ここんところで、味噌もクソも一緒にならんようにせんと……あっ！　すみません！　飯時でした（笑）

さて、でも、ここで「順番ぐらいどうでも良いじゃないか」と、さも自分は器が大きいんだぞとばかりに言う人がいますが、そういう人のことを昔から熊本では調子の良い〝アンパン〟といいます。くれぐれも君子の前では発言に注意したいものです。なんせ、君子は何でもかんでも大きく判断するだけでなく物事の「稜」となる道理を見分ける「智」をしっかり持っていますから！

■雍也編第二十四章

宰我《さいが》、問いて曰く、仁者は之に告げて井《せい》に仁《ひと》ありと曰《い》うと雖《いえど》も其れ之に従わんか。子曰く、何為《なんす》れぞ其《そ》れ然《しか》らん。君子は逝《ゆ》かしむ可し。陥《おちい》らしむ可からず。欺《あざむ》く可し。罔《し》う可からず。

宰我が尋ねた。仁者は人が井戸に落ちたと聞けばすぐに行ってその井戸に飛び込むものでしょうか。孔子が言った。どうしてそんなことがあるものか。確かに君子をその井戸まで足を運ばせることはできるが、わけもなく飛び込ませることはできない。君子は道にかなったことであれば欺くことはできるが、道にかなわないことであれば欺くことはできない。

＊＊

本章は孟子の説いた有名な「惻隠《そくいん》の情《じょう》」と関連した所ではと思われます。さて、それにしても宰我です。宰我は孔門十哲の一人で頭の回転は速かったのですが知を誇るところがあり、その自分の頭の良いのを鼻にかけてか、こともあろうに孔子先生を前に仁者を馬鹿にしたようです。仁者は何となく鷹揚でゆったりしたイメージがありますので、せっかちな宰我からすれば面倒に感じるところがあったのかもしれませんが、それにしても喩えが「仁者は人が井戸に落ちたと聞いたら走って行って自分も飛び込むんじゃないですか」とは。あ～あ、言ってしまったという感じで、それを聞いた孔子先生の眼が光りました。これからは先生の第二のふる里でもある熊本の熊本弁も少々交え本当は次のように言われたようです！

「馬鹿も～ん！　何を言っとるか。君子がそがんことをするもんか。そら、人が落ちたて聞いたら走って行くとは行くばってん勢いあまって自分まで飛び込んだりするもんか。君子はな、道理に叶うことなら騙されることもあるばってん、道理に叶っとらんなら騙されるわけはない。お前が、ち〜っと頭が良かけんて言って何様か！この大馬鹿もんのアンパンブルースが！」と大目玉を喰らったようです。それにしてもびっくりしました！　孔子先生が当時、熊本に留学されていたのは噂で知っていましたが、最後の「アンパンブルース」まで知っておられたとは！　でも、一説には、これは孔子先生の造語という説もあります。はい（笑）

次に参ります。え〜、で、井戸の話ですが、これは冒頭に触れた孟子が「惻隠《そくいん》の情《じょう》」ということで人間には次の四つの「忍《しの》びざる」自然な心が備わっていると説いたものの一つです。

一、人は井戸に子供が落ちようとしていたら走って行って助けようとする。そのとき、脳裏に、この子を助けると親が何かお礼をくれるかもしれないとか、皆から良く見られるかもしれないなどとは思わず自然にそうなる。これが惻隠の心であり「仁」の発端となる。

二、人は悪いことをすれば自然と心が恥ずかしいと思う。この醜悪《しゅうあく》の心が「義」の発端となる。

三、人には他人に譲ろうとする気持ちがある。この自然な謙譲《けんじょう》の心が「礼」の発端となる。

四、人にはそれが正しい道か正しくない道かを判断する自然な心がある。この是非の心が「智」の発端となる。

というもので、この気持ちがない者は人間ではないと孟子は言っています。しかして、この「忍びざる四つの心」が有名な性善説の本をなすもので、最初の仁の発端となる「惻隠の心」は本章の宰我の井戸の話から来たのではと思われます。最後に、この「惻隠の情」で思い出される話があります。

「とある刑を終え出所したばかりの男が道を歩いていた。歩きながら男はどうせ俺の人生なんて面白いことは何にもない。また、悪い道に戻って行くかなと考えていた。すると、突然、目の前を歩いていたおばあさんがころんででんぐり返った。男は思わず走り寄って『ば〜ちゃん大丈夫な？』と言って抱き起こした。すると、ば〜ちゃんはニコニコして『ありがとうございます！　ありがとうございます！』と何度もお礼を言った。そこで、男はふっと思った！　あらら〜、俺は今まで人からありがとうなんて言われたことはなかった。ばってん、人に良くすると人さまは喜ぶんだ！　こら、何か気持ちの良か〜よっし、今までは悪かことばかりして人さまから憎まれてきたけど、今からは良いことをして人を喜ばそう！　そっちの方が気持ちの良か〜。そして男は青空を見上げて笑った。あ〜っはっはっは」

という話です。少々熊本弁交じりのようですが、でも、良い話ではと？　されば、宰我のように人様を見下したりせず助けたり喜ばせたりしなさい。そういう生き方をしていたら黙っていても自然に幸せになるぞ……と、孔子、孟子両先生はおっしゃっているような！

■雍也編第二十五章

子曰く、君子は博《ひろ》く文《ぶん》を学び之を約《やく》するに礼を以てせば、亦《ま》た以て畔《そむ》かざる可し。

孔子が言った。君子は広く知識を学び思索《しさく》をめぐらし現実に約（実践）して行くので、人道に背《そむ》くことがない。

＊＊

本章は博識と思索と実践の話のようです。最初の「君子は博く文を学び」のところは何か連想させられます。「博」と「文」とくれば「博文」こと日本の初代首相の伊藤博文で、この名前は本章から来ているような？　今もこの名前たまに聞きます。私の友人にも博文という人がいて、博識かと言うと？そういえば何かと物知りです。良識もありま〜ま〜です。なかなか将来も楽しみな好い男です。ただ……いや止めときます。それ以上は（笑）

さて、本文です。ここで先生が言いたいことは大いに「知識」を広めなさい。そして、その知識を単なる知識に終わらせず「思索」を巡らし「実戦」に役立てなさいという三段階にあったような気がします。そう言えば、学而編第一章にも「学びて時に之を習う」とありましたが、これは新たに知り得た真理を「復習」するという意味でした。そして、この復習には「実践」も含まれ、合わせると「学習、復習、実践」の三段階となり本章と似ています。論語には一つひとつ詳しい解説文が付いているわけではありませんが、こうやって対比すると何か発見したようで面白いです。

関連して、今朝の朝刊で、詩人・北原白秋が同じようなことを言っている気がしました。

「よく剣禅一味という。詩もまた同じ。少なくともその道の一流を究めんとする者の『意志』と『見識』とは微動だにすべきでなかろう。神仏を敬って而《しか》も頼らずとなした宮本二天玄信の態度がこれである」

北原白秋が宮本武蔵を引き合いに出して言っている「意志」と「見識」とは本章にいう「実践」と「知識」のようであり、となると、武蔵と白秋と孔子の三偉人は同じことを言っていて、やはり、大事なことに思えます。

それから、「広い知識」が必要だということで、この論語をもうちょっと先に読み進めると鳥を網で捕まえる話が出て来ます。私も少年の頃やっていましたが、鳥を捕まえるのには縦二横五メートルぐらいの網を必要とします。でも実際に鳥が絡まって捕まるのはそこそこ二〇～三〇センチメートル四方です。でも、だからといって最初からその位の大きさで捕まえようとしても捕まえられません。この話からすると真理を捕まえるのにも「広い知識」が必要ということになります。さすれば、学生時代には色んな教科を学びますが卒業して仕事をし出すと、当時、習った数学や物理、化学などほとんど役に立っていないような気がします。しかし、だからといって学生時代にそれら基礎教科を勉強していないと、やはり世の真理がつかめないのではと思われます。つまり、いつか出て来た「無用《むよう》の用《よう》」ということです。無用なようで実は大変に有用なものだということです。それに、昔、解けなかった問題が、別にそのことを勉強したわけでもなく他の何かを勉強しているうちに解けるようになったということもよく聞きます。

おそらく、「広い知識」というのは「脳」を色んな方向から活用させ集中力を高めたり新しい発想を生みだしたりするのに大変、重要なのかもです。これらのことを合わせて考えると、一見、不要なような知識も本当は必要ですべてはつながっているのかもしれません？　人間って不思議です！

■雍也編第二十六章

子南子《なんし》を見る。子路説《よろこ》ばず。夫子《ふうし》之《これ》に矢《ちか》いて曰く、予《わ》が否《ひ》なる所の者《もの》は天《てん》之を厭《た》たん。天之を厭たん。

孔子が衛国の王妃である南子に面会した。それで子路は大そう不機嫌であった。そこで、孔子が子路に誓って言った。私がもし間違っているなら汝から咎められるまでもなく天が許さないであろう。天が許さないであろう。

＊＊

本章は孔子が衛《えい》国に立ち寄ったときの話で、当時、衛国には父子相克《ふしそうこく》の醜い跡目争いがありました。孔子は中立の立場にあったようですがなぜか片方を推している南子に会います。この南子とは先日も出て来ましたが不貞で知られた王妃です。よく孔子がそんな人と会ったなと思いますが一説に次のような話があります。

南子は当時、自分が不貞で評判がよくないことを承知していたため、聖者として知られた孔子が衛に立ち寄ったのを機会に、孔子と面談することによって自分の印象を好くしようとした。でも孔子はこの面談を一度は断ります。しかし、南子はさらに画策を練って「この国は国王に会うためには先に妃《きさき》の自分に会うようになっている」という嘘の話を孔子にし面談に成功したというものです。孔子も、そのことは十分、見抜いていたと思いますが……結果、子路はそれが気に入らず、

「何で先生はあんな不貞名高い女と会うのですか？　同じ人間に見られますよ！　それに、そんな跡目争いをしとる所に片方にばかり会うとそっちに加担したて思われるじゃなかですか？　どうですか？」

と、熊本に留学していた孔子先生の影響を受け、少し熊本弁を交え、言ったようで「子路アニーよく言った！」という感じで、その気持ち良く分かります。我らが先生には常に崇高であってほしいからですね。さて、言われた孔子先生、誓って間違ったことはしていないと半ば苦しかったようにも？　でも、どうして会ったんでしょうか？　これからは推測ですが、孔子はそのとき既に五十六歳に達していて最後にどこかの国で采配を振るってみたいという気持ちが強かったと思います。それで衛国にさしかかったのを機に国王との謁見《えっけん》を望んだのかもです。ただ、会うためには南子の件があります。当然、南子に会えば皆がどう思うかは頭にあったと思いますが、孔子にすれば南子に会うのが本当の目的ではなく、真の目的は国王に会い自分の思うところを話し受け入れ

られれば、衛に王道を敷き天下の手本にしたいとそんな感じではなかったかと思われます。

さて、ここで注目したいのは孔子の当時の考え方です。子路に対し「もし私が間違っていれば天が罰を下すであろう」と二度も言っているとおり、孔子は本気で天と語らいをしていたと思われます。ここらが凡人と違うところで何か自信が感じられます。また、一方の子路です。子路も評価しておきたいと思います。子路の読みがどこまで正しかったかは別として、孔子にあえて苦言を呈したのは、まさに〝輔弼《ほひつ》の任《にん》（上級者に苦言を言うこと）〟であったと思います。現実的に上級者に苦言を呈するのは大変、難しいところで、つい、謙《へりくだ》ってしまいそうですが、そこは正義感の強い子路でよく言ったと思います。こういう正義感にかられた唐突さは若いと言われても忘れてはならない大事な〝気概《きがい》〟で心のどこかに秘めて置きたいものです！

最後に子路の「気概」から二人の言葉を紹介します。最初が成覸《せいけん》という勇者で、後が孔門筆頭の顔回です！

「彼も丈夫なり、我も丈夫なり、我何ぞ彼を畏れんや」

「舜、何人《なんぴと》ぞや。我何人ぞや」

今風に言えば、相手が総理大臣だろうが知事だろうが社長だろうが同じ人間だ！　何を畏れる必要があろうか！　ということで、大したもんでこちらも気合が入ります！　孟子がこの二人の「気概」を大いに評価し〝古人は必ず偉大なる人間になることを志した〟と言っています。〝偉大〟なる人間になると！　どうも論語を学ぶのは大変です。実行が伴わなければなりませんから……でも気合が入ります！

■雍也編第二十七章

子曰く、中庸の徳為るや其れ至れるかな。民鮮なきこと久し。

孔子が言った。中庸はまさに至徳《しとく》である。しかし、それが実行できている人を久しく見ていない。

＊＊

本章には「中庸」という言葉が出ています。「中庸」

については一般的には物事の真ん中というように使われますが、もっと深い堂々とした意味があります。

まず、辞書で調べると「かたよることなく、常に変わらないこと。過不足がなく調和がとれていること」とあります。アリストテレスも中庸については重く考えていたようで「物事の両極を悪とし徳によってその中心、つまり中庸を探る」と言っているようです。さて、それでは、本家本元の儒教ではどう解釈しているのか。まず「中」という字ですが、これには、ある方向に偏らず「正す」という意味があり人間が欲に流されず正しい道を行くということのようです。次に「庸」とは一定して変わらない「常」という意味があり、何が常かというと地球に働く力が何億年も昔から常だということのようです。まとめると「中庸」とは、「昔から地球に働いている正しい力」ということでしょうか？　この「正しい力」について、孔子の孫の思子《しし》が「中庸」という本を書いていて詳しいので紹介します。この本は全部で三十三章からなりますが、そのなかから主要とされる「天命」「中庸」「誠」「慎独」の四つの代表なところを意訳して紹介します。

（天命）

宇宙には宇宙を存続させるため正しい力〝天命〟が働いている。この力に従うことを道と言い、この力について学ぶことが修養である。

（中庸）

天命に従い、和《なご》やかにやって行けば自然に天地間に治まるところが出来て万物は仲良く生育して行ける。

（誠）

誠は天理天道の正しい力である。この正しい力を実現して行くのが人の道である。

※誠とは西郷さんや松陰先生が好きだった言葉で、もちろん新撰組の旗印でもありました。それからすると、誠とは単なる誠実とかのイメージではなく天の正しい力や不正を正す意味合いがあるようで、新撰組が旗印としたのも頷けます。また、誠には「至誠は神の如し」ともあり、これは至誠とは神のようなものだということですが、確かに西郷さんのように一介の下級武士であった人が至誠により上役を動かし革命を起こし天下を変えたりもしますので凄いパワーを秘めているようです。

（慎独）

独りのときも他人に見られて恥ずかしい行いをしない。

これが「中庸」という本の大体で、要は「人間界に流れる偏らない正しい力に従う」ということのようです！

■雍也編第二十八章

子貢《しこう》曰く、如《も》し博《ひろ》く民に施《ほどこ》して能く衆《しゅう》を済《すく》うこと有らば何如《いかん》。仁と謂う可きか。子曰く、何ぞ仁を事とせん。必ずや聖《せい》か。尭《ぎょう》・舜《しゅん》も其れ猶《な》お諸《こ》れを病《や》めり。夫《そ》れ仁者は己《おのれ》を立てんと欲して人を立て、己れを達せんと欲して人を達す。能く近く譬《たとえ》を取るを仁の方《みち》と謂う可きのみ。

子貢が言った。もし、広く民に恩恵を施し救うようであれば仁者と言えるでしょうか。孔子が言った。それは仁者どころではない。既に聖者《せいじゃ》である。古の聖天子であった尭や舜でさえそれには苦労したのである。ところで、汝は仁を大変に難しいものと考えているようだが、仁者は自分が身を立てたいと思えば他人を先に立て、自分が高位に就きたいと思えば他人を先に高位に就かせようとするもので、仁とはもっと身近にあるものだ。

＊＊

本章は民に広く恩恵を施し民を救済していける人は仁者どころではなく、もはや聖者であると孔子が言ったところです。一国を治めるとはどんなに大変なことか？全然、経験がないので何とも言えませんが（笑）それにしても、ただ、治めれば良いというのではなく万人を幸せにしなければとなると本当に難しいことと思われます。大国・アメリカに例を取れば、アメリカは多民族国家で舵取りの難しい国で、また一説には、すべての富の半分をわずか四百人で占めていると言われ、だから、その隙間を埋めるボランティア活動も大変に活発で「民に広く恩恵を施す」ことの難しさを感じさせられます。

戻って、孔子は仁の実行に「近く喩《たと》えをとりなさい」とも言っています。たとえば自分が出世を望むなら人を先に出世させてあげなさいと。私も正直に言って役所に入って長らくは出世ということが頭にあり随分と悩まされました。この一説を聞いていても当時は「それじゃ〜自分が遅れるじゃないか」と思って実感が湧きませんでした。しかし、色んな出会いのなかで、特に、安永先生との出会いがあって「人は何になるかではなくどう生きるかです」との教えを受け、論語を本気で学び出したあたりから流れが変わりました。お陰で今ではこの件《くだり》はよく理解できるようになり現在はこんなことを考えています。

　人間の一生とは、これからも何千億年と続くであろう永遠の時の流れと比較すると、地球上でキラッと光ったほんの一瞬に過ぎない。しかも、死んだらこの一瞬の光の世界にさえ戻れない。そのかけがえのない貴重過ぎる時間を考えれば、この世で出会った人はもちろんのこと、青空や、緑の木々や、色鮮やかな花々や、涼しい風などすべてのものが皆、キラキラ輝いて何物にも代え難い財産に思える。だから、孔子が言う他人を先にし自分を後にする仁とは、他人をして愛おしく思うが由《ゆえ》に譲るということではないかと。さすれば、そうやって同じ日本の空の下で同じ時代を生きる縁ある人達が、互いに譲り合いながら皆でスクラム組んでワッショイワッショイで楽しく生きて行けたらどんなにすばらしいかと！

　そう言えば、先日、おふくろが「人間は人の役に立ちきらんと何もならん」と言っていました。おやっ、孔子と似たようなことを言っている？　やっぱり「おやっ」だ……とダジャレましたが（笑）確かに、最近、自分優先で人の役に立ってやろう、人を助けてやろう、人を喜ばせてやろうなどと思う人が少なくなったような気がします。

　でも、そこを行くと、今から百五十年前には明治維新という日本の夜明けのため、皆のため、全国の多くの志士たちが命を投げ出しました。この姿こそが日本人の原精神とも言うべきものであるような気がします。よもや私たちの時代がそのような乱世に突入することはないと思いますが「時と場合によっては世のため人のために尽くさにゃ〜ならんときも来るがぜよ」と竜馬が言っていました！　されば、明日は竜馬の誕生日でもあり命日でもあったので写メで仁者・竜馬を送りたかった……というのが、最後に言いたかった次第です（笑）

高知県立坂本龍馬記念館提供

述《じゅつ》而《じ》編

——先人の尊き教えに耳を傾ける

■述而《じゅつじ》編第一章

子曰く、述《の》べて作《つく》らず。信じて古《いにしえ》を好む。竊《ひそ》かに我を老彭《ろうほう》に比す。

孔子が言った。私は新しい考えを作って述べたりしない。先人の教えをそのまま信じ学ぶことが好きなだけである。なかでも、今は密かに自分を古の聖人とされる老彭《ろうほう》に比している。

＊＊

本章の「述べて作らず」とは有名な言葉でいかにも孔子らしい謙虚さが感じられます。ここで孔子が言いたかったことをもう少し詳しく代弁しますと、

「自分が言っていることは自分が新たに考えたことだったり、また、先人の言に修正を加えたりしたものではない。先人が言ったことをそのまま伝えているだけである。それほどまでに先人の言とは学べば学ぶほど深い真理を言い当てていて驚かされる。私より千年も前の殷時代の聖人とされる老彭という人の言ったことなど、どれをとっても誠に至言《しげん》で、その老彭もまたさらに先人の至言に感服させられていた節がある。私は今その老彭と会話し自分と密かに比較している」

ということのようです。どうも孔子先生は千年も前の人と会話をしていたようで、そんなことができるとはちょっと驚きですが、でも、これは本当のことで人間の交流は時々、時代を超えるようなところがあるようです。先へ進めばわかりますが、ここら辺りにも何か人間の面白き〝妙〟を感じます。

さて、それで孔子と老彭です。この二人は今から二千五百年〜三千五百年も前の人ながら、そもそも地球自体が誕生したのが五十五億年ぐらい前で、人類が誕生したのは何十万年か前だと言われますから、そんな永い目で見れば老彭や孔子先生の時代もつい先日ということでしょうか？　そう考えると、孔子先生もつい こないだの人のようで少し身近な存在に感じられますから不思議です……しかして、こういう時代を超えた師や友と書物なりを通して語らうことを「読書尚友《どくしょしょうゆう》」というのはご承知のとおりです。同じような言葉に

「心、古教《こきょう》を照らす」

「古教、心を照らす」
「千古心《せんこしん》・万古心《ばんこしん》」

などともあり、それだけ先人の言葉は尊ばれ後の時代の人の道しるべになって来たようです。確かに、私もこうやって先人の教えである論語を学んでいて、お陰で少し考え方もしっかりし、人間関係もあまり大過なく過ごせるようになったような気がするところで、やはり、孔子先生でさえ「述べて作らず」と言っている古人の教えとは〝信じる〟に値すると実感しています。

さて、とは言うものの、これからが核心ですが、問題は本当に先人の教えを信じられるかということです?どういうことかと言えば、たとえば、先日も出て来た「中庸」の話ですが……「中庸」の「庸」という字には一定して変わらない「常」という意味があり、この常とは何億年も前から「常」ということで、何が常かというと地球に働く〝宇宙〟の力が常だということです。つまり、地球には宇宙の正しい力が働いているという話です。これって信じられますか? 孟子は王道論のなかで、

「それ君子は過ぐる所の者は化し、存する所の者は神なり。上下天地と流れを同じうす」

と言っています。孟子に言わせれば、君子とは内に神を宿し天地と一体であるようで、諸橋先生も解説で王者は凡人の計り知れない神妙不可思議な力を持つとして、人間世界には目には見えない力が働いていると言っておられます。これって、ほんとに信じられますか?この目に見えない力? これが信じられるようになるとすべてに合点が行き迷いが晴れるようですが……私はというと、これを超常現象的にとらえるのは好きではありませんが、最近は邪《よこしま》でない正しい生き方とはまさに天に通じるものではと感じています。そして、そう考えた方が天を味方に強く生きられる気がしているところです。

それから、先日、これと関連した面白い質問がありましたのでお答えします。それは「宇宙」という言葉はいつ頃からあったかという問いです。調べてみたら、これは紀元前二世紀（前漢時代）頃に書かれた「淮南子《えなんじ》」という書物に出て来て、そのなかに、

「往古来今《おうこらいこん》之を宙《ちゅう》と謂う。四方上下《しほうじょうげ》之を宇《う》と謂う」

と書かれています。「往古」とは過去のことで「来今」とは現在と未来のことで合わせて全時間を意味し、ま

た「四方上下」とは前後左右上下の全方向、つまり全空間を意味します。まとめると、宇宙とは全空間・全時間を指すことになります。また、この「宇宙」の考え方は「世界」という言葉も同じで「世」が時間を「界」が空間を表すようです。さらに「中庸」の「中」は空間を「庸」が時間を表すことはご承知のとおりです。

最後に、写メをお送りします。この書にさっきの「千古心」と似た「千古之志」と出て来ます。筆者は吉田松陰先生で、先生の気概あふれる言葉です！

「惜寸陰者乃有凌鑠千古之志、憐微才者迺有馳驅豪傑之心」
（時間を惜《お》しむ者は幾千《いくせん》の古人の志と溶け合い之を凌《しの》ぎ、微才《びさい》を大切にする者は豪傑《ごうけつ》の心とともに駆《か》け巡る）

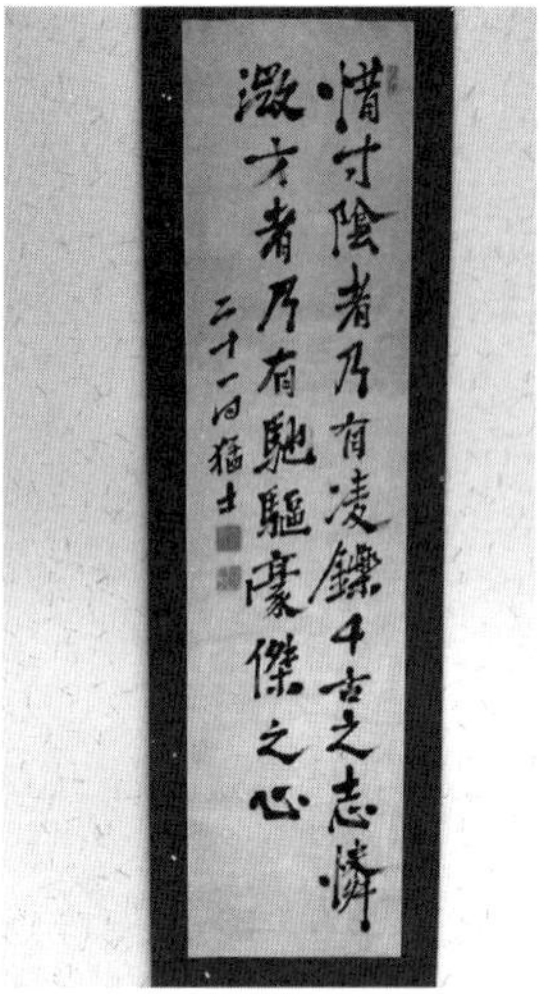

■述而編第二章

子曰く、黙《もく》して之を識《しる》し学びて厭《いと》わず人を誨《おし》えて倦《う》まず。何か我に有らんや。

孔子が言った。私は真理だと思ったことをしばらく黙って胸に秘めておく。そうやって学ぶことを嫌がらない。そのうえで確信が持てたことを人に教えて飽きない。それ以外に私は何もやっていない。

＊＊

本章は総括すると「学び」「黙識《もくしき》」「教育」の三つのことしか自分はやっていないという話のようです。さて、このなかの「黙識」ということです。辞書には「言葉に出さないで事柄の道理を悟ること」とありました。孔子はこれが大事なように言っていますが、どうして学んだことをすぐに口にしてはいけないのか?

例えば、あの「自転車乗り」を考えてみると、学んだとおりにサドルに跨《また》がりハンドルを握って片方の足をペダルに乗せて、その足を踏み込む。すると、その足が下に来てもう一方のペダルが上に来る。そこでそのペダルを踏む。これを繰り返すと自転車には乗れるという話です。この理屈からいけば誰でもすぐに自転車には乗れるはずです。しかし、誰もすぐには乗れません。これを人に教えても同じです。教えられた人も乗れません。また、広い川を渡るのに右足を先に出し、その右足が沈む前に左足を前に出す。その要領でやれば川は渡れるという話も同じです。やはり物事は理屈どおりには行かないときがあります。これを知ってのとおり「机上論《きじょうろん》」と言い、また「口耳四寸《こうじしすん》の学」とも言う、耳から入った学を僅か四寸しか距離のない口からすぐに出す。いかにも軽々しいことの喩えです。

今のはよく日常で起きそうなことに例を取りましたが、これが自分の新たに知り得た世の中の真実、人生の真理とかいう哲学的な話になるともっと慎重にならないといけない気がします。これを軽々《けいけい》に口にしたりするとさらに深い本当の読みをしている人からすると「あ〜お前はその程度か」と底が知れ笑われそうです。それに、真理とは意外と単純明快なことが多いようで、コロンブスの卵的にもなりそうなところがあり、自分が大きなことだと思ったことも「な〜んだそんなことか」と一蹴りで終ってしまうこともあります。

それに、人間の価値観は様々です。自分の大切なものが人も大切かというと必ずしもそうではありません。例えば趣味の世界などです。自分の心安らぐひとときをもたらしてくれるもの、自分を勇気づけてくれるもの、自分が生きて行く上ではどうしても必要なものなど、それは人さまざまで、これを他人に話しても理解してはもらえないことがあります。むしろ人から馬鹿にされるかもしれません……ということは、やはり、孔子先生が言うように物事は場合によっては一度よ〜く考え直したり、実際に自分で試してみたりして自信が持てるまでは口に出さず〝黙識〟しておいた方が良さそうです。そう言えば、軽々しく口にしないということから思い出される言葉があります。

「桃李不言下自成蹊《とうりふげんしたおのずからみちをなす》」

これは野山にある桃や李《なし》の木は時期が来たら黙って実を付け、それを求めて自然に人がやって来て道ができるという意味です。ということは、あえて口に出さなくともその人が徳者であればそれが自然に行いに表れ、人の信用を得るということになりそうで、これは孔子の言う「徳は孤ならず必ず隣あり」ということと同じと思われます。やはり〝黙識〟には何か秘めた不思議なパワーありそうです……ただ、あまり何でも口に出さないのも考えもので「アイツは何を考えているのか分からない」と変人扱いされることにもなりかねません（笑）

されば、基本的には明るくオープンながら秘めるべきものは秘めるということでしょうか。その辺が先日、勉強した「中庸」ということのようで兼ね合いが難しいところです。しかし、いずれにしろ〝黙識〟には不思議なパワーがありそうですので、これはしっかり頭に置きたいものです！

■述而編第三章

子曰く、徳の脩《おさ》まらざる、学の講《こう》ぜざる、義を聞きて徙《うつ》る能わざる、不善《ふぜん》改むる能わざる、是れ吾が憂いなり。

孔子が言った。徳がまだ修まっていないこと、学の講究《こうきゅう》が不十分なこと、正義を聞いて実行に移していないこと、不善なことを改めていないこと。これらは私の憂いとするところである。

＊＊

本章は、孔子が「徳」「学」「正義」「善」の四つについて不充分ではないかと自戒しているところのようです。よく見ると、それぞれの述部が使い分けしてあります。徳は修める、学は講究する、正義は移る、不善は改めるで、これだけ的確に言葉を仕分けしているとは驚きです！　現代は「若者言葉」と呼ばれる造語などが流行し正しい日本語がないがしろにされていることが問題になっていて、それと比較すると紀元前の人たちながらその語彙の豊富さ正確さにはびっくりさせられます。

さて、本題です。いつもなら自信にあふれる孔子先生が、ここでは珍しく自分を戒《いまし》めておられるようです。でも、たぶん、これは自分に言いながら同時に周りの門人たちにも間接的に言ったと推察されます。こういう言い方が孔子先生の特徴的なところで、論語には「こうしなさい、あーしなさい」というような命令形はほとんどないようです。まったくないかどうかはよく分かりませんが、基本的には孔子先生の教えは常に「自分はこれこれである」というような言い方になっているようです。ここに当て付けがましくない謙虚さが見えますが、実は、これが小さいようで大きな人を動かす方法でもある気がします。例えば、同じ命令形で人に頼むにしても「こうしなさい」「こうしてください」という言い方では角が立ちそうです。しかし「こうしてください」「こうしてもらっていい」と相手に下駄を預けたような言い方だと穏やかな感じがします。ただ、こういう言い方は優しいので実効性が薄れる懸念はありますが、少なくともカチンと来るようなことはないと思います。この辺は「人間関係」の難しいところですから色々と気を遣わなければならないところで、いずれにせよ命令形は人を見下した言い方ですからあまり使わない方がいい気がします。

それにしても、孔子先生には三千人からの門人がいたと言われ、ほとんど命令形を使わないのによくこれだけの弟子が付いて来たものだと不思議な気がします。特に当時は戦国時代前夜で人や組織を動かす常套《じょうとう》手段はもちろん「力」つまり「命令形」にあったと思いますが……されば、論語を学ぶ人にはピーンと来たと思いますが、これは正しく「王道《おうどう》」と「覇道《はどう》」の違いです！　知に走りがちな人、がさつな人、思いやりのない人、勝ち組を誇る人、我欲の強い人、出世欲の強い人などは皆、知らず知らずのうちに命令的だったり感情的だったりして心ない言葉を平気で発します。そのくせ自分が命令されるとカッとします。所謂《いわゆる》、「覇道主義」です。

逆に、暖かみのある寛大な人は他人を敵対・相対するものとしてでなく同じ人間、同じ仲間として見ています。そして、力を合わせること、良い人間関係を作ることが良い仕事につながること、また、一人たす一人が二人ではなく人間の化学反応が起こることも知っていて、そもそも人間を味方とした捉え方をしていて、これが「王道主義」です。先日も孟子の話に王者と覇者とでは人格的に雲泥の差があるとありました。そして、この王者に備わるのが本章の孔子の四つの反省にも見られるような己を人間的に高めることによってもたらされる「徳」というものではと。この徳が備われば太陽のようなもので万物は「命令」されなくとも「自然」に成長を始めます。孔子にはこの太陽のような大きな徳が備わっていたから、あれだけ多くの門人がついて来たと思われます。

さて、では、どうすればそんな「徳」が自分にも備わるのか。ここに面白い話があります。「木鶏《もっけい》」という「荘子」に出て来る木でできた軍鶏《しゃも》（闘鶏）の話です。

ある軍鶏を育てる名人がいました。その名人のところに国王が一羽の軍鶏を預けました。十日経って王が「もう成長したか」と聞きました。すると名人は「まだ駄目です。空威張りをします」と答えます。それから、また十日ほど経ってから王が「もういいか」と聞きました。すると名人は「まだ駄目です。他の軍鶏の声や姿を見ただけで興奮し本当の強さがありません」と答えます。それから、また十日ほど経って王が「もういいか」と聞きました。でも、名人は「まだ駄目です。相手を睨み付けたり威嚇したりして本物ではありません」と答えます。それから、また十日ほど経って王が「もういいだろう」と聞きます。すると、名人は「もうだいじょうぶです。他の軍鶏の鳴き声を聞いても平気でいて、他の軍鶏はその姿を見ただけで逃げ出します。まるで木で作った軍鶏のように無為自然でいます」と答えた。

これが有名な「木鶏《もっけい》」の話です！　本当に強い軍鶏というのは木でできた軍鶏のようで泰然自若《たいぜんじじゃく》としているんですね！　もちろん、この話の意味するところは人間にたとえてその徳の深大さを言ったもので、人間も徳が大きく深くなれば目先の小さな他人との勝ち負けを競ったりせずゆったりと構えているものと思われます。

されば、かかる徳とは前々章にも出て来ましたが、やはり、日頃、先人の教えに学びつつ実践を積み重ね人知れず密かに〝黙識〟することにより磨かれそうです。しかして、木鶏には続きがあり、本番では鳴かない木鶏も夜中には声を発し努力をしていて、それを「木鶏、子夜《しや》（夜中の十二時）に鳴く」というようです。さすがに木鶏です！

■述而編第四章

子の燕居《えんきょ》するや申申如《しんしんじょ》たり夭夭《ようよう》如たり。

孔子先生は王宮から退いて自宅にいるときは伸び伸びニコニコしておられた。

＊＊

本章は孔子が仕事を終え自宅に居るときの様子です。「申申《しんしん》、夭夭《ようよう》」とあり、何かホッと寛《くつろ》いだ様子が目に浮かぶようです。でも、ということは、あの孔子でさえ王宮では随分と気を使っていたことになります。察するに、当時はあちこちに力を誇る豪族が台頭した時代でしたから、世の平安のシンボルとも言うべき王宮に対しても畏敬の念が薄れ、神聖な儀式や祭礼も廃れつつあったのではないでしょうか。孔子はそんな世の乱れを憂慮していましたので、要人の集まる王室での儀式などでは自分が中心となってその重要さを示すべく随分と気を使ったのではと思います。だから、自宅に帰ってからはホッとして伸び伸びしていたと。確かに、人心から「畏れ」というものがなくなると世の中が横暴な無法地帯になってしまいそうで、余談ですが、小学校の頃の〝古き良き〟思い出が頭に浮かびました。

当時、子どもは近所にはたくさんいて多いときは七～八人ぐらいの集団で遊んでいました。当然、そこには年長の恐いボスがいました。あるとき、そのボスに連れられ一行はとある大きな屋敷にやって来ました。その家には大きな柿木があって、それがちょうど熟れておいしそうに生っていました。ボスはその柿を狙っていたのでした。家中を慎重にうかがい人気がないの見計らって私たちに命じました。「今だ、行け！」と。子分の私たちは、それでも恐る恐るながらも勇敢に家の中に入り一斉に木に登り始めました。小兵で身軽だった私は猿のように一番高いところを目指しました。そして、熟しておいしそうな実をもぎっては下にいる先輩たちに投げ落しました。ところが、しばらくすると突然、家の玄関の戸がガラガラと開く音が聞こえました。「やばい～逃げろ！」ボスの一声で一斉にみんな逃げ出しました。私たち木に登っていたみんなも我れ先に降り始めました。しかし、木の枝は上の方は広がっているものの下に行くと一本の幹になっています。一番、てっぺんにいた私はスルスル途中までは降りられたもののそのボトルネックで止まってしまいました。でも家人はだんだん近付いて来ます。私は降りられず泣きたい気持ちになりました。そして、とうとうみんなが降りて逃げた後に私だけがひとり取り残されました。「こら、ナバ（平たい椎茸）んごて打たれるばい！　親にも言われるばい！」と恐怖に染まりました。仲間の方を見るとみんな心配そうながら何時でも逃げられそうな遠くからこちらを窺っています。すると下から家人の声が「降りて来なさい！」と。私は怖々《こわごわ》降りて行き、その家人の前でうなだれ「すいません！」と謝りました。すると、その家人さん怒るでもなく「欲しかったら今度からちゃんと断って取りなさい。それはせっかく取ったんだから持って行きなさい」と。私は一瞬、鳩が豆鉄砲をくらった感じで、そっと見上げると、その人は女性で少し微笑みを浮かべたようでもありました。私はホッとしてもう一度「すいませんでした」と、お礼を言うと手にした柿を握りしめ、そそくさと仲間の方に向いました。晴れて無罪放免となった私はやがて仲間たちと合流しました。すると皆が口々に「どがんだったや？打たれんだったや？」と心配しましたが、私は既に許しを得て自信があり、「なーん、怒られんだったばい！今度からも取って良いて言わしたけん！」と誇らしげに答えました。それから随分経って私が市役所に入ってから分かったのですが、そこは同じ市役所の助役さんの家でした。

という話で、特に本章の祭礼や儀式の〝畏れ〟とは関係ありませんが何か〝古き良き〟時代の思い出として連想されました。でも、そう言えば、当時は親たちも厳格で「しきたり」や「慣習」などの古くからのものへは〝畏敬《いけい》の念《ねん》〟を抱いていたような気がします。恐らく、そういう背景があったので貧しいながらも温か味のある世の中だったのではと思われます。

また、最近こんなこともありました。それは仕事での話ですが、現在、私のいる課では「ひご野菜」という熊本の伝統野菜の振興に取り組んでいて、この関係会議をしたときのこと、ある一人の若い女性がこう言いました。

「私の家では最近、母が亡くなったのですが、お正月になっておせちを作るときに母がよく長にんじん（ひご野菜の一種で雑煮の縁起物）を使っていたのを思い出し、先日、やっと探し当てて家で雑煮を作ってみました」

何でもない話ですが、私は、この人は親の思い出とともに昔ながらの古き良きものを大切にする良い人なんだな～とジーンと来ました。孔子先生が王宮で気を使ったのもこんな古き良きものを大切にするところにあったのではないかと思われます。されば、儀式は形だけのものというときもありますが、多くは昔から人間社会にあって人々の心を正しく引き締める神聖さを秘めているような気がします。戦後の苦境を乗り越えた日本人が今や飽食人種となって道を失っているかのようでもあり、孔子先生の大切にされた儀式的なものに人間の原精神があるのかもしれません。

■述而編第五章

子曰く、甚《はなは》だしいかな吾が衰えたるや。久しいかな
吾れ復《ま》た夢に周公を見ず。

孔子が言った。自分もはなはだしく衰えたものだ。

久しく周公を夢に見ていない。

＊＊

本章は孔子が周公のことを夢に見ないと嘆いているところです。周公とは何度か出て来ましたが殷を亡ぼし周王朝を興した武王の、弟で、そのときの功で封《ほう》ぜられ孔子の生まれ故郷となる魯国の始祖となった人です。武王亡きあとは武王の子・成王を補佐して政権を固め、国に様々な法や礼楽また冠婚葬祭などの良き制度を敷いた人として有名です。周が三百年近く続いたことを考えると周公の力量が窺え、孔子先生が夢にまでみたいと尊敬していたのも理解できます。

それにしても、周公は孔子からすると随分と前の人ですが夢の中にはどんな風に現れたんでしょうかね？　どんな顔立ちだったんでしょうか？　当時は周公の絵とかが残されていたんでしょうか？　というのも、夢は「見る」と言います。見るからには何か絵のようなイメージがないと頭には描けないと思いますが？　でも、孔子先生は以前は見ていたように言っておられます。ということは、実際に会ったことのない人を夢に見ていたとなりますが、そんなことってあるんでしょうか？　もし、それが事実なら私だって孔子先生にぜひとも会いたいものです……ひょえ～って感じですが、どんな顔をされておられるんでしょうかね？　ひょっとしたら今夜あたり……と、ま、会えたらまたお知らせします（笑）

でも、実際の話、思いが強ければ本当に夢に見ることはあるような？　実は面白いことに、この周公の夢の話を明治維新の英傑・西郷さん

西郷南洲顕彰館蔵

（写メ参照）も言っています。この話は戊辰戦争のときに西郷さんが敵方となった東北地方の庄内藩（今の山形県・鶴岡市付近）に対して寛大な処置を行い、それに感動した庄内藩士らが薩摩を訪れ西郷さんに教えを受けまとめた「西郷南洲先生遺訓」という本の中に出ています。

「剛胆なるものを身に付けようと思えば、英雄と自分との度胸の発し方を深く比較検討しなければならない。突発的なことに少しも動揺せず落ち着いて対処することによって、日頃、養う度胸を益々強化しなければならない。また、常に就眠の際も度胸を探究しなければならない。

周公は徳を身に付けたいと思ったが、その熱意は朝夕に止まらず夢にまで見ることを願ったと聞く。かかるように夢の中においても自分の度胸の揺らぐことがなければ決して驚きおののくようなことはないであろう。このように自分の心を試行錯誤し強くしていくことだ」

これは「度胸」を身に付けるときの話で、文中に周公もかかる修養を夢に出て来るまでやった…そうやって夢の中でも動揺しないようになって初めて度胸は身に付くと、西郷さんも実践していたかのような言い方です？果たして本当に夢で色々とできるものか？

さて、夢の話は置いといて、せっかく、西郷さんが気合の入った「度胸」の付け方の話をしていますのでこれに話を移しましょう。ここでちょっと思うことに、よく他人に遠慮会釈《えしゃく》なしにポンポン言う人がいます。「なんだコイツは！」と、つい思ってしまいがちですが、これは心が動揺したことになり西郷さんに言わせれば「未熟者！」と一喝されそうです。ということは、逆に考えれば、こういう人って心を動かさないことの勉強にはとても重要な存在なのかもしれません？　本章で周公、孔子先生、西郷さんの三人が口を揃えて願いは夢にまで持ち込むことが大事だと言っています。さすれば、度胸を身に付けるのにも、そんなポンポン言う人の言葉に起きてるときも寝ているときも心が動かされなくなって本物ということになりそうです。

それにしても、西郷さんが度胸の話で周公のことを引き合いに出していたのには驚きです……な～んて、ここで一々驚いて心を動かすようでは、度胸は身に付かないってことですかね？　ということで、もう夜も遅いので寝ることとし、後は、夢の中で孔子先生と楽しくお酒でも（笑）

■述而編第六章

子曰く、道に志し徳に據《よ》り仁に依り芸に游《あそ》ぶ。

孔子が言った。まず、道を明らかにする志を持ち、次に、実践で掴んだ徳を心に整理し、その上で、仁を確立していく。このようにやっていくのであるが、そのことばかりでは固くなるので、ときには芸事に楽しみ游ぶことも必要だ。

＊＊

本章は学の修め方を説いたところです。大事なことは先人の明らかにした人間界の真理によく学び、それを実践し、己の人徳を磨くことだと思われます。この辺はこれまでも度々出て来ましたので本章では後段の「游ぶ」ということを考えてみたいと思います。

当時は遊びといえば「六芸《りくげい》」といわれるもので今風に言えば、音楽、体育、国語、算数のようなものでしょうか。でも、これらは今では立派な教科で、これが当時の文化人の遊びということですからさすがです。でも、他にも庶民的な遊びももちろんあったと思われます。因みに、私の青年期の遊びと言えばパチンコ・マージャン・映画・ゴルフ・釣り・ドライブそれにお酒といったところでしょうか。あ～読書もありました。でも、考えてみると色々結構やってました。それでも、最近は、さらにパソコン、特にインターネットの世界が入って来ました。テレビも昔と比べると何チャンネルもあり見こなしません。音楽の世界も色んなミュージシャンやアーティストがいてスポーツの世界も幅が広いです。あ～それにグルメの世界も盛りだくさんで、この世界なんかテレビで美人のタレントさんが世界中のおいしそうなものを食べまくっています。こう考えると、私たちの時代は遊びや趣味のいっぱいある大変、幸せな世の中です。孔子先生が見たら何と言われるか……何か怒られそうで怖い感じがしますが、実は、先日、少々の熊本弁交じりでこう言っておられました！

「そら、その時代その時代だけんあんた達が何をしても良か。パチンコでもパソコンでもゴルフでも酒でも美味かつ喰うとでも何でもして良か。ただ、学問はしっかりせにゃんばい。学問は！　こん学問とはもちろんわかるど？　どんなに文明が発展しても、それを創り出したり使い回したりするとは所詮、人間だから、この人間の性質をよ～く知り、人間関係もうまくいくなら良い。しかし、それは、よ～く先人に学んで勉強せんと身に付かん。問題はそこ！　それと、よ～と娑婆を見周してみてごらん。グローバルな娑婆よ。あんたたち日本人はそれで良いかも知れんけど世界には不幸な人がどれだけいるか。フィリピンの子供には学校にも行かれんでゴミの山で日がな一日金目《かねめ》の物を探してそれを売って家族を養っとる子もおる。他にもストリートチルドレン、小泉チュルドレンのごたる待遇の良い人たちじゃない……ちょっと古いけど。難民とかもいっぱいいる。そればかりか、あんたたちは第二次世界大戦で核の脅威をあれだけ見せ付けられたとに世界には核保有国が今じゃ十ヶ国以上もあるそうな。地球は吹っ飛ぶ！　北朝鮮やワシんところの中国や、ロシアはちゃんと日本を射程距離内に置いとる。それに、環境問題！　段々と地球温暖化が進んで世界中で異常気象が起き始めとる。日本は今は「黄砂に吹かれて」何て歌ってはおれん。その黄砂やＰＭ2.5には人体や生物に悪い色んな物質が入っとる。まだまだいっぱいそんな現象は世界中で起きてる。しかし、少しもこの問題の解決が進まん！　グルメやスポーツや趣味やなんかの遊びも良いけど、その時代その時代の大きな問題もち～っとは考えなんとじゃ？」

と！　おっしゃるとおり、現代人は遊びの世界が広がったばかりに人さまに迷惑さえ掛けないなら、自分の世界に没頭して何をしても好いような個人主義の風潮にあります。また、孔子先生は、さっきも遊びに来られてこうおっしゃっていました。

「現代社会は実力社会で皆が様々な競争にさらされ勝ち組は負け組をいたわることもなく、負け組は大変みじめな思いをしとる。学校然り、会社然り。また、長引く経済不況にあり大学院を出た人でも仕事がなく高学歴ワーキングプアになることもあるそうな。また、栄養満点で平均寿命も伸びたけどアルツハイマーなどの高齢者も増え介護にあたる人は大変な苦労をしている。そんな問題があなたたちの時代にはたくさんある。でも、中にはそんな一見、不幸に見えることも自分が考え方を変えたり、また、自分が見栄を張らず正直になることで解決することもあったりする。だから、これらの智恵を先人に学び、もっとしなやかに強く生きることが大切じゃ」

とも。いちいち御もっともで、確かに、これまでも何億という先人たちがその時代その時代で苦労し、そのうえでつかんだ様々な考え方や智恵を私たち現代人に残してくれているのは、何ものにも代えがたいありがたいものに感じられ、もっと目を向けるべき気がします。ほんとに！

■述而編第七章

子曰く、束脩《そくしゅう》を行いて自《よ》り以上は、吾れ未だ嘗《かつ》て誨《おし》うること無くんばあらず。

孔子が言った。手土産《てみやげ》の礼をつくし教えを請いに来た人に私はいまだかつて教えなかったことはない。

＊＊

本章は、ある身分の低い若者が孔子の留守の間に束脩《そくしょう》（干肉の束。目下の者が年長者に教えを請う際の最低の手土産）を持って教えを請いにやって来たという話です。でも、門弟たちはその若者が身分の低いところの出であったことからそれを断った、というような背景があったような気がします？　仮にそういう背景だったとすれば孔子先生が「手土産まで持って礼をはらって来たのにどうして追い返したのか」と憤慨されたのもわかるような気がします。何も干し肉が大好物で実はそれが欲しくて……などということではないと思います。きっと（笑）

さて、この束脩のような手土産ですが、これは小さいことのようながら実は大変に大きなものである気がします。というのも、この手土産を持って行くという行為には何か相手に対する温かい心遣いが窺え、それこそ今まで顔をしかめていた人もつい微笑んでしまうようなところがあるからです。人間とは、不思議な生き物でそんなちょっとした心遣いが嬉しいものです。これをご存じのとおり〝人情の機微《きび》〟と言いますが、これを知る人は立派な大人でこれをしっかり受け止める側も立派な大人だと思われます。本章でも孔子先生はそこを門人たちに言いたかった気がします。

これは私見ながら、この手土産について現代にも例を取ってみたいと思います。私たちも仕事で外部の人と会う機会がよく出てきますが、こんなときに手土産を持って行くことはほとんどないと思います。理由は「仕事だから」です。でも、それはこちら側の考えで、場合によっては外部の人であっても何かをお願いしたりするときなど、気持ち、あるいは、礼儀として持って行ってもいいときがあるような気がします。ただ、何を持って行くかが大事で、当然、身銭を切ることになりますのでお金をかけ過ぎないことはもちろんで、包装も仰々しくならないようにし、もらった相手に「何これ？」って、下心があるように誤解されてはいけないところで、お万十のようなさりげないちょっとした物が雰囲気がよくなる気がします。

というのも、実は、私にも強烈な思い出があるからです。それは、あるとき仲間とお酒を飲んでいて盛り上がり気が大きくなったときのことです。話の果てに、当時、熊本県で一、二番の文化人と謳われた安永先生に「教えを請おう！」という話になりました。それで、畏れ多いことながら自宅を訪ねることになり、半分、開き直って決行することにしました。このときです。問題になったのは手土産を何にするかということです。いわゆる「束脩」です！　そのときの話では「それはなくてもいい」「何でもいい」というような意見も出ましたが、そこには私にもピーンと来るものがありました。これは手ぶらではもちろん行かれん。何か持って行かないかん。それも、単なる菓子折とかではなく値段が張らず想いがこもって気の利いたものでないとと。するとそのとき、一緒に門を叩くことになったH君が「阿蘇のススキはどうだろうか？」と言いました。「あっ、それだ！」と、これまたインスピレーションが閃《ひらめ》きました！　わざわざ阿蘇まで行って大自然の一部を持って行くということです！　それで、決行の日、阿蘇にススキを取りに行って帰り道。もう一つ、何か食い気も大事だがな～と思っていたら、ちょうど大津町に唐芋が売ってありこれを求めました。「よし、これでバッチリ！」と闘志も湧いて乗り込みました。そして、実際に先生とお会いしこれらを手渡すと先生はことのほか喜ばれ、手ぶらで行くのとは全然違うことを実感しました！

　そして、日をあらため先生を囲んで仲間とお話を伺ったときのことです。先生が「束脩」の話をされました。「それは何ですか」とお尋ねすると、「手土産という意味です。孔子は手土産を持って教えを請いに来た人は断りません」と本章の話をされました。それで私とH君は互いに目を合わせて「やった！」と微笑みを交わしましたが、そのときの話は三時間近くに及び内容は涙が出るように感激的なものでしたが、これについてはまた後日、紹介したいと思います。

　ところが、この話には続きがあり、その後、とある先輩上司等が何かを先生に頼みに自宅に伺ったときのことです。話がうまく進まず、遂に、先生が以前に来た若い二人はちゃんと手土産を持って礼儀を失しなかったと言われたそうです。どうも先輩らは手ぶらだったようです。もちろん、それだけで話がうまくいかなかったわけではないと思われますが、やはり、大人《たいじん》になればなるほど然るべき〝礼儀〟や自然に生じる人間の〝気持ち〟を大切にされるのではと、あらためて〝人情の機微〟の大きさを感じると共に、たとえ、仕事であっても身銭を切るべきときがあると思い知らされたところです。

■述而編第八章

子曰く、憤せざれば啓《けい》せず。悱《ひ》せざれば発せず。一隅《いちぐう》を挙げて三隅を以て反《はん》せざれば則ち復びせざるなり。

孔子が言った。その人が何としても極めようと発憤するようでなければ教え拓いてやろうとは思わない。心では理解しながらもそれを口でうまく表現できないでいらだっているようでなければ開発してやろうとは思わない。一つの隅を教えたら三つの隅を推測するぐらいの反応がなければ繰り返し教えはしない。

＊＊

本章は人を教え導くときの話です。面白いですね～二五〇〇年も前に既に「啓発」「反復」という言葉があったんですね。先人はなんとも凄いものでほとほと感心します。それで、内容は当人が真理の解明にもどかしくいらだっているように一所懸命でなければこちらから差し出がましく教えたりはしないということのようです。確かに本人に「やる気」がなければ馬耳東風ですが……問題は、どうやって「やる気」を起こさせるかということです？

こんな話があります。ある作家が原稿の締め切りが迫っているのにどうしてもやる気が起こらず困り果て知り合いのお坊さんに相談した。すると、そのお坊さん、「やる気のどうだこうだとか言っておらんで机に着いてペンを取り書き始めなさい！　自然に書くようになる！」と言い放ったそうです。で、その作家さん、帰って言われたとおり机に向かって原稿を書き始めた。すると、今まで乗って来なかった気持が自然に乗って来たそうです。人間って不思議ですね～。とやかく言わずとにかく机に着けば書き始めるんですね！　以前も、出て来ましたが、物事の進め方には「心」と「形」の二つの方法があり「形」から入らなければならないときは「形」からとありました。この場合が良い例で気持ちが乗る乗らないなどの「心」ではなく、とにかく机に着くという「形」から入ることで「心」がついて来たのだと思われます。この「形」から入るという方法はやる気を引き出すのに案外、効果的で私もちょくちょく用いています。なお、この場合、特に胡坐《あぐら》をかいてより正坐して座る方がより一層、心が引き締まるようです。

さて、こんな風に心とは良くも悪くもコロコロと変わりやすいもので相田みつをさんも「このやっかいなもの」と言っておられましたが、この「やる気」に関連して、森信三先生が次のようなことを言っておられました。

「全て実効的な事柄というものは原則としては一気呵成《いっきかせい》ということが事を成す根本と言ってよいでしょう」

仕事でも何でもまずは机に着くという「形」から入ることが大事ですが、いったん始めたらズルズルやらないで〝一気〟にやるという「気合」が必要だと。まさに、〝さばける人〟の仕事の仕方のような気がします。されば、これから寒くなり起きるのさえ億劫《おっくう》になりがちですが気合を入れて〝一気〟に起きたいものです。

余談ですが、この「億劫」という字は面白いですね。囲碁の世界では永遠に繰り返される同じ指し手のことを「こう」と言い「劫」と書きます。これに億の字がついているということは、例えば、冬の朝の布団の中を考えると、起きようか起きまいかとする悩ましさが永遠に繰り返されるという感じです。

戻って、本章で孔子先生の言わんとすることは「やる気」を出せということでしょうが「やる気」は、何だかんだ言ったって、いわゆる〝気合だ！〟でしょうか？

■述而編第九章

子、喪ある者の側《かたわら》に食するときは、未《いま》だ嘗《かつ》て飽《あ》かず。
子、是の日に於《おい》て哭《こく》すれば、則ち歌わず。

孔子は、喪に服している人のいる傍らで食事をするときは十分に食さなかった。また、葬儀に参列して泣いた日は歌を歌わなかった。

＊＊

本章には孔子が聖人と称されるにふさわしい様子が出ているようです。現代だと皆で食事をしていてそのなかに喪の明けない人がいても「いつ迄もくよくよしていても仕方がないよ」とばかりに遠慮なく食事は腹いっぱいに取ってしまいそうで、また、葬儀に行って泣いた日も別なところで宴席があれば葬儀のことは忘れて、つい調子に乗って歌でも歌ってしまいそうです……が、孔子先生はそうではなかったようで、孔子先生のこういった振る舞いが、当時、人間らしい生き方が棄て去られようとする風潮のなか門人たちには何か大事なものとして映り論語に綴られたものと思われます。今の世で、こんな孔子のようなことでもすれば皆からぶりっ子のようにでも思われそうですが、やはり、喪に服している人やその家族のことを本当に思えば悲しくなり自然に食事も進まず歌も歌う気にはなりません……ところが、です！　諸橋先生の解説に「おやっ！」と思うことがありました。

それは、「哭《こく》は、声をあげて悲しみ叫ぶことで、喪における一つの礼である」と！　つまり、葬儀などで泣くのは礼儀だと。これって何って感じですが、泣くということは、それこそ自然発生的なものでこれが礼儀だとはしっくり来ません？　でも、言われるとおりに、実際、声を出して泣くと本当に悲しくなり涙が出て来ますから不思議です。よく役者さんが涙を流さなければならないときは悲しいことを考えると言いますが、これと同じで泣けば本当に悲しくなりそうです。それに、人間ってさらに不思議で誰かが泣いているのを見たり聞いたりすると、こっちも泣けてくるぜ～ともらい泣きしてしまいます。不思議ついでに、今日の日めくりカレンダーに、

「涙は悲しみの物言わぬ言葉である」

と偶然ありました。ということは、「哭」が有言の悲しみなら「涙」は無言の悲しみとなりそうです。また、涙は枯れるくらいに声を限りに泣くと（最近、ありませんが）逆に何か癒されるところがあり、これも、また不思議です！

戻って、葬儀に参列するということは「生きているとは必ずいつか死ななければならない」ということを再認識させる大切な役割も持っているような気がします。そしてさらに、涙を流し泣くとなれば悲しみが一層深まり生《せい》への想いも強くなりそうです。そう思うと、孔子が葬儀で泣いたというのは乱世に生きる人々に対して、

「人間は争わずとも遅かれ早かれ必ず死ななければならない哀れな存在だ」

そこに気付くため実際に涙を流し悲しい気持ちになってほしいという想いがあったのかもしれません。もしそうであれば葬儀とは悲しい〝別れの儀式〟ながら生への深い感謝の気持ちが湧き起こされる〝始まりの儀式〟にもなるような気がします。やはり人間って不思議です！

■述而編第十章

子、顔淵《がんえん》に謂いて曰く、之を用うるときは則ち行《おこな》い之を舎《す》つるときは則ち蔵《かく》す。唯《ただ》我と爾《なんじ》と是れ有るかな。子路曰く、子、三軍を行《や》らば則ち誰《たれ》と与《とも》にせん。子曰く、暴虎馮河《ぼうこひょうが》して死して悔いること無き者は、吾れは与《とも》にせず。必ずや事に臨《のぞ》んで懼《おそ》れ謀《はかりごと》を好んで成さん者なり。

孔子が顔淵に言った。自分を用いてくれる者があれば思うところの道を行い、自分が用いられないときはその思うところの道を潜《ひそ》ませる。これは私と汝だけができる。それを聞いた子路が言った。先生が大軍を率いて指揮を執るとなれば誰をお伴にされますかと。孔子が言った。暴虎馮河（虎に素手で向かい黄河を歩いて渡る無謀なこと）をして死んでも悔いがないというような者とは伴にはしたくない。事に臨んでは軽率を怖れ、計略を想い巡らすような慎重な者を伴にしたいと。

＊＊

本章は、孔子先生が一番弟子の顔淵と出処進退《しゅっしょしんたい》を正しく実行できるのは私たちだけだ、と話しているのを聞いて、子路が自分の存在を忘れてもらっては困るとばかりに、大軍を率いて戦争をする話を引き合いに出して自分をアピールしようとしたところのようです。

前段の出処進退をわきまえることは、孔子先生が言うように普通の人にはなかなか難しいことであるようです。人間というのは役職に就くことは人の上に立つことですから喜んで受けますが、それを退くとなると、未練があって去り難く、余程、哲学がしっかりしていないと恋々《れんれん》として醜態《しゅうたい》をさらすことになります。さて、ここで面白いのは「行う」と「蔵《かく》す」という相反する二つの言葉です。これは熟語にすると知る人ぞ知る「行蔵《こうぞう》」という出処進退を表す言葉となります。この言葉から連想される志士こそ篤姫が絶対の信頼を寄せた人……突然ですが、勝海舟です！　その海舟がこう言っています。

「行蔵《こうぞう》は我《われ》に有《あ》り」

これは福沢諭吉から「海舟先生、もうそろそろご隠居なさった方が好いのではないですか」と言われたのに対して反発して言った有名な言葉です。これからは熊本にも来られ熊本弁が得意だった御本人の言葉で、

「いらんこった！　お前のような青二才に何がわかるか。俺は生きながらにして棺桶《かんおけ》に入れられ蓋《ふた》に釘をガンガン打ち付けられるような目に何度もあって来た。お前のような小僧から隠居しろなどとやかく言われる筋合いじゃにゃ〜自分の出処進退ぐらは自分で決める。ばかもんが！」

ということだったようですが、それにしても凄い話です。この棺桶の話は！　武士の凄まじい気概が感じられます。これが本当の日本の〝サムライ〟というものの姿で、だからこんな話を知っている人は「サムライ」などと自分のことを軽々に言ったりしません。

それから、後段の、子路の「暴虎馮河《ぼうこひょうが》」のくだりは孔子先生が血気盛んな子路の気持ちを察していて諌《いさ》めたところでしょうが、ここで孔子が言った〝暴虎〟という言葉、素手で虎と戦うという話にはこれまた面白い話があります。

ときは、江戸、三代将軍・家光の時代。お隣の朝鮮国から家光に貢物が送られて来ます。それは何と生きた大きく猛々しい虎でした。丸木の檻に入れられた虎は長崎に陸揚げされ山陽道を経て東海道に入り江戸に向います。日本人が生きた虎を見るのは初めてで、沿道は噂の虎を一度見たいと人だかりとなりました。虎は時折、ガルルーガルルーっと重低音の声を響かせて吠え民衆はその迫力に恐れおののきました。そして、江戸に着くと虎はすぐに将軍・家光に差し出されますが、家光は既に全国の大名に集まるよう命じていました。やがて、大名たちが居並ぶ前に虎が連れて来られ皆はその威風に驚きます。

しばらくして、やおら、家光が言い出します。「この虎には三日餌を与えておらぬ。今からこの檻の中に皆の中から誰かを入れる」と。一同びっくりしてお互いの顔を見合わせます。家光は続けます。「まず、但馬守《たじまのかみ》、お前が入れ！」と、言うも言った。さすがは将軍です。柳生《やぎゅう》但馬守は「うっ！」となりながらも、そこは将軍家兵法指南役、「はっ！」と短く返事をして立ち上がると、羽織を脱ぎ袖を襷《たすき》がけに結ぶと二刀を抜き放ち両手に構えます。そして、つかつかと檻に近付くと番人に「開けろ！」と命じます。番人は恐る恐る入り口の扉を少しづつ開けます。そして、但馬守が中に入ろうとすると虎は目をギョロリと怒らし、うなり声を上げて今にも飛び掛からんばかりです。それでも、但馬守はひるまず両刀を広げ虎を睨み返します。両者の睨み合いが続き手に汗をも握る緊迫した時間が流れます。すると虎が少し後すざりをします。但馬守はすかさずジリッとにじり寄ります。さらに虎は少し後退し……と、とうとう檻の奥まで追い詰めます。そこまで行くと但馬守は静かに後すざりしてやがて外に出ます。そして出て来たときの顔は鬼の形相《ぎょうそう》全身汗びっしょりで、但馬守は虎を威圧したようです。

そして、一件落着し、皆に安堵感が漂った……ところで、家光がまた静かに告げます。「では、もう一人入れる！」。一同、ぎょっとして目を合わせると顔を伏せ気味に家光と目を合わせないように構えます。そして、家光が言いました。「和尚《おしょう》、今度はお前が入れ！」と。一同ほっとし和尚を見やります。和尚とはあの沢庵《たくあん》和尚のことで家光の相談役で当代一の禅僧で剣豪・武蔵の師でもあります。和尚は「はい。はい」と軽く返事をすると、さっと立ち上がり檻の前へすたこらさっさと進みます。そして番人に「どれどれ開けて下され」と告げます。番人はあまりのあっけなさにきょとんとしながらも恐る恐る扉を開けます。さて？　この結末どうなったか……実は、実は、和尚はなんなく檻にするりと入ると虎に向かって丸で子猫を呼ぶように「おいで。おいで」と手招きをしました。すると、この虎、ちょっと間を置きスタスタと寄って来て和尚の足元にゴロンと横になり腹を見せました。そしてゴロゴロ、ゴロゴロと喉を鳴らして「お腹撫《な》でて、お腹撫《な》でて」とばかりです。和尚は優しく「あぁ良い子だ。良い子だ」と言ってこの虎ちゃんを撫ぜてやりました……

という話で、人間ってなんとも面白いものです。ムツゴロウさんの話もありますので本当の話だと思いますが、この両者の話はどこか「覇道」「王道」を思わせ興味深いところです！

■述而編第十一章

子曰く、富《とみ》にして求む可《べ》くんば、執鞭《しつべん》の士と雖《いえど》も吾れも亦た之を為さん。如《も》し求む可からずんば吾が好む所に従わん。

孔子が言った。富というものが求めて得られるようなものであるならば、執鞭《しつべん》（つゆ払いのような身分の低い役）をやってもいい。しかし、求めても必ずしも求め得られないのであれば、私は自分の好むところに従う。

＊＊

本章は富に関する話のようです。孔子先生は「富というものが求めて得られるようなものならば身分の低い役をやってもいい」と言っておられます。おやおやという感じがします。本音はお金が欲しかったのかな……など失礼ながら。でも、後段を読むとやはりそうではないようです。「そんな〝当てにならないもの〟を当てにして生きるよりはもっと自分の信じるところを拠りどころに生きる方がいい」と言っておられます。当然ながら、聖人・孔子ともあろう人が金に惑わされるわけがありません。

されば、富とはどうも〝当てにならないもの〟であるようで、であれば、同じく地位や名誉なども〝当てにならないもの〟のような気がします？　先日、出てきた「中庸」の一説に次のようにありました。

「君子は自分の置かれた地位にもとづいて行動しその状況に不満を持たない。富貴であれば富貴に、貧賤であれば貧賤に、外敵があれば外敵に、労苦があれば労苦に相対する」

つまり、君子は富や地位や名誉などは所詮《しょせん》外的な〝当てにならないもの〟で、本当に大事なことは内的なものにあると心得ていると。さらに、安岡さんも次のように。

「『君子入るとして自得《じとく》せざるなし』自得ということは自ら得る、自分で自分をつかむということだ。人間は自得から出発しなければならない。金が欲しいとか、地位がほしいとか、そういうのはおよそ枝葉末節だ。根本的・本質的にいえば、人間はまず自己を得なければならない。本当の自分というものをつかまなければならない。ところが人間いろんなものを失うが何が一番失いやすいかというと自己である。人は根本において自分をつかんでいない。空虚である。そこからあらゆる間違いが起こる。人間はまず根本的に自ら自己を徹見《てっけん》する、把握する。これがあらゆる哲学、宗教、道徳の根本問題である」

つまり、人間にはそれぞれに個性や特性がありそれを活かして自分がどう生きて行くかを確立させない限りは、いつまで経っても他人と比較しただけのつまらん人生となる。そうならないためには、自分のなかに絶対的な〝使命〟や〝信念〟を持たなければならない。これが、またいつか出てきた「自分探しの旅」のようでもあり、安岡さんは、また次のようにも。

「理想精神を養い、信じるところに従って生きようとしても、なかなか人は理解してくれないし、いわゆる下流だの凡庸《ぼんよう》だのという連中は往々にして反感を持ったり、軽蔑《けいべつ》したりする。そういう環境の抵抗に対して人間ができていないと、情けないほど自主性・自立性がなくなって外の力に左右される。けれども本当に学び、自ら修めれば、そして自ら反《かえ》って立つところ、養うところがあると、初めてそれを克服していくことができる」

何かギクッとさせられます！　人間ができていないと〝情けない〟ほど俗事俗人に左右されると！　となると、人間の本質や世の道を本当に知ることが一番大事であるようで、さらに、安岡さんは、

「人間は早くから、良き師、良き友を持ち、良き書を読み、密かに自ら省み自ら修めることである。人生は、心がけと努力次第である」

されば、日頃、密かに人間学に学び、それを日常に実戦する。しかし、つい心を動かされる。それで学に戻る。そしてまた、実践で試し、また動揺し学に戻る。そういうことを繰り返すうちに揺るぎない〝不動心〟が確立されるということでしょうか。こんな話から剣豪・宮本武蔵が俗人に流されないよう呪文のように唱えていた言葉が思い出されます……「鼠頭牛首《そとうごしゅ》、鼠頭牛首《そとうごしゅ》」鼠《ねずみ》の頭のような小さな話なのか牛の首のような大きな話か？

■述而編第十二章

子の慎《つつ》しむ所は、斉《さい》、戦《せん》、疾《しつ》なり。

孔子は神事の際の斉（物忌《ものいみ》）と戦争と病気を慎んだ。

＊＊

本章は、孔子先生が特に慎重な態度で臨んだものとして「物忌《ものいみ》」と「戦争」と「病気」の三つが挙げられています。「物忌」については本題として後で触れることとし、残る二つですが、まずは「戦争」について。これはいざ戦争となると采配のいかんによっては多くの尊い人命が奪われます。孔子先生が慎重に臨んだというのは至極当然のことだったと頷《うなず》けます。また、「病気」については当時は不衛生で医療技術も高くありませんので、ちょっとした病気で死に至ることもあったでしょうし、

また、多くの人が亡くなる伝染病の蔓延《まんえん》も心配されたでしょうから慎重に対応されたと思います。

さて、本題の「斉《ものいみ》」です。これについては色々調べてみると面白いことが分かりました。例の漢和辞典でそもそもの字の成り立ちを調べてみました。「斉」の字の、上の「文」の部分、これは穀物が実り穂先が畑一面に出揃った様を表し、その姿が整った状態であることから「ととのえる・そろう・ひとしい・正しい・中央」などの意味となるようです。学而編でも、次のような言葉が出て来ました。「和を以って貴《たっと》しと為し、礼を以って之を斉《ただ》す」と。人間社会において和するということは大変、貴重なことですが、これがあまり行き過ぎると馴れ合いになってしまう。だから、礼節をもって〝斉《ただ》〟すという意味でした。人の名前にも「斉藤」などがあり、そもそもはこんな意味のようです。

さて、問題の「斉」の「物忌《ものいみ》」という意味で詳しく調べたら興味深いことが色々と書いてありました。

①神事などで沐浴《もくよく》をしたり一定期間、飲食や行動などを慎んで心身のけがれを除くこと。

②夢見が悪いときや穢《けが》れたものに触れたとき、また、暦で日が悪いときなどに外出を避け身を慎むこと。

③柳の木札や忍ぶ草などに「物忌」と書き冠や簾《すだれ》に掛けた平安時代の習わし。

なるほどという感じで、孔子先生が本章で一番目に慎重だったこととして挙げた「斉」の意味は①となります。ではなぜ、孔子は「斉」を第一に挙げたのか……推測ですが、それは恐ろしいとされた戦争や伝染病などでさえも人の神妙な祈り「斉（物忌）」によって避けられると考えたからではないでしょうか？

私たちも日頃、何事もなく平穏無事に暮らしていますが、時々この幸せにいつなんどき災難が降りかかるか、何か悪いことが起きたりしないか、など心のどこかに不安を持っていると思います。そして避けられるものならそれを避けたいと。では、どうすればそれを避けられるか？　その、言わばオマジナイがこの「物忌の祈り」にあるのではないかと。「物忌の祈り」とは神妙な心持でなされる清明な行動で、ここには一点の濁りのないまったくの真っ白な純粋さがあり、こんな状態であれば、「至誠通神《しせいつうしん》（誠の極みは神に通じる）」ということになるのではと思われます。でも、「物忌」の間だけ神妙にするのでなく、日頃から、人間として純粋に生きていることも大事で、そこに不純な気持ち、人に勝ちたいとか、人を羨んだりとか、ねたんだりとか、ひがんだりだとかいう利己的な気持ちや良心が咎めるところがあると神はそっぽ向くようです。この前の「中庸」の話を思い出して下さい。地球は自分を存続させるため正しい力を働かせ回転しています。それも五十五億年間です。この見えない純化作用と波長を合わせるためには自分に自己中心的な不純なものがあってはなりません。地球上の人みんなと力を合わせて生きて行こう！　良い世の中を作ろう！　また、万物を慈しみ可愛がるような気持ちも必要で、賢人、偉人、聖人と言われる人たちには皆、こんな〝祈り〟の気持ちがあるように思われます。

話は変わって、「ものいみ」の儀式のなかに「沐浴《もくよく》」というのがあります。これを調べてみると、「髪や身体を洗うこと。また、お湯や冷水を浴びて身体を清めること」とありました。そして、これは世界の人々がず〜っと昔から続けて来た洗浄行為のようです。例えば、キリスト教では、キリストがヨルダン川の清水を頭にかざされたことから「洗礼」という儀式が生まれます。また、インドではガンジス川で人々が身を清めている光景をよくテレビで見ます。また、日本でも修験者が冬、滝に打たれたり、私たちも神社でお参りをする前に手を洗ったり口を漱《すす》いだりして清めます。また、普段、風呂に入るのも仏教の沐浴の儀式から来ているようです。こう見て来ると、どうも人間の清めの儀式とは水と大変、関係が深いようで、確かに「命の水」と言います……そう言えば、私はたまにお酒を飲みますが、これも拡大解釈して清めの儀式としてよろしいでしょうか（笑）

されば、清めの儀式とは何となく気持ちもシャンとなって清々しくなり、こういうことを日課としていると自然と精神も浄化されそうです。そう言えば、友人のNさんは午前三時に起きて洗面器に汲んだ朝一番の水で両目を洗いそれから東に向かって正座して瞑想に更けるそうです。だからか、彼にはどこか清々しさが感じられます。それで、もうすぐ新年を迎えることもあり私も何か清めの儀式を始めようかと思っている師走の夜です…

■述而編第十三章

子、斉に在り。韶《しょう》を聞くこと三月《さんげつ》。肉の味を知らず。曰く、図《はか》らざりき楽を為すの斯《ここ》に至らんとは。

孔子は斉国に滞在し、伝説の聖人・舜王を讃える韶という音楽を三ヶ月間、聞いたことがあった。このときはおいしい肉を食べてもその味を感じないほどに心酔《しんすい》し、この音楽がこれほどまでに美を尽くし善を尽くしてすばらしいとは思わなかったと言った。

**

本章は孔子先生がすばらしい音楽を聞いたときの話のようです。解説の最後を少々、理屈っぽく「美を尽くし善を尽くし」と書いていますが、この表現は八佾《はちいつ》編に出て来ました。「子、韶を謂《い》う、美を尽くせり、又た善を尽くせり。武を謂う、美を尽せり。未だ善を尽くさず」と。復習の意味でちょっと振り返りますと、「韶《しょう》」とは舜王を讃えた歌で「武《ぶ》」とは武王を讃えた歌で「韶」には美もあり善もある。しかし、「武」には美だけしかないと孔子は批評していました。どこに違いがあるのかは、舜王の時代は世の中が良く治まり穏やかだったので歌も自然とピースフルな感じで、一方、武王はというと時代を変えた革命児だったので、歌は勇壮な力強い感じではなかったかと推測したところでした。されば、、孔子は元より聖人であり乱世を早く終わらせ平和な世の中を待ち望んでいたので「韶」の音楽を三か月聞いても飽きることなく、おいしい肉を食べてもそっけないほどだったというのは頷けるところです。

それにしても「韶」とは実際どんな音楽だったんでしょうか? いつか、映画「レッド・クリフ（赤壁）」を見ましたが、そのなかで、軍師・諸葛孔明と呉の水軍の将・周瑜《しゅうゆ》が琴のようなものを共演し楽しむというシーンがありました。しかし、正直言って凡《おおよ》そ音楽という感じは私にはしませんでした……それとも、私は自慢ではありませんが小学校のときは音楽で「一」をもらった程の鬼才ですので私の感覚に問題があるのかもです（笑）

でも、その頃からすると、現代は音楽のジャンルはかなり多いですね。クラシックからポップス、ジャズ、演歌、唱歌、軍歌など、私の卓越した音楽的才能からするとこれくらいしか思い出せませんが他にもいっぱいあるようです。そして、面白いのは、その人によって歌の好みとするところが異なり人となりが窺えるところです。知人がイメージと違った意外な歌を歌ったりして時々驚かされます。これも人間の妙でしょうか。それと、その歌その歌にそれぞれ思い出があったりして、その曲が流れるとその頃のことが鮮やかに脳裏に甦《よみがえ》りこれも不思議です。どうも音楽は目には見えませんがやはり人の心に響く何かがあるようです。それから、先日、テレビで、亡くなった作曲家・阿久悠さんの番組があっていましたが、作曲家がどういう曲を作るかにはその時代その時代に対する想いがあるようです。例えば、以前、紹介しました私の好きな河島英五の「時代おくれ」という曲は、皆がお金や地位を追い求め何か人間として大事なものを失いかけているのを憂えて作ったということです。だから歌詞に「飾った世界に流されず人の心を見つめ続ける時代おくれの男になりたい」とあります。また、ピンクレディの「ユーホー」も最近の若者が表面的には違っても内面的には金太郎飴のように似通った性質になってしまった。これに危機意識を感じてこの歌を作った。だから歌詞に次のような面白いフレーズがあります。「私、そろそろ地球の男に飽きたところよ」と!

さて、それで、もうすぐ新年を迎えますが大晦日の紅白歌合戦は日本人の年越しの恒例行事で、その年に流行したものと長年歌い継がれたものが入り交ざり何かホッとするところがあり、今年も多くの人が楽しみにしていると思います。それと、私事で恐縮ですが、私の近年の一年最後の歌は「浜辺の歌」が定番になっています。いつか映画で坪井栄《つぼいさかえ》の「二十四の瞳」があり、これに出て来た少年少女が戦争に巻き込まれるなか小豆島の浜辺で歌っていたのが印象的で、以来、反戦歌となっています。それと、もう一曲、近年の日本人の魂の歌とは最近「故郷《ふるさと》」ではないかなという気がしています。この歌には遠く日本を離れた人々に共通した感慨深いものがあるようで、それで、私は最近この歌も歌うようになりましたが、これを歌うと遠い満州に出征し二十歳の若さで亡くなった伯父のことが思い出され涙が出そうになります。

歌とは孔子先生が本章でそうであったように人間に良き影響を与えるすばらしいものであるようです。私たちも職場や家庭でついつい眉間に皺を寄せそうなときがありますが、そんなときこそ鼻歌を歌ったり口笛を吹いたりすればいつしか心が軽やかになります。歌って何なんでしょうかね? 不思議です! 然らば、今宵は忘年会。しっかり楽しい歌を歌わねば(笑)

■述而編第十四章

冉有《ぜんゆう》曰く、夫子は衛の君を為《たす》けんか。子貢曰く、諾《だく》。吾れ将に之を問わんとす。入りて曰く、伯夷・叔斉は何人ぞや。曰く、古《いにしえ》の賢人なり。曰く、怨みたりや。曰く、仁を求めて仁を得たり。又た何をか怨みんと。出でて曰く、夫子は為けず。

門人の冉有が言った、孔子先生は衛国の君を為（助）けられるだろうか。それを聞いた子貢がよしわかった。私が一つ確かめてみようと言った。そして部屋に入って孔子に尋ねた。伯夷・叔斉とはどんな人たちだったのでしょうかと。孔子は答えた。彼らは古の賢人であると。さらに子貢が彼らは後悔しているでしょうかと尋ねた。孔子は、彼らは仁を求めて仁を得たのである。よって何も後悔はしていないであろうと答えた。子貢は部屋から出てきて言った。先生は衛君をお助けにはならないであろう。

＊＊

本章は孔子が衛国の君を助けるか助けないかという話のようです。背景がありますのでまずはそちらから。当時、孔子の門人である冉有と子貢は衛の君に仕えていましたが、その頃、この国には現国王とその父との間に王位をめぐる争いが起こっています。父は、自分の母にあたる南子を不貞だとして殺そうとして失敗し国外へ逃れていましたが、父である先王が死に自分の子が後を継いで新国王となったのを知って舞い戻り、自分が後を継ぐべきだと主張します。しかし、子はこれを譲らず争いになったようです。この子である現国王に使えていた冉有と子貢がどうしたものかと案じていたところへ、たまたま師の孔子がやって来たのでどっちに味方するかを見定めようと考えたようです。

それにしても尋ね方がさすがで感心しました！　あの伯夷・叔斉を引き合いに出しています。覚えていますか？　王座を譲り合いともに国を捨て山にこもり蕨《わらび》やぜんまいを食べ遂には餓死した凄まじい兄弟です。とかくに、人の道を忘れ長いものには巻かれたり寄らば大樹の蔭を決め込んだりしがちな弱い人間に、大喝を喰らわせ後々の人心を引き締めた兄弟です。子貢が、今、仕えている衛国の醜い親子の話に、この伯夷・叔斉という崇高な生き方をした兄弟を引き合いに出したのはさすがだと思います。後から聞いた話では、子貢は孔子が今回の話をどう判断するかは読んでいたようで、読みどおりに孔子先生が「伯夷・叔斉は仁道に生きた人である。今の衛の輩《やから》など話にならん」とつけ加えられたのを聞いて、我が意を得たりと部屋から出て冉有に向かって熊本弁で「やっぱりそがんだった。先生はこがん馬と鹿の親子には構われない」と言ったようです。子貢も衛の父子は国王たちではありますが「このバカモンどもが！」と思っていたようで、「どれ、おれがいっちょう孔子先生にも確かめてみようかな」といった余裕が何とも頼もしいところです。

　しかして、学ぶべきは子貢の〝余裕〟ある態度で、相手が国王だろうが誰だろうが馬と鹿は馬と鹿と一笑にふしたようなところです。この相手がどんなに「身体が大きかろうが」「地位が高かろうが」「金持ちだろうが」「有名人だろうが」根性が曲がっていれば馬や鹿のようにとらえるところが大事で孟子も次のように言っています。

「巍巍然《ぎぎぜん》たるを藐視《ばくし》し大人囂々《たいじんごうごう》たり」

　とてつもなく大きな山であっても大人《たいじん》はそれを問題視せず自信満々であるという意味で、なかなかにでっかく沸々と勇気が湧いて来る一言です！

■述而編第十五章

子曰く、疏食《そし》を飯《くら》い水を飲み肱《ひじ》を曲げて之を枕《まくら》とす。楽しみ亦た其の中に在り。不義《ふぎ》にして富み且つ貴《たっと》きは我れに於て浮《うか》べる雲《くも》の如し。

孔子が言った。質素な食事をし水を飲み肱を曲げてこれを枕にする。楽しみというのはそんな中にある。不正義によって得た富や位は私にとっては空に浮かぶ雲のようなものである。

＊＊

本章は、人生の楽しみとは贅沢な食事をしたりすることにあるのでなく身近なところにあるものだ。ましてや、あさましい手段によって得た富や地位など空虚なものだと言ったところでしょうか？ 君子といわれる人に共通して言えるのはこんな物欲や権力欲がないことで、富や地位などの他人と比較したことは同じ人間の仲間という感覚からすると兄弟喧嘩のようでレベルが低いものだと達観している感じです。だから、孔子先生が仮に役職に捉われたり豪邸に住んだり美食家だったり高級車を乗り回したりしたとすれば何か変です。やはり、君子は必要以上には欲しがらず、それより大自然のなかに身を置いたり、時の流れに身を任せたりして生きているものではと。されど、簡単に抜けきらないのが〝欲〟というもので、どうしても人間はこれに囚《とら》われてしまいがちです。でも、やはり、この〃欲〃を捨てて行ったところに本当の宝物はあるようで、中国の詩人、蘇東坡《そとうは》に次のような詩があります。

「無一物中無尽蔵《むいちぶつちゅうむじんぞう》。花有《はなあ》り月有《つきあ》り楼台有《ろうだいあ》り」

何でもかんでも自分の所有する物は放下《ほうげ》（捨てる）して自分の蔵を空っぽにしてしまえ。そうすると花や月も立派なお城も無尽蔵に自分のものになるということです。さ～て、この意味？　これがわかられる方は論語は卒業です。では、解説します。持論ですが、これは人間が執着心や欲心の一切から解き放たれたとき、周りのすべてのものと自分が同化し、野に咲く花も、道にころがる石も、街を行く人も、机を並べる人も、皆、同じ時代、同じ地球に生きている仲間であり自分と一体の存在だと思えるあの不思議な〃ボーダーレス〃の感覚になるということではと！　幕末の剣豪・山岡鉄舟《やまおかてっしゅう》も、「すべてのものが自分のもの」と言っていますが、こういうボーダレスな不思議な感覚を得ると、逆に、すべてのものが自分の物となってしまうようです。

話はそれて、この〃ボーダーレス〃という感覚で想い出される面白い話があります。猫の話ですが！　以前、私はアパートの二階に住んでいたことがあり、ある春の暖かな昼下がり窓から下を眺めていたときのことです。道路を隔てた向いに二軒の家が塀を隔て建ち、左側の家の塀沿いには白い梅の花が、右側の家の塀沿いには紅い梅の花が咲いていていました。すると、そこに一匹の猫が現れ左側の白い梅の木の横を通ってぴょんと境界の塀に飛び乗りさっと降りて赤い梅の木の横を悠々と歩いて行きました……その刹那！　私にはふっと心に閃くものがありました！　人間は塀を作り自分の塀の内側だけを楽しんでいるが、猫はそんな関係なくぴょんと飛び越え両方を楽しんでいる。猫の方が偉いんじゃと？　で、以来、私は猫を見直し尊敬している次第です（笑）

そう言えば、国と国の国境もそうで、そもそも地球上にはそんなものはなく人間がかってに線を引いているだけです。人間ももっと猫のように線を取っ払わなければならないのでは？　それに、周りに存在する石ころや花は便宜上、名前を付けられているだけでそんな名前が付けられていることなんかも知りません。人間も石も花も猫もこの世に存在しみんなで世の中を構成している仲間です。もっと線や名称なんて意識せず〃ボーダーレス〃に生きた方が大らかでいいのではと！

ひょっとしたら、孔子先生も本章にあるように肱を枕に青空に浮かぶ白い雲を見上げながら、こんな〝ボーダーレス〟な気持ちになっておられたのかもです?

■述而編第十六章

子曰く、我に数年を加《か》し、五十にして以て易《えき》を学べば以て大過《たいか》無かる可《べ》し。

孔子が言った。私にあと数年をもらって五十歳までに易を学べたら大過なく人生を過ごせるであろう。

**

さてさて、本章にはあの「易」の話が出ています。「易」とは占いのことで意外な感じがします。孔子先生は常々現実的なことに徹し「怪・力・乱・神」を語らずと言っていましたが、ここでは易を学べば人生に間違いがないと。はて? どういうことなのか? 「易」とは、四書五経に「易経」とあり、これは五経の筆頭に挙げられる物凄い書物で、ある程度の年齢にならないとのめり込んでしまい現実離れしてしまう怖いところがあるようです。そういう危険性を持っているということを頭に置きながら話を進めて行きたいと思います。

「易」の歴史は文献に残るもので今から三千五百年ほど前の殷の時代に溯ります。当時は亀の甲羅や獣の骨を焼きその割れ方から占う「亀卜《きぼく》」方式で、戦争における軍略などを占う場合、仮にそれが誤っていれば多くの兵士が死ぬこととなり国運に関わりますので、この任にあった人は何日も前から己の身を清め命がけで本気で占ったようです。それから時代が過ぎ周代に入ると「亀卜」方式は「占筮《せんぜい》」と言われる竹の棒と「卦《け》」と言われる図表とを使って占う方式に変わり、それからさらに五〇〇年ぐらい経って孔子がこれを取りまとめできたのが「易経」だと言われています。「易」の考え方の基本は「陰陽《いんよう》」に始まります。韓国の国旗を思い出して下さい。これは「太極図《たいきょくず》」(写メ参照)と呼ばれるもので、真ん中に二匹の魚のような陰陽を描いた丸い円があり、さらに、その四隅に「爻《こう》」と言われる二種類の線の組み合わせによる違った

「卦」が描かれています。

「易」では陰と陽とは相反する性質ながら互いに補完して一体を成し、世の中の構造はすべてこの二極構図からなっているとしています。たとえば、天地・男女・上下・内外・進退・裏表・主従、などです。この二極を元にさらに状況を詳しく見るため卦は八つに分かれます。これが「当たるも八卦《はっけ》、当たらぬも八卦」と言われるものです。そして、さらに詳しく見るために八卦は六十四卦に分かれ、これが森羅万象のすべてを表わし占いのベースとなります。

占い方は占筮《せんぜい》の竹束から特定の竹を選び出しその卦から判断していくものですが、大事なことはその卦の本当に意味するところを深く読み取ることにあるようです。というのも、卦はその表に書いてあることから様々に変化し場合によっては意味が逆転したりするからです。例えば、太陽という卦が出ても夏の太陽であれば暑くて辛いものですが、冬の太陽であれば温かくて気持ち好いものです。また、山という卦が出ても山は季節によって緑を成したり紅葉したり変化します。そういう意味で〝変化〟する要素を持っています。しかし、そんな季節の移り変わりも一年単位で見れば毎年繰り返される〝不変〟の真実性もあり、合わせて「変易《へんえき》」「不易《ふえき》」と言います。

さらには、「十翼《じゅうよく》」と呼ばれる重要な倫理的・哲学的解釈も加わったりして、これらを総合的に判断することになります。こうなるとちょっと複雑で「易経」と呼ばれる書物が五経の筆頭に置かれるのも、この深さからしてわかるような気がします。易はよく当たるようですが、占う際に大事なことは占う人の心が不純だったり一度出た結果を疑って二度三度占うようなことをするとそれは神を冒涜《ぼうとく》することになるようです。それで、占う人は本気で真剣に占うことになり、だからこそ神につながり正しい結果が出るというのも不思議ではないような気がします。

それから、易の結果ですが、これは占ってもらう人のそもそもの人生に沿ったように出るようです。仮にその人が他人を羨んでいたり分をわきまえず高望みをしていたりなどしていたとき、易は今どういう状況にあり今後どうすれば本来の幸せな人生を送れるかというように出るようです。つまり、易とは、万事が「宿命」であるというような受動的運命的なものでなく、その人の考え方や行動を変えれば自分の未来はどうにでも変わり得るというような自助努力的前向きなものであるようです。

「易」とはそのようなものですが、これが生まれたのはそもそも広大な中国大陸にその発生の理由があるようです。中国大陸はあまりに広大で、人間はそのなかに棲《す》む小さな存在に過ぎず、集落や田畑は容赦《ようしゃ》ない砂塵《さじん》の大嵐や黄河や揚子江などの大河の大氾濫《はんらん》に見舞われたり、また、遠くかすかに見えた一点の雲がやがて何百万匹というイナゴの大群として飛来し作物を食い尽くすなどの被害に苦しめられていました。このような大地で人間が生きて行くためには天地に真摯《しんし》に向き合い大自然に逆らうことなく順応して生きて行くことが重要でした。このため天地の成り立ちや自然界の働きがどうなっていて、それが人間界にどういう影響を与えているかなどの研究が深くなされ、そうやって生まれたのが「易」です。だから、人間が神の意図するところを知るためには精神が真摯で純粋でなければならず、そこに論語の根本思想である「仁」と似たものが窺え、孔子が「易経」を表すことになったのではと推測するところです。

しかして、正《ただ》しく生きながらも判断に迷ったときに求めれば道を教えてくれるのが「易」であるようですが、孔子は晩年はあまり易には頼らなかったのではないでしょうか。というのも、孔子は造次顚沛《ぞうじてんぱい》に人としての徳を磨いた人ですので求めずとも然るべき方向に天が自然と導いたのではと思われるからです。

■述而編第十七章

子の雅言《がげん》する所は詩書。執礼《しつれい》は皆雅言す。

孔子は詩書を声に出して読むときは本来の正しい言葉づかいで正確に発音した。執務上、使われる礼文についても正しく発音した。

**

本章は孔子が文を正しく発音したという話のようです。「雅言」とは諸橋先生によれば正言を正しい音で読誦することとあります。また、辞書には和歌などに使われる洗練された上品な言葉や正しいとされる優雅な言葉とあり、反対は「俗言《ぞくげん》」といわれ日常に使われる言葉を指し、また、方言は「俚語《りげん》」と言われるとあります。それにしても驚きます！　この雅言なる言葉、ちゃんと辞書にも載っていて二五〇〇年も前から使われていて。

さて、それから、もう一つ「詩書」なるものが出ています。恐らく、これは後に五経のうちの「詩経」「書経」として伝わるもののことではと思われますが、前章には「易経」が出ていて本章にはこの二つです。こんなに続けて儒教の聖典に類する大物が出てくると解説する方も大変です！　今度、一緒に飲んだときは一杯余計にビールをついで下さい（笑）「詩経」については以前も触れていますので詳細は割愛しますが、為政編にあった「思無邪《おもいよこしまなし》」という言葉が象徴的で、以前、NHK大河ドラマ「篤姫」の生家、今泉《いまいずみ》家の玄関に掲げられていた言葉で、当時の日本人もこの言葉が好きだったことが窺えます。

それから、「書経」です。これは堯や舜の時代から夏・殷・周・春秋時代に至る政治史で、ときの、王の名言などが記録されたもののようです……すいません。いまだ読んでいません。しかし、これも、やはり孔子が編纂したものと言われ、内容は、「誥《こう》」と呼ばれる君主の臣下に対する言葉、「謨《ぼ》」と呼ばれる臣下の君主に対する言葉、「誓《せい》」と呼ばれる君主の民衆に対する言葉、「命《めい》」と呼ばれる命令の言葉、「典《てん》」と呼ばれる主な歴史的事件を表したものの五つからなっています。日本の「昭和」や「平成」などの元号も「書経」から用いられ、因みに「平成」が「地平かにして天成る」からきているのはご承知のとおりです。こうやって「詩経」や「書経」を見てくると「詩経」には庶民の音楽や詩に対する純朴さが、また「書経」にはときの為政者たちの政治に向かう正心が窺え、孔子先生がそれを正しく音読したというのも分かるような気がします。関連して、この音読ということで、論語は「君子は……」「小人は……」などと対句になったものが多く、また、ときには韻も含ませてあったりします。だから、ただ頭で読むより声に出して音読した方が歯切れが良く、昔から「子、曰く……」などと大きな声で音読されていたのもわかります。これからは私も正《ただ》しく大きな声で音読してみたいと思っていて、朝の一発目など特に気合いが入りそうです！

最後に、読誦《どくしょう》（声に出して読むこと）ということで、皆さん、中村天風《なかむらてんぷう》という人を知っていますか？　明治期から昭和にかけて波乱万丈の人生を送り人生を極めた知る人ぞ知る安岡さん同様に歴代総理の指南役を務めた哲人です。この人が大声で読誦していた代表的な詩を紹介します。「力《ちから》の誦句《しょうく》」という大変、力強い言葉です！

私は力だ
力の結晶だ
何物にも打ち克つ力の結晶だ
だから何物にも負けないのだ
病にも運命にも
否《いや》、あらゆるすべてのものに打ち克つ力だ

そうだ！　強い強い力の結晶だ！

何か元気が沸々と湧いて来そうで、まさに朝の出勤前などに大声で読みあげたい誦句です！

■述而編第十八章

葉公《ようこう》、孔子を子路に問う。子路対《こたえ》ず。子曰く、女《なんぢ》奚《なんぞ》曰わざる。其の人と為《な》りや、憤《いきどお》りを発して食を忘れ、楽しみて以て憂いを忘れ、老いの将に至らんとするを知らずと云爾《しかいう》と。

葉公（楚国の名臣で）が孔子とはどんな人かと子路に尋ねた。子路は言葉に詰まり答えそびれた。それを後で知った孔子が言った、汝はどうしてこう言わなかったのか。その人となりは道を求めて発憤しては食を忘れ、一端、道を得ると喜んで一切の心配事を忘れ老いて来たのも気づかないようだと。

＊＊

本章は孔子の「道」を求める気概が強く感じられるところです。ただ、原文と訳文の孔子が言った言葉には何に対して「憤りを発し、憂いを忘れ」たかの目的語が明記されていません。でも、意訳文には、しっかり「道」と書きました。これは、諸橋先生がそう書いておられ私もそう思ったからです。

ところで、子路は孔子の人となりを問われ答えに窮したようです。恐らく賢者で知られた葉公から突然、聖人と謳《うた》われた孔子のことを問われたので面喰らって言葉に詰まったのではと推測されます。でも、こんなことは時々ありそうです。尋ねた人が大物だったりすると、的外れな答えをしては自分の力量が評価されそうだ……などと考えたりして、しかし、そんなときでも気おくれせず、素直に自分の思うまま感じたままに答えるのが大切で、無理をしてもない袖《そで》は振れません。それで、答えた内容が不十分だったり言い方がまどろっこしかったりしても、変に飾るより素直で良いと思います。若いうちは特に。それでも、こんなとき、シャーシャーと答える人がいます。根が素直な人であれば良いのですが、そうではない人には一見、できる人だな～という感じもしますが、どこか良く見せたかったり厚かましかったりするイヤミも感じられます。やはり、人はあるがままに純朴である方が良く、子路が言葉に詰まったのは、それはそれで子路の純朴さが窺えます。

ときに、孔子先生は、どうしてそのとき、私は各々しかじかな人物だと答えてくれなんだと言っています。子路を責める気持ちはなかったと思いますが、先生にすれば音に聞こえた葉公が自分のことを聞いたのを機会に、葉公の人物たるを逆に見極めたいところもあったような気がしないでも？　というのも、孔子が言うとおり「先生は歳を忘れるほど、ただ、ひたすらに人の道を学んでおられます」と、もし子路が言っていたとすれば葉公は何と答えたか？　仮に葉公が「なんだそんなことか」と一笑にふすのか、あるいは「それは大したものだ」と答えるのか、それで葉公の人物たるところも知れそうだからです。孔子にすれば後者の答えを期待し葉公がそう答えれば、いつの日か機会があればともに人生や世の行く末を語りたいというような想いがあったような気がするところです。

話は戻って、子路です。孔子先生は子路にも「そんなときにすぐに答えられないようではお前の日頃の修養が問われるぞ」というような気持ちがあったのではとも思われます。つまり、ここで孔子は子路に対し〝臆しない〟ことがまた「道」でもあるぞと言いたかったような？　このことから思い出される興味深い禅問答があります。あるとき、師匠が弟子に「道とは何ぞや」と問い掛けます。弟子は次のように答えます。

「平常心是道《びょうじょうしんぜどう》（平常心を保つことが道である）」

この答えで弟子は一発で免許皆伝になったということで……その心は……「平常心」なるものは、自分の心をあるがままに認めることにより〝自然〟に向こうからやって来るものだということのようです。私たちはいざ何か大事に臨むとき平常心でいなければとあせり、かえって平常心を失ってしまうことがありますが、実は、そうではなく、そのときの自分の心の状態をあるがままに受け入れることが大事なようです。不可思議な面白い話ですが、言われてみれば身の周りにある「自然」は常に恐れなどがなく〝あるがまま〟の状態です。

■述而編第十九章

子曰く、我は生まれながらにして之《これ》を知る者に非《あら》ず。

古《いにしえ》を好み敏《びん》にして以《もっ》て之を求めたる者なり。

孔子が言った。私は生まれながらに道を知るものではない。先人の教えを好み敏捷《びんしょう》に学んだだけである。

＊＊

本章も「道」の話です。そして、今回も「道」とは明記されていません。しかし、やはり諸橋先生の訳文にははっきり「道」と記されていました。

それで、この「道」なるものです。これは当然ながら目には見えない人間世界における「人の道」や「道理」を指すと思われますが、これが見えないと人間関係がおかしくなり、また、人生もあらぬ方向へ行ってしまいます。日本も現代は「道」につながる教育があまりなされませんので社会の様々な分野で人道をはずれた事件が発生している感があります。そういう意味では、「人の道」とは国の行く末までも危うくしかねない、それほど大事なものですが、これを知る目は、孔子先生が言うように生まれながらに備わるものではなく先人の教えに耳を傾けて初めて身につくものであるようです。

されば、本章はせっかくの新年第一号ですので近代の賢者は年頭にあたりどんなことを言っておられるのか、それぞれの「一日一言集」から紹介したいと思います。長いところもありますので一部意訳します。まず、安岡正篤《やすおかまさひろ》先生です。

一、年頭、まず自ら意気を新たにすべし
二、年頭、古き悔恨《かいこん》（あやまちの後悔）を棄《す》つるべし
三、年頭、滞事《たいじ》（滞っていること）を決然一掃《いっそう》すべし
四、年頭、新たに一善事を発願すべし
五、年頭、新たに一佳書を読み始むべし

〝やる気をおこせ〟、〝去年のあやまちを引きずるな〟、〝心に残るわだかまりを棄てろ〟、〝一念発起し善事を行え〟、〝名書を読み始めろ〟というところでしょうか！ なかなかです！ 何か「な〜にちっとやそっとのことで悩まず前へ進め」と言われているようでやる気が出て来ます。次に、森信三《もりのぶぞう》先生の元日の言葉です。

「大よそわが身に降りかかる事柄は、すべてこれを天の命として謹んでお受けするということが、我々にとっては最善の人生態度と思うわけです。この一点に腰の据わらない人間はだめであります。従って、ここに人間修養の根本はあるのであります」

自分に起こる嫌なことはすべて天がまだまだまだまだと自分を鍛えてくれている。そんな風に受け止めて立ち向かいなさいということのようです。まったくこれも年の始めにふさわしい言葉です。次に、吉田松陰先生です。妹・文《ふみ》に送った手紙の一部です。

「正月には、どこでもつまらぬ遊びをします。でも、そんなことより何かためになる本を読んでもらいなさい」

ギクッとします。正月はどんな本を何冊読んだかと問われているようでさすがに松陰先生です。相当、勉強されていて何しろ一年二か月で六五〇冊ほどの本を読んだ人ですから！　最後に、中村天風先生です。

「笑顔を失うと、健康が損なわれ運命にも阻《はば》まれる。西洋の諺にも『和やかな笑顔の漂うところに運命の女神は愛の手を差し伸べる』というのがある。いったい人間だけが何のために笑えるようにできているかということを、厳粛に考えなきゃだめですぜ。あんた方、考えたことあるかい？」

人間だけが笑えることを厳粛に考えなきゃだめだぜと言われていますが……ちょっとそっとのことは笑い飛ばして生きろということでしょうか？　笑いには思わぬ真理が隠されていそうです。いずれにしろ笑う門には福が来ます。笑う一年でありたいものです！

■述而編第二十章

子、怪《かい》・力《りき》・乱《らん》・神《しん》を語らず。

孔子は奇奇怪怪なこと・暴力や権力など力任せなこと・不道徳なこと・神秘的なことを語らなかった。

＊＊

本章は有名な「怪《かい》・力《りき》・乱《らん》・神《しん》を語らず」のところです。孔子は人間社会の秩序平安を大切にしますのでそれを乱すようなことは嫌い、そんな話になるとそ〜っとその場から居なくなったということです。

まず、「怪」です。これは奇奇怪怪の怪ですが年末にもテレビでＵＦＯや幽霊の話があっていました。この辺の話は、あるのかないのか、いるのかいないのかわかりませんがどこか軽い気がします。現実にしっかりと根を下ろして物事をとらえている聖人・孔子がこんな話に乗って来るというのは想像がつきません。やはり、君子がまともに話題にする話でないのでは。

次に、「力」です。これは孔子の孫弟子にあたる孟子が唱えている「王道・覇道」の話しに象徴されるものと思われますが、ご承知のとおり、孔子は権力や腕力により人を動かすのでなく相手の心と対話する〝仁力〟を重視します。それはあたかも万物を育む太陽のようなやり方で大きく自然なものです。ときに、今、世界が大きく変わろうとしているように思われます。それは、これまで覇道主義に沿った「力」による世界統治を行い、イスラム圏や近隣の南米諸国との間で行き詰ってきた米国に近年、軟化姿勢が見られるからで、今後を注意深く見守りたいものです。

次に「乱」です。これも「怪」と同様、市民の日常生活を乱す行動のことで、次のようなことではと。

一、愛情を欠き同じ人間をいじめたりすること
二、正義が通らず悪がはびこること
三、年長者への敬愛や受けた恩を忘れること
四、先人の教えに学ばないこと
五、法律や習慣を守らない不道徳な行為

以上、右の五つが何なのか論語を学んでこられた皆様にはもうおわかかりだろうと思います。そうです！　これは「仁・義・礼・智・信」の「五常《ごじょう》の徳《とく》」の話です。儒道の骨格を成すもので、これを欠く行動は世を乱すことになります。

最後に、「神」です。孔子は現実を大切にしますので見たことのないもの語ったりはしなかったようです。ただ、孔子は確かに人間世界には人智を超えた力が働いているとは認めていて、それを「天」の働きと見ていたようです。それから、中国の民は古来より徳のある王のいる国に住みたいという性質があり、このため、国王は徳を身に付けたいと思いますが、自分は戦乱で忙しくその時間がないため代わりに徳の備わった人を補佐役として求めます。それが例えば諸葛孔明のような軍師で春秋戦国時代にはそのような軍師や思想家がたくさん現れます。これが後に孔子をはじめとする老子や墨子などの「諸子百家」と言われる正統派の人たちです。でも、なかにはいいかげんな人心を惑わす邪教の類も多かったようで今で言えば「オウム真理経」のようなもので、「易経」に

みられる占いを利用し神を偽る教祖などもいたようです。そんな乱世にあって、孔子は己をもって世の木鐸《ぼくたく》となす乱世匡救《きょうきゅう》の大使命に燃えに燃えていました。であれば、そんな孔子が「怪・力・乱・神」に類することを軽々に口にしなかったのはアッタリマエダのクラッカーではなかったかと！　ちょっと古いギャグですが（笑）

■述而編第二十一章

子曰く、三人行くときは必ず我が師有り。其の善なる者《もの》を択び之に従い、其の善ならざる者は之を改む。

孔子が言った。三人で道を歩んで行けば必ずそのなかに我が師とするものが得られるものだ。その善なるところに従い不善なるところを改めて行く。

＊＊

本章は三人で行動をともにすれば自ずからそこに学ぶべきもの反省すべきものが出て来るという話のようです。文中に「者」とありますが、これを例の漢和辞典で見てみますと「もの・人物・事物・ところ・ものごと」とありました。それからすると、この場合「者」とは「人」を指すのでなく「物事」のようです。

さて、それで本題ですが、話はなぜか「二人」とか「四人」ではなく「三人」で行けばとなっています。そう言えば、仕事とかで問題が生じ解決策を練ったりするのに二人だと水が漏れそうです。また、四人だとあらぬ迷いや二派に分かれたりなどややこしくもなりそうです。でも、三人だとなんとなくスッキリと行きます。諺に「三人寄れば文殊《もんじゅ》の知恵」とありますが、これってひょっとしたらここから来たのかもです？　どうも「三人」というトライアングルには何か法則のようなものがありそうな……それで他に「三人」の付く諺《ことわざ》を調べてみました。そしたら色々ありました！

・三人子持ちは笑うて暮らす
（多からず少なからずで育てるのに気が楽）
・三人知れば世界中
（内緒ごとが内緒ごとにならず広がってしまう）
・三人虎を成す
（三人が町に虎が出たと言えば信じられてしまう）

といったようなところですが、何か「三」というものには安定したものが感じられ面白いものです！

さて、本章で孔子先生が言いたかったことに戻りますが、先生は「学ぶ」気持ちさえあれば他人の行いは良きに付け悪しきに付け勉強になることを言いたかったのではと思われ、以前、里仁編にも「賢を見ては斉しからんことを思い、不賢を見ては内に自ら省みる」と出てきました。確かに、人間にはそれぞれに持ち味があり相手が仮に子供であっても「背負った子に浅瀬を教えられる」というように思わぬ真理を知らされハッとさせられることがあります。こういうことは日常で人と接しているとよく実感し、「あ、なるほど！　それは言えるな！」と時々大事なことに気付かされます。

さて、ここでさらに大切なことを一つ！　それはいつか話したように、私は二十数年前から自分がこれは大事な真実だと感じたことをノートに書き止めるようにしていて、この「書き止める」という作業には不思議な何かがあるのを感じます。というのも、自分ではただ忘れないように書き止めているつもりですが、その作業の途中でさらに新たな真理が脳裏《のうり》をよぎり、この真理にいつも驚かされます。これは、やってみると実感が湧くと思いますが、確かに「これか！」って感じです。それで、もし、されてない方は今年から始めてみられてはどうですか？　面白くなりますよ。真理の真理の発見に！

で、私の場合、この一つひとつの真理は始めは小さ点のようなものだったのですが、最近はおぼろげに何かとある漢字を描いているような気がしています……これが何なのか更なる大発見がありそうでちょっと楽しみにしているところです。最後に、「礼記《らいき》」の中の一説を紹介します。やはり、人間、学ばなければだめなようです。そして、書き止めなければ！

「玉《たま》磨かざれば器《き》を成さず。人《ひと》学ばざれば道を知らず」

■述而編第二十二章

子曰く、天《てん》徳を予《われ》に生《くだ》せり。桓魋《くわんたい》其《そ》れ予を如何にせん。

孔子が言った。天が私に乱世匡救《らんせきょうきゅう》の大徳を与えている。桓魋ごときが私に何をできようか。

＊＊

本章には背景がありますので紹介します。孔子は諸国を周遊し六十歳に達したころ宋国に立ち寄ります。そのとき、宋国の大夫である桓魋《くわんたい》は孔子の存在をいぶかって手下を差し向け殺そうとします……そして、取り囲まれた孔子は悠然として言い放ちます。それがこの言葉で、あらためて見てみると堂々としたものですが、実際は、どうも次のように言われたようです。

「静まれ、静まれ～この〝仁〟の紋所が目に入らぬか！ワシを誰と心得る。ワシは先の天からの使者・孔子丘《きゅう》である～る！　控えおろ～」

と！　どうも若いときに日本に留学されていた孔子先生は水戸黄門のテレビが好きだったようで（笑）さて、冗談はさておき、それにしても大した自信です。孔子ほどの人ともなると天と波長が合っていて黙っていても天が守ってくれますのでまさに〝仁者無敵〟の感がします。私たちも時々「誰でもいいからかかってこ～い！」というような自信がモクモクと湧くときがあります……イモ元気かもしれませんが（笑）しかし、孔子先生ともなればしっかりした学の力による宇宙大自然の真理をつかんだ確かな自信のなせるものだったと思われます。私も、羨《うらや》ましくてどうしたらこんな自身が持てるんだろうかと随分考えました。こうやって論語の勉強をはじめたのも実はこんな絶対的な自信を身に付けたかったというのもあったような気がします。それで、この〝自信〟なるものです。この辺の話は、それこそ過去の偉人に例をとれば枚挙に暇《いとま》がないほどたくさんありますが、思い付くままに取り上げてみたいと思います。

まず、最初に頭に浮かぶのは宋時代の名儒で程伊川《ていいせん》という人の話です。程伊川は無実の罪で十年の流刑にあいますが刑を終え帰って来たとき、人々はさぞ意気消沈しているだろうと思っていました。ところが、どっこい！どこから見ても威風堂々《いふうどうどう》たるもので辺りを圧する風格だったそうです。みんなが驚いて「どうしてあなたはそんなに堂々たる風格になったんですか」と尋ねると、程伊川はただ一言「学の力だよ！」と答えたそうです。どうも程伊川は流刑中に徹底的に先人の言に学び宇宙真理に触れたようです。次に新しいところで月刊「致知」に掲載されていた三つの話です。

（その一）

「吾、日に吾が身を三省《さんせい》（三つの反省）す。人と接して正直であったか。友達の信用をそこなうことがなかったか。中途半端に知っていることを口にしなかったか」と論語の学而編に有名な話があるが、私はこの言葉に大いに励まされた。どういうことかというと、私は自分のことを「俺は駄目だ。駄目だ」とこれまで思っていたが、孔子のいう反省とは自分がどうだこうだと自己否定を進めるのでなく、対人関係で人さまに迷惑をかけなかったかを反省することにあった。それに気付いてからは随分と気が楽になった。

(その二)

「大工道具には金槌《かなづち》もあれば錐《きり》もあり鉋《かんな》もある。金槌は鈍重《どんちょう》でなければ役に立たない。錐は鋭く、鉋は切れなくては駄目だ。皆がそれぞれの天分を発揮して天下のために役立てばいい。論語を学ぶというと、何か聖人君子にならなければならないというようなイメージがあるがそうではない。人間はそれぞれに持ち場持ち場で世の中の役に立てばいい」これは江戸中期の儒学者・荻生徂徠《おぎゅうそらい》の言葉だが、私はこの徂徠の言葉に目の覚めるような衝撃を受け今後は鈍重な金槌を目指したいと思った。

(その三)

「何を食べ、何を飲み、何を着るか煩《わずら》ってはならない。空の鳥をみなさい。種を蒔くことも刈り入れもしない。野の百合は骨を折ることも糸を紡ぐこともしない。それでも天の父はこれを養っている。まず、神の国とその旨《みむね》(愛)を行う生活を求めなさい。そうすれば、これらのものも皆、加えて、あなた方に与えられるであろう」これは新約聖書の一説でイエス・キリストが言った言葉で、私(母親)はこれまで家庭内暴力に悩んでいたが、もうあの子を立ち直らせようとは思うまい。こうして家族三人が一緒に生かされているだけでもありがたいことだ。これからは、今ある恵みに焦点を合わせて生きていこうと思った。そして、その後、子供は立派に改心してくれた。

いずれも良い話です! まとめると、「反省するのは他人に迷惑を掛けたかだけ」「聖人君子を目指さなくとも金槌は金槌で良い」「相手に多くを求めず、そのまま愛する」ということでしょうか。

されば、なんとなく「自信」が湧いてくるようで……これからも吉田松陰・安岡正篤・中村天風・佐藤一斎など偉人と言われる人たちの自信あふれる話がどんどん出てきます。どうぞご期待ください!

■述而編第二十三章

子曰く、二三子《にさんし》、我を以て隠《かく》すと為すか。吾《われ》隠すこと無きのみ。吾行うとして二三子と与《とも》にせざる者《もの》無し。是れ丘《きゅう》なり。

孔子が言った。皆は私が何かを隠していると思っているようだが私は何も隠してはいない。私は常に皆と一緒に行動しないことはないではないか。この見えるままの姿が丘《きゅう》（孔子）である。

＊＊

本章は恐らく孔子の言葉が何かに付け鋭く真理をつくので、どこからそんな考えが湧くのかと門人たちが不思議に思っているのを受け、孔子が釈明したところのようです。門人たちは「ひょっとしたら先生は俺たちの知らんところで神様と交信されてるんじゃ？　何かテレパシーのようなのを持ってて」と思ったかもで、私も、たまに先輩方の謦咳《けいがい》に接し、よく、そんなに物事の本筋が見えるものだな～と感心させられ、いったいその考えがどこから来るのだろうと不思議に思うときがあります。もちろん、そんな真理をついた一言が出るのが長年の「学」の力によるものであることは承知しているところながら……されば、〝心に残る〟先輩の一言から紹介してみたいと思います。

それは、いつか道を連れ立って歩いていたときのことです。いつものM先輩が当時、学校が荒れ教育のあり方が問われていたのを受けての一言だったと思いますが、次のようなことをポツリと呟かれました。

「最近、物を教える師はいても道を教える師がいないな～」

この一言は私の胸にズン！　と来ましたが、これは普通の人にはなかなか言えないのでは。しかして、この言葉の意味するところは何なのか？　それは戦後の日本の教育を振り返ってみるとわかるような気がします。戦後の教育の中心は知識を重んじる「学力偏重主義」にあり、言い換えれば「記憶力偏重主義」というところでしょうか。このため学生は点数では計れない様々な能力があるにもかかわらず英・国・算・数・理の五教科を中心とした記憶することの競争をさせられたかのようです。でも、卒業した学生が社会に出て必要とされる能力は学生時代の勉強科目だけでは通用しないものがあります。関連して、テレビのとある歌番組で強い印象を受けたものがあります。昔、どこか好きだった歌で青年の頃の熱情が甦ったような感じでしたが、それはフォークの神様と言われる岡林信康《おかばやしのぶやす》の「山谷《さんや》ブルース」という曲です。

一、今日の仕事はつらかった
あとは焼酎をあおるだけ
どうせどうせ山谷のドヤ住まい
他にやることありゃしねえ

二、一人酒場で飲む酒に
かえらぬ昔がなつかしい
泣いて泣いてみたってなんになる
今じゃ山谷がふるさとよ

三、工事終わればそれっきり
お払い箱のおれ達さ
いいさいいさ山谷の立ちん坊
世間うらんで何になる

四、人は山谷を悪く言う
だけどおれ達いなくなりゃ
ビルもビルも道路も出来やしね
誰も分かっちゃくれねえが

五、だけどおれ達や泣かないぜ
働くおれ達の世の中が
きっときっと来るさそのうちに
その日は泣こうぜうれし泣き

という歌ですが、今でもインパクトが強くてジーンと来ます！　なかでも私が一番魅かれたのは四番の「だけどおれ達いなくなりゃビルもビルも道路も出来やしね」のところです。戦後の学歴偏重の競争社会と重ね合わせると何か考えさせられるものがあります。やはり、教育で一番大事なことは、人間が人間として生まれ人間世界でどう生きて行くのが正しいかを教えることではと思います。もうおわかりだと思いますが、先のM先輩が「物」を教える師はいても「道」を教える師がいないと言われたのはそこを見抜いたものでした。

今、受験シーズンで、より高見を目指し努力することは大事ですが、同時に人間としての正しい〝生き方〟も学べば、本章で門人達が疑った孔子の真実を見抜く不思議な力も身に付き、自然と先々幸せになるような気がするところです。

■述而編第二十四章

子、四つを以て教う。文《ぶん》・行《ぎょう》・忠《ちゅう》・信《しん》。

孔子は人を教えるに学問・実践・誠心・信言の四つに重きを置いた。

**

本章は、孔子が人を教育する際に特に重視した四つを述べたところです。「文」と次の「行」とが対句を成し、次の「忠」と「信」がまた対句を成しているようです。「文」とは文学の文で道につながる学門を意味し「行」は実際の行動を指します。合わせると、学んだことを実際の自分の行動に反映させるということで、これを一言で言うと、例の、左の言葉となります。

「知行合一《ちこうごういつ》（知っていることと行動が一致すること）」

この論語を勉強していると、そのなかで孔子をはじめとする先人・偉人たちの考えに「さすがだな〜立派だな〜」と思うことが度々あります。大事なことは、そうやって知ったことを実際の対人関係において活かすことにあると。

次に、「忠」と「信」です。これもセットになっています。まず「忠」とは孔子の時代はそもそも嘘偽りのない「真心」という意味でしたが、近年では忠義や忠実などの言葉から連想されるようにちょっと封建的な意味合いになっていて、これには次のような歴史的背景があるように思われます。

現代の日本人の思想には今でも根底には「武士道」精神が流れていると思われ、武士道とは日本古来の神道や仏教、禅宗、儒教、それと、儒教から発展した朱子学・陽明学などが合いまって確立されています。なかでも「朱子学」は君主による統治を認めるとともに君臣の忠義を重んじたので、徳川幕府が確固たる幕藩体制を布くなかでは都合が良く取り入れられます。これが三〇〇年にわたって浸透し藩主と家臣の間には強固な人間関係が生まれ、それは家臣は藩主のことを本気で尊敬し、また、藩主も家臣や藩民の幸せを心から想うというものでした。だから、藩主が死んだら家臣は後を慕い「追い腹を切る」という習慣まであり、明治になっても、あの有名な乃木希典《のぎまれすけ》（長州藩出身の陸軍大臣で日清・日露戦争に出征）将軍が明治天皇の死を受け妻とともに自決した話は有名です。それで、武士の潔い生き方である「武士道」精神はそもそも朱子学に起因し、この精神が江戸から明治・大正・昭和、そして、現代の平成へも流れているため「忠」の字には「忠義」「忠実」の印象を受けるものと思われます。

なお、蛇足ながら「朱子学」から三〇〇年ぐらい経ち同じく論語を源泉とする「陽明学《ようめいがく》」が生まれますが、これは朱子学が階級制を認めたのに対して陽明学は市民平等思想を持ちます。このため徳川幕府は陽明学の勉強を認めていませんでしたが、江戸も後期になるといくぶん緩和され、それで倒幕の乱を起こした大塩平八郎などの陽明学者も現れたり、また、あの昌平坂学問所《しょうへいざかがくもんじょ》（江戸時代唯一の大学）の学長・佐藤一斎などもこれに傾きます。そして、明治維新では、この陽明学の市民平等思想が背景となり、朱子学にいう「君主」とは徳川家を指すのではなく天皇家を指すという筋論も起こり徳川幕府が倒れて行きます。

話は戻って、もう一つの「信」です。これは信じるに値する言葉を指すようで老子が「信言《しんげん》」として次のように言っています。

「信言は美ならず。美言は信ならず」
（信頼に値する言葉は美しくない。美しい言葉は信じるに値しない）

もちろん、すべてがそうだとは思いませんが往々にしてこれは当たっていると思います。孔子に言わせれば「巧言令色鮮仁。剛毅木訥近仁」ということで「信」とは嘘偽りのない言葉を指すようです。これを「忠」と合わせると「真心」と「言葉」が一致していなければならないということになりそうです。で、全部ひっくるめると「学問」には「行動」が、「言葉」には「真心」が伴わなければならなと！

■述而編第二十五章

子曰く、聖人は吾れ得て之を見ず。君子者《くんししゃ》を見ることを得ば斯《ここ》に可なり。子曰く、善人は吾れ得て之を見ず。恒《つね》ある者を見ることを得ば斯《ここ》に可なり。亡《な》くして有りと為し、虚《むな》しくして盈《み》てりと為し、約《やく》にして泰《ゆた》かなりと為す。難《かた》いかな恒《つね》有ること。

孔子が言った。今の世の中、聖人と称される人を見ることはできない。せめて、君子でも見られればいいのだが。また、善人でもと思うがこれも見ることができない。であれば、常に正直である人でも見ればいいが、ないのにさもあるかのようにみせたり、からっぽなのに満ちているかのようにみせたり、貧しいのに豊かなふりをし、常に正直であることすらも難しいようだ。

＊＊

本章は孔子先生がもう世は末だと嘆いたところのようです。この時代は、時まさに戦国乱世に突入しようとしている頃で、人倫が乱れていましたから無理からぬ話かもで、色んな非道なことを見て来られたのではと。

さて、ここで孔子先生は人間の出来ぐあいを「聖人」「君子」「善人」「正直者」の四段階に分けています。察するに「聖人」とは神懸かり的な存在でキリストや釈迦、孔子先生のような人でしょうか。次の「君子」とは「聖人」とまではいかなくとも人間学の修養が進んだ大人《たいじん》という感じでしょうか。明治維新の西郷さんや吉田松陰、また、現代では安岡さん、中村天風のような。次の「善人」とは取り立てて修養を積み〝磨き〟をかけてはいないので君子には及ばないが、生まれ育ちのいい人という感じでしょうか。周りを見渡すとたまに見られます。最後の「正直者」、これはただ正直一辺倒という感じで、良い人ではあるが「善人」には及ばないといった感じです……と、偉そうに言いましたが、では、自分はどうか？　学に志している以上はせめて「君子」のはしくれでありたいものですが……ぜんぜん怪しいもので……では、その下の「善人」のレベルかというとこれもまた疑問で、田舎育ちの山猿の私にとっては木にかかり猿のションベンです！　それでは、最低レベルの「正直者」か……これも怪しいもので、孔子先生が言われるようにないのにあるふりをしていないか。知らないのに知っているふりをしていないかと問われると、これまた疑問符が？

白状しますと、私は時々ないのにあるふりをしたり見栄を張ったりするところがあります。よく知らないのにさも知っているかのように話を合わせたり、また、おいしくないのにおいしいと言ったり、腹が減っていても減っていないと言ったり。どうも抜け切れないのか、つい「フリ」をして正直でないときがあります。これでは「君子」のはしくれどころか「善人」でも「正直者」のレベルでもなく「嘘つき」「偽善者」だとなりそうです……でも……じゃ～、私は本当に偽善者なのか？　本人はそんなに悪党ではないと思っていますが……ということで、ここには何かありそうなのでちょっと考えてみました。すると、こういうことではないかということに思い当たりました。

まず、例の漢和辞典で「善」という字を調べてみました。すると、元々の字の成り立ちは、羊《ひつじ》（神に供えるいけにえ）という字の両下にそれぞれ「言」という字が入ったもので、神前に向かって言う二人の言葉という意味のようです。原義は、神前では嘘いつわりは言えないということで「よい」という意味になるようです。そして、問題は意味です！　これに、「よい、正しい、りっぱ、道理にかなった良心の理想とする完全な徳……」とありました。私はこのなかの〝良心〟という言葉にピーンと来るものがありました。

それは、先日も出て来ましたが、我々、日本人の心には「武士道」精神というものが流れているという話です。実は、明治期に「ＢＵＳＨＩＤＯＵ」という英語の本を著した新渡戸稲造が、

「武士道とは良心の掟《おきて》である」

と一言で言っています。そしてさらに、この「良心の掟」のなかには「勇気」という徳目があり、この勇気を育てるのに子供に次のような興味深いことをしたとあります。列挙します。

・子雀《こすずめ》は口を大きく空けて親鳥に餌をねだるが侍の子は腹が減ってもひもじいと思ってはならない。

・ときに処刑が行われたりすると、それを子供に昼間見せておいて、夜、一人で処刑場に行き生首の額に墨を付けて来させ、侍の子は恐くても恐いなど口にしてはならぬと教え込む。

・真に勇敢な人間は大惨事のなかでも落ち着き地震にも動揺せず嵐を笑い、死の危険や恐怖にも冷静さを失わず、迫りくる危機を前に詩歌をつくり唄を口ずさむ。また、文づかいや声音にも何の乱れも見せない心の広さを持たなければならない。

これが日本の武士で、なんとも凄まじいものです。どんな恐くとも恐いなど軽々に本音を吐いたりしません。世界にも例を見ない精神鍛錬の厳しさ崇高さがあり私たち日本人にはこの血が流れています。私も親父からよくこんなことを言われました。

・男は三日に一遍喋《しゃべ》れ
・男はきついなど口が切れても言ってはいかん
・見せるぞ男児の意気地かな〜♪
・するが堪忍、なすが堪忍、ならぬ堪忍まことの堪忍

などで、今、思えば親父に限らず日本人、特に男族には多分に武士道の精神が流れている気がします。だから、寒いから寒い、厭だから厭、おいしくないからおいしくない、などそう簡単に言えるものではなく、そんなことでも言えば、それこそ〝根性なし恥を知れ〟となり、それで、思ったことと反対のことを言って痩せ我慢を張っていました。そして、それを〝男の美学〟だと思っていました。いや、今も思っています。されば、それは本章で孔子が言う〝素直〟とは違うかもしれませんが、これは孔子先生の時代と、儒教などの思想を受け入れ独自な精神文化を作り上げた日本とではちょっと状況が違うからだと思われます。幕末の剣豪・山岡鉄舟《やまおかてっしゅう》も、

「武士道は神道にあらず儒道にあらず仏道にあらず神儒仏三道融和の道念」

と言い、また、以前「致知」で川勝平太《かわかつへいた》静岡県知事は、

「日本は江戸時代までに仏教・儒教・禅宗など東洋の主だった思想哲学を吸収し日本古来の神道に融合してしまった。そして明治維新後は欧米の中心思想であるキリスト教を中心とした欧米思想も吸収してしまった。このような国は世界に例がなく、これから日本は世界の安定のためにリーダー的役割を果たしていくのではないか」

と言われていました。されば、そもそも私たち日本人とは武士道とそういった世界の良き思想哲学が織り込まれた特異な民族であるような……痩せ我慢をも「美学」とする！

■述而編第二十六章

子は釣すれども綱《こう》せず。弋《よく》すれども宿《ねどり》を射《い》ず。

孔子は魚釣りはしたが綱《こう》（はえ縄）で一度に大量の魚を取ったりはしなかった。また、弋《よく》（鳥をからませる糸の付いた矢）で飛鳥を捕ることはあったが安らかに寝ている鳥を弓で射たりはしなかった。

＊＊

本章は、孔子先生は魚や鳥などの動物に対しても思いやりがあったという話です。普通だと釣りで魚が釣れ出したりすると別に生活が掛かっているわけでもないのにチャンスとばかりにじゃんじゃん釣り上げ今日は大漁だったと喜びそうです。また、今はそうでもありませんが、食料にする鳥も見つけたらそれが寝ていてもかえって狙いやすいとばかりに躊躇《ちゅうちょ》なく射てしまいそうです……が、

孔子先生は違ったようです。人間とともに〝生きとし生けるもの〟に対する優しさが窺え、ここに噂に名高い「王者の徳」とされる「仁」の片鱗《へんりん》を見る思いがします。

ときに、動物も人間とともに生きていますが、皆さん、このビッグニュース知っていましたか？ 実は孔子先生は猫を飼っていた……のではないかという話？ でも、それって何かわかるような気がします。先生の時代は乱世でストレスが溜まることも多かったでしょうから、飼ってた猫に随分と癒されたのかもです。なんてたって動物は癒し系ですから。というのも、実はうちにも猫がいます。本題から少しズレますが、これはメスで推定三才ぐらいです。名前は悠《ゆう》で数年前に風邪をひいてクシャミをしながら我が家にやって来た風来坊です。キジ柄で尻尾はアライグマのようにシマシマでかわいいです。中肉中背で顔はマーマー（写メ参照）です。あまり悪いことはせずトイレもきちっと決まったところでします。綺麗好きなのかいつも身体をなめていて臭いも特にしません。性格はおとなしくて甘えじょうずで帰ると身体を摺《す》り寄せて来ます。名前を呼ぶと次の三種類の返事をします。

一、気分がふつうのとき……目を細める。
二、気分がやや良いとき……しっぽを振る。
三、大変気分が良いとき……「ニャー」と返事をする。
　＊時々これらのミックス版もあり。

最初は家が新築だったので猫がひっかきキズを付けるのではと心配したのですが特段それもなく、今はもうすっかり家族同然になっています。あ～、それから、どこで修業したのか徳が備わり感情的になったすることがありません。また邪気もなく好き勝手に行動しますが嫌われもせず、そんなところはどうも私より一枚上で、それで孔子先生と同じように癒され同時に尊敬しています（笑）先日、散髪に行ったら、奥さんもインコを飼っておられて「動物は癒されます～」って力説されていました。

それから、皆さん、頭山満《とうやまみつる》という人を知っていますか？　この人は福岡の出身で中村天風の師にあたる人です。江戸・明治・大正・昭和を生きた人で中国の辛亥《しんがい》革命やインドの独立などを宮崎滔天《みやざきとうてん》らとともに支援した人です。西郷隆盛を尊敬していて西郷さんが死んだあと薩摩の西郷家を訪ね、妻のいとさんが「西郷は死にました」と答えると、いや生きているはずだと言って、西郷さんが「言志四録《げんししろく》」から百一カ条を抜き出し書き止めていたものを見つけ「これだ！　これだ！　やっぱり生きていた！」と言って持ち帰った話は有名です。正義感が強く度胸一本で生き抜いた、そんな頭山満が子どもが犬か猫だったか忘れましたが飼うようになったときこう言っています。

「動物は言葉が喋れない。徹底的にかわいがりなさい」

さすがですね～。こんな言葉なかなか言えません！

そういうことで、君子とは人間に対してだけでなく動物や植物、また、モノなど、周りのすべての存在を限りある人生のなかで偶然、同じ時代をともに生きている仲間として見ているような、そんな感じがします。そして、これが、また〝仁〟なのかもです！

■述而編第二十七章

子曰く、蓋《けだ》し知《し》らずして之《これ》を作《な》す者《もの》あらん。我《われ》は是《これ》無し。多《おお》く聞《き》きて其《そ》の善《よ》き者《もの》を択《えら》びて之《これ》に従《したが》い、多く見《み》て之《これ》を識《しる》す。知るの次《つぎ》なり。

孔子が言った。世の中にはそれほど学がないのに〝我より古《いにしえ》をなす〟者がある。しかし、私はそういうことはしない。古今の多くの人の話をよく見たり聞いたりしてその良い処を吸収するようにしている。
そういう意味では自分は知者の次ぐらいであろうか。

**

訳文に〝我より古をなす〟という言葉を記しています。これは諸橋先生の訳文に入っていた言葉ですが、実は、私はこの言葉が好きで密かに心に秘めていました……以前は！　でも、論語の勉強をはじめて、これはちょっと違うなと思うようになりました。決定的だったのは、今、勉強している述而編の第一章に触れたからです。

「述べて作らず信じて古を好む」
（自分は、自分から新しい説を唱えたりはしない。古人の教えを信じて次の人に伝えるだけだ）

というもので、本章も同じような内容ですが「我より古をなす」とは自分が将来に語り継がれる新説を唱えるというような意味で、何とも奢《おご》り高ぶった感じがします。その点、さすがに孔子先生は聖人でありながらも「信じて古を好む」と古人の言を大切にして誠実です。人間というのはちょっと自信が付くとすぐに奢り高ぶった言葉を発しがちですが、先人の教えに学べば学ぶほど既に先人がそれを言っているのに驚かされ自分の浅さに気付かされます。

実は、世の中や人間や人生とはそんな簡単なものではなく、大変、奥深く様々なものだと思います。先日、テレビを見ていたら人生というものに今さらながら驚かされました。それは、さだまさしの「償い」という歌の話です。この歌にまつわる話を聞くと、とても恥ずかしくて「我より古をなす」なんて言えません。この歌は、ある事件を起こした二人の若者が被害者の方も悪いと、最後まで主張し反省の色がなかったのに見かね、裁判官が異例の言葉として「あなた方はさだまさしの『償い』という歌を知っていますか」と語りかけ、それが裁判官の異例の言葉として大きく報道されたことにより広く知られるようになります。

しかして、『償い』という歌の内容は、一人の青年が交通事故を起こしある男性をひいてしまったことに始まります。ひかれた男性は病院に運ばれますが息を引き取ります。そこに奥さんが駆けつけ泣き崩れます。青年は必死にあやまりますが奥さんは言います。「人殺し！」と。青年は大変なことをしてしまったと反省していましたが、さらに、その言葉にショックを受けます。ところが、この青年は、元々は真面目な人だったようで、その日は仕事で大変、疲れていてたまたまその事件を起こしてしまったようです。でも、それからというもの青年は人が変わったように、これまで以上に一生懸命働きます。そして、もらった給料は封を開けず全額、毎月、郵便で被害者の奥さんに送り続けます。そしてそれは何と七年続き、これが青年の「償い」の仕方だったようです。さらに、驚いたのは、このことを周りの誰もが知らなかったということで、この青年の健気《けなげ》さには感動させられます。人生とはそんなことで色々あり他人には分からない暗い影を背負って生きている人がいます。それを思えば「我より古をなす」などと人生がわかったような言葉は畏れ多くてとても言えません。

それでか、孔子は「私は他人や先人の話をよく見たり聞いたりしてその良いところを吸収している」と言っていて、二宮尊徳翁《にのみやそんとく》も次のように。

「私の教えは神道、儒教、仏教などの教えの中から大切な部分を取り出し、よく練って一粒丸の薬にしたものだ」

面白いことに同じことを言っています！　されば、世界には仏教や儒教やキリスト教やイスラム教など様々な宗教があり物の見方や考え方は違いますが、二人が言っているようにそれぞれの良いところを吸収していくようにすれば世界はもっと平和になるのではと！

■述而編第二十八章

互郷《ごきょう》、与《とも》に言い難《がた》し。童子見《どうじまみ》ゆ。門人惑《もんじんまど》う。子曰く、其《そ》の進《すす》むを与《ゆる》さん。其の退《しりぞ》くを与《ゆる》さず。唯《ただ》、何ぞ甚《はなは》だしきや。人、己れを潔《いさぎよ》くして以《もっ》て進まば、其の潔くするを与《ゆる》さん。其の往《おう》を保《ほ》せず。

互郷という村の人は素行が悪いことで知られていた。ところが、孔子がそこの少年と面談したので門人たちがいぶかった。そこで、孔子が言った。私は真剣に道に進もうとする者は許そうと思う。その反対は許さない。そのどこが間違っているか。それに、真剣に学ぼうとするのであればその真剣さを大事にするのが人情ではないか。その後、その者がどうなるかまでは知らないが。

＊＊

本章については以前、似たような話が本編の第七章に出ていました。あのときは、道を求めてやって来たとある若者を門人たちが身分の低いことを理由に追い返したので孔子先生が怒ったという話でした。それも束脩《そくしゅう》の礼儀を尽くしてやって来たのにでした。本章は真剣に道を求めてやって来た者を出身地が良くないことを門人たちがいぶかったため、孔子先生が一喝を喰らわせたところです。このことから西郷さんの話を思い出します。ひょっとして以前したかもしれませんが、それは時代が明治に変わってしばらくの頃です。西郷さんが付き人とともに馬車で移動中にある坂にさしかかります。すると、老夫婦が荷物をいっぱい積んだリヤカーを重そうに押し上げていました。それを見た西郷さんが言います。

「車を止めろ。あのリヤカーを押してかせしもんそ」

驚いた付き人たちは言います。

「閣下おやめ下さい。そのようなことは閣下のようなお方がなさるものではありません」

すると、西郷さんが言います。

「バカモーン！　お前たちがそげな風だけん遺憾とじゃ。人が困っとるのを助くるのはあたりまえじゃごわさんか。ごたごた言うとらんでおまん等も加勢しもんせ」

という話ですが、確かに身分や見かけに関係なく困った人を助けるのは自然発生的な人情というものです。こういうのが「仁」であり「至誠」であるのではと思います……ただ、この人助け、よ～く見てやらなければならないときもあります。余談ですが、私にも似たような体験があり、それを思い出すと何とも苦笑してしまいます。

それは、私が市役所に入庁してまだ若く正義感に燃えていた頃の話です。家から門の外に出ると、前の畑の入り口で溝に後輪をはまらせて上がれないトラック風の車があり運転手の農夫さんも困った様子でした。私は「よし！　押して加勢しもんそ！」とばかりに近寄って行きました。そしてよく見ると荷台には土がいっぱい積まれていますが、その荷台にはふちがないため、土は後ろではもうポロポロこぼれていました。それを直《じか》に押せば手が汚れそうでしたが、そこは、燃える青春の若者です！　手の汚れるぐらい何のその！　と押そうとしました。すると、その農夫は運転席から振り返り何かけげんそうな顔をしました。でも、私は手が汚れるぐらい何でもないですよ！　と言わんばかりに荷台に手を掛けました。すると、次の瞬間！　荷台に付いた土が手にニュチャッと来ました……が、何のそのと精一杯、車を押し上げました。すると、その甲斐あって車は無事、溝から抜け出しました。そして、私はやや誇らしげに農夫をみやりました。しかし、その農夫は目を合わせるのを避けたように頭を下げながら車をゆっくりと動かして畑の奥に去って行きました。私は良いことをしたな〜とばかり清々《すがすが》しい気分になり、ふっと目線を汚れた勝利の両手に落としました……と、その刹那《せつな》！　何とも懐《なつ》かしい、あの田舎の香りが吾が鼻を、吾が鼻を、つんざきました！　そうです！　あの荷台いっぱいに積まれた土の正体は家畜の糞土……だったんです！　あの牛か馬か知りませんが、とにかくクソだったんです！　クソ〜！　なんて駄洒落《だじゃれ》を言ってる場合でなく私は一目散《いちもくさん》に水道に走りました。そして、手で水を洗いながら、いや、水で手を洗いながら、あの目を合わせようとしなかった農夫の後姿が脳裏に浮かんできました……という少々臭い話で、ま、やや気分のすっきりしないところもありましたが、しかし、人助けは人助けであり最近、見ない〝美談〟としてお聞きいただければ幸いです（笑）

それで、さっきの西郷さんや私の話ではありませんが、佐藤一斉が次のようなことを言っています。

「雲霧《うんむ》はやむなく発生し、風雨はやむなく吹き降りはじめ、雷はやむなく轟きわたる。ここに〝至誠〟の作用をみる思いがする」

つまり、「至誠（誠の極み）」とは自然現象と同じようなものでいつ求められるかわからないということで、本章を振り返れば、肩書きや素性に関係なく相手の真剣さに呼応するのが人の道であり、やむにやまれぬ良心を大切にしたいと思います……少々、臭いときもありますが！

■述而編第二十九章

子曰く、仁遠《とう》からんや。我《われ》仁を欲すれば斯《ここ》に仁至る。

孔子が言った。仁とは遠いところにあるものだろうか。いや、仁は自分が欲っしさえすればすぐにやってくるものだ。

＊＊

本章には〝仁〟が出ています。仁とは言わずと知れた論語の中心をなすものです。ここで孔子は仁は遠いところにあるのではない自分が求めさえすればすぐにやって来ると言っています。自身ですら軽々に口には出さなかった仁とはそんなに簡単にやって来るものなのかとちょっとほっとしますが、でも、それじゃ、仁とはいかなるものか説明せよと言われてもなかなか難しい気がします。

実は、本章には忘れられない想い出があります。それは、以前にも登場されたM助役さんから本を戴いたときの話です。その本は吉川英治の「親鸞《しんらん》」という本で、全三巻のそれぞれに論語の言葉が万年筆で書いてありました。切れ者と言われた方ですからさすがに論語にも造詣が深かったと感心させられましたが、これは浄土真宗の開祖・親鸞の一生を著した本でした。今から二十年ほど前に読んだので多少不確かですが、印象に残っているのは親鸞が当時ご法度《はっと》とされた結婚に踏み切ることです。本章の仁の話と関係ありそうなので紹介します。

時代は鎌倉で僧侶が公然と結婚することは禁止されていました。そんななか親鸞は玉日姫《たまひひめ》という人と出会い好きになります。女人は禁制であるため忘れよう忘れようと真剣に悩み苦しみますが、そう思えば思うほど脳裏に姫の姿が浮かび苦悩します。そして、追い詰められた末、自分の心に自然に浮かぶことを浮かぶなと思う方がおかしいのではないか？　むしろ、心に浮かぶことは自然だから正しいのではないか、また、女人禁制ということであれば女性は救われないではないか、仏は男女に関係なく万人を救うものではないのか、と思いあぐねた末に世間の非難を浴びながらも玉日姫と結婚します。

という話で、この心中に自然に起こるもの、これが、欲得のからむ不純なものでない限り〝仁〟と似るのではないかという気がします？　そして、この本の一冊に助役さんによる本章の「仁遠からんや。我仁を欲すれば斯に仁至る」の言葉が書かれていました。親鸞のつかんだ真理を助役さんは論語の本章に見付けられたのではと思うところですが、助役さんはもう亡くなられておられ、生きておられれば今頃この辺のことについて深い話を伺うことができたのに……と思えば残念な限りです。今時〝仁〟を語れる人なんてそんなにいないからですね。それから、残る二つの本に書かれた論語の言葉についてはまた出てきたときに紹介したいと思います。

それで、仁ですが、別に遠いものではないということですので難しく考えず、今、自分の感じるところを書いてみたいと思います。これまでも度々触れましたが仁とは一言で言うと〝ボーダーレス〟ということではないかと？　人間だけでなくこの世の自分と同じ時代に同じ空間に存在する動物や花や石ころだってそうで、すべてのものに対し境界を設けることなく同化した溶け合った感覚を持つことではないかと？　そして、そのような言わばボーダーレスの〝仁心〟を得るには一切の〝妄想〟を取り払った清く澄んだ気持ちになることが大事で、そうなることによって自然と向こうからやって来るのではと思われます。禅に次のような話があります。人間には「七情《しちじょう》」といわれる「喜ぶ・怒る・悲しむ・恐れる・愛する・憎む・欲する」の七つの妄想があり、こんな人と対峙する気持ちを制する修業を積むことによって、天理にかなった人間本来の自由無碍《むげ》な境地を得られると。また、白隠《はくいん》禅師もこう言っています。

「妄想が人間を食い殺す」

何とも怖い言葉ですが、確かに、私たち人間は感情を持った生き物である以上、日常に起こる様々な人間関係に対して七情を思い浮かべるなと言っても無理な話です。ただ、大事なことは、喩え七情のような言わば疫病神《やくびょうがみ》が一旦心に取り付いたとしても、いつまでも振りまわされず、次の瞬間には、冷静に爽やかな顔で打開策を考えるということでしょうか？

まとめると、人間は常に妄想に食い殺される危険性を持っているが、心を常に青空のように明るく清く広く保とうとすることによって物事は自然に良い方向に向かう。そして、この心構えこそが、本章で孔子が言わんとした〝仁〟がやってくる条件ではないかと！

■述而編第三十章

陳の司敗《しはい》問う、昭公《しょうこう》礼を知れりやと。孔子曰く、礼を知れりと。孔子退く。巫馬期《ふばき》を揖《ゆう》して之を進めて曰く、吾聞く君子は党せずと。君子も亦た党するか。君呉《きみご》に取《めと》りて同性為《た》り。之を呉孟子《ごもうし》と謂う。君にして礼を知らば孰《たれ》か礼を知らざらんやと。巫馬期、以て告《つ》ぐ。子曰く、丘《きゅう》や幸《さいわ》いなり。苟《いやし》くも過ち有れば人必ず之を知る。

陳国の司法長官である司敗が魯国の君・昭公は礼を知るだろうかと尋ねた。孔子は昭公は礼を知ると答えた。司敗は孔子が退いたあと門人の巫馬期にお辞儀して言った。私は君子は徒党を組まないと聞いていた。孔子ほどの君子でも徒党を組むのか。昭公は呉国からめとった妻が同姓であることを偽るため妻に呉孟子と名乗らせている。そんな君が礼を知る人というのであれば礼を知らない人はいないのではないか。巫馬期はその話を孔子にした。孔子はそれを聞き私は幸せ者である。仮に私に過ちがあれば人が必ず教えてくれると答えた。

＊＊

本章については背景があります。当時は同姓の人同士の結婚は礼制上できないことになっていました。しかし、昭公はこれに反して妃の名を偽り結婚したため、そのことを司敗から指摘されたということのようです。「礼」を重んじる孔子からすれば痛いところをつかれた感じですが、興味深いのはこのときの孔子の答え方です。孔子はまず素直に自分の非を認めます。そして、その後、言った言葉が面白く、ここら辺りが難しい人間関係のなかで大変、参考になるところであり、また、ものの見方でもあると思われます。果たして、孔子は「自分は間違ったときにそれを咎めてくれる者がいて幸せだ」と答えます。確かに、そんな人がいることはありがたいことでそのとおりです。しかし、それでは答えにならず話題を「君」の話から「自分」の話にすり替えたに過ぎません。

さて、このことは後で触れるとして、ちょっと気になるのは、そもそもなぜ、孔子ともあろう人が、相手が君といえども間違いは間違いとしてこの結婚を咎《とが》めなかったのか？　仮にもトップたる者がそうあれば下に示しがつかず世の乱れの原因ともなります、が、論語にはこの辺りの詳しいことが出てきません……確か？　では、孔子先生のそこんところの気持ちがどうだったのか？　畏れながら、代弁すれば、

「この話はそんな国の一大事件というほどのものでもない。我らが君が惚れられたお妃さまの話だし、それに、本人も遺憾とは知りながらどうにもならず、それでわざわざ名前も変えて苦しいところなんだから。むしろ、見方によっては微笑ましいではないか。な〜、みんな、許してやれよ！　国民挙げて祝ってやろうじゃないか！」

といったところだったのではと？　でも、仮に、ここで孔子先生が君に対して決まりは決まりだからと詰め寄っていたとしたらどうなったか？　たぶん、君は、

「孔子さん、妃の名前がどうだこうだなんて小さなことはどうでもいいじゃないか。それより、何か国の大事な

話はないのかい?」

と言ったかもで、やはり、聖人や一国の君主がまともに取り上げる話ではないような気がします? 世の中、なんでもかんでも「法は法、決まりは決まり」というのは、いかにも真面目過ぎで了見の狭い違いのわからない石頭と言われそうです。

話が現代社会に飛びますが、交通違反などでも車のスピードが一キロオーバーしたとか二キロオーバーしたとかで違反は違反として現実的にキップを切られたなどという話はあまり聞いたことがありません。でも、これが「殺意」があったかどうかとなるような話になると、例え未遂で終わってもそれはそう簡単には済まされません。やはり、法は法でもTPOに応じた柔軟な対応をすべきときもあるような気がします。

戻って、この話は、孔子先生が「礼」制度を破った君の肩をもち痛いところを突かれながらも、他人の非をして自分の話へと切り替え、関係する司敗、昭公、巫馬期の間を取って、その場を好いとも悪いとも言えない〝ふんわり〟した感じに治めたのがさすがだと思われます。

私たちだって上司をそう簡単には責められません。内容によっては、白黒決着を付けず、こんな風に〝ふんわり〟とその場を治めることができれば、狐につままれたようながら、事なきに終わりそうな気がします!

■述而編第三十一章

子《し》人と歌いて善きときは必ず之を返さしめて而る後に之に和す。

孔子は歌の席で誰かが良い歌を歌ったときは必ずもう一度歌ってもらい、その後、一緒に歌った。

＊＊

本章は今風に言えばカラオケの場面でしょうか? 孔子先生が歌の席が好きだったのがよくわかりますが、誰かが良い歌を歌ったらもう一度歌ってもらい、そして、最後は一緒に歌ったということは、都合その歌を三回歌ったことになります。これって歌った人は気分が良いでしょうね。そもそも自分の好きな歌とは自分の心境に合ったものですから、それにアンコールを求められ、さらに一緒に歌おうと言われたら何か自分のことを理解してもらえたようで大変、嬉しいと思われます。そう考えると、この話はただ単に孔子先生が気に入ったから何度も歌ったということだけでなく、何か孔子先生の他人に対する思いやりのようなものも感じます……ひょっとしたら孔子先生がそうしたのは、その人にどこかふさぎ込んだりしたところが見られ……それで、その人を元気付けるためというような気がしないでも?

私たちも日常で色んな席に臨みますが、そんな席で時々その場の雰囲気に合わせ顔の表情はニコニコしながらもどこか物足りなげだったり、本当は何か言いたそうだけどきっかけがないようだったり、また、こんなことを言っては的外れではないかと躊躇《ちゅうちょ》しているようだったりする人を、よくよく見れば見受けます。そんなとき、そういった人に心を配り、さりげなくその人が喋りやすいようにきっかけを作ったり、また、誰かが喋ってもよくみんなが理解しなかったりしたときなどフォローしたりする人がいます。こんな人はなかなかで、まさに一隅を照らす国の宝で孔子先生の本章の話にはそんなことも連想させられます。

ところで、話はガラッと変わりますが、先日、私も五十云《うん》歳になりました。論語的に言うと天命を知る五十歳をほどほど過ぎたところで大きな節目のような気がしています。というのも、こうやって日々幾多の先人の言葉に触れているせいか、最近、少し心境の変化がありました。その辺のことをちょっと書いてみたいと思います。それは、今までは「述べて作らず。我より古をなさず」ということを基本に先人の教えを疑わずそれら一つ一つを肯定的に捉えて来ましたが、どうも、そこから抜け出し何か次のステップに入らなければならない気もしています。というのも、今、毎日、本で触れているのは孔子・孟子・安岡正篤・左藤一斉・中江藤樹・森信三・吉田松陰・坂村真民・中村天風・東井義雄・二宮尊徳・谷沢栄一などの錚錚たる人達、また、月刊「致知」などに出て来る人たちで、こう書くとたくさん読んでいるようですが、毎日少しづつですから大したことはありません。それより問題なのは、それらの人たちのなかに、

・自分の道は自分で切り開け（スマイルズ）
・己が心を師とせよ（法句経）
・古い礎石を人は尊ぶが、どこかでまた、初めから築く権利を放棄してはならない（ゲーテ）
・尽《ことごと》く書を信ぜば即ち書なきに如かず（孟子）
・多く聞きて其の善き者を択びて之に従い、多く見て之を識す。（孔子）

などという言葉もあり、これにふっと想うものがあります。考えてみれば、これら聖賢の言葉を学ぶのはそれを自分が実社会で役立てるためですが、実際、それが現実とそぐわないことがあったりします。例えば、吉田松陰先生は塾生の皆を自分より若い人であっても君付けではなく、さん付けで呼んだとあるので「それは良いことだ！」として実際に使ってみるとどうなるか……次第に相手の態度が大きくなって来ます。どうもへりくだったように取られるようです。言い方もあると思いますが、こんな感じで先人の言ったことなりを、そのまま用いるとおかしくなるときがあります。それと似たようなことは他にも感じるところで、やはり、先人の言動が貴重であることに間違いはないとしながらも丸々とは用い入らず、主人公は自分であるという意識をまず据え、そして、良く考えて導入しなければと思うところです。松尾芭蕉の言葉にも、

「格《かく》に入って格を出でよ」

（まず形から入ってそして形を出なさい）

とあり、私も五十云《うん》歳になって今さらという気もしますが、それで、そろそろ格を出る頃かな～と想ったりもしているところですが……

■述而編第三十二章

子曰く、文《ぶん》は吾猶《なお》人のごとく莫《な》からんや。躬《み》は君子を行うに則ち吾《われ》未だ之を得ること有らず。

孔子が言った。学問については私も人並みであろうが、実践においてはまだ君子のようには行えない。

＊＊

本章は、学は頑張ればある程度の域まで到達できるが、それを実践するのは難しいと言っているところです。

確かに、「言うは易《やす》く行うは難《かた》し」ですが、しかしながら、本章には何かほっとさせられます！　あの聖人とされる孔子先生でさえ実践は難しいと言っておられますから、まして言わんや、凡人の私など時には勇気を欠いたり、それどころか過ちをおかすこともあり、実践とはなかなかに難しいと日頃から実感しています。それ

で、問題はむしろ「実践」することより「過ち」にあり、日頃、私も失敗がないよう落ち度がないよう気を付けて仕事や人間関係に取り組んではいますが、それでも時々、魔が差したように失敗することがあります。余談ですが、〝魔が差す〟とはこう書くようです。正しく悪魔が隙を狙って飛びこむようです。先日も、さだまさしの「償い」の話が出て来て、真面目な青年が魔が差したように事故で人をはねてしまったとありました。私なんざ真面目でも何でもなくアバウトでざ～っとしていますのでしょっちゅう過ちます。でも、世の中なんとかなるもんで、どうにかこうにか大事には至らず済んでいます。「捨てる神あれば拾う神あり」ということでしょうか。ありがたいことです。それで、問題はそうやって注意していても過ちを犯してしまったときどうするかということですが、例えば、学而編、また、先の衛霊公編に次のようにあります。

「過ちては則ち改むるに憚《はばか》ること勿れ」
「過ちて改めざる是れを過ちと謂う」

気を付けたいのは過ちを犯したときに〝謝る〟という行為です。自分の非を認めるということですが、これがなかなか難しいときがあります。「こうなったのも私だけの責任ではない。あの人にも責任がある」「うっかり謝ると付け込まれる」「高飛車に出られる」などと理由は様々あり、確かに、この辺の見極めには難しいところがあります。でも、やはり論語的に言えば、つべこべ言わず「申し訳ありません。それは私の間違いです。すみませんでした」謝ることが大事ではと。人間、不思議なもので相手が謝るとそれ以上は言えなくなります。でも、逃げたような感じだとどこまでも追求したくなります。それに、ここが〝妙〟で面白いところと思われますが、爽やかな謝り方は人間の値打ちを逆に上げたりもします。相田みつをさんも次のように言っています。

「べんかいのうまい人間　あやまりっぷりのいい人間」

さて、されど、過ちを起こさないのが一番で、そのまじないとして佐藤一斉翁の言葉を紹介します。

「わずかに誇伐《こばつ》の念頭《ねんとう》有らば、便《すなわ》ち、天地と相《あい》似ず」

地球には宇宙からの正しい力が働き、それが人間界にも及んでいる。誇伐つまり〝奢り〟はこの力に逆行することになり、そうなれば、身に災いが起こるのも当然だということのようです。なお〝奢り〟のないことは、過ちを回避させるに止まらず、逆に、天地を味方に付ける秘訣でもあるようですので、このこともしっかり覚えておきたいものです。

■述而編第三十三章

孔子曰く、聖《せい》と仁との若《ごと》きは則ち吾れ豈《あに》敢てせんや。抑々《そもそも》之を為《まな》んで厭《いと》わず人を誨《おし》えて倦《う》まざるは則ち云而《しかいう》と謂《い》う可きのみ。公西華《こうせいか》曰く、まさに唯だ弟子《ていし》学ぶこと能《あた》わざるなり。

孔子が言った。聖人や仁者とはとうてい私の及ぶものではない。ただ、道を学んで嫌がらず、また、学んだことを人に教えて飽きない、ただそれだけである。それを聞いた公西華が言った。そのこと自体が我々の及ばないことですと。

＊＊

本章は孔子先生が自分は聖人とか仁者とか言われるような人ではないと否定されているところです。が、どうも、当時から聖人と世に謳われていたようで、それでこの言葉となったようです。門人の公西華は孔子の後段の、ただ学んで嫌がらず、また、学んだことを人に教えて飽きないという言葉を聞いて、そのことこそが取りも直さず聖人の域だと言っていますが、確かにそんな気がします。普通の人であれば勉強は嫌いですぐに飽きて自分の好きなことをしたり遊びに行ったりしてしまいそうです。特に「道」の学問とかなると堅苦しそうで……でも、孔子先生はこれを嫌がることがなかったというのですから、やはり、聖人だと！　ただ、今、私はこうやって論語の解説させて貰っていますが、それでか、その飽きない気持ちが少しだけわかるような気がします。というのも、これを始めた頃は軽い気持ちだったのですが、段々と偉人や大人《たいじん》の言葉に触れるにつれ、その当意即妙《とういそくみょう》な真理を突いた内容に思わず引き込まれている自分を発見するからです。たとえば、吉田松陰先生の「一日一言集」の今日のところに次のようにありました。

「そもそも、知を好む人は人を疑い過ぎて失敗するものである。また、仁を好む人は人を信じ過ぎて失敗するものである。両方とも偏っている。しかし、人を信じる者の方が往々にして人を疑う人に勝っている。（中略）だから自分はむしろ人を信じて失敗はしても、誓って人を疑って失敗することがないようにしたいと思う」

松陰先生は二十九歳で亡くなっていますが、よくこの若さでこんなことが言えたもので人間の真理をするどく見抜いていることに驚かされます。確かに、人間というものは「知」に走る傾向があり、自分の方が詳しい余計に知っているとして人を信じない。信じないどころか軽蔑《けいべつ》したように見る人がいます。この言葉はそういう人間の習性をよく見抜いた心に響くものです。聖人と言われるような人の言葉とは実にこんな感じで常に真理を突いて感動的ですので、それで、おそらく私も引き込まれるのだと思います。また、佐藤一斎先生はこんなことを言っています。

「人は身体の大小や力の強弱の差はどうすることもできないが、心の賢さや愚かさについては、学問によって変えることができる。ゆえに人がこれを一回するなら自分は百回行い、人がこれを十回するなら自分はこれを千回行う。果たしてこの方法を実行すれば愚者であっても必ず賢者になり柔弱な者であっても必ず強くなる。ただし、普通の人はたいてい遊び怠けてしまい、努力を続けることができないものである。これには何か天の算段があるものだろうか」

この話など私のような弱い凡人には大変に勇気の湧く言葉で先人の励ましを感じてやまないところです……五行目までは！　でも、問題は次の但し書きです！「ただし、普通の人は遊び呆けて長続きしない」と！　これって何ですよね、脅しですよね？　お前はそうじゃないだろうなって？　そして、さらに、これに畳みかけて最後は「これは何か天の算段であろうか」って続きます！　これって、もう遊び怠けるような人間にはサジを投げたって感じで……と、こんな風に偉人の言葉とは非常に刺激的です！　おそらく、孔子先生も同じような刺激を受けてどんどん魅かれて行ったのではと思われます。その上、そもそも孔子先生は聖人ですので飽きたり遊ぶ気になったりなどはさらさらなかったと思われます。

そこいくと、凡人の私は今でこそこの論語の解説をするに当たって、内容を充実させるためできるだけ多くの聖賢や大人の書に触れるようにし、少なからずの刺激を受け、その魅力にひかれてもいますが、正直に言って、なかなかに大変で時々疎ましく感じられそうになったりもします。でも、今は気を引き締め武蔵の「独行道」のような心境で頑張っていて、いつか、これが終わる日が来たら思いっきり遊べることを夢みているところです！

■述而編第三十四章

子の疾病《やまいへい》す。子路請祷《せいとう》す。子曰く、諸《こ》れ有りや。子路対《こた》えて曰く、之有り。誄《るい》に曰く、爾を上下の神祇《しんぎ》に祷《いの》ると。子曰く、丘の祷ること久し。

孔子が重い病気になった。門人の子路は心配して神に祈願した。それをあとで聞いた孔子は神に祈る願《がん》かけとは慣習としてあるのかと聞いた。子路が言った。誄《るい》（亡くなった人の功績を讃えその人が冥土《めいど》に行けるよう祈る祈願）に「汝を天地の神に祈る」とありますと答えた。孔子はそういうことなら私は昔から祈っていると答えた。

＊＊

本章は孔子が重い病気になったので子路が神に祈願をし、それを後で聞いた孔子が「そんなことはしなくてもいい」と諫《いさ》めたところのようです。誄《るい》という祈願が亡くなった人に対するものであったため孔子はムッとして「失礼な！　ワシはまだ死んでもいないのに！」……ということではまさかなかったと思います。すいません！私の方が失礼で（笑）そもそも、子路はおっちょこちょいなところがありますので孔子としても「あ〜、また子路が！　よく考えもせずに……」と言ったところではなかったかと？　でも、子路が深く考えはしなかったものの純粋に心配してくれたのは大変嬉しかったと思われます。

　さて、この病気になったときの孔子の心境ですが、やはり聖人であり、とうの昔から、いわゆる「死生観」というものは備わり「ジタバタしても死ぬときは死ぬ。私は日頃、天の命に従い自然に生きている。だから、今回もし死ぬようなことがあってもそれは天命である」と覚悟はしていたと思います。先の章に進むと、それを裏付ける「危《あや》うきを見ては命を授《さず》く」という凄まじい言葉が出て来て、いつでも命を投げ出す覚悟であったことが窺えます。

　されば、本章の最後の「丘の祷ること久し」とは、自分は日頃から天意にかなった生き方をし、また、この乱世を平安な世とする努力をしている。それで、できればこの天命を全うさせていただきたいと常に天に祈っているということではと思われます。

このような「死生観」から思い出される話がいくつかあります。ここは人間が覚悟を決めるのに大事なところと思われますのでずらずらーっと並べてみます。最初に、ある和尚さんの話で、すみません、出典や名前は忘れましたがこんな話です。その和尚さんが小僧さんにある日お灸《きゅう》を据えさせていたそうです。あの肩や腰にするお灸です。するとそこへ一人の信者さんがやって来ました。その人はびっくりして「和尚さん何ということをなさっているのですか。今日は暦の上では火を使ってはいけない日になっているじゃありませんか」というと、和尚さんは「あ～そじゃった。そうじゃった」と言って素直に止めてしまいました。そして、しばらくしてその人が帰ると和尚さんは「や～や～小僧さんやお灸を据えてくださらんか」と言いかけました。びっくりした小僧は「和尚さん、今、今日は火を使ってはいけないと言われてお止めになったばかりではありませんか」と言いました。すると和尚さんは「いやいやわしは日頃から仏様に誠心誠意仕えとる。こんな私に災いの起きるわけはない。さ～さ～据えて下され」と返したそうです。仏に仕える人も天に仕える人も誠心誠意で生きている限りは我が身の振り方には自信があられるようです。次に、宮本武蔵です！　先日も紹介しましたが、「独行道」のなかで、

「仏神は尊し仏神をたのまず」
「道においては死をいとわず」

と言っています。生涯、真剣で六十回以上も生き死にを賭けて戦った武蔵ですので「死生観」は凡人の計り知れない相当な境地があったものと思われます。そして、武蔵も当然のことながら「論語」は勉強し本章のことは知っていて神仏は尊んでも頼りにはしなかったという気がします。また、菅原道真《すがわらのみちざね》に、

「心だに誠の道に適《かな》いなば祈らずとても神や守らん」

とあります。これも、孔子やさっきの和尚さん、武蔵に通じるところがあり、そして当然、菅原公も論語の本章のことは知っていたのではと？　極めつけは、佐賀鍋島藩の山本常朝《やまもとじょうちょう》の「葉隠《はがくれ》」にある言葉です！

「武士道と云うは死ぬことと見つけたり」

とはあまりに有名です。結局、人間は死ぬことに対して覚悟が定まらないと一本筋が通らないようです……なんて簡単に言いましたが、なかなか難しいところです。でも、今、挙げたように偉人は皆そこに覚悟が定まっていたようです。

そこで、大変おこがましいことですが、あえて私の死生観のようなことを言えば、五十で役所を辞め身軽になり、五十五で一度死んであの世から舞い戻り、もう一度人生を生きている、なぜか今そんな感じです。ひょっとしたら、こうやって論語の勉強を続けているので少しずつ抜けて来たのかもしれません……ありがたいことで、なにか少し〝自由〟になった気分です！

■述而編第三十五章

子曰く、奢《おご》るときは則《すなわ》ち不孫《ふそん》なり。倹《けん》なるときは則ち固《こ》なり。其《そ》の不孫ならん興《よ》りは寧《むし》ろ固《こ》なれ。

孔子が言った。奢れる人は不遜《ふそん》（厚かましい）である。倹約する人は頑固である。どちらかと言えば不遜より頑固な方がよい。

＊＊

本章は平たく言うと奢者は厚かましく倹約家は頑固ということでしょうか？　これがどんな背景で言われたものか分かりませんが、諸橋先生は「人は奢ると不遜傲慢になり、倹約に過ぎると頑迷固陋《がんめいころう》に陥る」と言っておられともに良くないことのようです。

さて、それではまず「倹約」の方から「倹約家」と言えば、そんなに悪いイメージはありませんが、でも、これが過ぎると「頑迷固陋」になってしまい良くないようです。で、この「頑迷固陋」なる聞き慣れない言葉について辞書で調べてみると次のように。

「かたくな」
「ものの道理がわからない」
「考え方に柔軟性がない」
「古い習慣や考えに固執する」
「新しいものを好まない」

いかにも頭が固そうで融通の利かない感じがします。

こんな人と一緒に仕事をするとなると大変そうで、これに思い当たる節のある方は要注意です。さて、でも、孔子先生は「寧《むし》ろ固なれ」と言っていて、それでも「不遜傲慢」よりはましだと。そうなると不遜傲慢とは相当たちが悪そうです！　こんな人にはなりたくないものですが、では、その不遜傲慢なる「傲者《ごうしゃ》」とやらはどんな人か？　どうもこんな感じがします。

「自分の方が地位が上だ」
「自分の方が学歴が高い」
「自分の方が詳しい」
「自分の方がお金を持っている」

などと他人と比較して自分が上であることに優越感を感じている人達のようです。いかにも偉そうに威張った鼻もちならぬイヤナ感じがします。でも、確かに、こんな人たちはちょこちょこ見かけるような気がします。どうして、こんな人達が世の中に多いのか？　それは、これまでも度々触れてきましたが、これが欧米の帝国主義という「力」による支配に起因することは知ってのとおりです。この「力」による支配が「自分の方が上だ！」という勝ち負けにこだわる「傲者」のはびこる競争社会を生みだしたと思われます。

しかし、それが、最近、大国・アメリカに黒人のオバマ大統領が誕生してから流れが変わり始めた気がします。黒人は人間の歴史上一番虐げられてきた民族であり、差別された人の心の痛みが分かる優しさを持っていると思われ、それはどこか孔子の仁愛思想と似ています。アメリカが今「力」から「徳」の国家へ変わろうとするとき、同じように近年「徳」を失いつつあった日本も本来の美徳の国家に戻らなければなりません……そうそうそうやってアメリカとともに手を取り合って世界の新秩序を作って行きなさい……と孔子先生も言っておられます。私はそれをテレパシーで感じています（笑）

冗談はさておき、やはり、人間は他人を競争相手として見るのでなく同じ種族、同じ人間、同じ仲間、また、それ以上の〝兄弟〟のように見る一体感を持たなければと思います。私たちは何億年と続く時間の流れのなかで、同じ今の時代にたまたま生き合わせた存在です。そんな兄弟のような仲間と競争し合うのは何か小さく、もっと大らかにともに自由に生きて行きたいものです。自分の「地位」が上だなんて目先のことにしか過ぎません。目先のことはやはり小さいことです。「お金」もそうです。本来、自分のお金なんて一円もありません。だからお金に名前は書いてありません。お金はすべて公金です！独り占めし優越感を感じるのは小さい気がします。「才能」も、ありがたくも自分にだけ与えられたものです。生まれつき才能のない人はいっぱいいます。自分だけ格好をつけるのでなく、その才能を活かしもっと〝人さまのお役に立たさせていただく〟という謙虚さが人間には大事なのではないでしょうか？

■述而編第三十六章

子曰く、君子は坦《たい》らかに蕩蕩《とうとう》たり。小人は長《とこしな》えに戚戚《せきせき》たり。

孔子が言った。君子はどこまでも伸び伸びしている。小人はいつまでもくよくよしている。

＊＊

本章は君子と小人の違いを言ったところです。私も大変好きなのですが、この言葉なかなかにすばらしいと思います。実は、この君子と小人の二つの文章は対句になっていて「互文《ごぶん》」と言い、

「君子は坦《たいら》かに長《とこしな》えに蕩蕩《とうとう》たり」
「小人は坦《たいら》かに長《とこしな》えに戚戚《せきせき》たり」

となり、無限の時間と無辺の空間の概念つまり「時空」が織り込まれ、実際は「君子はいつでもどこでも伸び伸びし、小人はいつでもどこでもくよくよしている」と解すべきであるようです。私は、この君子の「坦」と「蕩蕩」という漢字から森山良子の「この広い野原いっぱい」という歌の、広々とした緑の野原が連想され心が晴れ晴れとして来ます……ちょっと古いですが（笑）でも、一方の「戚戚」には、いつも、くよくよ、ぶつぶつ、あ〜あ、どうしようどうしよう、悶々、など、といったマイナスのイメージが湧いて来ます。こんな人が時々います。いつも溜息や愚痴や否定語を言うジメジメした感じの人が。そばにいるとこちらの運勢まで悪くなりそうでできればそんな人からは離れていたくなります。やはり幸運の女神は明るい人が好きではないでしょうか。

さて、とは言え、そんな君子も一朝一夕にできあがるものではありません。最近、感動した教訓となるべきことをいくつか紹介します。森信三先生がペスタロッチと

いう有名な教育家の気合いの入った言葉を！

「苦しみに遭って自暴自棄《じぼうじき》に陥るとき人間は必ず内面的に堕落《だらく》する。苦しみに堪えてこれを打ち超えたとき、その悲しみはその人を大成させる」

「人間の強さというものは人生のどん底から立ち上がって初めて得られる」

「人生を深く生きるとは必ずしも自分だけが悩み苦しんでいるのではなく多くの人が『苦悩の大海』に浮き沈みしているということを分かることであり、反対に人生を浅く生きるとはその悩み苦しみを自分だけのものであると思い人を憎んだりすることである」

次に、波乱万丈の人生を送った作家・宇野千代《うのちよ》さんの話です。宇野さんがアメリカに渡ってあるとき道を歩いていると向こうから一人のおしゃれな女性がしゃなりしゃなりと歩いて来たそうです。それで、宇野さんはアメリカは先進国で女性もカッコいいな～と思いすれ違い際によく見ると、なんとその人には両手がなかったそうです。そこで宇野さんは閃《ひらめ》いたそうです。手がなかろうが足がなかろうがすべてを否定されたわけではない。まだまだ残されているものはいっぱいある。現状にこだわらず「人生は楽しんだ者が勝ちだ」と！

最後に、江戸中期の白隠《はくいん》禅師の言葉を紹介します。

「南無地獄大菩薩《なむじごくだいぼさつ》」

「南無阿弥陀仏《なむあみだぶつ》」ではありません。この世はある一面、地獄であることをよく理解し腹に据えれば、覚悟が決まり大菩薩が現れると私は解しています。そして、こんな話が。会社が倒産しかかり大変な窮地に陥った人が、友人の家にお金を借りに行ったところ、この言葉が床の間に掛けてあった。これを見たその人はこう思ったそうです。まさに、今の自分にとってこの世は地獄である。しかし、人生にはときとして、こんな地獄のようなときがあるのは当たり前のことではないか。であれば、この地獄という現実からスタートしなければならない。自分は、これまで〝人に頼ろう頼ろう〟としてきた。しかし、もう、これからは誰にも頼らずこの地獄を自分の力だけで乗り越えてみよう！　そう覚悟を決め金は借りずに帰り、その人はその後、菩薩に見守られたように復活していったそうです。

されば、先人とは本当にありがたく、長い人生のなかで追い詰められたときにこんな言葉やエピソードを知っていれば大変に心強く〝坦々蕩々〟いつでもどこでも明るく大らかな君子のようになれそうです！

■述而編第三十七章

子は温にして厲《はげ》し。威《い》あって猛《たけ》からず。恭々《うやうや》しくして安し。

孔子先生は温厚だが激しいところもあり、威厳もあるが荒々しくはなく、ひかえ目だが穏やかであった。

＊＊

本章は孔子先生の性質を門人らが語ったところです。いかにも変幻自在で聖人らしい雰囲気が感じられます。でも、めったにこんな人はいないのでは。何せ何千年に数人という存在ですから。私たちの短い一生ぐらいでは簡単にお目にかかれるものではないのかもです。されど、孔子先生と同じ時代に生まれていたらぜひお会いして、一杯おごってもらいたかったものです（笑）冗談はさておき、本章には聖人の特性が六つ出ています。

「温厚である」
「荒々しくない」
「ひかえ目である」
「穏やかである」
「激しさがある」
「威厳がある」

ちょっと並べ替えてみましたが、人間も人格ができて来ると最初の四つくらいの優しさは備わり万事うまく行きそうです。でも、なぜか時々そんな優しさだけでは物事がうまく行かないときがあります。例えば、職場の仕事！　人間関係です。下の人を動かすにもなかなか難しいところがあり、上司が優しくして部下が動いてくれれば良いのですが、そうは簡単には行かないのが世の常で、つい、痺《しび》れを切らして声を荒げそうになるときが……やはり、人を動かすのは大変に難しく山本五十六《やまもといそろく》元帥でさえ言っています。

「やってみせ　言って聞かせて　させてみて　ほめてや

らねば人は動かじ」

と。軍隊の上下関係がハッキリしたなかにあっても命令だけでは上手く行かず苦労したことが窺えます。はて？　それでは、一体全体、人を動かすのにどうなければならないのか……されば、いつものように先人のアドバイスに耳を傾けてみたいと思います。まずは昌平学の佐藤一斎先生に基本的なところから！

「春風を以って人に接し秋霜を以って己に接す」

一斉先生は他人には春風のように暖かく、しかし、自分には秋の霜のように厳しく接しなさいと言っておられます。北風は旅人のマントを吹き飛ばそうと冷たい強風を当てますが旅人は益々マントの襟を握り締めてしまいます。でも、太陽はポカポカ、ポカポカと温かく包み込み自然にマントを脱がせてしまいます……とは御存じ「北風と太陽」の話です。されば上司たる者も優しく暖かく包み込むということが大事なようで、そんな太陽のような人のもとには良好な人間関係が生まれ部下も自然とやる気が出て来そうです……と、これはあくまで基本的なところで、相手や時間や場所によっては状況が違わなければならないケースも出てきます。例えば警察が悪党に優しく接していては話になりません。また、子供の教育でも間違ったことをしたのに優しくしていては道を踏み外しそうです。

戻って、そこで本章の聖人の六つの徳性です。最後の二つ！「激しさ」「威厳」も兼ね持つことが肝心要となりそうです！　優しいばかりが能ではなく「厳しさ」や「威厳」も備えていなければならない……となると、これはある程度の年齢まで達しないとかえってカッコつけているようです。でも、せめて少しぐらいのピリッとした「厳しさ」はどこかに秘めていたいもので、そこで孔子先生の「厳しさ」です。先生の「厳しさ」とはどこから来ていたのか。それは、先生には世を正しくせんとする乱世匡救の「大使命」があり、この「使命感」こそが「厳しさ」を生み出していたのではと？　人間が「使命感」を持ったときは強くなります。さればこそ、そこに勢いも生まれ言うべきときは言い締めるべきときは締める「厳しさ」が生まれるというのは当然の「理」のような気がします。

そして、おそらく、この「厳しさ」と人間愛の「優しさ」とが合いまって、実は、孔子の「仁」が形成されていたのではと思われます。されば、私たちも聖人のようには行かないまでも「人を動かす」にあたっては、「優しさ」とともに、使命感に基づく「厳しさ」を兼ね持つことが大事な気がします！

泰《たい》伯《はく》編

――人知れず人徳を磨く

■泰伯《たいはく》編第一章

子曰く、泰伯は其れ至徳《しとく》と謂う可きのみ。三たび天下を以て譲《ゆず》る。民得《え》て称する無し。

孔子が言った。周の泰伯は至徳というべき人であった。天下を三度、譲ったが、それは万民に気付かれないようにであった。

＊＊

本章には、「至徳《しとく》」という言葉が出ています。あまり聞き慣れませんが至上の徳というすばらしい言葉です。泰伯という人は周王の息子で三兄弟の長男です。当然に王位継承権がありましたが父が三男に継がせたいことを知り、自然と三男に王位が行くよう二男を誘って野に下りました。どこか、あの伯夷・叔斉にも似てまさに「至徳」の感です。

さて、この「至《いたる》」という言葉です。これはなかなかに面白そうなので、まずは「至」の字の成り立ちから。上の部分は矢が突き刺さる様とも鳥が飛び降りる様とも言われ下の横棒は地面を表し、合わせて地上につくことを示し、転じて、「至り着く」という意味になるようです。そういえば地に足がピタッと付くと言いますが、そういう意味だったようです。漢字はただの記号ではなく象形文字ですから自然と成り立っていて物事の原点が感じられ深みがあります。私見ですが、そういう意味では韓国もハングル文字より漢字を大事にした方が良いような気がしますが……余談はさておき、次に、これが頭に付く熟語です。例の諸橋先生の漢和辞典で調べたら全部で五十ぐらいありました。

至恩　至楽　至極　至愚　至賢　至言　至孝　至純
至人　至仁　至行　至誠　至聖　至善　至道　至徳

凄いですね〜。色々あります。東洋哲学は道の探求にありますから追い求めて行った先に至るところがあるようです。特に、私は「至純」とか「至誠」あたりは好きですね〜。でも「至愚」にだけはならないように気を付けたいと思います（笑）。

戻って、「至徳」ですが、一体全体この「徳」とはいかなるものか？　これについても例の漢和辞典で語源をみてみますと、左のギョウニンベンは「行く」という意味で、右側のツクリの上は「直」で下が「心」となるようです。つまり、「直な心で行く」ということでしょうか。意味には「正しい品性」とありました。そして、この「徳」を端的にわかりやすく表した言葉が「大載礼記《だたいらいき》」という中国の古い書物に載っています。

「徳とは道を尊ぶものである。故に徳でないものは尊くなく徳ほど尊いものはない」

つまり「徳」とは人間としての正しい道を尊重することのようです。しかして、その道が正しいかどうかを判断するには道理に明るくなければなりません。そうなると、道理に明るい人が徳者となりそうです。ただ、時々あの人は「人徳者」だと言ったりもします。こんな場合には何となく人間的な温かみが感じられます。とすると「大載礼記」に言う「道を尊ぶ」の「道」とは「道理」と「人道」の二つを指しているのかもしれません。つまり、道に明るく人間的に温かい人が徳者だと。

でも、「とく」は「とく」でも損得の「得」はあまりいただけません！　今、県立美術館で相田みつをさんの作品展が開催されています。この相田さんの有名な言葉に次のようなのがあります。「損か得か人間のものさし。嘘かまことかお釈迦様のものさし」と。私はこの言葉を聞いてから「得する」という言葉には何かしら浅ましさを感じるようになりました。やはり、本当の人間関係や物事は損得抜きで、また、人生は少し損するぐらいが良いような気もします。吉田松陰先生の言葉にも次のようなのがありました。

「友とは其の徳を友とするなり」

つまり、友とはこの人と付き合うと得するとか損するとかいう打算的なものではなく人間性を言うようです。されば、相田みつをさんと言い、松陰先生と言い、国を三度譲った泰伯と言い、それぞれに〝至徳〟を感じます。最後に中村天風翁が面白いことを言われていましたので紹介します。

「朝起きたら、まず、第一にニッコリ笑え。そして、今日一日、この笑顔を壊すまいぞと自分に約束しなさい」

と……これまた大変に立派な「徳」ではと！

■泰伯編第二章

子曰く、恭《きょう》にして礼無ければ則ち労《ろう》す。慎《しん》にして礼無ければ則ち葸《し》す。勇にして礼無ければ則ち乱す。直にして礼無ければ則ち絞《こう》す。

君子親《しん》に篤《あつ》ければ則ち民は仁に興こる。故旧《こきゅう》を遺《わす》れざれば則ち民は偸《うす》からず。

孔子が言った。恭《うやうや》しくても節度がなければ徒《いたずら》に労するだけである。慎しみ深くても節度がなければびくびく恐れたものに見える。勇猛であっても節度がなければ乱暴者にすぎない。正直であっても節度がなければ息苦しくなる。

上に立つ者が親に手厚い態度を取れば民のなかに仁心が生じる。昔なじみの人たちを忘れなければ民の人情は薄くならない。

＊＊

本章は特に関係のない二文が同時に掲載されたところのようです。

まず、前段です。これは良い事も節度、節分を加えなければ間違ったものになるということです。最初は「恭《きょう》」の話です。「恭」とは「うやうやしい」という本来は良いものですが、これが過ぎると骨をおるばかりになると。これは、どういう意味なのか？ 察するに、人事異動などで新しい人と出会ってこれから一緒にやって行かなければならないときなど、最初から「こいつは生意気だ！」などと思われないように、普通は丁寧語を使いまさに丁寧に接しますが、これがあまりに長く続くと返って固苦しくなって疲れてしまいます。本来、人とは丁寧に接することが大事ですが、そこにはジョークやオジサンのダジャレなども必要で、そのことによって場が一瞬で和みます。そうなれば、それからの会話や付き合いもリラックスしてできるというものです。ということで「丁寧さ」プラス「ジョーク」ってとこでしょうか。

次に、「慎」です。これは慎み深いということで相手に「へりくだる」ということだと思います。これもあまりに「へりくだり」過ぎると立場が自然と下手《したて》になって相手から上手《うわて》に出られてかえって面白くなくなります。確かに目上の人や上司に対しては特にそうしがちですが、傍《はた》から見てておべっかを使ったりするのはみっともない感じで、君子を目指す人は、ここは、やはり堂々として肩をいからせて……とまではなくとも、自信を持って自然体でいきたいもので、ひょっとしたら、この辺が君子の真骨頂かもです！

次に「勇」です。これも、ただ勇猛果敢というだけでは奢りが出て乱暴者になりがちです。人の心とは繊細なものです。それを「人情の機微《きび》」と言いますが、それがわからないと一方通行になってしまい人を動かすにも「力」に頼らざるを得なくなり、それでは「知」や「愛」を駆使する君子とは言えないようです。

最後の「直」です。これも、あまり正直に過ぎると周りがやりにくくなります。正直であることは本来、大事な徳目ですが、「水清ければ魚棲《す》まず」というところでしょうか？「遊び心」という潤滑油や「清濁合わせ飲む」という広い心も持ちたいものです。

さて、後段部分です。これは特に前段部分とは関係はないようです。意味は、君子、つまり上に立つ者が親類縁者に対して心をこめ篤実《とくじつ》に接すれば、民はそれを見て「仁」を感じ穏やかになる。また、昔なじみの人たちを忘れずに大切にするようであれば民は人情に薄くならないというような意味のようですが、この地球上には何十億人という人が住んでいますが、自分が一生の間に会える人はごく限られています。君子はそもそもその貴重な「縁」を大切にし、ましていわんや、縁者や昔なじみとなるとかつて自分がお世話になった人たちであり、今の自分が生かされているのもその人たちのお蔭であるという人の「恩」を忘れるものではありません。まとめると、何事にも節度を持ち、また、他人さまの恩は忘れずにでしょうか！

■泰伯編第三章

曾子、疾有《やまい》り。門弟子《もんていし》を召《め》して曰く、予《わ》が足を啓《ひら》け予が手を啓け、詩に云う戦戦兢兢《せんせんきょうきょう》として深淵《しんえん》に臨むが如く薄氷《はくひょう》を履《ふ》むが如《ごと》しと。今《いま》にして後《のち》、吾免《まぬが》るることを知るかな、小子《しょうし》。

曾子が病気になり門弟を集めて言った。布団をはねのけて私の足を見よ、手を見よ、どこにも傷がないはずだ。詩経の中に「戦戦兢兢として深淵に臨むが如し薄氷を履むが如し」とあるが、私はそのように親からもらったこの体を傷付けないよう大切に生きてきた。今まさに死のうとしているが、これでやっとそのことから逃れることができる。皆よ。

＊＊

先日も紹介しましたが、曾子は孔子より四十六才も若い門弟です。それでも孔子が晩年に後世に想いを託したのがどうもこの曾子のようです。果たして、孔子の教えは、その後、曾子・子思（孔子の孫）・孟子（子思の門人）へと引き継がれ、それぞれ「論語」から「大学」「中庸」「孟子」へと集大成されて行きます。これが、いわゆる「四書」と呼ばれるもので、これに「詩経」「易経」「書経」「礼記《らいき》」「春秋」の五つが合わさり有名な「四書五経」といわれる儒教の大骨格を成すものとなります。なお、「曾子」は「そうし」と読み、道教の「荘子」とは「そうじ」と読み区別されているようです。

本題に戻って、本章は曾子が重い病気になり余命幾ばくもないというときの話のようです。それにしても驚きました！　親から貰《もら》った身体をこれほど迄に大事にしていたとは？「戦戦兢兢として深淵に臨むがごとく薄冰を履むがごとく」とです！　びくびくして深い谷底の崖っぷちに立つようであり、また、大河の上の薄氷を慎重に進んで行くようなものだということですが。当時の人は偉いですね！　親の恩を本当に大切にしようです！

曾子は、「孝経《こうきょう》」という古典も著したとされています（未だ深くは読んでいませんが）。これは読んで字のごとく親孝行の書物で、この中に、「身体髪膚《しんたいはっぷ》、之を父母に受く、敢て毀傷《きしょう》せざるは孝の始めなり」という一文があり、曾子が身体を大事にし親に孝であったことが窺えます。そして、そんな謙虚で純粋な人だからこそ孔子が大器として見込んでいたのではと。この親孝行ということで吉田松陰の辞世の句を思い出しました。

「親思う心にまさる親心、今日のおとずれ何と聞くらん」
（自分が親を思う以上に親は自分のことを思っている。これから自分は打ち首になるであろうが、こんなことになったのを何と聞くであろう）

何とも身につまされます！　確かに、それほど親とは子供のことを想っているものです。それがわかる吉田松陰先生はさすがに深い気がします。そして、これから一週間後、若干、二十九歳で江戸、伝馬町で処刑されこの世を去ります。参考までに、松陰先生の辞世の句は二つあります。今のは親を想い、次のは門弟たちに託し！

「身《み》はたとえ武蔵《むさし》の野辺《のべ》に朽《く》ちぬとも留《とど》め置《お》かまし大和魂《やまとだましい》」

松下村塾《しょうかそんじゅく》の塾生たちはこれに喚起し日本を変えて行きます。人間って身体は死んで消えても精神は残された人の心の中に生きています。ここらあたり人間とは何とも〝不思議〟ですばらしいと思います！　また、鹿児島の特攻基地として知られる知覧町《ちらんちょう》に平和会館というのがあり一度ここを訪れたことがありますが、ここで見た特攻隊員の残した手記にもこんなのがありました。

「父上様、母上様、海より深く山より高いこれまでの御恩に対し深く感謝し……」

この純粋さに涙の出る思いでしたが、七十年ほど前の若者とはこんな風に親のことを思っていたんですね……親を大切にせねばです！

■泰伯編第四章

曾子、疾《やまい》有り。孟敬子《もうけいし》之を問う。曾子言いて曰く、鳥の将《まさ》に死なんとするや其の鳴くや哀し。人の将に死なんとするや其の言うや善し。君子の道に貴ぶ所の者は三つ。容貌《ようぼう》を動かしては斯《ここ》に暴慢《ぼうまん》を遠ざけ、顔色を正しては斯に信に近づき、辞気《じき》を出《い》だしては斯に鄙倍《ひばい》を遠ざける。籩豆《へんとう》の事は則ち有司《ゆうし》存す。

曾子が病気になった。孟敬子（魯国の大夫）が之を見舞った。曾子が言った。鳥が将に死のうとするときの鳴き声は何とも物悲しい。人が将に死のうとするときはその言葉に嘘偽りはない。上に立つ君子人に貴ぶべき三つがあります。立ち居振る舞いを毅然とし横着者が近付きにくいようにする。顔つきを正して誠実なものだけが近付けるようにする。喋り方は語気を意識し道に背く者が近付きにくいようにする。祭事の際の器のことなど小さなことは役人に任せたがいいでしょう。

＊＊

本章は前回と同様、曾子が死ぬ間際に申し送った一説です。前回は自分の「健全な身体と親の恩」の話でしたが、今回は上に立つ人の在り方で大事なことを三つ言っています。

ただ、その前に鳥の末期の鳴き声についての前置きをしています。何とも物悲しい感じがしますが、これは鳥の最後の声というのは哀れながらまったく虚飾のない自然な声である。それと同様に私も自分の死に至り虚飾のない本当のことを言うということのようです。確かに、人間とは善人に限らず、どんな強者も大病を患ったりして自分の死期を悟ったときは欲がなくなり素直になるようです。それまでは「死」をあまり実感していなくても、いざ、それが現実のものとして自分の身に降りかかったとき「万事休す！」です。それまで自分が夢中になって追いかけ守っていた金銀財宝、名車、土地、地位などもすべて無意味なものとなってしまいます。何しろ自分の身体自体がこの世から消えてなくなるのですから。相田みつをさんの言葉に次のようなのがありました。

「どんな大事なものもみんな捨ててくださいよ。自分の身体も捨てるんですからねと三途の川の番人が言う」

ドキッとします！　でも、そのとおりで死ぬときはすべて捨てなければなりません。そもそも曾子という人は孔門の高弟ですから日頃からその辺りの死生観はしっかりしたものがあったと思います。それで、曾子はじたばたせずに自分の素直な何の虚飾もない気持ちを鳥の末期の声に喩えて孟敬子に伝えたのだと思います。しかして、曾子が申し送った人の上に立つものが注意すべきものとは「立ち居振る舞い」と「顔つき」と「しゃべり方」の三つでした。これは一見、外見的にも思えますが、意外とそうではなく、人間はまず〝見た目〟でその人を判断します。でも、それをこれほどズバッと言われたのは初めてで今さらながらびっくりしました。

最初の「立ち居振る舞い」については、やはり、遠目に見てもこせこせせず背筋が伸びゆっくりした感じの人にはどこか正統派の重みを感じ、自然、よからざる人物も近付きにくい気がします。次の「顔つき」も顔の表情ほど微妙にその人の気持ちを表すものはありません。特に、大事なのは目の動きで「目は口ほどに物を云う」といいます。また、そもそも、人の性質は人相に表れます。悪党はやっぱり悪党らしい人相をしていますが、誠実な人はどこかスッキリした良い顔をしています。最後の「喋り方」についてもそうで、早口で落ち着きのない喋り方より堂々と落ち着いた喋り方が、確実性があって物事を曖昧にしない印象があり邪な心を持った人は近寄りがたいと思われます。

さて、しかしながら、かかる応対の仕方とは周りの人すべてにそうでなければならないか、というとそうではなく、あくまで良からぬ輩に対してで、普通は暖かな良き人間関係を保つべきであることは言うまでもありません。もちろん、曾子もそこは同じで、言いたかった事は、世の中には善人ばかりではなく悪党もいるので、注意しなさいということではなかったかと！

■泰伯編第五章

曾子曰く、能《のう》を以て不能に問い、多《た》を以て寡《か》に問い、有れども無きが若《ごと》く、実《み》つれども虚《むな》しきが若く、犯さるれども校《こう》せず。昔《むかし》は吾が友、嘗《かつ》て事に斯《ここ》に従《したが》えり。

曾子が言った。十分に能力がありながらも能力のない人にまで聞き、知識が豊富でありながらも知識がないようにし、胸中が充実しているにもかかわらず虚しいかのように謙遜《けんそん》し、また、訳もなく心を踏みにじられることがあっても敢《あ》えて抵抗しない。以上のことはなかなかできないことであるが、昔の私の友にこれができた人があった。

＊＊

本章もなかなかです！　最後にこれができた友がいたとあります……果たしてこの友とは誰だったのか？　また、どうして曾子はその人の名前を言わなかったのか？　気になるところですが、それはひとまず置いといて内容を見てみましょう。分りやすくするため羅列します。

一．能力がありながらも能力のない人にまで聞く。
二．知識が豊富でありながらも知識がないようにする。
三．胸中が充実していても虚しいかのように謙遜する。
四．訳もなく心を踏みにじられても敢えて抵抗しない。

という四つですが、これらができる人とはなかなかの君子と見ました！　それぞれを見てみます。一番と二番は似ているようですので一緒に解説します。それにしても何かかなり謙虚な感じがします。仮に、人に物を聞くとしても聞き方があると思います。知っていて小馬鹿にしたように聞いては試したようで角が立ちます。でも、この態度には相手を尊重した聞き方のような感じを受けます。こんな大きな感じの聞き方をされれば自分の存在を認められたようで大変、嬉しいような。私にも今でも覚えている小学校時代の思い出があります。ある道徳の時間だったと思います。内容は最終的に神様を信じるか信じないかという話でした。先生が数人の頭の良い人に聞いたあと何を思ったか私に振りました。「松崎、お前はどう思うか？」と。自慢ではありませんが、私は今も当時も立派なアンパンブルースですので、まさか、そんな難しい質問が自分に向けられるとは思ってもいませんでした……が、しかし、私は、ちょっと嬉しい気分になり立ち上がり自分の考えを言いました……すると、先生「お前、なかなか良いことを言うな！」と感心したように言われ、私はめったに褒められるとことがなかったので天にも昇る思いで、それまで、その先生はえこひいきをするような感じであまり好きではなかったのですが、それ以後ちょっと好きになりました。という話ですが、人に意見を求めるというのは存在を認められたようで、やはり大変、嬉しいときがあります。要は聞く内容の重みと聞き方で。で、蛇足ながら、私は何と答えたかと言いますと「あるときは信じあるときは信じません」とです。やっぱり、いーかげんな性格が出ていますかね（笑）

次、三番です。「胸中が充実しているにもかかわらず虚しいかのように謙遜する」です。これは、世の中を達観し悟りらしきものを開いているにもかかわらず、未だ未だという感じで謙虚に振舞うということのようです。小人ほど自分の狭い小さな経験にもかかわらず人に勝ちたがり、そして威張りたがります。でも、本筋が見えるためには色んな考え方を学ばなければなりません。そして、学べば学ぶほど真理は深く深奥幽玄《しんのうゆうげん》であり自分の狭さに気付かされます。それに、自分が話すよりも人さまのそれぞれの人生談や意見を学び知るのは勉強になります。なぜなら、自分が経験できるのは所詮、一人分の人生にしか過ぎません。でも、人はそれぞれに人生を経験しています。だから一人の他人の話を聞くのは二人分の人生を送ったようになり、当然、二人に聞けば三人分の人生ということに。この学ぶ謙虚さを言っているところに曾子のいう達人の域を感じます。

さて、最後の「訳もなく心を踏みにじられても敢えて抵抗しない」です。これは相当なものではと！　普通、人は何のいわれもなく理不尽なことを言われたりされたりすると怒ります。特に人前であればなおさらです。これは至極、当たり前のような気がします……が、しかし、君子は違うようです。敢えて抵抗しないようです。それはなぜか？　その理由は大まかに言うと次のようなことではないかと思います。まず、第一に、その怒りが所詮「私憤」つまり、自分の個人的な事に過ぎず、君子たるものが怒るのは「義憤（公憤）」です。それと、君子は元々人と争うことが嫌いです。いつか安岡さんの言葉にありました。小人と君子が喧嘩すると必ず小人が勝つと。なぜなら君子は争うことを見苦しいと思っていますから、人前で恥をかかされようがへんぱくもせず言われっぱなしでです。でも、平気なもんで最初から相手にしていません！　それと、君子はそもそも「博愛主義者」ですから他人を敵として見ていません。相手がどんなにアンパン（中味がない人）でも、やはり、同じ人間の仲間だと思っています。だから、争う気にはならずそんな人のことを「しょうもない人」だと見ています。

以上のようなことですが、これらができる人とは他人ともめることのない相当な「寛大」さと「徳」が備わったまさに君子と思われます。でも、ここまで達観してくると人生、自由で楽しいでしょうね！　既に「従心」の境地のようです。

では、これができた人とは誰だったのか……それは顔回ではなかったかと？　以前、出てきた孔子の一番弟子の。顔回については先にまだ凄い場面が出て来ますのでそのとき、詳しく触れたいと思いますが、おそらく、曾子は本章の話は顔回のことを懐かしく思い出しながら独りごとのように言ったのではと、そんな気がします？　さすれば、今の世の中、勝ちたがり屋さんが多いですが、譲って譲って譲りまくり寛大に包み込んでいくことも大事かと！

■泰伯編第六章

曾子曰く、以て六尺の孤《こ》を託す可く、以て百里の命《めい》を寄す可く、大節に臨みて奪う可からざるは君子人《くんしじん》か、君子人なり。

曾子が言った。孤児となった幼い君《きみ》を預けても立派に育てあげることができ、百里の遠くまで一国の使者として遣いに出しても立派に命を果たし必ず帰ってくる、また、生死にかかわるような事態に追い込まれても節義を曲げない、かかる人は君子人《くんしじん》といえるだろうか。まさに君子人である。

＊＊

本章は君子とはいかような人かを曾子が語ったところです。最初の「孤児」の話が特に有名で今は「託孤寄命《たっこきめい》」という四字熟語に要約され、辞書には次のようにあります。

「父に死なれ幼くして即位した君主を補佐し国政をゆだねられる重臣のこと」

この「託孤」には、当初「小さな王子をお前に預けるが君主として立派に育て上げることができるか。それだけの器量を持っているか」と私は問われたような気がしてちょっと衝撃を受けました。そして、同時に、いつかインドで狼に育てられた二人の姉妹の話を思い出しました。その姉妹はというと月に向かって吠えニワトリを見ては四足で追い回し、生肉を貪《むさぼ》り喰ったと言います。人間は育てようでは狼にもなります。それを君主としての徳が備わった立派な人に育て上げるとなると相当な器量が求められ私などにはとうてい無理なことだと。

もう一つの「百里寄命」とは遠くに使者として遣いに出されて立派に役目を果たし帰って来れるかということで、中国という国は広大ですから長い旅の途中では、果てしない荒野を見つめ虚しくなったり、どこか住み心地の良い町に住みついたり、先方から見たこともない大金を積まれたり、破格の待遇を用意されたりなどの誘惑があったり、はたまた、反対に辛い拷問《ごうもん》にあったりして「もう遣いなんてどうでもいいや」となることもあったようです。当時は今のように世界地図があり汽車や飛行機でどこへでも行ける限られた感じではなかったので、無理からぬところもあり、本当に使命を果たせるかとなると……やはり、私なんかコロッと行きそうです？　あ、いや、そういうことでは人間の値打ちが下がりますが（笑）

それで、この「託孤寄命」に関して諸橋先生が面白い人を引き合いに出されています。地元・熊本の加藤清正公で「むかし、加藤清正が豊臣家の遺子を守って忠節を全うしたのはこの言葉に感憤したからである」と。今、熊本城は観光客が百万人を突破し大変、賑わっていますが、その目玉となっている大広間御殿の「昭君之間《しょうくんのま》」は秀吉の遺子・秀頼をいざというときに迎えるために作ったと言われています。清正の頭には「託孤寄命」の四文字があり秀頼を立派な君主に育て上げるという強い使命感があったのではと。加藤清正公は勇猛な武将であるとともに治山治水などの土木工事などにも功績のあった人として知られていますが、「託孤寄命」に見られるように儒教にも通じたまさに君子人であったようです。

関連して、作家の童門冬二《どうもんふゆじ》先生に面白い話があります。関ヶ原の戦い後、小西行長《こにしゆきなが》亡きあと宇土《うと》（現宇土市）は清正の領土になりますが、ここの領民は行長を大変に慕っていて他の人には簡単に従おうとしなかったようです。そんな宇土に清正が入ったとき清正は何度となく行長の一人の旧臣に命を狙われます。しかし、清正はその旧臣を何度も捕まえては逃がします。それは、行長を慕うこの忠臣を何とか自分の部下にすることによってこの地を治めようと思ったからでした。そして、旧臣も最後はとうとう根負けし清正の忠実な部下になると言いますが、決定的だったのは、それでも最後に「また、いつお前の命を狙うかわからんぞ」と言ったときです。清正はいきなりその男を殴りつけ「それでは本当の部下ではないでないか、甘ったれるな、腹を切れ！」と怒鳴り付けたようです。どうも旧臣はこの清正の自分を本気で家来にしたいという真剣さに参ってしまったようです。童門先生は、ここに着眼し、

「人を説得するのは単なる手練手管《てれんてくだ》（小手先の策）ではなく、誠意、熱意、真剣さといった自分の全人格をかけた戦いである」

と結んでおられ、この〝人の説得とは全人格をかけた戦い〟との言葉に人間学に通じられた童門先生ならではの眼識がキラリと光ります。おそらく、清正公も人心を重んじる儒教に通じた人であったため、この旧臣にも自分の全人格をかけ徳をもって取り組んだのではないかと思われます。そういえば清正公の前の菊池一族も非常に信義を重んじたと言いますし、清正公後、熊本の藩校・時習館を興した細川重賢《しげかた》公なども大変、文武両道に秀でた儒教人であったようです。また、明治期に既に世界を見据え「世界に大義を敷け」と言った横井小楠も儒学に通じた人でした。そもそも熊本という土地はなかなか治めにくいところだったと聞きますが、それは熊本が「力」ではなく「徳」を尊ぶ儒教思想の顕著な土地柄だったからかもしれません。

また、最後に、もう一人！明治期に熊本にやってきたラフカディオ・ハーン（小泉八雲・著書に怪談や耳なし芳一など）は、第五高等学校（熊本大学の前身）で「極東の将来」と題し世に知られた有名な講演を行い、この中で孔子や孟子や釈迦を引き合いに出しながら、日本の将来は「簡易」「善良」「素朴」を重んじる〝熊本スピリッツ〟にかかっていると言っています。ハーンが儒学に通じていたのは驚きですが、されば、熊本とは儒道を重んじ「力」や「金」でなく「心」や「徳」で動く土地柄のようで少し嬉しい気がします！おそらく、こんな精神が宿るところは熊本に限らず他にも全国にたくさんあ

ると思いますが、それにしても、遠い中国の地で孔子により始まった〝論語スピリッツ〟が海を渡り日本に入り、二五〇〇年の歳月を経て、様々な偉人に引き継がれ現代の私たちに伝わるとは何か善なるものの不滅を感じます！　我々も「託孤寄命」の君子に少しでも近づけるよう頑張らなければですね！

■泰伯編第七章

曾子曰く、士《し》は以て弘毅《こうき》ならざる可からず。任《にん》重くして道遠し。仁以て己の任と為す亦た重からずや。死して後《のち》已《や》む亦た遠からずや。

曾子が言った。士たるもの弘毅でなければならない。なぜなら、その任たるや重く道は遠いからだ。仁を己の任とする、何と重いことか。そして、その任は死んでやっと解かれる、何と遠いことか。

＊＊

本章は私も大変に感銘を受け同時に気合の入ったところです！　諸橋先生の訳文にも力のこもったものを感じましたので、まずは、キーワードとなる「弘毅《こうき》」という言葉について先生の解説を紹介します。

「弘毅とは『弘』が度量の寛弘さをいい『毅』が意志の強固さをいう。度量の広さがないと細説にこだわり速成を尊ぶこととなって重い仁道の実現に進めない。意志の強固さ忍耐がなければ久しきに堪えず永い間の操を貫き通すことができない」

されば、「仁」を信条として生きることは相当に任が重く遠い道のりなので、弘毅な者をして他には成し得ないということのようです。では、なぜ仁を信条とし生きることがそれほどに難しいのか。それは、いついかなるときであろうと仁を離れることに気を抜けないからではと思われます。士たる者の行動たるや常に仁か不仁かを以って判断され、それは人が見ていようがいまいが、突然のいかなる変に遭おうとも、また、どのような誘惑や妄念に襲われようとも問われ、その気を抜かないことが死ぬ最後の一呼吸まで続きます。そのため、仁を信条として生きることは任重くして道遠く「弘毅」という寛大な度量と堅固な意志が必要となると思われます。

さて、そんな弘毅な人たちがたくさんいました。かつて日本には……そうです「侍」です！　武士道には何度か触れましたが、侍はこれまで述べたように凄まじい自己規律を持っていました。常に命懸けで侍としての生き様が問われる際はいつでも命を投げ出すという覚悟を持ち、死と背中合わせに生きていました。最近、よくスポーツ界などで「サムライ」という言葉を耳にしますが、本来の侍とはこのような弘毅な人たちなので、使う場合はその辺をよく知っていた方がいいかとも思われます。「武士道」を著した新渡戸稲造も〝仁〟をして「良心の掟」と表現しているほどですから。

さて、戻って「弘毅」の「弘」とは度量が大きいということで、この言葉から連想される弘毅な士の一人が西郷隆盛です。そこで、西郷さんの言葉を一つ紹介します。西郷南洲遺訓集の二十三条です。要約します。

「男子は終始、規模を宏大にして己に克ち、人を容れ人に容れられては済まぬものと思うべし」

士・西郷さんのまさに度量の大きさが窺える一節ではないかと！　そして、これには面白い続きがあります。では、その度量とはどうやって造ればいいのか。次のように言っています。

「古《いにしえ》の聖天使・堯と舜を手本とし孔夫子を教師とせよ」

と！　西郷さんも孔子を手本として度量を磨いていたようです！　ということは、論語を学ぶ人は、そのうち度量の据わった大物に大化けするかもです？

最後に、もう一人！「弘毅」という言葉から連想される人がいます。東京裁判に文官として唯一かけられた総理大臣経験者の広田弘毅《ひろたこうき》です。この人の名も論語から来ていて青年の頃に自分から改名したようです。その彼が裁判で次のような事を言って何の弁解もしなかったことは有名です。

「自分が高位の官職であったときの事件に対しては全責任を負う……雷にでも打たれたようなものだ」

〝雷に打たれた〟とはさすがな覚悟で、そう言って従容《しゅうよう》と絞首刑台の露と消えていき、まさに、弘毅の名にふさわしい士だと！　されば「士」を目指すことはかなりの〝任重くして道遠し〟でありますが、行動において〝仁〟か〝不仁〟かを常に問うことが、その要であるような気がします！

■泰伯編第八章

子曰く、詩に興こり礼に立ち楽《がく》に成る。

孔子が言った。詩は人間の様々な生活の中で自然に詠まれたものなので、これにより人心を知る学問の興りとする。礼は人間が共同で暮らすための必要規範なのでこれにしっかり立たなければならない。楽は人間の競争心をやわらげ社会を和したものと成すものとなる。

＊＊

本章には「詩」と「礼」と「楽」の三つの話が出ています。この三つは当時の教育の基本とされたようで、孔子先生も大いに賛同されていたので敢えて口に出されて言われたものと解されます。そして、確かに、この三つを勉強すれば人間関係も上手く行きそうです。

現代社会も所詮、人間関係ですからこの三つを基本教科とすればもっと世の中も和やかになりそうに思いますが……でも、そう簡単には問屋が卸しません。私の中学時代など国語・算数・理科・社会・英語などの五教科に加え家庭科や美術などたくさんあり一日に五時間も六時間も勉強させられましたから。それでも未だ良かった方かもです。今の学生さんは大変なようです。中学生でもカバンを持ってみるとかなり重くズシリときます。これを毎日、背負って登下校し、それに内容も私たちの頃と比べると複雑で情報量も多いようです。

それからすると、孔子先生の時代は教科も少なく確かに勉強はそんなにしなかったかもしれませんが、ただ、全体的にみると、食べるものは少なくいつも腹をすかし、また災害や飢饉や伝染病、そして一番、恐れられた戦争などで子供に限らず多くの人が一度に亡くなったり殺されたりしたとも思います。また治安も悪かったでしょうから、いつどこでひどいめに遭ったりするか危険も多かったと思います。それを思えば、私たちの時代の方が勉強量は多いもののはるかに暮らし易くありがたいようにも思われます。

さて、それで、今の世の中、とりわけ世界の状況を少し展望して見たいと思いますが、良く見ると、こんなありがたい時代ながら、モンゴルの首都・ウランバートルは人口百万の大都市ながら貧しくてマンホールの中で暮らしている子供たち・マンホールチルドレンがたくさんいるそうです。フィリピンでも、首都マニラでは子供たちが学校にも通わず、というか通えずに毎日ゴミの山に行き、そこで金属性の物を探しそれを売って家族を養っている子もいます。そんな一人の小学生が、家族は父がいなく母が病気で弟や妹を食べさせなければならないという状況で「昨日も何も食べてないの。今日はがんばって働かなくっちゃ」と言っていました。紛争の続くアフガニスタンでは約四百万人の子どもの中で学校に行っていない子が約三百万人もいるそうです。世界には、こんな貧困や飢餓や人身売買など様々な問題に苦しむ国々がアフリカや東南アジアや南アメリカなどの南半球を中心にたくさんあり、世界の難民総数は八億人とも言われますから実に七人に一人ぐらいの割合で、日本の総人口の八倍近くということになります。また、世界は地球の破滅（ちょっと大袈裟かもしれませんが）まで引き興しそうな「核」の危機もはらんでいて、本当に怖いことながら今やこれがテロリストの手に入るおそれもあると言われています。地球環境も世界各地で様々な異常気象が起き予断を許さない兆しを見せています。

では、日本はというと、今や飽食・金満国と言われて久しく、テレビでは連日、グルメ番組が流れ一見すれば上品そうに見えますが、何か貪欲《どんよく》に食欲の追及をしているようにも思えます。また、お笑い番組も多くついつられて人々に時間を忘れさせています。そんな日本が「一億総白痴化」と揶揄《やゆ》されたのもずいぶん前で、この状況は一向に変わる様子はないようです。

さて、そこで、論語を学ぶ人ですが、基本は「知行合一《ちこうごういつ》」でなければなりませんから大変です。知っていることと行いは同じでなければなりません。そんな世界や日本の現状を知っていて、さ〜どうするかと……正直に言って、自分の身の回りの日常ですら、そう簡単に「知行合一」とは行かないときがあり、はて、どうしたものかという感じですが、実は、あの偉大な佐藤一斎先生ですらもこんなことを。

「聖賢の道を口で語るだけで、その道を自分自身で実践できない人を口先だけの聖賢という。自分はこれを聞いて心に省みて恐れ恥入った。また、朱子学を論じたり弁じたりしているのに、それを体認自得できない人を紙上の道学という。自分はこれを聞いて再び恐れ恥入った」

この言葉に私は頭を「ガーン！」と殴られたような何

とも恥ずかしい気持ちになりましたが、でも、同時に、あの聖学の佐藤先生ですらこうなのだから凡人の私ぐらいが早々にすべて知行合一と行くはずはないと、逆にほっともしています。されど、身の回りの現場ですらそう簡単に行かないとは言え、日本の問題も、また、世界の問題も現にこの世に生かされている〝自分の星〟の問題です。しかして、禅語に「看却下《かんきゃっか》（足下を見よ）」とあります。であれば、まずは足元の現実、現場に臆せず取り組むことにし、すべては天の導きに任せるというスタンスかな……と私は思っているところです。

■泰伯編第九章

子曰く、民は之《これ》に由《よ》らしむ可し。之を知らしむ可からず。

孔子が言った。国策は人民に従われるようでなければならない。しかし、これを決めた理由をいちいち知らしめることは難しい。

＊＊

本章は国策と人民の関係について言ったところのようです。「国策は人民に従われるようでなければならない」というのはわかりますが、これに、「それを決めた理由をいちいち知らしめることはできない」と付け加えてあるのが気にかかります。いちいち理由を知らしめることが不可能なことは当然のことで、なぜ、先生はこれを付け加えたのか？　何かあったと思われますが詳細はわかりません。でも、この真意とするところは「いちいち説明することは不可能である、が故に間違った国策と批判を受けないように慎重にすすめることが大事で、それとともに、そもそも政府自体が信用あるものとなりなさい」ということのように思われます。もし、政府に信頼があれば確かに政策は自然に受け入れられるものであり、人民の側にしても「任せるので詳細をいちいち説明する必要はありませんよ」となるような気もします。中国の歴史上、このような理想政治が行われたのが古の尭王・舜王の時代です。この時代には人民は幸せに暮らし特に政治や政策のことなど考えたこともなく、決まったことに自然に従うという感じだったようで……それは尭や舜が善政を行ったからに他なりません。

関連して、近年、日本のいくつかの都市で「自治基本条例」というのが論議されています。これは、それぞれの自治体がその地域に合った基本方針を策定するもので「自治体の憲法」とも言われるようです。でも、この制定には賛否両論があり、なかなか進展しないようです。問題のネックは既に市民の中から選挙で選ばれた議会という存在があるのに、どうして新たに政策決定機関を設けなければならないかということにあるようです。確かに、例えば、その都市の議会制度が行き詰っているとか、また、直接、民意を問うべき大きな問題があるとか言うのであればわかりますが、そうでもないのであれば議会の存在が曖昧になるような気がしないでもありません。それと、もう一つ気になるのは「自治基本条例」は「市民参加」を謳い文句とし多くの市民が参加することです。市民参加はいいことながら、ただ、ここには大変に難しい問題があるようにも思われます。それは人の意見たるや十人十色で様々にあり、右という人があれば左という人がいます。昔の逸話にこんな話があります。

目の見えない人三人が初めて象に触った。最初に触ったAさんは鼻に触って「象とはホースのように鼻が長いぞー」と言います。次に耳に触ったBさんは「何を言っているんだい！　象とはバナナの葉のような大きな耳をしているんだ」と言います。次にCさんは膚に触り言います。「あなた達は何を言ってるんだい？　象とは膚がザラザラしたのが象じゃないか？」と。するとAさんは「いやいや、鼻の長いのが象だ！」と言い返します。それを聞いたBさんは「AさんもCさんも何を言ってるんだい？　耳の大きなのが象じゃないか」……と、そうやって三人の話は何所まで行っても交わりません！　すると、Aさんが「ちょっと待てよ！　じゃ～Bさん、あなたの言う大きな耳ってホントにあるのかい？」と尋ねます。するとBさんは「そうそうホントにバナナの葉のような耳があるんだよ！」と。するとAさん「するって～と何かい？　下手人が見た……あっ、いや失礼、おめ～さんが触った大きな耳ってホントにあるんだな？」Bさんは「オレは嘘は付かね～ホントだ……でも、待てよ？するって～と何かい？　おめ～さんの言う長い鼻っていうのもホントにあるってことかい？」Aさんは「オレも嘘は付かね～……ってことはCさんよ！　おめ～さんのいう膚がザラザラっていうのもホントってことだな？」Cさんは「んだんだ！」と返事を返しました。そして三人は「はは～んなるほど！」と同時に頷いた……。

これが有名な「群盲《ぐんもう》、象をなでる」と言う話で、三人はそれぞれ自分が実際に体験した真実を言っています。だから嘘ではありません。でも、三人の話はどこまで行っても交わりません。もうおわかりのとおり、皆、真実を言っているに違いありませんが、それは自分よがりの一面の真実に過ぎなかったということです。

戻って、市民参加の話です。これには今の象の逸話のようなことが起こりかねないことや、また、なかには感情的になったりする人が出たり、派閥が生じたりすることも考えられます。そうなると、これを集約する側は相当に大変です。確かに、今の世の中は複雑で、これに対応して行くために市民の英知を結集することは必要で色んな人が自由闊達に好いアイデアを出し合うのは大変によいことだと思います。ただ、これを進めるとなると、今のような諸々の問題が生じないよう会議に臨む皆が他人の意見に耳を傾け相手を尊重し、仮にも自分の意見に固執し対立構図を描いたりしないよう心掛けることが大事ではないかと。

されば、本章で孔子先生が言わんとした「民は之に由らしむ可し。之を知らしむ可からず」とは、それだけ運営者側に信用のあることが大事であると同時に、大勢をまとめることは、時に、大変むずかしいということもあったような気がします！

■泰伯編第十章

子曰く、勇を好みて貧しきを疾《にく》むときは乱《らん》す。人にして不仁なる、之を疾むこと已甚《はなはだ》しきは乱す。

孔子が言った。勇気がありながら貧しい生活を嫌う者は乱をなす。また、不仁者を嫌うことがあまりに甚だしい者も乱をなす。

＊＊

本章は世を乱す人の話のようです。一人は「勇者」で、もう一人は「正義感の強い人」のようです。本来この二つは大変に良いことと思われますが、そうではないときがあるようです。

まずは「勇者」から。「勇者」が世を乱すのは「貧しさ」を憎むからとあります。この話から私には日本の戦後の復興に頑張った親たちのことが連想されます。戦後の日本は全国どこも焼け野が原で物はなくみんな貧しくて、その〝貧しさ〟から早く抜け出すことからスタートしました。そして、その多くは故郷をあとにして都会に出て歯を食いしばってがむしゃらに働き、人には言えない苦労をし、布団をかぶって男泣きに独り泣いたなどという話をよく聞きました。でも、その頑張りで驚くほどのスピードで復興は進み、早期に、もはや戦後ではないと言われ高度成長の波に乗り日本はどんどん豊かになって行きました。その後も安定成長に入り日本人は益々豊かになって行きましたが、その頑張りを思えば親たちはまさに「勇者」であったような気がします。しかし、反面、公害や汚職や、また近年の食品の偽装問題など金や地位などにからむ様々な問題も次々に起こり、かつてはあまり聞くこともなかったむごい殺人事件も起こり、まさに、世の〝乱れ〟も見られるようになりました……これが、孔子の言う「勇者が貧しさを嫌えば世が乱れる」ということに少し似ているような気がします。

また、こんな話も思い出します。孔子亡き後、しばらくして歴史に登場する名将・項羽《こうう》の言葉です。

「富貴にして故郷に帰らざるは繍《しゅう》を衣て夜行くが如し」

(出世して故郷に帰らないのは奇麗な錦の服を着て夜道を行くようなものだ)

項羽は生まれながらに立派な体格と頭脳を持った勇者だったのですが、貧しい出だったため早く出世して故郷に錦を飾りたかったようです。でも、その気持ちが強かったことが災いして最後の最後の天下分け目の戦いで劉邦《りゅうほう》に敗れ自刃することとなってしまいます。項羽という勇者も、また、戦後の日本を支えた親たち勇者も同様に「貧しさ」を敵としたことに問題があったような……では、本来はどうあるべきなのか？　近江聖人・中江藤樹が次のように言っています。

「人は義理をもって命の根とし福の種とし一生の楽しみとするものなれば、貧しさや卑しきは恥じるにあらず」

人間、本来の価値というのは金の有るなしや地位の高低にあるのではなく「義理」を大切にするところにあると！　しかして「義理」とは人間（じんかん）における「人の道」を言うのではと思われます。

話は戻り、もう一つの〝正義感〟の強い人です。これが強すぎると災いを招く恐れがあるという話で、分かり易く言うと「窮鼠《きゅうそ》猫を咬《か》む」ということでしょうか？「正義」とは本来、儒教思想に限らず、洋の東西を問わず世を貫く正しき大義であり、これなくして道は出来ない大変に重要なものです。でも、伊達政宗に面白い言葉がありました。「仁・義・礼・智・信」の五条の徳の話です。

「仁に過ぎれば弱くなる。義に過ぎれば固くなる。礼に過ぎれば諂《へつら》いとなる。智に過ぎれば嘘をつく。信に過ぎれば損をする」

伊達政宗公、さすがに良いところを見ています！　どれもこれもそのとおりです！　しかして「義」は「過ぎれば固くなる」と。正義感が強すぎてあまりに人を責めるようなことをすれば、その後の人間関係が難しくなり、自分も周りも過つことがないよう常に気を付けなければならず固い雰囲気になりそうで、しかも、責められた人も追い詰められて反撃に転ずるかもです。

それで「義」の本来の意味を例の漢和辞典で調べてみました。すると、上の「羊」のような字は「善」や「美」を表し、下の「我」の字は「舞う」こととありました。まとめると「善に従い美しく舞う」ということになるでしょうか？　でも「善が美しく舞う」とはどういうことか？　私見ながら、これは、人が乱れかけた人間関係を取り持つため頭を駆使し、様々な善策を講じれば、そこに人情の「機微」とされるものや、また、不可思議な「妙なる」力が働き正しい方向へと修正される。この人が頭を駆使し良き方向へ物事を向かわせようと努力する。その姿が舞いにも似て美しいのではないかと？

ちょっと古いですが侠客《きょうかく》・国定忠治《くにさだちゅうじ》は掛川の宿で龍蔵《りゅうぞう》という悪党にからまれます。しかし、ここで忠治は大音声《だいおんじょう》で言い放ちます。

「忠治の伊勢参りだ！　お伴をするか〜！」

と、これを聞いた龍蔵！「さすがに国定忠治は度胸も良いが男振りもええ！」と参ってしまったそうです。この忠治の一言も人を動かす「善」を駆使した手段の一つかも知れず見習うところがありそうです。

かくして、人間、智恵をひねれば色々で、ときに、機転を効かせたり、沈思黙考したり、娑婆を実践するのは人生の醍醐味として面白い……とは確か安岡正篤先生の言葉にあったような？「貧しさを嫌ったり」「強すぎる正義感」は、この際ちょっと横に置いといて、自分流の〝善〟を効かした策を講じてみたいものです！

■泰伯編第十一章

子曰く、如《も》し周公の才の美《び》有りとも、驕且《きょうか》つ吝《りん》なれば其の余は観るに足らざるのみ。

孔子が言った。もし、その人に周公のような美才があったとしても、驕《おご》りがあったりケチであったりすれば後は見なくていい。

＊＊

本章はどれだけすばらしい才覚があっても、奢りがあったりケチだったりしたら大した人間ではないと言っているところです。それとは逆に、お手本として引き合いに出されているのが、孔子の尊敬した周公こと周公旦です。周公旦は孔子より五〇〇年ほど前の周王朝の盤石《ばんじゃく》を築いた人で、王である兄が若死した後いつでも自分が王になれたにもかかわらず、幼かった兄の子を補佐しその子が成人してから身を引きます。その生きざまたるや見事な君子の美学が見て取れます。でも、孔子先生は希にそんな周公にも似た大才を持ち合わせた人がいたとしても威張ったりケチだったりしたら、つまらん！　そんな奴にはなるな！　線香花火だ！　と言われています……最後のはあまり関係ないですが（笑）

さて、その〝威張る〟ということについては、これまでも度々出て来て老子も妙なるところを言っています。

「功遂《こうと》げ身退《みしりぞ》くは天《てん》の道《みち》なり」

（名声を得たら速やかに身を引くのが自然の道だ）

要するに、いつまでも威張っているなということで、やはり、高位に恋々とするのは見苦しい感じがします。

さて、もう一つの「ケチ」です！「ケチ」は一見、小さそうなどうでも良さそうなことに思えますが、孔子先生はそうではないようです。「ケチ」をしっかり見定めているところが何とも鋭い感じがします。確かに、言われてみれば「ケチ」とは日本語でも何ともみみっちく情けない響きがあり、おおよそ君子とは似ても似付きません！　そう言えば、土地の境界線決めなどで杭を打ち込む際に、それが僅か数センチ内側に入った入らなかったでもめるときがあり、もっと、ひどい話になると境界に引いたラインの幅が自分の方に寄ったとかでもめると言いますから呆《あき》れます。この「境界線」ということで、ちょっと横道にそれますがこんな話を思い出しました。先日テレビであったのですが、あるアメリカの女性科学者の話で、彼女はハーバード大学の脳神経学科の教授だったのですが三十五歳ぐらいの若さで脳梗塞で倒れます。それから、リハビリを始め驚異的な快復を果たし、その彼女が今どんな気持ちかと聞かれると、外に出て風を感じるとその風と一体になったよう気持ちになり、また、木の葉っぱに触れるとその木と一体になったようで大変、心地よい不思議な感覚だと答えます。つまり、自分と風や木との〝境界線〟がなくなった感じだというのです。ご存知のとおり左脳は理性を右脳は感性をつかさどりますが、この状態を脳科学的に見ると右脳の方が左脳より活発に働いている状態で感性が研ぎ澄まされているようです。それで、この人の絵ですが、これが倒れるまでは単純な感じだったのですが、病気後は、例えば有名な画家・ヒロヤマガタが描いたような緻密《ちみつ》でカラフルな絵になっているのです。人間とは不思議なもので、さっきの土地の境界線もめの話も小さなことにケチケチせず、こちらから先に譲って相手と良い雰囲気になれば〝境界線〟がない万物と一体の大変にすばらしい境地を得られると思うのですが？　されば、マジナイです！

「ダイナミックに　パワフルに　迫力を持って　豪快に
　法外に　寛大に　スケールを大きく　勇者のように
　勇敢に　豪傑のように大胆に　ブルースカイを胸に
　抱いて　高杉のように面白く　竜馬のように大らかに　武士のような余裕をもって　こせこせじめじめせず常に明るく晴れやかに　勢いを持って積極的にいつもジョークを飛ばしながら　何でもかんでも笑い飛ばしながら　天衣無縫に　自由自在に」

と、みみっちい〝ケチ〟にならない大らかな言葉を並べました（笑）

■泰伯編第十二章

子曰く、三年学びて穀《こく》に至らざるは得易《えやす》からず。

孔子が言った。三年学んでも職に就こうとしない人物は得難い。

＊＊

本章はあまり勉強もせず職だけを早々に求めようとする者が多い。職を求める前にしっかりと学問をしなさいということのようです。もちろん、ここで先生の言う学問とは「人間とはそもそもどんな性質を持ち」また「自分はその中でどう生きなければならないのか」などの「人間学」のことと思われますが……でも、確かにそうではありますが、今のような就職難の時代になると就職は少しでも早く決めたくもなり、特に、サラリーマンともなれば年齢が高くなるほど就職が難しくなります。

それに、自分が就職した頃など「人間学」の勉強などというのは趣味の分野のような感覚でしたから、改めてという感じはありませんでした。とは言え、人生を振り返ってみると、そもそも少しは人の生き方に関しては興味があって、その類の本も若干は読んでいたものの……ただ、やはり「人間学」の勉強は大事だったと思います。たとえば、これはいつもの尊敬するM先輩の話です。ちょっと恐いです！

「ある人に下通り《しもとおり》（熊本のメインアーケード）をパルコ前から新市街まで行って返って来るように言いつける。すると、その人は言われたとおりに行って返って来た。そこで、最初の右角はどんな店だったかと尋ねる。すると、その人は、あ～あそこは靴屋さんでしたと答えた。次に、もうちょっと行った左角は何屋さんだったかと尋ねると、あ～そこは花屋さんでしたと答え、その人は何を聞いても答えることができた。次に、もう一人にも同じように言い付けた。そして、帰って来たところで最初の角はと同じ質問をした。すると、その人は、あ～っと、え～っと、何でしたかね～と答えられなかった。それじゃ、次の角はと聞いてもやはり答えられなかった。こちらは、特に気を付けて見て来るようにとは言わなかったんだが……」

という話で、当時、のほほ～んと生きていた私にとってこの話にはギクリとさせられました。先輩が言わんとされたところはもちろん「人生を勉強もせんで過ごして行くと先々は中味のないアンパンになるぞ！」ということで、この話で私にも少し気合が入りました。ついでと言っては何ですが、もう一つ怖～い話を！　相田みつをさんの「いのちのレンガ」という話です！

「人間の一生は毎日一個づつのレンガを積み上げてゆくようなものだ。いのちという自分のレンガをどこへ置くかは自分の自由です。自分のレンガだからどこに置いても自分勝手です。しかし、一度置いてしまったレンガはもう絶対に動かせない。永久に動かすことができない。置いたらそのまま。きちんと置けばきちんと。だらしなく置けばだらしなく置いたまま。いいかげんに置けばいいかげんに置いたまま。もう絶対に動かすことができません。置き換えることはできないのです。そして、いままで積み上げてきたレンガを私達は具体的に手でさわって見ることはできません。しかしです、見えないからといってレンガを積み上げてきたという事実は消えたわけではありません。人間に見えないだけです。そしてまた、昨日まで積み上げてきたレンガの上に今日のレンガを置くのです。どんなにまずく積んでしまったレンガでも昨日に続けて積む以外に今日のレンガの積み場はないのです。まずいからといって昨日に離してまったく別なところに積むわけにはゆかないのです。ところで、私はどんなレンガを積み上げてきたのか……欲望というレンガ、虚栄というレンガ、愛憎というレンガ、嘘偽りというレンガ、喜怒哀楽というレンガ、怠け心というレンガ、それから自己顕示欲という始末に負えないレンガ……見えたらとても恥ずかしくて到底まともに見ることはできないでしょう。さて、あなたのレンガは……？」

　というこれまた恐い話です。人生は積み重ねですから、いい加減なレンガを積んでいては将来とんでもないことになりかねません。されば、意識して人間形成に役立つ勉強をしないと……ほんとに怖いことになりそうです？

■泰伯編第十三章

子曰く、篤《あつ》く信じて学を好み死を守りて道を善《よ》くす。危邦《きほう》に入らず乱邦《らんぽう》に居らず。天下、道あれば則ち見《あらわ》れ道なければ則ち隠《かく》る。邦、道あるに貧しく且つ賤しきは恥なり。邦に道無きに富み且つ貴きは恥なり。

孔子が言った。篤く信じて学を好み道を守り通すには死をも覚悟する。危険な国には入らず乱れた国には留まらない。天下に道があれば世に出るが道がなければ隠れる。国に道があるにもかかわらず、貧しくさしたる地位もないのは恥であり、国に道がないにもかかわらず、富んで出世するのは恥である。

＊＊

本章は四つの話からなっているようです。最初の、「道」につながる「学問」が大事なことはこれまでも触れて来たところで、また、「危険な国や乱れた国」から遠ざかるというのも理解できるところです。ただ、三番目の「天下に道がなければ隠れる」という話と、最後の「国に道がないにもかかわらず富んで出世するのは恥である」というところにはひっかかります。

まず、三番目の「天下に道がなければ隠れる」という話から。これにひっかかるのは、そもそも中国の民とは徳の備わった王の治める、良い国に住みたいと思っていたので、自国が乱れているときは一般的には「隠遁する」という風潮にあったようです。ただ、問題は、これを孔子先生が勧めているところです。それというのも先の章では先生は真逆の事を言っているからです。当時、先生は世の乱れを正さんと諸国を漫遊していました。そんなあるとき、一人の隠者《いんじゃ》が「そういう無駄なことをしてないで早く隠遁したらどうだ」と勧めます。そのとき、先生は「私は山に隠れ棲んで鳥や獣と一緒に暮らす気にはなれない。私は人間に生まれたのだから、いかに世が乱れていようと、あくまで人間世界に止まってこれを少しでも良くしたいと思う」と返します。さすがです！これが孔子先生の聖人たる由縁だと思います。

しかし、本章の先生は違っています。「隠れよ」と言っています。それは、なぜか……カギは最後の言葉「世に道がないにもかかわらず富んで出世するのは恥である」という話を強調したかったからではないかと。つまり、その社会や組織なりに正道がないところでこれに乗じて金や地位を得たりするのはより「恥」で、それぐらいなら「隠れ」た方が良いと言っているのではと。やはり、正しい世の中にあって正しい生き方をし、正しく金を稼ぎ、正しく地位に就くというのが正道ですが、上から下まで地位を求めることや金を儲けることに色目を使っているような不純な組織なりで、これに乗じる行為は、見る人が見たら「恥を知れ！」と一喝しそうです。

されば「恥」とされる生き方だけはしたくないものですが……しからばとて、即刻、世の悪を正さんと打って出るというのも……ときに、庭の菖蒲《しょうぶ》の花が咲き始めました。菖蒲は時を待っていたようです！

■泰伯編第十四章

子曰く、其の位に在らざれば其の政《まつりごと》を謀《はか》らず。

孔子が言った。自分がその職責にないなら他人の管轄下にあることにとやかく口出すべきではない。

＊＊

本章は平たく言うと「他人のやり方に軽々しく口を出してはならない」ということのようです。確かに、例えば、ある課長が他の横並びの課長から、「あなたのやり方はちょっとおかしいのでは」などと忠告されると良い気がしないと思います。上司から言われるのならともかく、横並びの同格から言われるとなると例えそれが正しくともやはり耳に障るのではと。特に、論語の本章の言葉を知っている人にでも言ったら、

「大きなお世話だ。他人のことを言う前に自分の頭の上のハエを追え！」

と返されそうです。それは自分の力量が足らないということを間接的に言われたような気分になることや、また、一つの組織の長ともなるとテリトリー意識が働き自分の領域のことには軽々しく干渉してほしくないからだと思われます。また、現代社会は、どこの職場の誰もが抱え過ぎるくらいに仕事を抱えていますので、外部からとやかく言われて余計な仕事を増やしたくないという意識も働くかもです。やはり、山の上り方は穏やかなルートを取るのか、険しくとも最短距離を行くのか、人それぞれにありますので孔子が言うように差し出がましいことは慎んだ方が良いと思われます。

ただ、あまり助言しないのも問題かもで、これは、いつか触れたかもしれませんが、随分と前に日経新聞に掲載されていたもので、大企業は「大企業病」に陥り易くなるからです。症状としては課長なりが自分の課内の仕事には大いに責任感を発揮して頑張る。そのこと自体は立派なことだが、会社全体の流れなど大きな動きには目が行かず、「小じんまり」とした課長になってしまうというものでした。こんな話からM助役さんの次のような言葉が思いだされます。「よその課の仕事までするようになったら本物だ」と。確かに、そんな人にはセクションを越えたビッグな力量が伺えます。されば、縦横《たてよこ》の壁を取っ払い、長たる人達が押し付けがましくならないよう配慮しながら、自由闊達に助言し合うような雰囲気になると組織はもっと活き活きとしそうです。

ここで、またもう一人のことが脳裏に浮かびます。それは中国史上において大帝国・唐を築いた太宗《たいそう》皇帝の話です。この太宗は大そうな名君で……と、オヤジギャグ（笑）ながら、この太宗の徳たるやいかほどかというと、常に自分の周りに自分が間違っているときに遠慮な

く諫言《かんげん》する名臣を何人も置いたということです。有名な、

「人生、意気に感ず。功名、また誰か論ぜん」
（人生とは意気に感じて生きるものだ。功名などどうでもいいじゃないか）

という言葉を残した魏徴《ぎちょう》など名臣中の名臣で、かんしゃくを起こした太宗を二百回以上も諫めたようです。さすれば、本章で孔子が他人のやり方に「口を出してはならない」と言ったのは、当時、了見《りょうけん》の狭い小人上司が多かったからかもです。

■泰伯編第十五章

子曰く、師摯《しし》の始め関雎《かんしょ》の乱《おわ》り洋洋乎《ようようこ》として耳に盈《み》つるかな。

孔子が言った。真摯《しんし》（まじめ）な音楽長官が指揮した関雎という曲の終わりはなかなかに盛り上がって今も自分の耳に洋々と満ちている。

＊＊

本章は苦労しました！　というのは言葉の訳です。まず「師摯《しし》」というのがそもそも熟語なのか別々の語なのか、また、師はわかるとしても摯とはどういう意味なのか？　そして、その後に続く「始め」とどうつながるのか？　さらに後には「乱《おわ》り」と続き、これでは始めと終わりで矛盾するが……などなど不確かなところが色々あったからです。もちろん、諸橋先生の確たる訳文はありますが、私の場合、中学生にまでわかるような意訳文にしたいと思っていますので諸橋先生の訳文をさらに分析する必要があり、それで色々と情報を集め推理することになります。そもそも論語は二五〇〇年も前のものですから、ときには字の間違いや、解釈の分かれるところ、途中で改ざんされたのではないかと思われるところもあったりするようで時々苦労します。それで結局、「師摯」とは、やはり熟語ではなく「師」とは文字どおり〝先生〟のような敬語で「摯」の字は真摯の「摯」で「まじめなこと」のようです。また「関雎《かんしょ》」とは、以前も出て来ましたが、五経の一つ「詩経」の最初に出て来る詩で意味は「みさご」という鳥のことです。それで、合わせて考察すると恐らくは私の意訳文のようになるの

ではないかな～という決論に達しました。
さて、前置きはこれくらいにして内容に入ります。本章には背景があり、これまでも何度か説明したとおり孔子先生は十三年間の諸国漫遊をしていますが、先生が漫遊を終え故郷の魯国に帰ってみると当時すばらしかった雅楽は乱れたものとなり国も随分と荒廃していました。それに、当時いた真面目な音楽長官も愛想を尽かしてか他国に去っていて、それで、このような長官を懐かしんだ言葉となったようです。文中に「洋洋乎《ようようこ》として耳に盈《み》つる」とあり、この音楽長官の演奏がよほどすばらしかったことが想像されます。孔子は平和な世の中を望んだので音楽という人の心を和ませる〝楽しい音〟を大事にしましたが、ここで「洋々」と表現しているところにその象徴的なものが感じられます。それで、この言葉について調べてみたらなかなかに好い意味で、「心が広々としてわだかまりのないさま」と！　青々とした大海原が太陽の陽射しを受けキラキラと輝き、目の前いっぱいに広がっている感じです。多分、この光は逆行ではなく順光ですね！　余談ですが、画家はアトリエを作る時は北向きに造るそうです。この方が太陽を背に順光で奇麗に物象が見えるからです。この「洋々」にもそんな感じがします。また、「洋」の字は一字では「太平洋」という意味もあるようで、ますます良い言葉に感じられます。せっかくですので、孔子先生の心境になってしばらく海岸に立って眼前に広がる太平洋を想像してみたいと思います！　太平洋と言えば誰かに成ったような気が……。

「おやおや何か見えて来たぞ。何か陸らしきものが。うん、あれはアメリカじゃ！　そうじゃアメリカじゃ！　文明国のアメリカじゃきに。行ってみたいのう。じゃが待てよ。海は世界の七つの海につながっちょる。ちゅ～ことはヨーロッパのエゲレスやスペインなどの西洋列強もやってこれるっちゅうことだ。西洋人は世界中に植民地ば作っちょるいうから油断も隙もでけんのう。この日本国は何が何でも守らにゃいかん。よしよし心配いらんぜよ。わしが守っちゃるきに。み～んなわしが守っちゃるきに心配いらんぜよ……あははは」

と。すいません！　つい幕末の土佐の桂浜にタイムスリップしていました。そして気分はいつしか竜馬の心境に（笑）あ～、それから、竜馬はこうも言っていました！「明治維新じゃわしらがこの日本国を守ったきに、おまんらは世界の平安ば守っちょくれ」と！　いやいや、どうも太平洋と言えば竜馬が連想され、つい心が大きくなりまして……でも、やっぱり海はいいですね！〝洋々乎〟として！　されば、孔子が感動したという真面目な音楽長官の曲とはどんな感じだったんでしょうか？

■泰伯編第十六章

子曰く、狂《きょう》にして直《ちょく》ならず、侗《どう》にして愿《げん》ならず、悾悾《こうこう》として信ならずんば、吾《われ》之を知らず。

孔子が言った。大志を持つ狂者ながら素直さがない。無知でありながら謙虚さがない。無能でありながら信実性がない。かかる人は私のあずかり知らぬところである。

＊＊

さてさて、恐いです！　孔子先生が「吾之を知らず」つまり「私の知ったことか！　構ってはおれん！」と。普通の人からならともかく聖人からそう言われては人間失格と言われたようで大ショックですが……さー、では、どういう人が見捨てられても仕方ない人なのか？三つのタイプが挙げられています。一つずつ検証してみたいと思います。

まず「狂にして直ならず」。これは志だけは大きいが素直さがないということですが、何か、これって自分のことを言われているようで少し恥ずかしい気がします。日頃、孔子や孟子など偉人の教えを聞いていて大きなことを言っていないか素直さに欠けないかと。でも、確かに「素直」とは大事なことだと思われます。なぜなら「素直」であるとは飾らず自分自身をざっくばらんに出すことだからです。人間はとかく自分を良く見せよう飾ろうとする習性があり、なかなかに本音を出すことに勇気が要る時があります。でも、やはり、飾らず素直に自分の想っていることを言うのは、その人の見方や考え方を「ありのまま」に表現することであり、先日も出てきた、自分が他人に好い意味で合わせず、自分自身の本当の「主人公」になるという意味でも大事だと思われます。

次に「侗《どう》にして愿《げん》ならず」。これは無知でありながら謙虚でないということで自分の無知さに気付いていない人のようです。自分が一番知っているという感じで、いわゆる〝専門〇〇〟と言われるような人に見られるような。確かに、そのことだけは詳しいが全体はというとあまり知らない。それでも謙虚であれば助かるようですが、中には、もっと、性質の悪い人がいて、そのことだけではなく何でも知っているという感じの人がいます。これは「知」に走るタイプの人に多く、こうなると世の弊害となります。以前も何度か出て来ましたが「思いて学ばざるは危うし」のタイプで、これまで幾世代もかけて極められてきた叡知の書を読んだり、師と仰ぐ人に私淑したり、天地自然の摂理に学ぼうとせず、自分一代の経験で知りえた僅かな智識で物事を判断しようとする危険人物です。やはり常に謙虚でありたいものでご存知のとおり有名なギリシャの哲学者・ソクラテスも言っています。「無知の知」と。やはり君子クラスになると謙虚で、それだけ人間世界は複雑で奥が深いものです。

最後に「悾悾《こうこう》にして信ならず」です。これは無能でありながら信実性がないというタイプです。無能な人とはちょっと口はばったいですが、何か自分のことを普通の人、あるいはそれより少し劣る人……と、自覚している人っていいます。でも、そんな人は何所となく信実性があり素朴で親しみがあります。しかし、逆の人もいますね～。少し能力があるだけで、自己主張が強く、勝ちたがりで、目立ちたがりで、奢りのある人が！　そんな人には厭味があって言葉にも信実性がありません。こんな人にはなりたくないもので……

まとめると、大志は抱けど素直で、知識は有れど謙虚で、能力は無けれど純朴であれ……でなければ聖人から「吾之を知らず！」と見捨てられますよ、でしょうか？

■泰伯編第十七章

子曰く、学は及ばざるが如くす。猶《なお》之を失わんことを恐る。

孔子が言った。学は永遠に追いつくものではない。だからといって決して諦めてはならない。

＊＊

論語でいう「学」とはもちろん「人間学」のことで自分がどう正しく生きるか、いかに良い人間関係を結ぶかにありますが、これほど難しいものはないときがあります。私も夜眠りに着くときその日一日を振り返り自分の思いどおりにすべてうまく行って、他人とも何の不愉快なこともなく過ごしたという日はそうはありません。これだけ論語にも学び大筋のところは少しはわかっているつもりなのに。でも、それは戦後、日本にもたらされたと言われる3S（スリーエス）政策によるからだ……と言ってしまっては未だ未だ「学」が足りないと言われそうで、やはり、論語を学ぶ人は原因のすべてを自分にあるとすべきだと。大西郷先生も言っています。「天を怨《うら》まず人を咎《とが》めず己の誠の足らざるを尋《たず》ぬべし」と。これこそが正しき考えでありまさに学ぶべきところで、仮に、そのように誠実を尽くせば心も通じて「人間っていいな～」と思えるような気がします。

さて、話は本題に戻りますが、孔子先生は「学」は永遠に積むべきものと言っておられます。確かに、人間社会とは複雑深淵で地球上に繰り広げられる様々な様相はそれこそ地球上の砂の数や宇宙の星の数にも匹敵するかもしれません。江戸時代の大儒・佐藤一斉がこんな地球上の人間関係を評して面白い表現をしています。

「渾然《こんぜん》として一弾丸《いちだんがん》をなす（言志録百九十七条）」

つまり、地球を宇宙から見るとそこには人間を含めた多様な生物が棲息し複雑な様相を織り成しながらも渾然となって一つの丸い弾丸を成していると。江戸時代の人ながら地球を外から見てこのように達観していたとは、オドロキ、モモの木、サンショの木です！　でも、考えてみれば確かに、地球はそうやって百三十五億×三百六十五回の自転を繰り返し、現在の調和を形成しています。何とも永遠な気の遠くなる宇宙の創造に絶句してしまいますが、そうなると人間世界には我々の知る由もない、絶大で、絶対で、絶妙で、不変で、普遍な……ちょっとくどいですが！　いずれにせよ、神妙不可思議な力が働いていると考えてもおかしくない気がします。

孔子先生はそのことに早く気付きなさい。その大いなる不可思議な力とつながるスイッチこそが「仁」だぞといつも言われていて、されば「学」とは「仁」を明らかにすることですから奥が深く難しい筈です！「朝に道を聞かば夕べに死すとも可なり」と里仁編第八章にありましたが、確かに、そのような真理をつかめば宇宙や永遠とつながったような大安心が得られ、死と引き換えにしても良いという気持ちになるのかもしれません。最後に、アウシュビッツ収容所に関係したあるヨーロッパ人の言葉を紹介します。

「人間は死の瞬間まで自分を高められる可能性を持った生物である。だからこそ、希望の小窓は閉じてはならない。小さくともいいから生きる意味を持っていなさい」

アウシュビッツを経験された人の苦悩の中の希望の言葉だと思われます。そして〝自分を高める〟とは取りも直さず「人間学」のことを言い、〝希望の小窓を閉じてはならない〟とは孔子先生が言っている〝諦めてはならない〟と似ていて、さらに、〝生きる意味を持っていなさい〟とは〝自分を高める〟学の大切さを言っているような気がします。

■泰伯編第十八章

子曰く、巍巍《ぎぎ》乎《こ》たり舜《しゅん》・禹《う》の天下を有《たも》てるや。而《しか》も与《あず》からず。

孔子が言った。舜や禹の天下を保つ様はまさに天にそびえるようであった。しかし、当の二人は天下を預かっていることを忘れているかのようであった。

＊＊

本章には「巍巍」と何ともでっかい言葉が出ています。

先日は「洋洋」という言葉が出ていました。ある音楽が耳の中に丸で太平洋のように広がっているというような話でしたが、今回の「巍巍」もでかそうです！　さっそく例の漢和辞典で意味を調べてみました。「巍」とは「高い」「高大なさま」とありました。「巍巍」とは、これを二つ重ねてありますからいかにも高々そびえ立つ感じで、丸で広く晴れ渡った青空のようです！　ときに、私は青空を見上げるのが好きで日に何度かふっと思い出したように見上げています。あの広々とした真っ青な空と真っ白な雲のコントラストが何とも言えず不思議と心が癒され爽快になります！　聞いている人にとっては「ああソウカイ」かもしれませんが（笑）ま、冗談はさて置き、さらに余談ですが、先日、仕事の関係で久しぶりに農業関係の雑誌「家の光」を見ました。昔、田舎《いなか》で見た記憶があり「まだあったんだ！」という感じで懐《なつ》かしかったのですが、当時はちょっとやぼったいイメージでしたが、今のはスマートでおしゃれな感じです！　七月号は表紙が歌手の高橋真梨子《たかはしまりこ》で、その中に「子どもの目」という詩のコーナーがあって、これが人気だそうで、早速、見てみるとなかなかの詩があり大変、印象に残りました。

「青空」
ぼくの上には
まっさおな青空
ぼくは青空がすきだ
青空を見ると
心が青空になる

すばらしいでしょう！　子どもは純心で良いですね。想いを素直に詠んでいて、最後に「心が青空になる」と締めているところなどキリッとしていかにも爽やかです！

少し横道にそれましたが「巍」です。他にも、熟語に「巍科《ぎか》」とあり、これは中国のあの難しい試験とされた「科挙《かきょ》」に最高点で通ることとありました。それから「巍」という字は「魏」とも同義語のようで、この「魏」の付く人として先日「巍徴《ぎちょう》」の話をしました。太宗皇帝の名臣中の名臣で男児の鑑とも言うべき大丈夫《だいじょうふ》でした。ついでながら、この読み方は「だいじょうぶ」ではありません。「だいじょうふ」です。でも、意味は、あれもだいじょうぶ、これも任せてだいじょうぶ、というところから立派な男児を指します……どうも（笑）

さて、そんな「巍巍」と譬《たと》えられた舜王と禹王です。以前も触れたかと思いますが、ちょっとおさらいしておきます。時代が今から四千年ほど前の伝説の時代、王は堯、舜、禹と流れます。いずれも禅譲《ぜんじょう》という形で国を譲り受け、王道の善政を行い民は何の心配や不満もなく自然と暮らしていて、ふと気付いて見上げると青空に太陽が輝き暖かい光を降り注いでいた、というイメージだったようで、まさに「巍巍乎」とでっかい感じです！　また、殷の終わりは乱れますが、それを正して「周」を興し善政を布いたのがこれまた孔子の尊敬した周公で、周公も名君として名高く「巍巍乎」というところでしょうか。

そういえば、先日の熊日新聞に「三光鳥《さんこうちょう》」という珍しい鳥が甲佐町に巣を作っていると載っていました。この鳥は「ヒ・ツキ・ホシ」と鳴くようで、字では日・月・星となり、そこから「三光鳥」の名前になったようです。偶然ながら、この鳥は本章にふさわしい凄い鳴き方していると思って取り上げましたが、確かに、地球上にはこの三つの光が降り注いでいます。そして、実は、「易経」にも、「至れるかな坤元《こんげん》万物資《と》りて生ず」（陽《よう》である天空は光と雨を降り注ぎ、陰《いん》である大地はそれを受け止め万物を育成する）とあります。天から光や雨が降り注がれ大地が万物を育てるとはいかにも巍巍とした感じで舜や禹の自然で大らかな政治を彷彿とさせます！

されば、たまには青々巍々とした天空を見上げないと

〝でっかい〟見方ができず目先の事に一喜一憂する小さな人間になってしまいそうだ……と思って今、空を見上げたところです！

■泰伯編第十九章

子曰く、大いなるかな堯《ぎょう》の君たるや。巍巍乎《こ》たり唯《ただ》天を大なりと為す。唯堯之《これ》に則《のっと》る。蕩々《とうとう》乎たり民《たみ》能く名づくること無し。巍巍乎たり其《そ》の成功《せいこう》有ること。煥《かん》乎たり其の文章有《あ》ること。

孔子が言った。堯は実に偉大である。世の中で一番大きなものは天であり高々とそびえている。堯はただこの天道に則っていただけで、果てしなく広く寛大で民は之を形容する言葉がなかった。その治世に成功しているさまはまさに高々とそびえ、文律制度はきらきらと輝いていた。

＊＊

本章は孔子先生が堯をして「巍巍乎」「蕩々乎」「煥乎」……高々とし、広々とし、きらきらと輝いていると称賛しているところです。民はこの人を形容する言葉を知らなかったとも言っていますので堯は王道を行く相当に立派な王であったと思われます。

そして、同じく堯を尊敬していた人が身近にもいます。地元・熊本の思想家・横井小楠《よこいしょうなん》です！　小楠公は明治維新の二年前に甥の左平太《さへいた》・太平《たいへい》の二人をアメリカに留学させます。そのときに二人に送った言葉が有名です。

堯・舜・孔子の道を明らかにし
（堯や舜や孔子の王道をよく知り）
西洋器械の術を尽し
（西洋の進歩した科学技術の限りを尽くし）
何ぞ富国に止まらん
（日本国のみの富国に止まらず）
何ぞ強兵に止まらん
（日本国のみの強兵に止まらず）
大義を四海に布かんのみ
（世界に大義を敷くことだ）

これも堂々としたもので「世界に大義を敷け」とのスケールの大きさにはびっくりします。まさに、堯の熱い想いが時代を超え孔子先生に受け継がれ、はたまた、幾世を経て遥々日本の小楠公に受け継がれた感じで、不易不偏なる儒道の信実性が顕著にあらわれていると言えそうです。明治維新のヒーロー・坂本竜馬もスケールの大きさや先見性では光っていて、薩摩・長州が徳川幕府をどうするこうすると考えている頃、既に明治政府が発足した際の閣僚人事案を発表し、さすがの西郷や大久保もこれには度肝を抜かれますが、小楠公は、さらに、その上を行き、日本のことだけではなく世界の構築に想いを巡らせていたことになります。それゆえ、竜馬の親分である勝海舟が小楠公をして次のように評した話は有名です。「俺は天下に恐ろしい者を二人見た。薩摩の西郷隆盛と肥後の横井小楠だ」と。海舟はどうも小楠公の先見性と儒道による新たな世界構築構想に驚かされたようです。確かに、日本人みんなが倒幕だ佐幕だと言っている前夜、既に甥二人をアメリカに留学させ世界に王道を敷けと言っていますから、なるほど恐ろしい人物です！

ときに、横道にそれますが小楠公亡き後です。果たして、熊本の「王道」や「仁」や「義」を基調とする儒道精神はどうなって行くのか？　せっかくの機会ですので少し行方を追ってみたいと思います。小楠公は、肥後藩にあっては実学党《じつがくとう》（他に勤皇党・学校党の二派があった）の党首で、この党は文字どおり実学を重んじます。学は学問のための学問でなく実際に役立つためのものであるべきだとするものです。王陽明の「知っている」ことと「行う」こととは同じでなければならないという、所謂《いわゆる》、「知行合一《ちこうごういつ》」の考え方ですが、小楠公にしてみれば迫り来る欧米の巨大な帝国主義を前に、実際に、待ったなしでこれに立ち向かわなければならないという気持ちが強かったと思います。しかし、明治維新という革命に肥後藩が出遅れたのはご承知のとおりですが、その後の「明治」という新しい時代に入ってからは、この「実学党」から堰《せき》を切ったように様々な偉人が輩出されます。特に、言論界における徳富蘇峰《とくとみそほう》などは日清・日露・第一次・第二次世界大戦、そして終戦に至るまで日本のジャーナリスト界の重鎮として活躍します。また、大評論家の大宅荘一《おおやそういち》氏は明治の熊本の女性を評し次のように言っています。

「明治以降、日本女性の地位向上に勇敢に戦った婦人闘志家たちの多くは熊本から排出された。この女性たちは肥後の猛婦《もうふ》と呼ばれた」

この肥後の猛獣……あ、いや、失礼しました（笑）この肥後の淑女の皆さまは「くまもと黎明期《れいめいき》の女たち」として一冊のリーフレットに二十四人が上げられていて、いずれも錚々《そうそう》たるメンバーで、これまで封建的とされた日本社会における女性の地位向上などに並々ならぬ尽力をされてます。凄い人たちで経歴を見れば驚きとともに頭の下がる思いで大宅荘一が舌を巻いたのも頷《うなず》けます。詳細はリーフレットを見ていただきたいと思いますが、長くなりますので一人だけ紹介します。その人は矢嶋楫子《やじまかじこ》という人で、変わった名前ですが、舟は楫《かじ》一本でどの方向にでも向く。人間も考え方次第でどうにでもなる、ということから途中でこの名前を名乗ったようです。この人は、世の中のため色んなことをしていますが、極めつけは大正十年、八十九歳のときにアメリカに渡り、当時、既に開かれていた世界軍縮会議の、議長を務めていた米国大統領のハーディングに会いに行ったことです……そしてどうしたか？「世界の女性の平和請願書」なるものを堂々と手渡したのです。何とも凄い話です。大正時代です。八十九歳です。相手はアメリカ大統領です。内容は〝世界〟の女性の平和請願書です。ぶったまげます！　そして、この矢嶋楫子を始めとする肥後の猛婦たちの多くは小楠公の流れにあります。

ということで、堯に興った巍々たる精神は孔子を経て近代日本へと伝わり、さらには現代の我々にも伝わっているはずで……何か大変です！

■泰伯編第二十章

舜、臣《しん》五人有りて天下治まる。武王曰く予《われ》に乱臣十人有りと。孔子曰く才難《さいかた》しと。其れ然らずや。唐虞《とうぐ》の際は斯《これ》よりも盛んなりと為す。婦人あり九人のみ。天下を三分して其の二を有《たも》ち以て殷に服事す。周の徳は其れ至徳と謂う可きのみ。

舜には五人の名臣がいて天下がよく治まった。武王は自分にはそういう名臣が十人いたと言った。孔子が言った。名臣が得難たいのは当然のことであろう。しかし、唐を治めた堯や虞を治めた舜の時代の方が周の武王の時代よりも盛んであった。武王には名臣は一人の女性の他九人しかいなかった。父の文王は天下の三分の二を所領する実力者であったが、あくまで、当時の殷王朝に服従の姿勢をみせていた。この文王の徳たるやまさに至徳というべきだ。

＊＊

本章はちょっとややこしくなっていますが、結論から言って、前段では堯・舜・武の三人の名王にしても「名臣はなかなか得難いものであった」ということ、後段では武王の父である文王を評して「実力があったにもかかわらず礼節を重んじた至徳の人だった」という二つのことを言っていると思われます。最近、色んな王や時代が出て来ますのでちょっと整理しておきます。

唐王朝……堯帝
虞王朝……舜帝
夏王朝……禹帝（始祖）～桀王（末王）
殷王朝……湯王（始祖）～紂王（末王）
周王朝……（文王）―武王―成王～

この流れは古い順番になってはいますが、なにしろ紀元前の伝説の時代ですから不確かなところもあります。でも、殷あたりからは遺跡も発掘され裏付けも取られつつあるようです。それから、周王朝における文王は王として存在したのではなく巨大な豪族といったところで、日本でいえば秀吉亡き後の秀頼の頃の徳川家康のような存在ではなかったかと？　その後、文王が没し息子の武王が紂王を倒してから周が正式な王朝として始まります。周公旦はこの武王の弟で、武王亡きあと息子の若き成王を一人前になるまで補佐しますが、このことは前述のとおりです。孔子の生まれ故郷は魯国の曲阜《きょくふ》（現在の山東省・曲阜市）というところですが、周公旦はこの魯国の始祖となり善政を行い孔子の私淑する人となります。また、釣りの名人として知られる太公望は文王に見出され文王・武王を補佐する軍師として名を馳せ斉国の始祖となります。そして、斉国はこれから三十数代続くことになります。

ちょっと余談ですが面白い話があります。藤崎竜《ふじさきりゅう》という方の漫画に『封神演義《ほうしんえんぎ》』というのがあり、これは中国の神怪物語「封神演義」をモチーフとしますが、これに太公望が主人公として登場します。この中で、殷王朝最後の紂王は当初は善政を敷きますが、ある好きになってはならない女性を好きになったことにより悪霊に取り憑かれ暴君となります。そして、これと戦うべく仙人世界から送り込まれるのが太公望です。似たような話で、最近、少年少女の間で人気になっている漫画（映画にもなっている）に『ＤＥＡＴＨ ＮＯＴＥ（デスノート）』というのがあります。これは、ある日、名前を書き込まれると不慮の死を遂げると言われる「デスノート」をキラという男が拾います。キラはそれにより死神の力を持つこととなりますが、それと戦うべくエルという一人の天才探偵がＩＣＰＯ（国際刑事警察機構）から送り込まれます。このエルと太公望とではどちらがヒーローとして魅力的かということでちょっと話題になっているようです。論語と最近の漫画とがつながっているとは意外で何とも面白いところですが、さて、どっちが魅力的か、その答えはさておき、私は太公望にはちょっとダークなイメージがありましたが、文王や武王の信望が厚かったと知りやはり得難い名臣であったと見直したところです。

しかして、人生どう生きようと自分の勝手ですが、本章に出てきた名王や名臣たちとは「愛」や「正義」に生きた人たちで、やはり、人生とは王道を堂々と生きる方が爽やかな気がします！　されば、雨で塵《ちり》や芥《あくた》が洗い流され爽やかな風が吹き月が澄むことを〝光風斉月《こうせいふげつ》〟というようです！

■泰伯編第二十一章

子曰く、禹は吾れ間然《かんぜん》すること無し。飲食を菲《うす》くして孝を鬼神《きしん》に致し、衣服を悪《あ》しくして美《び》を黻冕《ふつべん》に致し、宮室を卑《いや》しくして力《ちから》を溝洫《こうきょく》に盡《つく》す。禹は吾れ間然すること無し。

孔子が言った。禹王には私は何も言うことがない。食事は粗末にしても親への孝行や先祖の供養には力を入れ、普段の衣服は粗雑にしても祭事の際には美しく着飾り、宮殿の自室は質素にしても田畑の水路のことなどには尽力している。禹王には私は何も言うことがない。

＊＊

禹王とはなかなかの人物と見ました！　孔子先生も〝吾れ間然《かんぜん》することなし（何も言うことがない）〟と最初と最後の二回にわたって言っています。私が感心するのは普通のトップと違うところです。普通のトップであれば、かくかくしかじかの事業をしたなど実績で評価されがちです。つまり、ハコモノ（建物など目に見えやすいもの）などを建設したとかですが、禹は違って、身の周りを質素にし親や先祖や庶民を大事にすることに力を注いでいます。こんな禹には相手は王ながら人間的な温もりを感じます。そう言えば、相田みつをさんがこんなことを言っていました。〝春の縁側に干した座布団のようで思わず顔を埋めたくなる人〟と、こんな感じでしょうか？ そんな王に領民たちはどんな気持ちを抱くでしょうか？ 多分、こんな王の傍にいたい。この王を守りたい。この人には何もさせず、ただ、居てくれるだけでいい。仕事は自分たちがやるからというような気持ちになるような気がします。

確かに、王にはその時代その時代で要求されるハコモノの建設なども必要ですが、禹は同じ建設するでも人の心に〝やる気〟を建設しているような感じがします。言わば、〝物〟の建設と〝心〟の建設の違いでしょうか？ もっと絞ると単発なのか永遠なのかということかもしれません？ 人々の心に火が付くというのは限りない可能性を秘めますので、そう考えると、この二つには大きな開きがあります。またさらに、これは儒教の本質である王道なのか覇道なのかということにもつながるような気がします。生活を質素にしたり先祖や民を大切にしたりなど実質的には小さな事のように見えますが、本当は、この辺は世の人心を考えると大事なところで、秘めたるところは、一国の王として自分が預かっているこの世がどうあるべきかが常に頭にあったような気がします。おそらく、孔子先生もその辺を評価して「吾れ間然することなし」と二度も評されたのではと。

＊＊

それから、先日、横井小楠の流れを汲む矢嶋楫子という明治期にアメリカに渡った女性の話をしましたが、この人がそんな思い切ったことができたのはクリスチャンだったからではないか、というお尋ねがありました。

確かに彼女は途中洗礼を受けクリスチャンになります。同じ頃「武士道」という純日本人精神の本を書いて世界をあっと言わせ、また、国際連盟の事務次長として活躍した新渡戸稲造もクリスチャンでした。でも、元々この二人の思想の根底には神道や仏教、それに王道を基本とした儒教精神なども深く浸み込んでいて、この儒教の王道精神とキリスト教の博愛精神とは大本において似通ったものがあり二人は入信したものと思われます。しかしながら、当時は、そのキリスト教というすばらしい思想を持つ欧米諸国が世界の文明をリードする中で、黒人に対する奴隷制度や植民地政策を進めているという矛盾もありました。矢嶋楫子がアメリカ大統領に会いに行ったのも単にキリスト教徒だったからでなく、根底には世界の女性の「平和請願書」を手渡すことによって、この失われつつあったキリスト教の原精神を復活させたいとの想いがあったからではと思われます。横井小楠が明治前夜に密航さながらに二人の甥をアメリカに送り「四海に大義を敷け」と言ったのは前述のとおりで、その精神が矢嶋楫子に確かにも受け次がれていたと見て正しいと思います。

子《し》罕《かん》編

――人間関係の微妙さを知る

■子罕《しかん》編第一章

子、罕《まれ》に利《り》と命《めい》と仁《じん》とを言う。

孔子は希に利と命と仁の話をした。

**

本章には孔子先生がめったに口にしなかったとされる三つのことが挙げられています。「命」については、また先に出て来ますし、また「仁」についても、これまで度々触れていますので、ここでは「利」に的を絞りたいと思います。なぜ、孔子先生がこれをめったに口にしなかったのか？「利」とは「利益」や「利潤」のことだと思われますが、世の中の人、みんなが自己の利益ばかり考えて行動するようになったらこの世はどうなるか？損得勘定ばかりで行動するようになったら？奪い合いばかりで地獄になってしまいそうで、やはり、自分だけの利に走るというのは良くなく、孔子も「儲けた損した」とかいう話はあまり好きではなかったと思われ、論語にはそんな話は出て来ない気がします？

ただ、もちろん、会社経営とかになると利益を上げ社員を養って行かなければなりません。でも、松下幸之助や本田総一郎など一流の企業人は利益の追及ばかりではないようです。いつか出て来ましたが、明治の大企業家・渋沢栄一がさすがなことを言っていました。〝経済道徳合一説《けいざいどうとくごういっせつ》〟なるもので、経済と道徳は同じでなければならない。世の中に役立つことを忘れ己の利だけに走ってはならないということで、好い商品を作って売ればお客さんに喜んで買ってもらえる。その買ってもらったお金で、またさらに好いものを作って売れば、また、お客さんの為になり喜んで買ってもらえる。こんな風にやって行けば自然に世の中の人様の役に立てて、自分の会社にも自然にお金が入って来る。商売とはそういうものでなければならず、決して利益を優先させてはならない。利益優先で人を欺いたり騙したりするのはもってのほかだというものです。

また、利益とは、端的に言って「お金」ということにもなると思いますが、安岡先生がこう言っています。

「六十歳を過ぎ金に興味を持つような者に大物はいない」

また「利」とは「損得」とも言い替えることができると思われますが、相田みつをさんもこんなことを言っていました。「損か得か人間のものさし。嘘か真《まこと》か仏様のものさし」こうなって来ると、どうも、孔子先生や仏様が、例えば、バーゲンセールなどで「こっちが得だ。あっちは損だ」などと品物を手に取ってあさっている姿というのはやはり目には浮かびません！　お金は大事なものながら、一面、その人の良からぬ人間性をもむき出しにさせる魔性を持っていますから、よくよく注意してさらっと付き合うべきかと。特に、日本人は終戦後、お金には大変、苦労していますから金持ちが偉いという偏った価値観があり、よくよく注意しなければと思います。この前も「吝《りん》（ケチ）ならしむれば観るに足らず」と出て来たばかりです。金持ちはケチだから金持ちになるそうですが、金持ちでなくともケチと言われては情けなくそうは見られないようにしたいものです。それから、こんな言葉もあります。

「受けた恩は石に刻め。与えた恩は水に流せ」

小人は自分がおごってもらったことは忘れても自分がおごったことはどんなに小さくとも覚えているそうで、そうなると〝ケチ〟と言われそうで、やはり、君子は逆に与えた恩は笑って水に流し、受けた恩はどんなに小さくとも忘れないようにするべきかと思われます。

さて、されど、「利」が好いときもあります。それは「もうこりた」ということです……何のことか？　これは「もう、いやだ！　もう、懲《こ》りた！」という意味ではありません。漢字で書くと、

「忘己利他《もうこりた》（己を忘れて他人に利益を施す）」

となる〝利他〟です。いつか出てきた親戚のミノルオジが学生のころ教えてくれた言葉です。印象に残ったので覚えていたのですが、これは、どうも最澄の言葉だったようです。そして、オジは続けてこうも言いました。「世の中の人みんながそうあったら、どんなにすばらしいだろう」と。どうもこのオジ、今思えばなかなかだったような？　されば、人生とは少し損するぐらいがいい〝カモネギ〟です！

■子罕編第二章

達巷党《たつこうとう》の人《ひと》曰く、大《おお》いなるかな孔子。博く学びて名

を成す所無しと。子之を聞き門弟子に謂いて曰く、吾何をか執《と》らん。御《ぎょ》を執らんか射《しゃ》を執らんか。吾は御を執らん。

達巷という人が孔子先生は何と偉大であろうか、知識がたいへんに広く一つのことだけでは世に知られてないと言った。これを聞いた孔子はその賛辞に浮かれることなく、次のように門人たちに言った。「名が知られていない」ということのようだから、何かやらんといかんな。では、馬術でもやろうか、それとも、弓術でもやろうか。やはり、私には馬術が向いているかな。

＊＊

本章は、孔子先生が一芸を以って世に知られる人ではないと褒められたところです。これを受けた先生、当時、あった「礼《れい》（礼学）・楽《がく》（音楽）・数《すう》（数学）・書《しょ》（文学）・射《しゃ》（弓術）・御《ぎょ》（馬術）」の六芸《りくげい》の中から自分は御（馬術）で世に知られるようになろうかと答えていますが、さて？　孔子先生の言わんとする心境は果たしてどうだったのか？　その心は？

推測するに、孔子という人は当時もそうですが、二五〇〇年後の今も燦然《さんぜん》と輝く聖人です。それも、キリストや釈迦やモハメッドと並び称される世界の聖人です。人類の歴史上僅か数人のラベル！　いや、レベルです（笑）つまり、一世を風靡《ふうび》する程の偉人ではなく万世を風靡する聖人です。人間界や宇宙の大哲理に通じた人です。されば、本章で褒められた人にありがたいとは思っても、知識の広さ程度でほめられては何とも返答のしようがなかったのではないかと？　それでか、後段で、ジョーク交じりに「御」でもやろうかと言っていますが、ここでは門人たちの間でちょっとした笑いが起きたかもです？

ところで、聖人と言われる人はジョークを言ったりするのでしょうか？　ちょっと面白そうです。孔子について言えば、先の方で門人の子游《しゅう》をして「ニワトリをさばくのに牛刀を持ってする」と喩え、孔子先生が笑って訂正するところが出て来ますが、この話はその折に！　それから、先日、読んだ「致知」にキリストの面白い話がありました。ルカによる福音書第七章にキリストが誰かから「この大飯喰らいの大酒飲みが！」とそしられるところがあるようです……あはは、あのキリストさまが大酒飲みとです！　意外です！　キリストはどうも宴会好きだったようでこれは何とも嬉しい話です。この話には私も俄然、元気が出まして、こんな席だったら私も聖人の仲間入りができるかもと自信を持った次第です（笑）まだ、あります！　同じルカの十章にキリストがこう言ったと！「迫害にあったり悪口を言われたら身体を揺すって喜べ」と……なんと、ま〜愉快、愉快、です！キリストが腹を抱えて笑っている姿というのは思い浮かべただけでも愉快です（笑）人生ちゅうのは、おもしろおかしく行かんといかんですな〜いや、なかなかのユーモアです！

次はお釈迦さまです！　これもまた面白い話があります。あるとき、お釈迦さまが自分を良く思わない宗教家から非難囂々《ごうごう》、罵詈雑言《ばりぞうごん》をめちゃくちゃ言われ批判されたそうです。で、それをお釈迦さまは黙って聞いていましたが、その人が、ひとしきり喋べった後にこう言ったそうです。「あなたは、お客を家に招いてごちそうしようとしたが、そのお客がせっかく用意したのに食べずに帰ったとしたら、そのごちそうをどうしますか？」すると、その宗教家は「そりゃ〜家族で食べるさ」と答えます。そこでお釈迦さまが言いました。「今、あなたは私に色んなことを言ってくれました。でも、せっかくですが私はその話を受け取りませんので、どうぞ、ご家族の皆さんに同じようにお話下さい」と。すると、これを聞いた相手はガックリしてグノネも出なかったそうです。さすがに聖人ですね〜頭も良いですが〜トンチも効いて茶目っ気もあります！　多分、このときお釈迦さまは、すました顔をして「いひひ、してやったり！」と、お腹の中では笑っていたかも？　きっとそうです（笑）ま、そんなところで、聖人も一応、人間ではあられるようです。でも、やっぱりこのクラスになるとユーモアの次元が違います！

ところで、今回は何の話でしたっけ？　あ、そうそう！　聖人の冗談？　いやいや、もう一つ大事なことがありました。それは本章の「一芸」ということから「一芸に秀《ひい》でる者はすべてに通じる」という見方もあるということです。これは聖人の域とまでは行かないまでも確かな話だと思います。それは、例えば山登りで頂上を目指すことと同じで、山の頂上へと至る道は様々で道なき道もありそれこそ無数にあります。世に言う成功者というのは、その中から自分の信じた道を一生懸命登って行きます。途中、なだらかなところばかりではありません。岩場だったり断崖絶壁だったりもします。はたまた、風雪が行くてをはばむこともあります。でも、それに負けずひたすら登って行きます。すると、やがて、その道は必ずや頂上へと至ります。頂上にはそうやって苦労して登って来た僅かばかりの成功者たちがいます。この人たちが頂上から見る眺望はみな同じで、また、絶対の真実でもあります。多分、一芸に秀でた人の視点というのはそんな感じではないかと！

ただ、問題なのは正道でなく邪道に迷い込むことです。邪道とは途中のちょっと開けたところに至る道で、確かに、行き着いたところは見晴らしもだいぶ効きますがそこで行き止まりになっています。さらに問題なのは、そこに迷い込んだ人がそこを頂上だと思ってしまい、そこから見渡した眺望に固執してしまうことです。これを孔子先生が以前、危険だと言っておられました。加えて、教育家の森信三さんが言っていました。「だから本を読んで自分の外に学べ！　自分の外に！」と。やはり、邪道に入り込まず正道を進むためには正しい地図やコンパスが必要で、それが論語のような本であり師に当たるのではと。

それで、まとめると、正しい道は本や師に学べ、ただ、人生はときには冗談でも言いながら愉快にいきなさいということでしょうか！

■子罕編第三章

子曰く、麻冕《まべん》は礼なり。今や純なるは倹なり。吾は衆に従わん。下《しも》に拝するは礼なり。今、上に拝するは泰《おご》れるなり。衆に違《たが》うと雖も吾は下に従わん。

孔子が言った。冠は麻で造るのが礼儀であるが今は倹約の意味もあり木綿を用いているようだ。私もこの点は大衆に従おう。君主に拝する際は臣下は下座《しもざ》にいるのが礼儀であるが、今は同じ上座にいて拝している。これは奢りである。皆に違うことになるが私は下座にいよう。

＊＊

本章は端的に言うと「倹約」と「簡素化」とは違うと言うところでしょうか？　このあたりを曖昧《あいまい》にさせないのが聖人の使命とするところではと思われます。

まず、冠については、これは今で言えば何分、予算を伴うものですから臣民にそうそう負担させる訳には行かず簡素化するというのは理解できます。しかし、〝拝する〟つまり、〝拝謁《はいえつ》する〟とかいうことになると話は変わるようです。孔子の生きた春秋時代は周の良き制度が乱れ、多くの諸侯が勢力争いをし王を名乗ろうとする乱れかけた時代でした。孔子はそういった世の乱れを正し、開国当時の良き世にしなければとの思いでいっぱいで、だから、名分《めいぶん》の乱れにつながるようなことは放って置けない問題だったと思います。先の子路編で孔子が子路から「先生に政治が任されたらまず何を先にされますか」と問われ「必ずや名《な》を正《ただ》しうせんや」と答える場面が出て来ます。これは文字どおり名分を正しくするということで、父は父、子は子、男は男、女は女、などその名文を正すということです。やはり、この名文の乱れが様々な問題を引き起こすことは現代社会を見ていても理解できます。先日も姉妹のようにしていた親子の、母親が娘から殺されたという事件がありました。これなどまさに親子の名分の乱れによるもので子が親を親と思わず友達感覚に見なしたことによるものと思われます。孔子はこの辺のことに危機感を持ち、だから、君と席を同じくするようなことは、いくら皆がしているからと言っても看過できない問題だったと思われます。

ところで、先日、先輩と飲みに行ったときの話です。この先輩はよく世の中がわかっていることに感心させられますが、そのときも驚かされました。久し振りに飲もうかということになり焼鳥屋さんに行きました。ここは昔からの行きつけで、だいたいキープする席は一番奥の壁側のテーブルと決まっています。そのときも、その席を押さえていました。先輩は三人の若い部下を連れてやって来ました。私の方も二人の若い仲間と行きました。年齢的には向こうの三人がこっちの二人より見るからに若い感じでした。そして、いざ座るときのことです。もちろん、席の配置の問題です！　私は先輩を一番奥の壁を背にした位置に、そして三人をその横に座るよう勧めました……しかし、先輩は「あ～、よかよか」と言って三人を奥の壁側に勧め自分は末席の、それも壁側と反対の位置に座ろうとしました……あらら、という感じでしたが、さすがに手前の末席という訳にはいかず、私はせめてもと向かい側の壁のある方に勧めました。先輩は「あ～、そうな」と言って移動し私が手前の末席に座り、私と一緒に来た二人も横に座り壁側の三人と向かい合う形になりました……という話ですが、普通は最年長者が壁側の一番奥か真ん中となり、先輩はこの手の話には精通していながら若い人を上座に誘導したのはやはりさすがで感心しました。そして、その飲み会は案の定、何とも爽やかで暖かみのあるすばらしい宴席となりました。

されば、この様なことがまさに孔子先生が本章で言わんとした〝下座〟の話だと思われ、小さいようで大きい気がします！

＊＊

それから、座席の話で思い出しました。いつかした「円卓のテーブル」の話で、この円卓とは「円卓の騎士」から来たのかという質問がありました。これは正しくそのとおりでイギリスの「騎士道」の話から来ています。かなり古い頃の話ですが、この騎士とは自己を規律する厳しい倫理観や規範を持っていました。日本の「武士道」と並び称され、例えば、勇敢である、誠実である、礼儀正しい、寛大である、清貧であるなどの、言わば騎士の「美学」のようなものがありました。騎士は王の部下ではありますが、常に死と隣り合わせであり、また、これだけ崇高な生き方をしていますので王とも絶対の信頼関係にあったようです。この王とは有名なアーサー王のことで、アーサー王はこんな生き方をしている騎士たちを上下の関係ではなく同じ仲間と見ていたようです。このため、テーブルは上下関係のない丸いテーブルにし自由に意見を取り交わすようにしたようです。今でも、国連の会議室はこの流れを汲み丸いテーブルになっていて、また、熊本市庁舎の四階にある「庁議室」という大事な会議室のテーブルも楕円形になっています。これは庁舎建設当時の市長がH名市長でしたのでその意向だと伺っています。

■子罕編第四章

子、四《よつ》を絶つ。意《い》毋《な》く、必《ひつ》毋く、固《こ》毋く、我《われ》毋し。

孔子は四つのことを絶っていた。相手の意を憶測し先に喋ること。必ずそうしようと決めてかかること。必ずそうしないと決めてかかること。自己中心的に振る舞うこと。

＊＊

本章には孔子がしなかった四つのこととあります。諸橋先生によると、「要するに、この四つは小人にあてはることだ」とありました。小人と聞いては「ギクッ」としますが……。

まず、最初の「意」です。孔子は相手が喋る内容を憶測して自分が先に言うようなことがなかったとあります。これは打ち合わせや会議などのときに見られる光景で、相手が喋ろうとするときに「あなたの言いたい事はこういう事でしょう」という言い方で、何か自分の考えの浅さを言われたようで好い気がしません。しかし、相手がなかなか言い出せずにいるようなときに誘い水のように発言をうながすことは、これはまったく逆で大事なことだと思います。そもそも会議に出席した人とは一度や二度は自分から発言しないと、会議に出席した実感が湧かないもので、そこを推し測ることは大事です。それから、他人が話している途中に口をはさむのも見かけます。これなども問題外で遮《さえぎ》られた人は良い気がしません。やはり、慌《あわ》てず、話は最後までしっかり聞くべきです……と、今のは自分に言い聞かせたところですが！

また、誰かが発言したにもかかわらず、今一、みんながピンと来ていないときなどに、その人の意見を推測し「……ということですね？」というように言い直すのは、発言者にとってはありがたいことだと。孔子先生は、ここらの機微は充分に心得ていて同席者の出番を作ったり、その人らしい考え方を大切にしていたのではと思われます。この辺が小人とはだいぶ違うところで、この〝人情《にんじょう》の機微《きび》〟がわかるかわからないかが君子と小人の分かれ道かもしれません？

次の「必」と「固」です。これはどちらも似た感じで物事にのぞむに当たって「必ずこうする」また、「必ずこうしない」と決めてかかるということですが、孔子の場合、「まず、相手の言い分も聞こう」という柔軟かつ大らかな姿勢ではなかったかと。

最後の「我《が》」は我欲・我執《がしゅう》の類です。これも孔子は聖人ですので自分の個人的な幸せなんてこれっぽちも頭になく、世の中の人々の幸せの方を欲したのではと思います……と、今、私は最後を〝欲し〟と言いましたが、そういう言い方をすると、結局は「欲」じゃないかという人がいます。確かにこれは〝欲した〟という欲です……ですが、この欲は良い欲で私情にからむ欲を「小欲《しょうよく》」、世の中を思う欲を「大欲《たいよく》」と言って区別し両者には雲泥の相違があります。

最後に「必」と「固」の話から「致知」に出ていた面白い話を紹介します。とある女性が空港で飛行機を待っていました。女性は出発までは時間があるので待合室でクッキーでも食べながら本を読むことにしました。女性は本を読みながら横に置いたクッキーを食べ始めましたが、しばらくして気付くと、隣にいた男性が厚かましくも自分のクッキーを食べているではないですか。それでも女性は気付かないふりをして食べ続け、そしてついに最後の一枚になりました。すると、その男性は一向に意に介せず最後の一枚を取り上げ二つに割って半分を女性に残し、あとの半分を食べてしまいました。女性はもう頭に来ましたが、ちょうど出発のアナウンスがあり心残りながらも席を立ち飛行機に乗り込みました。そして飛行機が水平飛行に入ると本の続きを読もうとバッグを探りました。するとガサガサと手に当たるものがありました。びっくりして取り出してみると……それはクッキーでした……ということは……そうです！　さっきのクッキーは隣の男性のものだったのです。その後、この女性は大変、後悔してみじめな気持になりました……が、しばらくして、「もういくら後悔しても仕方がない。でも、考えようによっては見知らぬ人のあったかいユーモアにも触れることができた」そう思ったらかえって嬉しい気分になってそのクッキーを半分づつ割っては食べたと。

　これは本当の話だそうで、そして、解説に、ここで大事な教訓は人間は他人の欠点はすぐに分かっても、自分の先入観や頑なさにはなかなか気付かない。私たちは人生の局面で「自分が絶対に正しい」と思い込むことがありますが、この〝絶対〟ということが本当に正しいのか冷静に考え直してみる必要があります。他人さまのクッキーぐらいなら食べてもいいかもしれませんが、自分が〝絶対〟に正しいという思い込みが相手を深く傷つけるとなれば大変です。それと教訓とすべきもう一つは、この女性のように嫌なことをすぐに切り替え前向きに自分の心をコントロールすることですと。そして、この話には次のようなイエズス会創始者の言葉が紹介されていました。

「自分に起こる物事はすべて良いも悪いもない。あなたがそれを良いと見るか悪いと見るかで良くも悪くもなる」

■子罕編第五章

子匡《きょう》に畏《い》す。曰く、文王《ぶんおう》既に没したれども文茲《ぶんここ》に在らずや。天の将に斯《こ》の文を喪《ほろ》ぼさんとするや後死《こうし》の者斯《そ》の文に与《あず》かるを得ず。天の未《いま》だ斯の文を喪ぼさざるや匡人《きょうひと》其れ予《われ》を如何《いか》にせん。

孔子が匡国で命の危険にさらされたときに言った。文王は没したとはいえ文王の王道精神は私の中に生きている。天が文王を滅ぼすつもりであれば後世において私がこれを受け継ぐことはなかった。天が未だこの文王を滅ぼそうとしないのに、匡人ごときに私をどうすることが出来ようか。

＊＊

本章は孔子が匡国に入り命の危険にさらされたときに言った言葉です。以前、述而編二十二章でも同じような話がありました。「天《てん》、徳を予《われ》に生《な》せり。桓魋《くわんたい》其れ予を如何にせん」と。これは当時、悪党の桓魋《くわんたい》に殺されそうになったときに言った言葉でした。が、この二つの事件で孔子の言った言葉はさすがだと思われます。孔子は「自分は天から遣わされている。殺せるはずがない！」と言っています。さすがにまったくの天とともに生きる公人という感じです！

ときに、この「公人」とは現代では公務員を指す言葉になっていますが、それは実は狭義な意味で、本当の公人とは孔子のように「私」のことでなく「世」を憂えている人のことを指すようです。だから、職業には関係なく、かかる人を今は「国士《こくし》」と言い幕末には「志士《しし》」と呼びました。以前、仲間と作家の岬龍一郎《みさきりゅういちろう》先生を東京に訪ねたことがありましたが、色々と話が盛り上がり三時間ほど時間を割いてもらい、そのとき、岬先生が興味深い話をされました。「日本には絶対の公人がいるが誰と思うかね」と……そして、先生は言われました。「それは天皇である！」と。なぜかというと、例えば天皇陛下が相撲の観戦に国技館に行かれたとして、そこで「陛下は誰のファンですか？」と尋ねられても決して個人の名を挙げられることはないと。なるほど、言われてみればそのとおりで天皇が誰々のファンだというようなことはどこか変です。天皇は常に公平公正で、我々、庶民とは違いそんな個人的なことを軽々に口にされるはずはありません。それを聞いて、私は今まで公務員と自覚はしていたものの、何か「小せい！ 小せい！」と反省させられました。では、天皇のどこがすばらしいのか？ 当然、私ごときがわかるものではありませんが、敢えて言えば、特に感じるのは「慎独《しんどく》」の修養が違うのではと。「慎独」とは、これまでも出て来ましたが「独りを慎む」ことで、それは人前だけでなく独りで居るときも恥ずかしい行いをしないということです。小人は人が見ているときと見ていないときでは行動に違いが出てしまうものです。しかし、天皇の場合は幼少の頃より天と語らい天とともに生きておられ、他人が見ていようがいまいが恥ずかしいと思われるような行いは厳に慎むよう、己を律する修養をされているのではと。そして、その整然とした美しい生き方が日本人の精神にも染み込んでいるため、日本人が世界でも例を見ない礼節を重んじ清く正しく生きる国民として、評価を受けているような気がします。
それで、ちょっと気にかかることが……それは、最近、職場でパソコンを開くと「いつも誰かが見ている。見られているという気持ちで仕事をしよう」という画面が出て来ることです。これは今の「慎独」の話からすると似ているようで似ていないような……ちょっと違うような気もします？ 仮に誰かが見ているとすれば、それをあえて言えば「他人」とかではなく「天」が見ているからとなりそうです。そして、それは「仕事」のときだけでなく「家の奥」にいるときも同じだというのが正解であるような？
されば、本章で孔子が「自分は天から遣わされている！」と一喝した事件も、まさに「天」とともに生きる人ならではの言葉ではないかと！

■子罕編第六・七章

（第六章）
太宰《たいさい》、子貢に問いて曰く、夫子は聖者か。何ぞ其れ多能なるや。子貢曰く、固《まこと》に天《てん》之を縦《ゆる》して将に聖《せい》たらしめんとす。又《また》多能なり。子《し》之を聞きて曰く、太宰、我を知れるか。吾少《われわか》かりしとき賤《いや》し。故に鄙事《ひじ》に多能なり。君子は多ならんや。多ならず。

ある太宰《たいさい》（天使を補佐する官職）が子貢に言った。孔夫子《こうふし》はまさに聖者であろう。何とも多能である。子貢が言った。正しくそうです。天が師をして聖人たらしめんことを許しめているかのように、多能であられます。孔子が之を聞いて言った。太宰は私のことを知っているのであろうか。私は若いとき貧しかった。だから、つまらぬ事に多能である。だが、多能は君子の条件だろうか、いや、条件ではない。

（第七章）
牢《ろう》曰く、子云《い》う、吾れ試《もち》いられず故に芸ありと。

門人の牢が、先生が次のように言われたと言った。自分は若いころ役職に用いられなかった。それで、このような多芸になったと。

**

本二章は多能・多芸の話のようで一緒に解説します。

第六章では太宰《たいさい》という役人から「博識だから聖者である」と評されたのに対し、孔子は「博識であることは君子の条件ではない」と返しています。ということは、ちょっと意外かもしれませんが、博識であることはそんなに大事ではないようです。しかし、世間一般には博識とは大変、大事なことだと思われているような気もします？　でも、孔子は「そんなのはつまらん！」と。さすれば、博識を大事だと思う人は君子ではない。「つまらん小人だ！」となりそうです。論語を学ぶ人はもうピーンと来ていると思いますが……確かにそうで、そんな「多能」「多芸」「博識」「物知り」のようなものは、君子に言わせれば「木」に喩えれば単なる一枚一枚の小さな葉っぱ、枝葉末節に過ぎない。そんなのは知っている人を知っていれば良いとなりそうで、相田みつをさんにも有名な言葉があります。「葉を支える枝、枝を支える幹、幹を支える根、根は見えないんだな〜」と。やっぱり枝や葉より幹、幹より〝根〟が大事で、これは往々にして〝目には見えない〟ところにあるようです。二宮尊徳翁に次のような深い話があります。

「春には種が芽を出し、夏にはそれが草となり花を付け、秋には実を結び、冬には枯れて種を残す。四季は循環し、世の中は無常にして無常ならず有常にして有常ならず」

最後が特に禅問答のようでちょっと難しい感じですが、つまり、自然界の風景は四季に合わせて常に変化し「無常」である。しかし、そのサイクルを一年単位で見れば同じ事が毎年繰り返され、そういう意味では「有常」だとも言える。しかして、この変化しているように見えながらも変化しないもの……これが〝目には見えないところ〟とするもので、この真理を見抜く目を持つのが君子で、されば、君子とは目先の「枝」や「葉」に類する単なる断片的な知識や事象現象よりもっと大きな「真理」を読むことに重きを置くものであるようです。何か、人間は何所から来て何所へ流れようとしているのか？　自分は果てしない悠久の過去と未来の間の一点に、また、この大宇宙に煌めく無限の星々の中の地球という一星に生まれ、限られた人生を生きているが、それをどう生きればいいのか？　また、どう世の中に貢献して行けばいいのか……そんなことを考えているような？

しかしながら、戦後の日本はなぜか競争原理の中にあり「知」に走ったり「知」をひけらかし、自分の方が詳しく知っているんだ、自分の方が頭が良いんだと言わんばかりの人が多いような。一般に、かかる人とは有名大学を出た能吏《のうり》肌に多いようで温か味を欠きどこか冷たい感じもします。参考までに「能吏」という言葉を辞書で調べると「事務処理に優れている役人」とありました。「役人」という言葉に、何かしら知に走る本章の太宰のような少し胡散《うさん》臭さを感じます。

　そもそも、人はみな遺伝子が違うもので、その遺伝子の違う人同士が互いに尊重し違う知恵を出し合い良いものを創り出して行く。それが本当の世の中であるような気がします。

■子罕編第八章

子曰く、吾、知ること有らんや知ること無し。鄙夫《ひふ》有り我に問うに空空如《こうこうじょ》たり。我其の両端を叩いて竭《つ》くす。

孔子が言った。私に知るところがあろうか、知るところは何もない。ただ、どんなに身分の低い人でも無欲無心に話を聞きたければ、私はその者が右の話をすれば右の、左の話をすれば左の、それぞれの両端の底をポンポンと叩いて引き出すように丁寧に教えてやりたい。

＊＊

本章は〝空空如《こうこうじょ》〟とした人には何でも教えてあげたいという話です。前段に「私は何も知らないのだが」とあるところがいかにも真理の奥深さ知る人のさすがな言葉だと思われます。「空空如」とは無欲無心で心にわだかまりがないということですが、どこか、ここに〝仁〟の香りがします。

　この「空空如」の「空」という言葉から思い出されるのが有名な「般若心教《はんにゃしんきょう》」の「色即是空空即是色《しきそくぜくうくうそくぜしき》」です。前章で、尊徳翁の四季循環の無常有常の話をしましたが、翁はこれについても次のように言っています。

「夫《そ》れ天地間の万物、眼に見える物を色といい、眼に見えざる物を空と言えるなり。譬えば、氷と水の如し。水は寒気によって死して氷となり、氷は暖気によって死して水となる。生ずれば滅し、滅すれば生ず、有常も有常にあらず無常も無常にあらず、此の道理を色即是空、空即是色というなり」

つまり、眼に見える万物「色」はいつかは消えてなくなり「空」となる運命にある。しかし、よく見ると、そんな万物も氷が死んで水になり水が死んで氷となるように有と無を繰り返している。かかる道理を悟り執着のない気持ちで物事を〝あるがまま〟に受け入れなさい、というようなことではと思われます。

さて「空」とくればもう一人！　剣豪・宮本武蔵です！　武蔵は「地」「水」「火」「風」「空」の五つからなる「五輪《ごりん》の書《しょ》」という兵法書を書いています。その「空の巻」の大事と思われるところを抜粋します。

「心の迷うところなく朝々時々におこたらず心意《しんい》ふたつの心を磨き観見《かんけん》ふたつの眼を研ぎ少しも曇りなく迷いの雲の晴れたるところこそ実の空と知るべきなり」（空の巻）

されば、日々に心を磨き目を養えば「空」の境地に至るようですが、そのための鍛錬の重要性を「水の巻」で「千里の道も一足ずつ運び今日は昨日の我に勝つ」と言っています。もう一人、江戸前期に門弟三千人を擁したとされる儒家・伊藤仁斉《いとうじんさい》も「空」について面白いことを言っています。

「人、ただ、蒼々《そうそう》の天を知って、目前みなこれ天なることを知らず。天は地の外を包む。地は天の内に在り。地以上、みな天なり。左右、前後もみな天なり」

ここで言う天とは取りも直さず「空」のことのようで、「空」とは何も天にあるのではなく地球を包み込む空気の層のようなものである。そして、この空とは真理のことで真理は遠い所にあるのではなく身近なところにある。この真理と一体になることがまた「空」であるということのようです。

思うに、この「真理一体」の境地とは、この世のすべての存在と境界線のないボーダーレスの「万物一体」の境地であり、まさに空気に溶け込んだような自由自在の境地で……これが〝悟《さと》り〟であるような気がします。そして、いわば、この〝悟り〟の境地に至るため武士は剣を磨き、儒道は克己の工夫をし、禅はひたすら座り、仏教は邪念を払う修養を積むようです。

されば、私も邪念、妄想、欲望を取り去り悟りを開くべく、来週、青空の広がるモンゴル平原に役所勤務三十周年を記念した旅行に行って来ます。何としても〝一切の迷いの雲の晴れた〟境地に達したいものです！

■子罕編第九章

子曰く、鳳鳥《ほうちょう》至らず河図《かわと》を出《いだ》さず。吾已《や》んぬるかな。

孔子が言った。未だ、瑞兆《ずいちょう》とされる鳳凰《ほうおう》が現れることもなく、黄河に易図《えきず》を背負った竜馬《りょうば》が出たという話も聞かない。何ともやりきれない。

＊＊

本章は過去にも確か一度あったと思いますが孔子先生が珍しく溜め息をついているところです。「吾れ已んぬるかな！」と。孔子先生は前向きですからあまりそんなことは言わなかったと思いますが詳細は不明です。でも、聖人であっても溜め息をついたりするときがあるなら私たち凡人も、たまには愚痴をこぼしても良いはずです。人間ですから。生きているんですから。ただ、しょっちゅうだと見苦しいですが（笑）それにしても、孔子先生は奇奇怪怪な人心を乱すようなことはめったに言わないはずですが、まさか信じてはいないと思いますが、瑞兆なるものとして伝説の鳳凰や竜馬を引き合いに出しています。

それで「竜馬《りょうば》」と聞いては話が横道にそれますが、あの「坂本竜馬」の名前はこの章から来たのではないか……と私は見ていますが？　なぜかというと、竜馬という名前は一説によれば竜馬が生まれたときに姉の乙女《おとめ》姉さんの夢に天馬が駆け巡る姿が出て来た、あ、いや、竜と馬がもつれ合って天に昇る夢だったか……少し定かでありませんが……確かそんな夢を見たので竜馬と名付けたと聞いています。で、その乙女姉さんの夢と竜馬と本章とどう関係するのか？　ご存じのとおり竜馬は大人になって日本を動かすヒーローへと成長しますが、かかる力量を植え付けたのは他ならぬこのとにかく厳しかった乙女姉さんでした。察するに、乙女姉さんは竜馬をそれだけの人物に育てたぐらいですから日頃から論語の素養は十分あったと思われます。そんな乙女姉さんが、竜馬が生まれたとき見た夢が龍のような馬（？）で……そのとき、乙女姉さんはこの章で孔子が龍馬は瑞兆であると言っていたことにピーンと来て竜馬と名付けた……と推測するからです！　ま、しかし、ちょっとこじ付けかもしれませんが（笑）その辺りはいつか土佐の高知に行ったときに確認することにします。

それから、瑞兆ということですが、何か喜ばしいことがあるときには、不思議な瑞兆が見られるという話は聞かないでもありません。私の場合、鳳凰や竜や天馬の夢など一度も見たことはありませんが、もっと小さなところで空に虹が架かったり白い鳥が頭上を飛んだりしたときなどに何か良いことがありそうな気がします？　でも、実際に好い事があったかどうか覚えていません。それでも、日頃、人生を諦めていますので……すいません……これは「諦念《ていねん》」ということですべては導きだから「なるようにしかならん！」と諦めているということですが、ま～そんなに悪い人生ではないと思っています。

と、私のことはどうでも良いとして孔子に戻ります。ここでは何かガッカリするようなことがあって、それで、自分の生きている間には期待するような王は現れそうもないな～と思って「吾れ已《や》んぬるかな！」となったと思われます。しかしながら、このとき孔子にはやるせない気持ちがあったとしても大きな目で見ると、周りの門人達には特にそういう乱世の時代ながらも聖人孔子という大きな存在と一緒に居れて幸運に思っていたのではないかと？　つまり、孔子という人は乱世の中の太陽であった……それというのも、先の編で門人たちが先生のことを太陽のような存在で梯子を掛けて登ることもできない、というようなことを言っているからです。されば、せっかくの機会ですので、孔子先生が喩えられた太陽というもののどこが徳者なのかを、最後に、思い付くままに挙げてみます。かく在りたいものです！

「太陽の徳」

明るい
冷たくない
暖かい
運行が一定している
地球上のすべての万物を化育育成して止まない
大きくてでっかい
表面は炎と燃えているが静かにしている
たまに雲霧に隠されてもその向こうでは輝いている
何者にも影響を受けない
ぶれずに不動である
与えるばかりで何も求めない
作為的なもの、妄念、欲心がない
飾りっ気がない
過去を引きずらず未来へと進む
不言実行である
平等である

■子罕編第十章

子、斉衰者《しさいしゃ》と冕衣裳者《べんいしょうしゃ》と瞽者《こしゃ》とを見るに之を見れば少《わか》しと雖も必ず作《た》つ。之を過ぐれば必ず趨《はし》る。

孔子は重い喪に服している人と高位の礼服をまとった人と王の雅楽を司る盲人と面会するときは、たとえその人が自分より年下であっても必ず起立してお辞儀をした。また、自分がそれらの人の前を過ぎるときは必ず小走りで通過した。

＊＊

本章は孔子先生がしかるべき人に対しては、起立をしてお辞儀をしたり、小走りで前を通り過ぎたりなど、きちんと礼儀を尽くしたという話です。そのしかるべき人として三者を挙げています。重い喪に服しいる人、高位の礼服をまとった人、王の雅楽を司る盲人で、一つずつ検証してみたいと思います。

まず「重い喪に服している人」ということから同じ役所の先輩との話で苦い思い出があります。その方とは同じ課に勤務したことはなかったのですが会えば挨拶をするような人でした。実は、この方が現職のときお気の毒なことに奥様が亡くなられ私はそれを耳にしていました。そしたら、たまたまエレベーターの前で会って奥様のことを聞いていて知らない振りをするのもどうかと思い「奥様が亡くなられたという話をお聞きしましたが……」とおくやみを言ったところ、次の瞬間、先輩は「うっ！」と涙ぐんで目に手を運ばれ顔を伏せられました。私は仕事場でのことでもあったので、まさかそこまであられるとは思わなかったのですが、その様子を見て「しまった！　軽率だった！」と後悔しました。お悔やみのつもりではあっても、人様によってはやっとの思いで仕事に出て来られている人もあり配慮すべきだったと。そう言えば、その人は元々見るからに優しい人でした。その辺りなど考えるべきだったと反省しました。重い喪に服しているような人へのお悔やみなど場所的なものもありなかなかに微妙で難しいところですが、おそらく、孔子先生はこの辺の微妙な相手の意を汲むことが大事だと言っているような気がします？

次の「高位の礼服をまとった人」です。今はそんな人目で高位とわかるような服を着た人はあまり見かけませんが、ピシッとした制服のようなものだとすれば警察官や自衛官というところでしょうか？　こんな人たちにはちょっとおっかない感じもしますが同時に安心感も覚えます。微妙なのは制服と私服の差で、仮に、かかる人が私服だったらそんな緊張感は感じないような気がします。やはり、制服にピシリと身を固めているからこそ凛々しくその顔にも何かしらキリッと一本筋が通ったような印象を受けます。これは制服を着ている本人も同じで不思議と身の引き締まる感じがし、そんなところなんか人間って微妙だな〜と思われます。そう言えば、私も朝から髪型を整えますが、スッキリ治まったときには「よっし！」という感じで何かしら自信も湧いて来ますから不思議です。ただ、前の晩に飲み過ぎた翌日などにはそんな余裕はありませんが（笑）

ときに、制服ということでちょっとした話があります。ある高校で一人の女子生徒が、その高校には制服があるにもかかわらず私服で登校を始めたそうです。すると、先生たちは当然ながら規律が乱れるから制服を着なさいと指導しました。でも、その生徒は勉強するのに着るものは関係ないじゃないですか？　私服もいいことにして下さいと言いはり意見が対立したようです。その後、この話は生徒会やらPTAなどを巻き込んでの大きな話へと発展し、それでもなかなか意見がまとまらず、すったもんだの末、どっちが正しいかを、何と！　国連のユニセフに聞いてみようということになったそうです。そして、どうやって尋ねたかは分かりませんが、国連に聞いたところ、職員の人からこう言われたそうです。「日本は平和な国ですね。制服だの私服だのという程度の話を国連にまで持ち込んで来て。知っていますか？　今、世界には学校にも行けない子が何万人いるか？　戦場で銃を持たされている子どもまでいるんですよ！」と……何と言いましょうか？　世の中、しっかり研鑽を積み大局的な物の見方をしないと大恥をかきそうです！

次の「瞽者《こしゃ》」については、眼が見えないという重い病気というかハンディをもって生きている人とは、孔子先生からすれば、その人が王に近い存在だからとかいう以前に無条件にお気の毒だという気持ちではなかったかと。孟子にも「無告《むこく》の民」という言葉が出ていて、これは自分の不幸に対してその苦しみを告げる場所を持たない人という意味で、そういう人が世の中でもっとも気の毒で、かかる人を真っ先に救うのが「王道」だとあります。

ところで、最近、有名になった盲目の天才ピアニストに辻井伸行《つじいのぶゆき》さんという人がいます。私は自慢ではないですが音楽に関しては詳しいことは何にもわっかりまっせんが、この若者です！　盲目というハンディを背負っていながら世界の中心にいます。それもピアノという人類最高とも言えるかもしれない楽器界の中で！　そういう楽器だからこそ専門家の目は厳しいと思いますが、いずれにせよ世界的に有名な青年です！　その彼にあるとき世界中のメディアから質問が飛びました。その中に、こんなのがありました。「あなたが今、目が見えたとしたら何を最初に見たいですか?」と。彼は答えました！「それは両親です。でも、今は心の目で見ていますから充分です」と。心の目とです！　人間って私はこんなところがすばらしいと思います。地位や名誉やお金じゃなく、やはり、大事なことは〝心〟だと！　それが言える辻井青年は実に爽やかで立派だと思います。

　しかして、生きていれば人情の様々な場面に出くわしますが、孔子のように人間関係の〝微妙〟なるところに少しでも配慮ができるようになりたいものです。そのためには、そもそも自分の心が不純でないことが一番かもで、その純粋さを養うべくいよいよ明日モンゴル平原を目指します！

■子罕編第十一章

顔淵、喟然《きぜん》として歎じて曰く、之を仰げば彌々《いよいよ》高く之を鑽《き》れば彌々堅し。これを瞻《み》るに前に在り忽焉《こつえん》として後に在り。夫子、循々然《じゅんじゅんぜん》として善く人を誘《いざな》う。我を博むるに文を以てし我を約するに礼を以てす。罷《や》めんと欲すれども能わず。既に吾が才を竭《つ》くせり。立つ所有りて卓爾《たくじ》たるが如し。之に従わんと欲すと雖も、由《よし》末《な》きのみ。

顔淵が深い感嘆の声をあげて言った。先生は仰げばいよいよ高く錐《きり》で掘ってもいよいよ堅い。見ようとすると前にあるかと思えば忽ちのうちに後ろにある。先生は順序立ててよく人を誘《いざな》われる。我々を導かれるにも学をもって見識を広めさせんとされ、これをまとめ上げるのに礼をもって人と触れ合う体験をさせようとなさる。もう止《や》めようと思ってもその力に導かれ止めることができない。今や、既に自分の能力の限りを出し尽くし、いくぶん成長し先生に少し近づいたようにも思うが、先生は巍然《ぎぜん》として聳《そび》え立っておられる。先生には追いつこうとしてもそう簡単にはできない。

＊＊

本章は孔門の最高弟とされる顔淵が孔子を評して、いわば〝勝てない〟人だと言っているところです。顔淵という人は、孔子が自分の思想を継ぐ一番手だと思っていた人ですから、その顔淵をしてこのように言わしめているとは、やはり、孔子という人は相当な人だったと思われます。孔子の人となりについては、本編の第九章でも少し触れましたが、まさに〝太陽〟のようにまったくの私利・私欲・私情のない大徳を備えていた人だったと思われます。そう言えば、いつか日本で「日食」があり、そのときのことが思い出されます。日食を見て何を感じたかという街頭インタビューである人がこんなことを言っていました。

「科学が発展して人間は時間的に余裕が生まれたはずなのにかえって忙しくなって余裕がない。本当はもっと空を見上げたり風を感じたり小さな花に目を向けたりすることが大事なんではないでしょうか」

本質をついたすばらしい見方だと思いました！　まさにそのとおりで科学は時間を縮め人に余裕をもたらしたはずですがなぜかみんな忙しくしています。おそらく、孔子という人もそんな〝本質〟が見える人だったので、かかるところに、時々、顔淵も〝勝てない〟ものを感じていたのではないでしょうか？　この〝本質〟を見るということで私にも同じような体験があります。いつものM先輩が私にこんなことを聞かれました。「シンデンを耕すという言葉があるがそのシンデンとは漢字でどう書くか？」と。私が「新田では？」と答えたところ「いや、違う。シンデンとは〝心田〟と書き、人はいつも心田を耕したり心田にはびこる雑草を取り除いたりしなければならない」と言われました……やられましたね！　自分の浅さを露呈してしまいました。そして、同時にいつもながらこの先輩の深さに驚かされました。この心を耕したり雑草を取り除いたりする日々の修養が大事で、その長年の積み重ねによって不純物のない純粋な目で物事の〝本質〟を見ることができるのだと思われます。そう考えると、顔淵は未だ若く心の雑草を取り除く道の途中にあり、私が尊敬するM先輩に抱いたようなビッグさを孔子先生に感じていたのかもです？

ところで、さっき、日食の街頭インタビューの話の中に「風を感じたり」とありました……前章で話したモンゴル旅行です。行ってきました！　詳しい話はおいおいするとして、実は、モンゴル平原で最初に感動したことです！　それは初日にジンギスカン公園というのを訪れたときの話です。バスを降りてジンギスカンの銅像などを見て回っていたときに好い風が吹いていました。それで、ガイドさんに尋ねると「この風は北極から吹いて来る風です。ここは九月にはもう雪が降り冬にはマイナス三十度四十度になります」と説明されました。私は真夏なのに涼しい風だな～と思っていましたが、これを聞いて、そうか！　北極の風か！　モンゴル平原は山並みなど遮《さえぎ》るものがないから北極から直接冷たい風がサーっとやって来るのだなと、その自然の〝純粋〟さに感動しました！　強さは扇風機で言うと「中」から「強」ぐらいで、それからは緑の平原を吹き抜けるこの〝北極の風〟を受けるのが旅行中の一つの楽しみとなりました。

　さて、〝純粋さ〟ということで、心に残ったことがもう一つあります！　それは郭《かく》君というガイドの、婚約者の話です。モンゴル平原は星空が奇麗だということで期待していたのですが、それ程でもなく少し物足りなさを感じていました。それで、最後の夜に郭君に「もっと凄い星空をみたかった！」と言ったところ「それじゃ、僕の彼女の家に行こう！」ということになりました。そこは宿泊したハイラルの街から百キロぐらいのスピードで車を飛ばせ一時間ほどかけて行ったところで、後半は真っ暗な道無き草原を走り、いつ崖から落ちはしないかと心配しましたが、それは取り越し苦労でした。なぜならそこは果てしなき草原で平坦だったからです。そして、不安と期待を胸にようやく彼女の家に到着し、私と友人のジローさんは堰《せき》を切ったようにドアを開け、片足を降ろしながら空を見上げ・ま・し・た……と！　そこには想像を絶する無数の星・星・星が！　その美しさたるやこの世のものとは思えないほどで光輝く銀の宝石が夜空にびっしり散りばめられていました。圧巻は「うっ！」と言ったきり二人が黙り込んでしまった「天の川」でした。「天の川」は英語では「ミルキーウエイ」といいますが、まさにミルクの道がこの星空の真ん中を横切って流れている感じでした！

　と、ま～そういうことで、その辺の話は後日談ということで、本題の婚約者の話です！　彼もそうですが彼女も生粋《きっすい》のモンゴリアンでその彼女から暫く星空を見たあと家の中へ案内されました。この家がまたまったく質素な平屋で、三部屋程度ありましたが、どれも土間になり三畳から四畳半ぐらいの広さで、当然、電気は来てなく通されたリビング風なところには蝋燭が二本立てられている程度でかなり暗いものでした。周りを見回しましたが中には目立った装飾品や家具などなく、勧められるまま私たちは長老の部屋に連れて行かれました。すると！

そこには夜の十二時近くではありましたが一人の老婆がモンゴルの正装らしき服をきちんと着てベッドと思わしきところに座っておられました。私たちもいつものように「あーどうも！　どうも！」というような軽い調子というわけには行かず、俄《にわ》かに厳《おごそ》かな感じになり、敬意を払い笑顔で「ニーハオ！」と挨拶し握手をしました。中国語が通じたかどうか分かりませんが、長老も、穏やかに静かに笑みを返してくれ何か優しく包まれているという感じがしました。多分、それは、そのきちんとした正装のせいだったかもしれませんが、何か真摯な風格があり、二人も、その長老を敬い大切にしているような様子でした。また、その後、出された料理も干した牛肉と、熱いシンプルな味のミルクティーと、自家製の甘いチーズぐらいで、でも、このシンプルさに文明人の忘れかけた人間の〝原点〟のようなものが感じられました。その血を引く彼女は街でブティックを経営している現代人ながら、片道五十キロの道のりを馬を奔らせて来る人ということで、野性味がありどこか真っ直ぐに人を見るような感じがありました。郭君は日本にも留学したことのある青年で近代文明にはたくさん触れていましたが、そんなのに憧れるでもなく彼女には〝勝てない〟ところがあるようでした。恐らく〝文明〟より彼女の持つ〝純粋さ〟や〝野性味〟に魅力を感じていたからだと思われます。

話は戻って、本章で顔淵が孔子に抱いたような〝勝てない〟ところとは、郭君が彼女に抱いている〝勝てない〟ところと似ていて、それは物事を真っ直ぐに見る〝純粋さ〟にあるような気がします。そして、その〝純粋〟さとは〝天性〟として備わっているものと、心の雑草を取り去る〝修養〟によってもたらされるものの二つがあるように思われます。どちらも、それぞれに好い持ち味がありこの辺りがまた人間の〝妙〟で面白いところではと。いずれにせよ濁りのない〝純粋さ〟というのは人間にとって大変、大切な気がします。最後に、作家の司馬遼太郎さんが「街道を行く」の中でモンゴル人を評した言葉を紹介します。一部略します。

「中国の周辺国家というのは、ことごとくといっていいほど中華の風を慕い、中国文明を取り入れた。……日本もその例外ではない。……ところが、モンゴル人のみが例外なのである。……彼らは元帝国をつくったが……元帝国が滅ぶと、温暖な中国に愛着をもたず、さっさと集団で朔北《さくほく》の地へ帰った。ふしぎな民族というほかない」

今回、実際に北極の風に吹かれモンゴル平原を旅し、郭君たち生粋のモンゴリアンとも触れ、司馬さんが不思議な民族と呼んだ気持ちも少しわかるような気がしました。ひょっとしたら今回の旅は私たちに本当の〝文明〟や〝心の豊かさ〟や〝幸せ〟を教えてくれる旅だったのかもしれません？

■子罕編第十二章

子の疾病《やまいへい》なり。子路、門人をして臣《しん》爲《た》らしむ。病、間《かん》なるとき曰く、久しかな由《ゆう》の詐《いつわり》を行えるや。臣無くして臣有りと為す。吾誰をか欺かん。天を欺かんか。且つ予《われ》其の臣の手に死なん與りは無寧《むしろ》二三子の手に死なんか。且つ予縦《たと》い大葬を得ずとも予道路《どうろ》に死なんや。

孔子の病気が重くなった。そこで子路は門人を家来にみたてた。その後、病状が落ち着いて孔子が言った。由《ゆう》(子路)はずいぶん長いあいだ偽りをなしたようだ。家来もいないのにいるかのように見立て、一体全体、私は誰を欺く必要があるのか。天を欺こうというのか。もしもの場合でも、私はその欺いた家来の手で死ぬよりはむしろ汝らの手の中で死にたい。それに、私はたとえ大葬をもって送られなくともよもや道端で野垂れ死にすることはないであろう。

＊＊

本章は孔子が病気になったときの話で少し背景があります。当時は、亡くなった人に家来があると葬儀が盛大にできたようで、それで、子路はもしものことを考え門人を家来と見立てる工作を行ったようです。もちろん、孔子は子路の想いは理解していたと思いますが、自分の人生の集大成とも言うべき葬儀が偽ったものであったと言われては、世間や後世に、また、尊敬する先人の周公丹などに対して顔向けできず、「危ないところだった！」と胸を撫でおろしたのではと？　子路は、正義感が強く真っ直ぐで憎めない人柄ですが、少しおっちょこちょいで思量が浅いところがあり、今ひとつ、孔子の言わんとするところがわかっていないようです……と、他人事のように言いましたが、私もそうであまり人には言えませんが。

ところで、本章には孔子のモットーとするところが子路を諌めて言った言葉に出ているようです。それは「吾、誰をか欺かん。天をか欺かんか」というところで、ここに孔子の信念信条、生きざま、思料行動の原点があるように思います。つまり、孔子の生き方とは常に「天を師とし天を相手に生きる」というものです。これも、いつか出てきましたが西郷隆盛に有名な言葉があります。「人を相手にせず天を相手にせよ。天を相手にして己れを尽し、天を怨まず人を咎《とが》めず我が誠の足らざるを尋ぬべし」人は何かと他人の目を気にします。孔子や西郷さんが言わんとするところは、そんな他人と自分を比較したような小さな相対的なことに囚われず、とてつもなく大きく絶対的なものを相手としなさいということで、その大きく絶対的なものというのが宇宙や地球を存続させる自然の法則・哲理・理法を司る不易普遍で目には見えない存在、つまり〝天（神）〟だと！　しかして、この天と語らうことにより、他人の目線を気にすることや己の欲心や弱さなどが取り除かれ、自然のうちに正しい道が見えて来るのではと思われます。

それから、昨日、テレビを見ていて面白いことを感じました。それはゴルフのメジャータイトルとされる全英女子オープンを見ていたときのことです。先週、優勝した宮里藍のゴルフが最近、変わったように思いました。彼女は長いスランプに陥っていたということですが見事に立ち直ったようです。この全英オープンでも二日目ぐらいにアマチュアもあまりしない空振りをしたりしますが見事立て直します。その一連の彼女の動きを見ていると、焦り立つ感情を冷静に抑え込む心のコントロールが出きているような気がしました。彼女は何か自分に起こることはすべて自分が成功するために天が用意した出来事だと捉《とら》えているような、そんな達観した勝利の極意とも言える〝一呼吸の余裕〟を身に付けたような気がします。それでか、ときどき天を仰ぐ様なしぐさをしているような？　していないような？　ひょっとしたら宮里選手は沖縄の出身で、鹿児島から遠く南海の孤島に流刑にあった西郷さんとは出身地が近いので、西郷さんの人を相手にせず〝天と語らう〟生き方をいつか学んだのかもしれません……本題に戻ります。孔子は、最後に仮に自分が死んだとしても、「よもや道端に野垂れ死にするようなことはないだろう」と言っています。このことで思い出されるのが吉田松陰の言葉です。

「志士は窮《きゅう》すとも溝壑《こうがく》を忘れず」

（志士は窮地に陥り死んで吾が身が溝や谷間に投げ捨てられようとも、それは元より覚悟の上である）

さすれば、松陰先生は自分は死んで溝に捨てられても構わないと言っていて、孔子の言葉とはちょっと食い違うような……でも、これは孔子先生の死の際は周りに門人たちがいて見守られる状況にあり、片や、松陰先生の場合は幕末という革命の濁流の中にあり、いつどこででも身を捨てる覚悟にあったから言ったと思われます。

しかしながら、それはそれとして一つしかない命は大切にしなければなりません。我々の今の幸せは孔子や西郷さんや松陰先生のような先人の想いや、先の大戦で亡くなった多くの犠牲のもとに築かれていますから。命を大切に感謝して生きて行かなければ罰が当たりそうです！

■子罕編第十三章

子貢曰く、斯《ここ》に美玉《びぎょく》あり。匵《とく》に韞《おさ》めて諸《これ》を蔵《ぞう》せんか。善賈《ぜんこ》を求めて諸れを沽《う》らんか。子曰く、之を沽らんかな之を沽らんかな。我は賈《こ》を待つ者なり。

子貢が言った。例えばここに美しい玉があるとします。これは包装して大切に箱の中に納めておくべきでしょうか。それとも、目利きの商人に売った方がいいでしょうか。孔子が言った、それは売るべきだ、それは売るべきだ。私もそんな商人を待っていると。

＊＊

本章は、高弟の子貢が美玉を持っていたとしたら、それは大事にしまって置くべきか、それとも目利きの商人に売るべきか孔子に尋ねたところで、何か謎かけのような感じです。

そういえば、私も美玉に等しい宝物を少々持っています。それは掛け軸なるものですが、でも、これも本章の流れから行くと大事に保管しているよりは売るべきなのか……でも、これを売ってお金にして福沢諭吉つぁんや樋口一葉さんを眺めていても何か面白くありません！

お札は鑑賞には値しません。やはり、せっかく持つんだったら鑑賞価値のあるものにしたいものです……で、もう少し、この話を続けますと、私の大切にしている掛け軸は明治維新の志士たちや君子と言われる人たちのもので、将来、ずっと持っていれば、いつか高値になるかも……なんてことで持っているわけではありません！　では、なぜ、持っているかと言いますと、そこに書かれている言葉の意味や筆跡などに何か迫り来るものが感じられ、人としての生き方を教えられ人生が豊かになる気がするからです。掛け軸の本物となると高価な感じがしますが、現実的に取引される場合は本物であってもテレビ番組の「お宝鑑定」で鑑定される値段より安くなり、それほど手の届かないわけでもありません。私は、時々、京都の信頼のおける老舗から買いますが、そこの御主人が言っていました。「物は皆一品限りの本物の良いものなんですが、今はその価値をわかる人が少ないんです。それでも、私たちは売らないことには商売にならないので安価な値段で出しています」と。でも、私にすれば、それらはまさに本章で子貢の言わんとする美玉で、孔子先生に反することになりますが、売らずに大切に保管したいと思っています。それから、念のため申し添えますと私の宝は他にもあり、それは店で買える物ではありません。カッコ付けているわけではありませんが、それは身の周りにある太陽や月や天の川や青空や白雲や風などの自然で、自然は見ているだけで心が大らかになり勝手に自分の宝だと思っています。

本題に戻って、本文中で子貢が美玉と謎掛けしたものは何なのか？　もうおわかりだと思いますが、これはもちろん私が今お話したような〝物〟ではありません。当然、孔子先生の〝才能〟です！　これを世に役立てようとは思われませんかと尋ねたと思われます。しかして、孔子はこれに答え「之を沽《う》らんかな。之を沽らんかな。我は賈《こ》を待つ者なり」と言っています。この言葉がいつの時点で言われたのか定かではありませんが、実際、孔子は諸国遍歴の旅に出ていますので、これは子貢の言葉に触発されてのことだったのかもしれません？

ただ、ここで注目したいのは、孔子は「売りたい。売りたい」とは言いながらも「我は賈《こ》（目利き商人）を待つ者なり」と締めくくっているところです。つまり、売りたいが自分からは売ることはせず、買う人を待っていると言っているところで、ここが大事ではと！

■子罕編第十四章

子、九夷《きゅうい》に居《お》らんと欲す。或るひと曰く、陋《ろう》なること之を如何せん。子曰く、君子之に居れば何の陋か之有らん。

孔子が九夷（都から離れた多くの種族からなる未開地）にでも住むことにしようかと言った。すると、ある人がそこはむさ苦しいところのようですがと言った。孔子が言った。そこに君子がおりさえすれば何んでむさ苦しいことがあろうか。

＊＊

本章はどんなところであれそこに君子がいれば住みよいところになるという話のようです。それにしても、なぜ、孔子はそもそも九夷のような未開地に行こうかなどと言い出したのか？　孔子の真意とするところは何なのか？　どうも本章には何か背景があるような気がします？　これは私の推測ですが、当時、孔子には大勢の門人たちがいます。その門人たちの中で優秀な人、つまり、君子と言われるような人格者は、それぞれ役人になって色んな任地に赴いています。ひょっとしたら、この門人たちの誰かが役人にはなり、九夷に行くことになり失望していたのかもしれません？　それで、そのことを耳にした孔子先生が時期を見計らって「どんなところであろうと俺が行って都にしてやる。俺がやらずに誰がやるか。それぐらいの気概を持たずにどうするか！」と気合を入れるために言ったのではないかと？　でも、確かにその場の雰囲気はそこに誰がいるかで変わります。私たちの職場だってそうです。さすれば、自分が居ることによってそこの雰囲気が良くなるようにありたいもので、さて、それを何というか？　これまでも何度か出て来ました。いくつか並べてみます。

「一燈照隅万燈照国《いっとうしょうぐうばんとうしょうこく》」
（一人が灯りをともせば周りが明るくなり万人がともせば国が明るくなる）

「随所作主《ずいしょさくしゅ》」
（その人の行った先が明るくなる）

「一隅を照らすは国の宝なり」
（国宝とは自分の周りを明るくするような人を言う）

三つとも良い言葉です！　蛇足ですが「一燈照隅万燈照国」という焼酎があるようです。世の中には粋な名前を付ける人がいるもので、いつか、これを飲んで「俺がやらなきゃ誰がやる！」の気概で行きたいものだと！

それから、これに因んでこんな話があります。ある人が人事異動になり皆の嫌がるような部署に配属が決まりました。その人は仕方なく辞令を持って挨拶に私のところにある先輩を訪ねました。そして「俺をそんなところに飛ばして……今度の異動は不本意でムシャクシャしている」と言ったそうです。すると、その先輩がこう返したそうです。「あなたのような気持ちで異動して行ったら、元からそこに居る人たちはどうなるかいた」と？　それを聞いたその人はハッと我に返り非を改め気分を一新したということです！　言った方もさすがなら言われて即座に改めたその人もさすがだと思いました。以前は、こういうキラリと光る先輩が随所に見られたような……。

本題に戻って、孔子が今回、九夷に行くと言ったのはそういうことで門人の誰かを諭すためだったのかもしれませんが、そもそも、孔子は聖人ともされる博愛主義者ですので、それはまんざら嘘ではなかったかもです？　実際、孔子は先の顔淵編で次のようなことを言っています。最近、私の一番気に入っている論語の言葉です。

「四海《しかい》の内《うち》、皆兄弟《みなけいてい》なり」

（世界の人、皆が兄弟姉妹である）

■子罕編第十五章

子曰く、吾《われ》、衛《えい》自《よ》り魯に反《かえ》りて然る後、楽《がく》正しく雅頌《がしょう》、各々《おのおの》其の所を得たり。

孔子が言った。私が衛国より魯国に帰ったのち、魯国の音楽は正しいものとなり、雅頌（詩経の一部）もそれぞれ正確なものとなった。

＊＊

本章は「自分が音楽や詩歌を正しいものとした」と孔子が言ったという話です……が、何か釈然としません？　孔子が自画自賛するようなことはないと思いますが、何か背景があるのか？　それは取りあえず置いといて本文を見てみたいと思います。当時「音楽」や「詩歌」が大変、大事な学問であったのはご承知のとおりです。

「音楽」については、孔子はこれまでにも何度かあったように大変、好きで……というか、音楽の人間に及ぼす不思議な力を知っていてこれに重きを置いていたという方が正確かもしれません？　いつかも、宴席などで誰かが歌って、その歌が良ければ一緒に合唱したという話もありました。歌というのは面白いもので、私も気分が良いときは自然と鼻歌を歌ったり、二次会はカラオケに～となったりします。そして時々、私は反戦歌として軍歌も歌いますが、これなど洋の東西を問わず死地へ向かわんとする何千人・何万人という兵士の心を一つにしたり、勇気を奮い起こさせたりする不思議な力を持っています。それに鎮魂歌のようなものになると悲しみが深く表現され、日頃、浮ついて生きている人間に今さらながら別れの辛さを思い出させ、同時に、長い人生を生きて行く中で、時々、忘れかけていた「生かされている」ことへの感謝の気持ちを思い出させる、そんな重要な役割を果たしているような気がします。こう考えると、確かに音楽と人との間には生来《せいらい》の切っても切れないものがあるようです。

　さて、もう一つの「詩経」です。これは言わずと知れた四書五経の一つです。先の陽貨編では息子の鯉に「詩経をしっかり勉強しなさい。これを勉強しないとあたかも壁の前に突っ立っているようで何も見えないぞ」と面白い喩え方をして諭しています。詩経は以前にも説明したとおりで、孔子が三千首ほどあったものを三百五首に編纂したとされ、内容は「戦地にいる夫の無事を祈る妻の心情」「乱れ行く母国の行く末を憂えた貴族の詩」「国王を賛美する歌」などですが、折角ですので、私が強烈な印象を受けたものを一つだけ紹介します。少し長いですがジーンと来ますよ。三千年も前にしてはなかなかに意味深です！

「小旻《しょうびん》（小人の憂い？）」

天の下す暴虐《ぼうぎゃく》があまねくこの世を覆《おお》っている
世を治める謀《はかりごと》の誤りはいつになったら終わるのだろう
国は良い考えには従わず良くない考えを取り上げる
国の謀を見るとわが心は痛む
派閥《はばつ》を作ったり罵《ののし》りあったりなんと悲しいことか
良い考えには皆が反対し良くない考えに皆が従う
謀を見るにこの国はどうなるのかと思う
占い師はもはや何も告げなくなった
策を弄《ろう》する者ばかり多く何一つ成りはしない
発言は議場に満ちても誰もその責任は取らない
物事を行きずりの者に相談するようなもので
なんら得るところはない
悲しいかな国をはるかに
先人を手本とせず聖人を変わらぬ規範とせず
目先のことを聞き目先のことを争う
家を建てるのに行きずりの者に尋ねるのと同じだ
できるはずがない
国はもはや定まらないとはいえ
聡い人もいるしそうでない人もいる

民はもはや多くないとはいえ
賢い人もいるし才覚に富む人もいる
礼儀正しい人もいるし穏やかな人もいる
清らかな泉がやがて濁るように
ともに滅びてしまうことがないように
虎に素手で向かうものはいない
黄河を歩いて渉《わた》るものもいない
つまらぬ者は目で見えることは知っていても
それ以外の危険を知らない
私は身を守るために恐れつつしむ
深い淵に臨むように薄い氷を踏むように

これが三千年も前に、ある貴族が国の行く末を憂えて詠んだ詩で、その良識あるものの見方に驚かされます。これを読むと現代という時代は確かに文明は進歩したものの、人の心とは昔も今もまったく変わらず人間世界はいつも欲望の渦中にあることが窺えます。

本文に戻って、この詩からも孔子がなぜ当時「音楽」を正し「詩経」の編纂を手掛けたのか。その重要性が理解できるような気がします。国の政治も人間関係もそもそも〝人心〟がわからなければまさに壁の前に突っ立っているようなものです。されば、本章の孔子の言葉はもちろん自身の編纂を自慢して言ったのではなく、察するに、何かの話の流れで門人たちに「皆も後世に役立つ仕事に取り組みなさい。それが我ら一門の使命である」という意味合いで、皆の志を高くせんと檄《げき》を飛ばしてのことだったのかもしれません？

■子罕編第十六章

子曰く、出でては則ち公卿《こうけい》に事《つか》へ、入りては則ち父《ふ》兄《けい》に事へ、喪の事は敢て勉めずんばあらず、酒の困《みだれ》を為さず。何か我れに有らんや。

孔子が言った。家から一歩外に出たら年長の賢者を立て、家に入っては父兄を立て、近隣、知人に不幸があればできる限りの手助けをし、酒席では取り乱さない、それ以外に私にできることがあろうか。

＊＊

本章はこれまでと違ってちょっと控え目な感じがします。これが本来の孔子先生の姿です。やさしく大らかに構えているというイメージです。で、いきなり、話が逸れますが、この話し振りは誰かの詩に似ている気がします？ どうも、私には学校の教科書にも掲載されている宮沢賢治《みやざわけんじ》のあの詩「雨ニモマケズ」が思い出されます。折角ですのでちょっと紹介します。

「雨ニモマケズ」
雨にも負けず風にも負けず
雪にも夏の暑さにも負けぬ丈夫なからだをもち
慾はなく決して怒らずいつも静かに笑っている
一日に玄米四合と味噌と少しの野菜を食べ
あらゆることを自分を勘定《かんじょう》に入れずに
よく見聞きし分かりそして忘れず
野原の松の林の陰の小さな萱《かや》ぶきの小屋にいて
東に病気の子供あれば行って看病してやり
西に疲れた母あれば行ってその稲の束を負い
南に死にそうな人あれば行ってこわがらなくてもいいといい
北に喧嘩や訴訟があればつまらないからやめろといい
日照りの時は涙を流し寒さの夏はおろおろ歩き
みんなにでくのぼーと呼ばれ
褒められもせず苦にもされず
そういうものにわたしはなりたい

やはり、良い詩です。欲心がなく純粋で。私には、この詩のイメージと孔子一門のイメージがダブって感じられます。「一日に玄米四合……」など、まさに顔回のようです。それに、終わりの方の「おろおろ歩き……みんなにでくのぼーと呼ばれ……」などはおこられた子路の感じがします。極めつけは、東西南北の不幸な人を助ける話ですが、これなんか、どうも本章の孔子が不幸なことがあった人にできるだけの手助けをするというところと似ています？ ひょっとして、賢治は孔子を尊敬していたのではないでしょうか？ 面白そうなので二人の接点を探ってみました……やはり、睨《にら》んだとおり！ 賢治と孔子はつながっていました！ されば、賢治の短編に「山男《やまおとこ》の四月《しがつ》」というのがあります。簡単にあらすじを説明します。

ある一人の山男が野原でゴロリとなっていると、そこに陳《ちん》という支那《しな》（中国）人が現れます。山男はその陳に騙されて薬を飲まされ小人にされ小さな箱に入れられてしまいます。ところが、その箱の中には、他にもたくさんの人が閉じ込められていました。その中の上海出身という一人の支那人が山男に色々と話かけて来ました。しかし、山男は騙されてむしゃくしゃしていたので、「支那人は陳みたいに悪い奴だ」と言います。すると、その支那人がこう言います。「ここらをあるいているものはみんな陳のようないやしい奴ばかりだが、ほんとうの支那人ならいくらでも偉い立派な人がいる。われわれはみな孔子聖人の末《すえ》なのだ」……そして、しばらくして山男はふっと夢からさめた。という話ですが、どうです？　賢治はこの中で〝上海帰りのリール〟という可愛い女の子……失礼しました！　大変、古いギャグが飛び出してしまいました！　でも、これを知っている人は立派な中年です（笑）。で、〝上海帰りの支那人〟に「われわれはみな孔子聖人の末なのだ！」と言わせています。ということは、賢治は孔子を知っていた！　知っていたどころではなく論語に深く精通していた！　だから、あの有名な論語の精神にも通じる「雨ニモマケズ」の名詩が生まれた……となりませんかね？

と、今回もこじつけのようになり、それに、だいぶん前置きが長くなりました。話を本題に戻します。孔子先生は「年長者は立てる」「家族は大切にする」「不幸な人はできる限り助ける」「酒席では乱れない」と四つをあげています。でも、果たして、これだけのことが本当に滞りなくできるとしたらすばらしく、現実にはなかなか難しいところがあるような？　ただ、「不幸な人はできる限り助ける」とあるところには頭が下がる思いがし、同時に、助ける側にも「天祐《てんゆう》（天の助け）」がもたらされるのを感じます。「天祐」とは、本来「たまたま出くわした幸せ」というような、いわゆる「僥倖《ぎょうこう》」の意味合いが強いのですが、最近、本当はそうではなく、元々からそうなるようになっていた。偶然ではなく必要なときに自然と天から助け舟が出されるようになっていたと解するのが本義ではないかと感じています。なぜそう思うかというと、本章のような「不幸な人をできるだけ助ける」というようなことを心掛ける人とは逆に天が助けようとするのではないかと思うからです。

最後に、実を言うと、この論語は大事な章だけの抜粋ということではなく全文を手掛けていますので、中には短文だったりインパクトがなかったりで納得のいく文にまとまるか心配なときが多々あります。でも、机に向かい書き始めるとふっと色んな想いが湧いて来て何とかかんとかまとまった感じになりほっとします。私はそんなに人助けなどしていませんが、ひょっとして読んでもらっている方に少しでも役に立っているとすれば、それが「天祐」として返ってきているのかもしれません？　それから「論語」は東洋人の思想骨格をなす大切なものですから、一旦、始めた以上そう軽々に途中で止めるというわけには行かず、少々、大変ながら今後とも頑張りますと共に〝乱れを為さず〟つとめますので時々は酒席にもどうぞお誘いください（笑）

■子罕編第十七章

子、川の上《ほとり》に在りて曰く、逝《ゆ》く者は斯くの如きか。昼夜を舎《お》かず。

孔子先生が川のほとりで言われた。過ぎ去る人とはこのようなものであろうか。昼夜、止むことがない。

＊＊

本章は孔子先生が川の流れを見ながら、〝逝《ゆ》く（過ぎ去る）〟ということについて何か意味有り気に言われているところで、何が逝くのかの解釈が色々と分かれるようです。私にとっても忘れられない想い出の箇所でありますので、恐縮ながら自分の体験談を交えながら孔子先生の心境に迫ってみたいと思います。

それは尊敬するM助役さんとの思い出で、この話にはいつかも触れたと思いますが……当時、私は駆け出しのひよっ子でしたが仕事で少なからぬご縁がありました。助役さんは頭脳明晰で懐が広くどこか暖かさが感じられる人で、私は密かに私淑《ししゅく》していました。そして、これまでの市長が退き新市長を選ぶ頃のことです。助役さんが体調不良ということで入院されてしまいました。それで私は一人でお見舞いに行くことにし、運よく面会しばらく話をすることができました。そこで、私は一つの質問をしました。それは「今、助役さんの一番好きな言葉は何ですか?」と。すると、助役さんは次のように言われました。「我、事において後悔せず!」と。言わずと知れた武蔵の「独行道《どっこうどう》」で、私はたまたまそのときスーツのポケットに吉川英治の『宮本武蔵』の本を入れていて、この言葉に先日も出て来た「五輪の書」の一切の迷いの雲の晴れたる〝空〟の境地のようなものを実感しました。そして、後日、お見舞いのお礼にと戴いたのが同じ吉川英治の『親鸞《しんらん》』という本でした。全三巻で、もちろん、主人公は浄土真宗の開祖・親鸞で、内容は親鸞が多くの人が地位や名誉やお金など欲得の世界に流されて行くのを見て、どうしたらこの人たちを救うことができるのか、また、自分にさえもまとわりつく煩悩をどうしたら拭い去ることができるのかと、苦悩するというようなものでした。そして、この三巻の最後には次のように万年筆でそれぞれ「論語」の言葉が書かれていました。

第一巻（陽貨編第十九章）
「天、何をか言うや。四時行われ百物生ず」
（天は黙って四季を巡らせ万物を生ぜしめている）

第二巻（述而編第二十九章）
「仁遠からんや、我仁を欲すれば斯に仁至る」
（仁は遠いものだろうか、いや自分が仁を欲すれば仁はすぐにやって来る）

第三巻（子罕編第十七章）
「逝くものは、斯くの如きか、昼夜を舎かず」
（行く者はこのようであろうか、夜昼止むことがない）

おそらく、ご本人のそのときの心境から選ばれたものと思われますが、第一巻には「天」、第二巻には「仁」と論語の骨格をなす二文字が入っておりさすがに君子の香りがします。やはり、一流の人物とは人間界の真理真実の深いところを「論語」など先人の書に求め、それを己の日々の実践と照らし合わせながら人生の「大道」を歩いているそんな感じがします。

さて、問題は第三巻の「逝く者は……」の件《くだり》です。果たして助役さんの心境はどういうものだったのか？　先に、諸橋先生はここは解釈が分かれるところで「月日の経つのを惜しんだもの」「天行健《てんこうけん》（太陽など天の動きが永遠に変わることなく健やかなこと・易経）を言ったもの」「人生の無常を嘆じたもの」、また、「物事にとらわれず先へ先へと流れて行くことを言ったもの」などいくつかある、と言われていますが……私は、助役さんが「我、事において……」と武蔵の言葉を当時の心境として言われたことと、他の二つの論語の言葉とを合わせて考えれば「私は常に仁を身近に生きて来た。今、時の流れに従い市政を離れるかもしれないが、仮に私が去ったとしても春になると新しい芽が出るように四季は巡り心ある後輩達が出て来るであろう」というようなことであったような気がします。そう考えると、本章で孔子が川の畔で言った言葉も実は晩年に門人に想いを託して言った言葉だったのかもしれません？

最後に、あるとき、助役さんが「本当にゆっくり酒を飲んだことはない」とおっしゃった事が忘れられません！

■子罕編第十八章

子曰く、吾未《いま》だ徳を好むこと色を好むが如くなる者を見ず。

孔子が言った、私はまだ色を好むほど徳を好む人を見たことがない。

＊＊

本章は「徳」を身に付けることの大切さを言っているところです。「色」とは、人間には「食欲」「性欲」「睡眠欲」の三大欲があり「性欲」のことだと思われます。「色」を好むほどに「徳」を好むとなると、それは確かに難しそうです。なぜかというと「徳」は人間が人間社会の中で生きて行くなかで身に付けなければならない〝人間らしさ〟のようなものだと思われますが、これを身に付けるためには正しい師や正しい書物などに触れ勉強することが必要となります。しかし、普通、勉強とは辛くて厭なものです。でも、一方「色」は、つまり「男女」のことで、これは本能として好むものですから心の赴《おもむ》くままにとなり楽なものです。「徳」は辛く「色」は楽しいとなれば人が色に向かうのは当然のことと言えそうです。

でも、本来、異性に対して人間が魅かれるというのは陰と陽の関係にあるため植物・動物にかかわらず自然の摂理でもあります。魚や鳥も時期が来れば婚姻色に身体の色を変化させたり相手の気を惹《ひ》く行動をとったりします。まして、人間にあっては男女が互いに良きパートナーを見つけ、愛し合い助け合って生きて行くのは至極、自然なことで……問題なのは、その自然なる「摂理」が「欲望」へと変わると危険なものとなることです。これが原因で売春や女性への暴行など様々な低俗な性問題が蔓延《まんえん》しているのは毎日の新聞紙面に見られるとおりです。

これと関係あるかどうかわかりませんが以前から気になっていたことで戦後の「歌」があります。「歌」自体は孔子も好きだったぐらいで大変いいものですが、気になるのはその内容です。先日も「思い出のメロディー」という懐メロ番組があっていて、戦前、戦中まではそうでもないのですが、戦後になると、なぜか急に男女の恋愛をテーマとした歌が多くなり、それは現在も続いています。人間が「好きだ。愛してる」など色恋の歌ばかり歌っていたらどうなるのか……何かちょっと気になります。戦後、日本人を大衆化し骨抜きにするために取られたとされる占領政策「スクリーン（映画）」「スポーツ」「フリーセックス」の3S（スリーエス）政策が影響をしているのかもしれませんが、さりとて「3S政策」が悪いと言っても「欲」に流され問題や事件に発展した場合は誰のせいでもありません。一切が自分の身から出た錆、自分の不徳の致すところとなります。

人生ですから何があるかわかりません。いつ悪魔の仕掛けた罠《わな》にはまるか、人間世界は不可解なことがたくさんあります。それで、どこかで己を律し分度分限を定めなければならないところで、何事においてもそうだと思いますが、何か自分が良からぬ方向に向かうときには、心のどこかにふっと〝良心〟が顔を見せるものです。この良心こそが天の発する仁のサインであり、これを無視しないことが大事なことではと思われます。また、もう一つ大切なことは、先日も出て来たように、日頃から欲心という心の雑草を取り除く修養や、人を助けるというようなことを心掛けていれば「天祐」というものにも助けられそうな気がします。

さて、しかしながら、ここで私が言いたいことはもっと前向きな話です。世の中、面白いのは〝色〟の話ばかりではありません。もっと楽しいこと充実したこと意義あること感動することは夜空の星の数より多くあります。例えば、阿蘇の詩人の大野勝彦《おおのかつひこ》さんは両手をなくす事故に遭いながら、義手で絵や詩を書かれるようになり、人に生きる〝勇気〟やもの凄い〝感動〟を与えておられ、星野富弘さんなどもそうです。また、経営の神様と言われた松下幸之助さんや、名だたる政治家の指南役・中村天風や安岡正篤さんの世界も深淵で、人生の味深い〝妙〟を感じさせられます。

されば、よくよく見れば世の中は〝色〟以外にもそんな魅力ある世界で溢れ、そもそも、明日という日自体が人類の誰もが行ったことのない人類最先端の〝新世界〟です！　この〝新世界〟で如何《いか》なる出逢いや新発見が待っているかを思えば、〝明日〟そもそもが何物にも代え難い貴重な宝物のような気がし、小さな〝色〟や〝欲〟などはどこかへ吹き飛んでしまいそうです！

■子罕編第十九章

子曰く、譬えば山を為《つく》るが如し。未《いま》だ一簣《き》を成さずして止むは吾が止むなり。譬えば地を平らかにするが如し。一簣《くつがえ》を覆すと雖も進むは吾が往くなり。

孔子が言った。例えば、山を作るのに土の一盛りを運んで来てひっくり返すのを止めたら、それは自分がそこで止めたにすぎない。例えば、でこぼこな土地を平らにするのも、土の一盛りを運んで来てひっくり返せば自分がそれだけ進めたことになる。

＊＊

本章は、仕事は一つ進めれば一つ前に進む。仕事が進むのも進まないのも結局は自分しだいという事のようです。文中に「一簣《いっき》」という言葉が出ていて、これにまつわる面白い話が「書経」にあります。

周の武王が殷《いん》の紂王《ちゅうおう》を討ちいよいよ新王朝を開こうとしたときのことです。武王に取り入ろうと四方の国から貢物が次々と贈られて来ます。その中に旅《りょ》の国から贈られたゴウと言われるとてつもない大犬がいました。武王はこれを大変に気に入って心を奪われます。それに見かねた名臣が武王に向って「これから新時代を拓こうとする大事なときにたかが犬に心を奪われてどうしますか。〝山を為《つく》ること九仞《きゅうじん》の功を一簣に虧《か》く〟」と言って諫めます。この諺は、堤防の山を築くのに最後の一盛りを欠いたためそこから水が漏れ出し総崩れになったという意味で、油断した武王をすかさず諫めた名臣が光ります！

また、見方を変えると「九仞の功を一簣に虧く」とはジグソーパズルの一片一片をはめ込んで行って最後の一枚が見当たらないという感じのようでもあります。九十九％は完成しても最後の一枚がなくてはやはり意味を成しません！　また、会議のときによく見られる光景ですが、肝心の会議の席では意見が出ず、結論が出て会議終了となった後あちこちで本音の話が出ます。おいおい、今、結論が出たのに大丈夫かいなという感じがしますが、やはり、本当に意思統一を図る意味でも最後のダメ押しの「まとめ」が重要な気がします。

このことで、以前、大いに感心させられた出来事がありました。私の友人にS馬之介君という人がいます……失礼、つい、顔が長いもんで馬と（笑）で、あるとき、そのS君を交えて仕事の打ち合わせを六～七人ぐらいでしました。色々、意見が出たのですが、感心したのは、その話の最後の最後に彼がこう言ったことです。「ということは、まとめると……かくかく云々ということですね……」と、ゆっくりと噛み締めるように話を〝まとめ〟ました。これでちょっとモヤモヤとしていた内容もハッキリとしました。彼はゴルフの腕はアプローチの詰めに課題があってイマイチですが、どうしてどうして！

このような仕事の詰めができるとは大したもんでした！　感心しました！　彼についてもう少し紹介しますと、彼は市の東部の沼山津《ぬやまず》というところの出身で、ある熊本の偉人と似ています。この論語にも度々出て来ましたが例の明治政府の閣僚・横井小楠です！　あのすばらしい頭の切れといい、長顔で大きく厚い唇といい、また、同じ沼山津の出身といい、ひょっとしたら横井小楠《よこいしょうなん》の血筋かもしれません？　となれば、今後は小楠先生を超えた中楠先生と呼ばなければなりませんかね（笑）

　最後に、関連して「カオス理論」なるものを紹介します。「カオス」とは〝混沌《こんとん》〟という意味ですがこういうことです。例えば、絵の具の赤と紫と黄色と緑を混ぜたら何色になるか？　〝混沌〟として、多分、誰にもわかりません。しかし、これを棒でず〜っとかき混ぜ続けると次第にある一つの色になります。また、東京タワーのてっぺんから木の葉を一枚落としたとします。さて、それがどこに落ちるか？　これも誰もわからず〝混沌〟としています。しかし、何枚も落とし続けるとある一つの場所に集中して落ちます。つまり「カオス理論」とは〝混沌〟として不確かなものでも繰り返し続けることによってある一つのものになるということです。本章で孔子先生が言いたかったのもこの事で、日々一つひとつ真理を押さえ続けて行けばいつか複雑怪奇な人間世界の大真理も見えて来る。今、後一歩のところまで来ているのかもしれない。〝一簣〟の努力を惜しんではならないと！

■子罕編第二十・二十一・二十二章

（二十章）

子曰く、之に語《つ》げて惰《おこた》らざる者は其《そ》れ回か。

孔子が言った。私の話をしっかり受け止め実行を怠らなかったのは顔回であった。

（二十一章）

子、顔淵を謂う。曰く、惜しいかな吾其《そ》の進むを見たり。未だ其の止《や》むを見ず。

孔子が顔回のことを言った。惜しい人物であった、私はその前進する姿は見たが止《とど》まる姿は見なかった。

（二十二章）

子曰く、苗にして秀《ひい》でざる者あり。秀でて実らざる者あり。

孔子が言った。苗にも花が咲かないものがある。花にも咲いて実を結ばないものがある。

＊＊

この三章は孔子先生が顔回を偲《しの》んだ言葉です。僭越《せんえつ》ながら先生の意は汲《く》ませて頂いたとして三章をまとめて解説します。顔回は孔子より四十才も年下でありながら、ご存じ孔門十哲の第一人者とされた人です。惜しいことに三十一才で亡くなり夭折《ようせつ》の聖人と言えそうです。顔回については、先にも衝撃的、決定的な話が出て来ますが、ここでは三つの話をもとに顔回の人となりや孔子の想いを探ってみたいと思います。

まず、二十章では、孔子は顔回のことを「私の話をしっかりと汲み取り実行したのは顔回であった」と言っています。ここで孔子が言いたかったことは、私がさりげなく言った一言を皆はそれを聞き流したとしても顔回だけは受け止めていた、と言っているような気がします。これは私の推測ですが、孔子という人は当時も広く世に知られた人ですから門人たちも身近にいながら相当の敬意を払い丁重に接したと思います。たとえば、孔子が通るときには立ち上がり丁重にお辞儀をし、また、何か話を聞く際は全幅の信頼でそれを聞き、何か尋ねられた際も一所懸命に誠実に答えようとする感じではなかったかと。つまり、ほとんどの人は孔子を聖人と尊敬し気を使わなければならない存在として接していたと思います。

しかし、顔回はちょっと違っていて、察するに、顔回は孔子を〝観察〟の対象のように何でもないときの一挙一動までつぶさに見ていたような気がします。顔回は孔子から「この男であれば三か月間でも仁者でおれる」と評された人で、孔子はこれまでも見て来たとおり人をして軽々に仁者と認めません。それを顔回に対してだけは四十才も年下の青年ながら許しています。それは、おそらく顔回が今のように自分をを見る目線にただならぬものを感じていたからではないかと?

次に、二十一章です。孔子は「顔回は常に前進を続け止まるところがなかった」と言っていますが、これは、今、説明した顔回の学ぼうとする姿勢から充分、頷けることだと思います。おそらく孔子は日々成長する顔回を随分と頼もしかったものと思われます。しかし、人生とはときに悲劇が見舞うもので、次の二十二章で孔子は将来が期待されながら死んで行った顔回のことを「良い苗でありながらも花を咲かせることなく、良い花でありながらも実を結ぶことなく」と人の運命の非情さを嘆いています。孔子にすれば顔回は自分の息子のような存在であり、また、当時は孔子も随分と高齢になっていて、今後この任を託せられるのは顔回をおいて他にいないと考えていたので、そういう意味でもさぞかし残念ではなかったかと思います。果たして、顔回が死んで三年後に孔子も死にますが、その後、世の中は弱肉強食の戦国時代へと突入します。歴史に「もしも」の話はありませんが、顔回という聖人がもしも生きていたら後の世はどうなっていたか？　さらに、話は「もしも」ということで少し空想じみて来ますが、この顔回の純粋さ、物凄い勉学精神、質素な暮らし振り……この感じ？　ある日本人と似ていると思いませんか？　あの幕末の？

そうです！　吉田松陰先生です！　松陰先生も聖人と言われるくらい純粋で生活ももちろん質素で取って置きは凄まじい勉学の修養です。また、顔回と同じように若くして亡くなっています。聖人とは、一言で云えば、微塵《みじん》の私心もなくすべてを世の中に捧げる神のような人だと思いますが、松陰先生もかくある人で明治維新の志士たちもいかに修養が進んでいたとはいえ、これに並ぶほどの人は少なかったと思います。そんな風にみると、どうも顔回と似ているような気がしてなりません……で、もしも、松陰先生が孔子の門人だったら……孔子先生も鬼に金棒二本という感じで大変頼もしかったのでは？されど、その松陰先生は斬首の刑にあい、二十九歳の若さで意志半ばにして倒れ、その後、歴史はどうなったか？　時代は「明治維新」へと向かい、〝志し〟を受け継いだ涙の高杉晋作ら長州藩士等の活躍で、見事その革命が成し遂げられたのはご周知のとおりです。

戻って、顔回・孔子の二人の聖人が死んだ後です。先ほどお話したとおり歴史は確かに戦国時代へと向かいます……が、どっこい、二人も死んでいませんでした！そうです！　二人の〝志〟は乱世の最中にありながらも涙の曾子ら門人に受け継がれ、さらに、孔子の孫の思子に受け継がれ、そして、さらにさらに、その門人……強烈な孟子先生へと見事に受け継がれて行きます。人間って凄いです。死んでも死なないんです！　特に、松陰先生や孔子など、聖人と言われる人の〝志〟というのはさすがに受け継がれるんですね。また、後人にもよくそうした心ある人が出て来るもんです。人間とは、異なもの、味なもの、不思議なものです……。

そう考えると、顔回や孔子、また、松陰先生の死は無駄ではなくそういう長い目で見ると大変な意味があったということになります。さすれば、人間は厳密に言えば死なない人は死なないということでしょうか？　言い換えれば、死んで生きる人がいるようです。死んで生きる人とは個人的な自分の地位や名誉やお金だとかの〝小さな〟ことではなく、世の中のこと皆のことを想って生きている人のようです……されば、私も本当はそうなければならないのでしょうが、私は抜けきれず人生のすべてを世の中のためとはそこまではできません。それができるのは何世紀に一人と言われる聖人で……私は私で自分流でと思っています！

■子罕編第二十三章

子曰く、後生畏《こうせいおそ》るべし。焉《いづく》んぞ来者《らいしゃ》の今に如《し》かざるを知らんや。四十五十にして聞こゆる無きは、斯《こ》れ亦た畏るるに足らざるのみ。

孔子が言った。後から来る人とは恐ろしいものだ。どうして彼らが今の我らに及ばないと言えるだろうか。ただ、年の四十も五十にもなって音に聞こえないようでは恐れるに足らない。

＊＊

本章は大変に有名なところです。前段の「後生、畏るべし……」とは、後から来る人、つまり、自分より若い人とは自分より長く生きるので自分を超える可能性がある。だから甘く見てはいけないという意味です。確かに、自分より若い世代というのは時間がある分、可能性があり怖い存在です。しかし、また、そうやって親や先輩を超えて行かなければ人類は進歩しません。

ただし、後段で、孔子は「四十五十にして聞こゆるなきは、斯れ亦た畏るるに足らざるのみ」とも言っています。若いという可能性はどんなにあっても年の四十も五十にもなって世に知られないようじゃ大した人間ではない、ということですが、この言葉にはギクッとさせられます！　私はというと、既に五十も半ば過ぎです。でも、ぜんぜん音にも聞こえていません。ということは大したことはないとなります。当たっていますので、何ともいえませんが（笑）でも、そこは現代の「孔門」のはしくれです！　少々意見があります！

実は、孔子先生は同じ論語の中でこうも言っておられます。「人知らずして慍《いきどう》らず、亦君子ならずや」人が自分のことを評価してくれないからと言って憤慨《ふんがい》したりしない。そんな人が君子であると！　それも数回出て来ます。また、あの安永先生もこれを受け「論語の夜学講座」の初日に隠君子《いんくんし》（世に隠れ住む君子）の話をされました。他人が自分のことを知っていようがいまいがそんなことに振り回されてはいけません、として、次のような話をされました。「隠君子は町はずれの竹やぶの中に住んでいて、めったに表に出てこない。それでも物の道理を何でも知っている。だから、国で何か問題が起きてどうしたらいいか分からないとき、王はこの隠君子の下へ遣いを出す。そして、遣いが『実は、今、国でこんな問題が起きて……』と説明すると、隠君子は『あ～でしたら、こうしなさい、あ～しなさい』と的確に指示を出す」と。すばらしいです！　地位や名誉やお金などには一切、感心を持たず目立つこともないが、それでいて人間界の大事な存在となっている。それが隠君子だと！

はて？　ということは、片や「目立て！」と言い、片や「隠れろ！」という事になりますが、果たしてこの矛盾はどうしたものか……ここでヒントになるようなことを諸橋先生が解説で次のように言っておられます。

「〝聞こゆるなき〟とは修養の不足から善を以って世に称せられぬ人」

されば、「役職」だとか「お金」だとか「才能」とかがあって聞こえるのでなく「善者」として聞こえることが大事なようです。それも、単に人柄が良いというのでなく人間としての〝修養〟を積んだ上で！　そうなると、逆に、歳の四十・五十にもなった、どんな有名人だろうと、かかる〝修養〟を積んだ善者として知られないようであれば恐れるに足らずとなります！

そういえば、最近、面白いことがありました！　仕事の関係で、ある人が犬ではありませんがワンワン文句を言って来ました！　私が何かをやらかしたのではなかったのですが担当の上司ということで応対しました。電話で耳が割れるぐらい二回。合計二時間程度。それではと現場に出向いたら二〇〇メートル先までも聞こえるぐらいの大声で、これまた一時間ぐらい。取り付く島もなくワンワン犬のようにがなり立てられ、ときには、耳元三十センチぐらいまで顔を近づけワンワンと！　ところが、不思議なことに私は一向に怒られている気がせず、相手には悪いですが、むしろ、何か迫力のある映画のシーンを目の前で見ているような感覚で、逆に面白く感じられました。それに、もう少し余裕もあり、その人とすれ違うときなど自然にそうなったように身体を擦《す》り寄せたりしました。そのことを最初のうちは相手もそうまで気に止めなかったのですが、後からは向こうから逆にちょっと引いた様子でした。普通であれば面食らって頭に血が上るところかもしれませんが、なぜそうならなかったのか……それは、私が本章のことを知っていて、その人を〝修養を積んだ善者〟とは見なかったから……〝恐れるに足らず〟と！

しかして、孔子曰く。それをして〝論語マジック〟というと！

■子罕編第二十四章

子曰く、法語《ほうご》の言《げん》は能《よ》く従うこと無からんや。之を改むるを貴《たっと》しと為す。巽與《そんよ》の言《げん》は能く説《よろ》こぶこと無からんや。之を繹《たず》ぬるを貴しと為す。説こびて繹ねず従いて改めずんば吾《われ》之を如何《いかん》ともする末《な》きのみ。

孔子が言った。道理に適《かな》った言葉で戒《いまし》めてくれるのに従い、言動を改めようとする態度は貴い。また、気遣いある言葉で戒めてくれるのを喜んで受け入れ、さらに深く尋ねようとする態度も貴い。しかし、これらの言を喜んで深めず受け入れて改めようとしない人は、私としてもいかんともし難い。

＊＊

本章は他人からの道理に適った言葉や、気を遣った言葉は大事に聞かなければならない、そして、それをさらに行動に移したり、また深く思索する姿は貴いということのようです。しかし、反面、そんな言葉が響かない人には「構っておれん！」とも言っておられ、その開きには雲泥の差があるようです。はて？ 自分はどっちなのか？ ちょっと心配なところです……でも、心配いりません！ 論語を学ぶ人には真理真実をついた大事な言葉は自然に心に響くようになっていますから。いつか出てきたとおり「霧露《むろ》の中を行くが如し」です。お坊さんが蓑を着て家を出て、霧の中を行き帰って来たときにはその蓑がびっしりと濡れていた。そんな風に他人の発した大事な言葉は自然に捕まえる能力が備わっています。また、人間には、これもいつか出て来たと思いますが、元々、孟子のいう「良知良能《りょうちりょうのう》」という特に学んだり経験したりしなくとも生まれながらに備わっている知能があり、それは論語などの聖賢の言や書に学ぶことよってさらに磨かれます。

戻って、孔子は本章で「法語《ほうご》の言」と「巽與《そんよ》の言」の二つの言葉に注意するように言っています。まず、「法語の言」ですが、論語や古典の中には度々「法」という言葉が出て来ます。これは現代でいう「刑法」や「民法」などのような「法律」をいうのではなく、昔からの「法則」に叶ったというような意味合いで、孔子が夢に見るほど尊敬していた周公旦など先王・聖人と言われる人たちの言った言葉を指します。そして、周公旦は孔子より五〇〇年ほど前の人ですが、この周公旦も中国の歴史上、王道の布かれた最も良い政治を行ったとされる尭や舜など伝説の聖人たちを尊敬し、その言に従っていて、尭や舜も、そのまた先人の理にかなった言を大切にしました。そしてまた、その先人たちも、さらに、先人の言を……と、どこまでも遡ることになりますが、そうやって、人間界における大事な法則とは不偏不易《ふへんふえき》の真理として何千年も受け継がれて来ています。おそらく、孔子先生は「その重みを知りなさい!」と言っているような気がします。

一方、「巽與《そんよ》の言」です。「巽」とは、「たつみ」と読めば東南の方角を指しますが、ここでは、「そん」と読んで「謙遜した」とか「やさしい」とかの意味と、さらには、「易」の卦からすると風のことを表します。風はどんな隙間にも入り込むことから自然に人の心に入り込むというような意味になるようです。また、「與」とは、「喜んでくみする」という意味から「仲間」とか「味方になる」とかの意になるようです。合わせると、相手を仲間のように思い、やさしく遠まわしに投げかけられた言葉ということでしょうか?

されば、孔子は、この二言を重く素直に受け入れる人は〝貴《たっと》い〟と言っています。〝貴い〟などという言葉は現代ではほとんど聞かれなくなった気がしますが、なかなかに良い響きの言葉で、こんな良言がたくさん使われるような世の中であれば良い世ではないかと? 特に、「法語の言」は、元々は「口伝《くでん》」であり、それが後に「文字」に代わったものと解されますが、そういう意味では法語の言は、今は「論語」などの書物ということになりそうです。孔子がこの二言を話題にしたということは春秋時代が人心の乱れ始めた世の中で、これを匡《ただ》さんとした奮闘ぶりが想い浮かびますが、翻《ひるがえ》って現代の日本はどうなのか?

どうも、近年、論語などに書かれた法語の言の数々を知る人が少ないようで、それどころか、そんな言葉を言えば怪訝《けげん》そうに見る〝いかんともしがたい〟人も意外とが多いようなな気がします。そういう意味では孔子の時代もそうですが現代の日本も乱世かもです？

それにしても中国哲学はさすがだと今さらながら感心させられます。中国では人間が集団で生活するようになった古代の昔から社会の平安が「力」でなく「自然」に治まる法則が盛んに研究されています。そして、これが日本を含め東洋諸国にどれだけ貢献しているかは計りしれません。実際、「論語」という「法語の言」を勉強していて、その、言わば「平和の教え」はもっと見直されるべきで、今の世界情勢を考えたとき西洋諸国にも広めなければならないという気がします！　ほんとに！

■子罕編第二十六章　＊二十五章は重複出

子曰く、三軍の帥《すい》は奪う可し。匹夫《ひっぷ》も志《こころざし》は奪う可《べ》からざるなり。

孔子が言った。大軍勢の大将は奪えても一平民といえども志は奪えない。

＊＊

本章もよく知られたところです。大軍の将を奪うより一平民の〝志《こころざし》〟を奪う方が難しいようで、それまでに凄い〝志〟とはいかなるものか？　何はともあれ志ある先人の声に耳を傾けましょう！　列挙します！

「志《し》は気《き》の帥《すい》なり」

（志はすべての気を統帥する）（孟子）

「狐《きつね》は死に際して自分の住んでいた丘に首を向け本分を忘れない。私も、たとえ仁者から誹《そし》りを受けても己の信じる志を遂げたい」（吉田松陰先生）

「人、おのおの真理とその精神の聖火を燃やせ……何人もその聖火を燃やすことができるか。何人でもできる。その志と努力さえあれば……」（安岡正篤先生）

「BOYS　BE　AMBITIOUS！　少年よ大志を抱け。その大志とはお金や利己的な欲求であったり人々が名声と呼ぶような空しいものではない。自分が人として負うべきすべてのものを達成する大

志をいう」（北海道大学・クラーク博士）

　浮かぶままに有名な四人の君子の〝志〟を紹介しましたが〝志〟がいかに人生の、また、世の中に対する強力な原動力となるものかニュアンスがおわかりいただけたと思います。次に、その実践編にスポットを当てます。時は、明治維新その時代です。この頃の武士は特に志ある武士として〝志士《しし》〟と呼ばれました。何とも良い響きの言葉ですが、作家の司馬遼太郎さんをして「この頃の日本人が一番美しく生きた！」と言わしめた人たちです。当時は欧米列強が世界中に植民地を作り、既に、アフリカや東南アジア諸国や中国の主要都市などはその魔の手に堕ちていました。日本も当然ながら「黄金の国・ジパング」として狙われていました。しかし、この危機を救ったのが今の〝志士〟と呼ばれた竜馬や高杉晋作や吉田松陰や西郷さんなどです。でも、驚くべきは、この人たちのほとんどが下級武士だったりしたことで、つまり、彼らは身分の低いまさに本章にいう「匹夫《ひっぷ》」でした！「匹夫《ひっぷ》の勇《ゆう》」という言葉がありますが、これは本来、猪武者《いのししむしゃ》的な感じで、ただ、ガムシャラの蛮勇《ばんゆう》を言い、志士たちはまさにそんな蛮勇そのものの命懸けの捨て身の勇気により日本を救います。しかして、この勇気は志士の一人ひとりが一志を立てたことから起こります。つまり「日本を救う」という志が立ったからに他なりません。これが立ったからには志士たちは、身分が低いと言われようが、匹夫の勇と言われようが、命懸けで立ち向かって行き、そんな志の火の手が全国に広がり明治維新の革命が成功したのはご承知のとおりです。〝一志立つ〟ことがいかなるものか？　人間の化学反応や連鎖反応が起こり場合によっては革命まで成し遂げる凄まじいものであることの、まさに証明とも言えそうで「志」の正体を知るところです！

　されば、この志士たちの血を受け継ぐ私たち現代の日本人です。現代では志士は「国士《こくし》」と言われるようですが？　さ～どう出ますかね？　明治維新の志士たちが日本を救ったのであれば、平成の国士は世界を救う、言わば「世士」とも言えそうですが……何ともどうなるものかわかりませんが、ただ、今のように偉人の言葉に耳を傾け、自分の人生と社会情勢に目を向けていれば、いずれ天から命が下りビシッと〝一志立つ〟時が来るかもです……それにしても、論語とは本気ですからお茶濁しというわけにはいかず大変です！

■子罕編第二十七章

子曰く、敝《やぶ》れた縕袍《おんぽう》を衣《き》て孤貉《こかく》を衣たる者と立ちて恥じざる者は其れ由《ゆう》なるか。忮《そこな》わず求めず、何を用《もっ》てか臧《よ》からざらんと。子路《しろ》、終身《しゅうしん》之を誦《しょう》す。子曰く、是の道や何ぞ以て臧しとするに足らん。

孔子が言った。粗末な服を着ながら狐《きつね》やムジナの皮で作った立派な服を着た人と立ち並んでも恥ずかしがらないのは由（子路）であろう。「そこなわずもとめず（ねたまず媚びず・当時の俗言）」立派である。子路には何も言うことがない。これを聞いた子路は喜んでいつも口癖のように「そこなわずもとめず」と言っていた。それを見た孔子が、しかし、それだけで善しとすることはできないぞと言った。

＊＊

本章は真っ直ぐでお人好しの子路らしい雰囲気の出たほほ笑ましいところです。孔子先生の笑い声が聞こえてきそうです。それでも、もちろん子路は孔門十哲の一人で優秀かつ好人物です。文中に「破れた服を着ながら」とありますが、でも、この時代ですのでみすぼらしい服を着た人は少なくなかったと思います。子路もあまり着る物には構わず「男は中味だ！」と言わんばかりに、立派な服を着た人の中に入って行ったと思われ孔子先生も、そんなところを評価してこのようなことを言われたような気がします。

でも？　これからは私の推測ですが、ひょっとしたら、この件には前段があったのかもしれません？　というのも、孔子先生はご存知のとおり時空を超えたスーパーマンで、歌が大変、好きで色んな国の歌を歌っておられました。日本の歌については、戦後の貧しい時代の歌が自分の生きる春秋時代と重なり、大変に郷愁がそそられたようで、特に、国民的歌手・水前寺清子の歌はずいぶん気に入っておられ、こんな歌を！

「ボロは着てても心は錦～どんな花より奇麗いだぜ♪」

という感じですが……この歌を知っている人は少々古いカモです（笑）でも、実際、先生はこの歌を気に入っていて右手にマイクを持ち左手を大きく広げ、ニコニコしながら歌っていたと……目に浮かぶようです、先生の着物姿が！　さて、問題はこれを目《ま》の当たりにした子路です！　そうとう感化を受けたんじゃないでしょか？　おそらく、すっかりその気になってボロ服に身を固め「ボロは着てても～♪」と、鼻歌交じりに立派な服を着た人達の中に入って……で、それを見た孔子先生も、こうなることを読んでいたかどうかは定かでありませんが、笑みを浮かべながら「いいぞ、子路！　そこなわず、もとめずだ！」と本章のように言われた……かもしれません（笑）

話は変わって、現代社会ですが、さすがにつぎはぎだらけのボロ服を着た人というのはあまり見かけませんので、子路のように立派な服を着た人を特段、意識するということもありませんが……さっきの水前寺清子の歌を知っている年代の方は別な意味で身だしなみには少々気を付けたが好いかもです？　というのが、先日、オフクロからある鋭いところを指摘され叱られました！

ある日、いつものように実家に行ったときのことです。オフクロがいきなり「あんたは何ね、その格好は！」と強い口調で言いました。私は最初、何のことかわからず、どこか服が汚れてるかな～と思ったんです……が、続いて言われた言葉で判明しました。オフクロはこう言いました。「その短かいズボンは年寄りのごつしてカッコ悪かタイ！」とです。自分ではあまり気にしていなかったのですが、言われてみればちょっと短いかな～という感じでしたが、さらに、オフクロは畳み掛けて言いました。「年寄りは短いズボンをはいてチンチクリンでしょが！　あんたも五十過ぎたつだけん身だしなみには気を付けなんたい。それに、体臭もするといかんよ。イチロー（プロ野球の）なんか傍に寄ると好い匂いのするてよ。ピシャッとしとかんと女性に嫌われるよ！」と。いやいや、言われてみればそのとおりで一本とられました！　それから、後日、仕事に出て職場を見廻すと……いました、いました！　ズボンが短くてチンチクリンな人が！　そして、その人達の年代は言われたとおり自分ぐらいから上の人達でした。別に、女性から特別もてたいとは思いませんが……ひょっとしてオフクロが言うように見られているかな～と思うと、ちょっとそれは……あまり戴けないな～と男心が秋風に微妙に揺れました。という話で、孔子や子路の時代とは違いますから「平成の君子」は確かに〝身だしなみ〟はピシャッとせないかんですね！　また、最後に、オフクロから「男も年取るほどに〝おしゃれ〟じゃなかといかんバイ！」とも言われましたので、ご参考までに……と、人にふってはいけませんが（笑）

なお、本章で先生が子路に本当に言いたかったことは、高価な服を着たり高級車を乗り回したり豪邸に住んだりとかして上辺を飾っている人に惑わされてはならない。大事なことは、やはり、中味、その人の〝心〟が美しいかどうかにある。そこをよ～く見極めなさい、ということではないかと！

■子罕編第二十八章

子曰く、歳《とし》寒くして然《しか》る後《のち》に松柏《しょうはく》の凋《しぼ》むに後《おく》るるを知る。

孔子が言った。冬が近づき寒くなると多くの木々が凋んで行くが、松や柏《かしわ》（柏木やヒノキなど）の木だけは依然として青々している。

＊＊

本章は日増しに寒くなり多くの木が枯れゆく中にも常緑樹の松や柏だけは青々としている。人間の修養のできた人とそうでない人の違いも平時にはわからないが、いざ事が起きてみるとわかるという事のようです……何か自分のことを言われているようでギクッとしますが？

ここに面白い、いや、ちょっと恐い話が！　いつか出て来たような気がしないでもありませんが、ま、そんな小さなことは気にせず参ります（笑）こんな話です。今、目の前に五本のビンがあります。一本目のビンには水が三分の一ほど入っています。これを持って振ってみるとチャポーンチャポーンといかにも軽そうな音がします。二本目のビンには半分ほど入っています。持って振ってみるとやはりチャッポンチャッポンと騒がしい音がします。三本目のビンは七分目ほどですが振ってみるとやはりピシャンピシャンと音がします。四本目のビンは見た目には入っているのか入っていないのかわかりません。でも、持ってみると軽～くすぐに空ビンだとわかり、もちろん振っても音はしません。最後の五本目はというと、これも見た目には空ビンのようです。でも、持ってみるとズシリと重く、どうも満タンのようで念のため振ってみましたが、やはりピチリとも音がしません。

という話で恐いです！　もうおわかりのように、これはその人の修養の出来具合を言っています。空ビンでは話になりませんが、チャポン、チャポンと騒がしいようでは未だ修養が足りません。でも、本物はとなると最後のビンのようで見た目にはわかりませんが、持ってみるとズシリと重く、もちろん、どれだけ乱暴に扱われても音がしません。本物とはまさにこんな感じで竜に喩えると「伏竜《ふくりゅう》」のようでもあります。日頃は自己主張などせず静かに潜んでいます。でも、いざ事件が起きたらわかります。皆は逃げても伏龍だけは逃げません。逃げるどころかそんなことを密かに楽しみに待っていました。それもそのはずです。それだけ修行を積んでいるのですから。いざ、もめごとや事件となると自分の実力を試す絶好の機会だ「面白い！」とばかりに俄然やる気を出します。この辺を我々も目指さなければならないところで、そもそも、こんな心の持ちようを知っているだけでも随分と腹が据わりそうです。また後漢書《ごかんしょ》に、

「疾風《しっぷう》に勁草《けいそう》を知る」

嵐が来てほとんどの草がなぎ倒されたあとに一本だけ立つ強い草がある、という有名な言葉があるのはご承知のとおりです。

さて、それでは、どうすれば強い本物になれるのか？それは、やはり、人間の「性質」や「習性」また、人間界全体を貫いて流れる大きな真理などを知ることだと思われます。でも、この大真理は一人の人間の百年程度の人生では「白駒《はくく》の隙《げき》を過ぐるが如く」に短かく、明らかにすることは困難です。だから、何千年の人間の歴史の中で語り継がれて来た「法語《ほうご》の言《げん》（昔からの教え）」を、つまりは、今、勉強している「論語」などを学ぶことが大切だと思います。しかし、これも、ただ学んで知っているだけでは絵に描いた松柏《しょうはく》餅です！　これを青々とさせるためには「知行合一《ちこうごういつ》」知っていることと行いとが一致することが大切になります。安岡先生が「修練の根本」ということで次のように助言しておられます。

「人物学に伴う実践、即ち、人物修練の根本的条件は怯《お》（脅え）めず臆《おく》せず、勇敢に、しかして、己を空《むな》しうして、あらゆる人生の経験を嘗《な》め尽くすことであります。人生の辛苦艱難《しんくかんなん》、喜怒哀楽《きどあいらく》、利害得失《りがいとくしつ》、栄枯盛衰《えいこせいすい》、そういう人生の事実、生活を勇敢に体験することです。その体験の中にその信念を生かして行って初めて、吾々に知行合一的に自己人物を練ることができるのであります」

されば、覚悟を決めて修養を積み〝伏竜〟のように困難であれ何であれ勇敢に楽しむようになりたいものです！

■子罕編第二十九章

子曰く、知者は惑《まど》わず仁者は憂《うれ》えず勇者は懼《おそ》れず。

孔子が言った。知者は惑わず仁者は憂えず勇者は恐れず。

＊＊

本章は儒教の骨格を成す「知」「仁」「勇」の三つの有名な徳目について触れたところです。孔子はこの三つを説きましたが、後に、この教えは「儒教」として大成される中で様々な形へと変化して行きます。変遷を辿ってみます。

孔子の孫であり「中庸」を著した子思《しし》は、この三つの徳目を「天下《てんか》の三達徳《さんたっとく》」と賛します。その後、子思の弟子であり聖人と称された孟子は「勇」をはずし、「義」と「礼」を加え「仁」「義」「礼」「知」の「四端《したん》の説《せつ》（四徳ともいう）」を唱えるようになります。さらに、漢の時代になるとこれに「信」が加わり「仁・義・礼・智・信」となり、現在の儒教の「五常《ごじょう》の徳《とく》」が確立します。面白いのは、この「五常」が日本に入ると滝沢馬琴《たきざわばきん》が「南総里見八犬伝《なんそうさとみはっけんでん》」の中で、新たに「忠《ちゅう》」「孝《こう》」「悌《てい》」を加え「八徳《はっとく》」とし、それが武士道の行動規範ともなって行くことです。因みに、最近は「十徳屋」という居酒屋さんもあり、これは後二つ何を言っているのか興味深いところです。

以上が儒教の徳目のだいたいの流れで、本題に戻って、「知」「仁」「勇」が大事なことはわかりますが、気になるのは順番です？　これまで論語を学んで来た中で孔子が最も大事にし、めったに口にしなかったのは何と言っても「仁」であり、「知」はむしろあまり良い意味に使われていません。ところが、ここでは、その「知」が一番手に来て「仁」が二番手にあります。これはどういうことなのか？　門人たちが大事な順番を間違えるはずはないでしょうから、やはり、孔子はこの順番で言ったものと思われます。では、なぜこの順番になったのか？

まずは、そもそも「知」なるものです？　この「知」を仮に「知識」と解し例を我々の仕事に取れば、知識が豊富で仕事に精通している人とは確実で最終的に頼り甲斐があります。そう考えると、やはり「知」は重要なことです。でも「知」には弱点があります。知者は往々にして「知」に溺れ人をしばしば見下すことがあります。だから、儒教はこれをあまり良くは見ません。例を挙げれば、明時代の儒家・呂新吾《りょしんご》の著書「呻吟語《しんぎんご》」に次のような件《くだり》があります。

「深く重みのある人は一級。豪快で勇敢な人は二級。聡明で弁の立つ人は三級」

　つまり、「知」に走る「知者」タイプは三級品ということです。また、北宋時代の歴史家・司馬光《しばこう》が「資治通鑑《しじつがん》」という本の中でこう言っています。

「徳が才に勝る者が君子であり、才が徳に勝るものを小人といい、徳も才もない者を愚者という」

「才」とは「知」のことであり、結局のところ「知」を誇る人は小人に過ぎないようで、あれほど重要人物であるはずの「知者」を、これまた、つまらんとバッサリです！　されど「知」は重要なはずです。では「知」を持つ「知者」とは本来どうなければならないのか？　それで、孔子は「仁」と「勇」が必要だと言っているのかもです？　「仁」については、今回は深くは掘り下げませんが、仮に、これを「思いやり」とすると、「知者」が自分の知を誇らず他人に対して「思いやり」のある態度で接するとなると、これは大したもんだと思います！　それこそ「鬼に金棒」ではと？　でも、しかし、未だ足らないものがあるようです。「知者」は、その仕事においては磨きがかかり習熟していますが、反面、旧来に固執する傾向があり、なかなか新しいものを受け入れません。ときに、見て見ぬ振りを決め込みます。つまり、他人の意見を受け入れたり打って出たりする「勇気」に欠けるところがあります。やはり、時代は流れていますので場合によっては一歩踏み出す「勇気」が必要になるのではと？　そして「知者」が、「思いやり」と「勇気」とを身に付けたら……それは、もはや「鬼に金棒と打出《うちで》の小槌《こづち》」と言ったところでしょうか？　相当に立派な「徳者」また「君子」だと思います！

　しかしです？　だからと言って孔子が「仁」より先に「知」を言っているのは未だ納得が行きません？　なぜ、王者の徳とされる「仁」が後で「知」が先なのか？　ひょっとしたらこういうことかもしれません？　先ほど私は「知」を「知識」と仮定しましたが「知」とはもっと深いもので、単に物を知っているというレベルを超えた、無限の大宇宙や時間の流れが人間界にもたらす深淵なるものを察知する「叡知」を意味するのかもしれません。中村天風の言を引きます。

「いわゆる神秘的な偉大な思索や崇高な思想というよう

なものは、一切、この〝霊性心〟を本源として形成されるものである」

天風先生は人間には動物と違った〝霊性心〟が備わると言っています。この霊性心が人間界を貫く大真理を知る「叡知」のことなのかもしれません。孔子はこれを仁の発露と言っていたと思いますが、これにより物事の正邪や生き筋・死に筋も自然と見えて来るものと思われます。そうなると、「知」とは相当に大事なものとなりま す……が、やはり、私には「仁」がどうしても先であるように思われます……ひょっとしたら？　案外、本章は孔子先生の若かりし頃の言葉だったのかもです？

■子罕編第三十章

子曰く、与《とも》に学を共《とも》にす可《べ》し未だ与に道に適《ゆ》く可からず。与に道に適くべし未だ与に立つ可からず。与に立つ可し未だ与に権《はか》る可からず。

孔子が言った。朋友と、共に学ぶことはできても共に道を実践するのは難しい。共に道を実践することはできても共に独立するのは難しい。共に独立することはできても共に中庸を得るのは難しい。

＊＊

本章は朋友と「共に学び」「共に実践し」「共に立つ」ことは出来ても「共に権《はか》る」のは難しいという話のようです。しかして、この「権る」とは「中庸」を得ることで中庸とはそれほど難しいものなのか？　中庸については、以前も取り上げましたが、そもそもは「中」が不偏で偏らない「庸」が不易で変わらないという意味で、書物としてはご存じ孔子の孫の子思が編纂したとされる四書五経の一つがあります。この書物「中庸」の中で子思は中庸をどう捕えているか出だしを少し紹介します。

第一章には「中和《ちゅうわ》を致して天地は位し万物は育す」とあります。これは人の貴賎の位も中和を得れば正しくなり、万物もみな正常に発育するということで、「中」とは喜怒哀楽のほど良さを言い「和」とは和やかさを言うようです。何か地球上の人間を含めた万物がほどよく和やかに共存しているような光景が目に浮かびます。

第二章には「君子は中庸をす。小人は中庸に反す。……しかして時中す」とあり、中庸を行えるのが君子で行えないのが小人となりそうで、どうも中庸とは君子と小人の別れ道のようです。そして、物事の上下や長短の中間を取るのが普通の中庸ですが、良い事と悪い事の中間を取るようなことは中庸とは言えず、また、深い中庸となると「時中」つまり、その時々の状況の変化に応じながら中和するものであるようです。例えば、雪原地帯では温かく有難い太陽も、砂漠地帯では熱すぎて迷惑千万なものとなります。それで、状況の変化に応じて調和することが大事になります。どうも「中庸」とは、ただ足して二で割るような単純なものではなく万物の調和を意味するなかなかのもののようです。地球という星は太陽をはじめとする幾億万という広大な宇宙の星々の影響を何億年ものあいだ受け進化しながら今のバランスを保ったものとなっています。古代の中国人はその根本にこの中庸という自然の絶妙な〝バランスシステム〟があることを発見したようで凄いと思います。

もっと凄いのは「中庸」という文字の持つ意味です！「中」という字の口《くち》の部分は「的」を意味し、縦の棒の部分は「矢」を意味し、矢が的のど真ん中に当たっているという意味になるようです。つまり、その時その時の「真理真実」また「正道」をずばり当てるとなるようです。さらに「庸」は、これが面白いのですが、下部の「用」の字は左右対称になっていますが、これは人が両手を掲げている様を表し、上部は餅つきの時の杵を表しています。合わせると、両手で杵を高く持ち上げている、つまり、これは両者の違った意見を折衷《せっちゅう》し一段と高い内容のものとするということです。小人は右か左かといったラベル……いやレベルですが（笑）君子はとなると両者の良いところを取って一段高い良い物にする三次元的な発想をするようです。ときに、これって誰かの発想法に似ている気がします？　あの坂本竜馬がこんな発想をしていたようです。単に倒幕か佐幕かではなく両者を合わせさらに良い政府を作るという発想です。されば現代においても、これからの新世界の構築には、東洋と西洋の良さをミックスし新しい良い物を創り出すという中庸の発想も大切な気がします。

さて、そこで、いざ中庸の実践編ですが、以前、ものの見方で「群盲、象をなでる」という話が出て来ました。目の見えない人それぞれの触ったところによって象のイメージが違うという話です。この話も皆それぞれが部分的にしか見ていないとはいえ真実を言っていることに間違いはありませんでした。さすれば、これを中庸的な見方からすると、皆の異見を合体させて象の実態を特定するということになりそうです。また、いつものM先輩から昔こんな言葉を教わりました。

「切り結ぶ刃《やいば》の下、一歩踏み込めそこは極楽」

両者が真剣で戦っているような状況であっても、一歩踏み込めばそこは極楽になるという意味で、この一歩踏み込むというのが、こちらから先に相手の話に耳を傾けるということです。人は自分の気持ちをわかってほしいもので、聞いてもらえる相手は大事にしたくなります。だから、意地など張らずこちらから先に、相手の言わんとすることを本気で聞けば、両者の関係は自然と極楽になりそうで、これも大事な「中庸」ではないかと！

■子罕編第三十一章

唐棣《とうてい》の華《はな》、偏《へん》として其《そ》れ反《かえ》る。豈爾《あになんじ》を思《おも》わざらんや。室《しっこ》是れ遠《とお》ければなり。子曰く、未《いま》だ之《これ》を思《おも》わざるなり。夫《そ》れ何《なん》の遠《と》きことか之有《これあ》らん。

「庭桜の花が咲き乱れている、しかし互いに反れ返って咲いている、決して私はあなたのことを思わないわけではない、ただ家が遠だけである」という歌に対して孔子が言った。会えないのは自分の思いが足らないからだ。何の遠いことがあろうか。

＊＊

本章は昔、誰かが詠んだ詩を孔子が評したところです。この詩の出典は「詩経」かと思ったら違うようです。こういう「詩経」から漏れた詩を逸詩《いっし》というようですが、でも、何で詩経に漏れたものが話題になっているのか？　この辺がポイントでしょうか？

当時の詩は前段の二句で風景を詠み後段の二句で心境を詠むというスタイルが多かったようです。本章は男女の恋愛を詠ったもので、前段で唐棣《とうてい》という花が背を向け合って咲いている。そして、後段でその様子があたかも自分とあなたのようで、家が遠いから会えないということのようです。さて……ところがです！　この詩に気合が入っていないとばかりに我らが孔子先生が咬みつきました！　訳文は標準語でしたが、原文は、

「何を言っとるか、このアンパンが！　自分が真剣になってないだけだ。ほんとに真剣だったらどうにでもし

て会いに行くものだ。そんな中途半端な気持ちの歌を詠むな。恋愛なんていうのは理屈じゃないんだ。想いだ。心だ。家が遠いだのと、そんな計算したもんじゃない！」

……と、どうも本当は言われたようで、やっぱり孔子先生はさすがです！　ちょっと古いですが「畏《おそ》れ入りやの鬼子母神《きしぼしん》」です（笑）ときに、この歌は男性が詠んだとは思われません。おそらくは女性だと思いますが、女性は男性に比べ感傷的になりやすく地から足が離れがちなような……でも、地に足が着いたしっかりした女性のことが思い出されます。

歴史は流れて明治です。日本が日露戦争に勝利した八年後、明治天皇が亡くなり、これを追って乃木将軍が切腹して死にます。つまり殉死《じゅんし》です。驚くべきは同じときに奥さんも自決されたという話です。死後、辱《はずかし》めを受けないように両足を結んでとのことでしたが、夫との距離を感じさせない想いの深さに凛《りん》とした覚悟が感じられます。本章に出てきた同じ「唐棣《とうてい》」科ながら「白梅」が雪の降る寒い中にしっかりと咲いている、あの〝凛〟とした姿が思い出されます。この地に足の着いた芯の強い生き方を孔子は言いたかったような気がします。つまり、人間というのは、心のどこかに芯のしっかりしたものがなければならず、その芯の強さが真剣さや本気さを生み出すのではと。そういう意味では、「唐棣の詩」を詠んだ人が「家が遠いので会えない」ぐらいのことでは孔子先生から噛み付かれても仕方ないかもです。されば「詩経」は周代から残る約三千からの詩を孔子が三百ほどに編纂したものですが、編纂に当たった孔子が当然この詩を知りながら選んでいないというのもわかるような気がします。

さて、この話は恋人間の話ですが、孔子が本当に言いたかったことは男女に限ってのことではなく、夫婦や親子や友人や仕事仲間など、様々な関係にあっても同じで、そこに計算や損得のからまない〝熱い〟ものを持ちなさいということで、教育家・森信三さんの「たった一人の情熱」と題した言葉を最後に紹介します。

「すべて世の中のことは、一人の熱心さのいかんによって、事が運ぶという場合が少なくないようであります」

〝一人の熱心さ〟が世の中を作ると……しかして、このことは仕事をしていても実感します。やはり、私心がなく熱心で真剣な人には周りも動かされます！

郷《きょう》黨《とう》編

――言葉使いに気を付ける

■郷黨《きょうとう》編第一章

孔子、郷黨《きょうとう》に於《おい》ては恂々如《じゅんじゅんじょ》たり。言うこと能《あた》わざる者《もの》に似たり。其《そ》の宗廟朝廷《そうびょうちょうてい》に在《あ》るや、便々《べんべん》として言う。唯謹《ただつつし》めるのみ。

孔子は郷里の先輩などの前で話をするときは極めて控え目で、傍目《はため》にはろくに口もきけない者のようであった。しかし、先祖を奉《まつ》る宗廟や政治を論ずる朝廷にあってはいかにも明解に話をされた。ただ、そんな場合でも慎み深くしておられた。

＊＊

本編には孔子の朝廷での立ち居振る舞いや私生活の様子が出ていて、ほとんど本人の言葉はありません。まず第一章です。孔子の意外な一面が出ています。聖人とされながら「ろくに口もきけない者のようであった」と。本当にそうだったのか疑いたくなりますが、実際そうであったかもです。というのも、そもそも孔子が一番、大事にしたのは人間関係で、これを乱すようなことには相当に気を配ります。しかして、この人間関係とは組織上の序列であったりもしますが、特に、年令が上か下かという人間界の原点に関しては格段の配慮がありました。そういう人間的な配慮をする人であればこそ地元の先輩たちの前では「ろくに口もきけない者」のようであったというのも理解できるところです。これは、いつか出てきた「五倫の道」の一つで「長幼の序」と言われるもので、年少者は自分がどんなに高い地位に就こうとも年長者には敬意を払うということでした。それを自分の方が位が上だといって年長者を見下したような態度を取れば忽ちのうちに事件が起きます。孔子という人は、そんな人の道を踏み外すようなことは絶対にせず本気で敬意を払います。この辺が大事なところで、そんな風にされると相手も気持ち良いもので逆に評価も受け人間関係はさらに良くなりそうです。

とは言え、「ろくに口もきけない者」の様子だと周りの人からも見下されそうな気がしますが、そうでなかったということは、孔子が人が人からどう見られるかなど、そんなガワタン（外側の意味・熊本弁）のことなど考えず、誠心誠意つとめたので、おそらくそれが相手にも伝わったのではないかと思われます。

戻って、そんな孔子も「宗廟や朝廷にあっては明解に話をした」とあります。宗廟とは先祖を奉った諸々の儀式を執り行うところで、ここには孔子の祖先の恩を忘れない真摯な気持ちが窺えます。お墓参りや年忌祭などで先祖の御霊《みたま》の前に進み出て、手を合わせたりすることは私たちの心を清々しくしたり、日頃、俗世に流されている自分を原点に還らせてくれるような働きがあり、傍から見ていても実に厳《おごそ》かで、きっと孔子はそんな姿を大切にしたかったのではないかと思われます。

また、朝廷（この言葉は中国から日本に入ったようです）ですが、ここでも孔子先生はしっかりと務めを果したとあります。朝廷とは政治を司るところですから、ここが優柔不断《ゆうじゅうふだん》では世が乱れます。恐らく、先生も一切の私情を交えず真剣に取り組んだものと思われます。ただ、この宗廟や朝廷での態度に対しては但し書きがあるようです。かかる場合でも、「慎み深くあった」と。この辺りが大事なところで、いかにも大儀なことをやっているんだというような、思わせ振りな感じだと周りも嫌気がさし、ここにも孔子の清々しさが窺えます。

■郷黨編第二章

朝《ちょう》にて下大夫《かたいふ》と言うときは侃々如《かんかんじょ》たり。上大夫《じょうたいふ》と言うときは誾誾如《ぎんぎんじょ》たり。君在《いま》すときは踧踖《しゅくせき》如たり与与如《よよじょ》たり。

朝廷で自分より下級の大夫と話をするときはいかにも和やかであった。上級の大夫と話をするときは筋道を立ててきっちりと話された。君と朝廷にいるときは敬意を表するあまり落ち着かない様子であった。それでもどことはなしに威厳のようなものは窺えた。

＊＊

本章には、孔子が朝廷にあって自分より位の低かったり高かったりする人に対してどう接したかが記されています。自分より身分の低い大夫とは和やかであったということですが、普通の人であれば威張ったり高圧的だったりもしますが、そんなところが微塵も見られなかったようで、孔子にすれば当然で「本来、人間は人それぞれに敬愛されるべき存在で役職とはそれぞれが役割を分担するためのものに過ぎない」というような認識であったと思われます……きっとあったかい先輩だったのでは！また、上司に対しても同様に、大事な役割を果たしている人として尊重していたと思います。だから感情的になったり上司の顔をつぶしたり差し出がましいことを言ったりするようなことは一切なかったかと。後段の君《きみ》に対しても、同じように応分の役割を果たす重責者として尊重し、あらん限りの配慮をする姿が、傍目《はため》には落ち着かない様子に見えたのだと思われます。でも、そこは天下の孔子で、単にぺこぺこと媚びた様子ではなく、どことはなしの威厳があったようです。

■郷黨編第三章

君《きみ》、召《め》して擯《ひん》せしむるときは色勃如《いろぼつじょ》たり。足躩如《あしかくじょ》たり。与《とも》に立つ所に揖《ゆう》するときは手を左にし右にす。衣《ころも》の前後贍如《せんじょ》たり。趨《はし》り進むときは翼《よく》如たり。賓《ひん》退くときは必ず復命《ふくめい》して曰く、賓顧《ひんかえり》みずと。

君から召されて来賓の接待を命じられたときは、顔色は引き締まり緊張した様子で足取りも小刻《こきざ》みで出迎えに向かった。ともに出迎える左右の人にはそれぞれに丁寧に揖《ゆう》（両手を前に掲げたお辞儀）の挨拶をし、その際の着物の乱れはなかった。お客が到着して小走りで進むときは肘を張り鳥が羽を広げたようであった。お客が帰るときは見送りに出て最後まで見届け「お客人は振り返られませんでした」と必ず報告した。

**

本章には最後に現代人の忘れかけた大事なことが出てきます。

「賓顧《ひんかえり》みず」

お客さんを見送るときの話ですが、名残《なご》りを惜《お》しむ自然な気持ちがあれば、その人の姿が見えなくなるまで見送ろうとするのは自然です。それは相手も同じで、相手が別れを惜しんで振り返り手を振るかもしれません。でも、そのとき、見送りに出た人が既に門の中に入っていたり背を向けていたりでは振り返った人は好い気がしません。しかし反対に、見えなくなる最後の最後の遥か遠くまで見送って、大きく手を振り返すというようであれば客人は大変に嬉しいと思います。私も田舎の生まれなので段々畑を遠くまで降りて行くのを親戚から最後まで見送られた温かい思い出があり、「賓顧みず」には小さいようで実は大きな〝人情の機微〟が感じられます。

■郷黨編第四章

公門《こうもん》に入るときは、鞠躬如《きくきゅうじょ》たり。容《い》れられざるが如くす。立つときは門に中せず。行くときは閾《しきい》を履《ふ》まず。位《くらい》を過ぐるときは、色勃如《ぼつじょ》たり、足躩如《かくじょ》たり。其の言うこと足らざる者に似たり。斉《もすそ》を摂《かか》げて堂に升《のぼ》るときは鞠躬《きくきゅう》如たり。気を屏《おさ》めて息せざる者に似たり。出でて一等を降《くだ》れば顔色を逞《の》べて怡怡如《いいじょ》たり。階《かい》を没《つ》くして趨《はし》り進むときは翼如《よくじょ》たり。其の位に復《かえ》るときは踧踖如《しゅくせきじょ》たり。

宮廷に入るときは、身をかがめあまりに畏《かしこ》まり簡単には入れないような様子であった。門に至ると、中央では立ち止まらず、また敷居を踏まないように入った。門の中の君の立つ処を過ぎるときは顔は引き締まり足は小刻みで口数の少ない者のようであった。君の堂に登るときは着物の裾《すそ》を引き上げ畏《かしこ》まり、息を殺し呼吸をしていないかのようであった。堂を出て階段を一段下りると顔色も和らぎ安堵した様子であった。階段を下りきると小走りで進み鳥が羽を広げたようであった。しかるに、門の内側の君の立つ処まで戻って来ると、また顔は引き締まり落ち着かない様子であった。

＊＊

本章はそもそも日本でいえば天皇陛下に相当するような人と接する場合と思われますが、それにしても

鞠躬如《きくきゅうじょ》（身をかがめ畏まる）
色勃如《いろぼつじょ》（顔色が引き締まる）
足躩如《あしかくじょ》（足取りが小刻み）
怡怡如《いいじょ》（和らいだ顔色）
翼如《よくじょ》（羽を広げた鳥）
踧踖如《しゅくせきじょ》（落ち着かない様子）

とあり、表現の豊かさ漢字の複雑さに驚かされます。二千五百年も前の人はかくも深く人心や事象を表現したようです。しかして、孔子の立ち居振る舞いには、どこか微塵の奢りもない自然な人間らしさが感じられます。

■郷黨編第五章

圭《けい》を執《と》るときは鞠躬如《きくきゆうじょ》たり。勝《た》えざるが如し。上《あぐ》るときは揖《ゆう》するが如く下《くだ》すときは授《さず》くるが如く。勃如《ぼつじょ》として戦《おのの》く色あり。足は縮縮《しゅくしゅく》として循《したが》う有るが如し。享礼《きょうれい》には容色《ようしょく》有り。私覿《してき》には愉愉如《ゆゆじょ》たり。

君の命を受け他国へ使いする者が持つ圭という宝玉を先生が持つときは身をかがめ畏《かしこ》まり、あまりに、それが重く持ちこたえられないという様子であった。また、これを上げるときはあたかも揖《ゆう》のお辞儀のようで、下げるときは授けるような姿であった。そして、それを掲げ相手国の君の前に進み出るときは、顔は緊張でおののかんばかりで足取りも小刻みであった。しかし、その最初の挨拶が終わり贈物を献上する享礼《きょうれい》の段になると、やっと顔つきは和やかになり、さらに、それらの公式行事が終わった後の私観《してき》といわれる個人的な会見の段階になると、さらに和らぎ楽しげであった。

＊＊

本章には他国の使者とのやり取りが出ています。前章もそうでしたがここでも孔子は慎重なようです。ちょっと意外な感じですが……ひょっとしたら、これらは孔子の若いときの話かもしれません。でも、当時は戦国時代へと向かう世が乱れかけた頃ですので使者への応対が一歩間違えば大変なことになり、孔子が慎重になったのも当然かとも思われます。また、以前「百里寄命《ひゃくりきめい》」という言葉が出て来ました。王の命を受け遠くへ旅立ち重責を果たす使者の話で、途中には様々な危険や誘惑があったりし、この命を果たせるのは君子ということでした。されば、相手の使者とは君子ということになり相応の敬意を払ったのも合点がいきます。

■郷黨編第六章

君子は紺緅《こんしゅう》を以て飾らず。紅紫《こうし》は以て褻服《せっぷく》を為《つく》らず。暑に当たりては袗《ひとえ》の絺綌《ちげき》し必ず表して之を出《い》ず。緇衣《しい》には羔裘《こうきゆう》、素衣《そい》には麑裘《げいきゆう》。黄衣《こうい》には狐裘《こきゆう》。褻裘《せつきょう》は長くし右の袂《たもと》を短くす。必ず寝衣あり長《なが》さ一身有半《いっしんゆうはん》。狐貉《こかく》の厚き以て居る。喪を去《さ》りては佩《お》びざる所なし。帷裳《いしょう》に非らざれば必ず之を殺《さい》す。羔裘玄冠《こうきょうげんかん》しては以て弔《ちょう》せず。吉月には必ず朝服《ちょうふく》して朝す。

君子（孔子）は紺や緅《しゅう》（薄い赤）色で着物の襟や袖の縁《ふち》を飾ることをしなかった。紅や紫のものはふだん着でさえも作らなかった。暑い時期には単衣《ひとえ》のかたびらの上着と下着を着て肌を出すことはなかった。吉凶に応じて着物の色を変え朝廷に出るときは黒い下着と黒い子羊の毛皮を着た。国に凶事があるときは白い下着と白い小鹿の毛皮を着た。宗廟などでは黄色い下着で、黄色の狐の毛皮を敷いて座った。普段に着る毛皮は長く仕立てたが仕事しやすいように右の袖は短くした。夜寝るときは必ず寝間着を着て長さは身の丈《たけ》の一身半あった。家にいるときは狐や貉《むじな》の厚い毛皮を着た。喪が明けると帯に付ける玉は一通り身に付けた。朝廷などで着る服以外は腰の部分に切れ目を入れていた。葬儀には黒い服や黒い冠を身に付けることはなかった。毎月一日には礼服を着て朝廷に出仕した。

＊＊

本章には孔子の「着衣」の話が出ています。冒頭に「君子は紺緅《こんしゅう》を以て飾らず」とあります。なかなかに良い言葉です！　君子は華美に衣服を飾り立てしないということでしょうが、この言葉に孔子の着衣に対する心構えが象徴されているように思われます。また、この言葉からは、論語に代表的な「巧言令色、仁薄し。剛毅木訥、仁厚し」の言葉も思い出されます。諸橋先生の解説の中に正色、雑色という言葉が出ていて、当時は今の自由な世の中と比べると様々なしきたりや慣習があり、着衣や飾り付けの色もシビアーであったことが窺えますが、孔子は世の木鐸《ぼくたく》（指導者）として率先垂範しこれを守ったのではと思われます。

■郷黨編第七章

斉《ものいみ》するときは必ず明衣《めいい》あり布をす。必ず寝衣あり長さ一身有半。斉するときは必ず食を変ず。居るときは必ず坐を遷《うつ》す。

祭事などの前には斉をし身を清め布の着物を着たあ

と清潔な着物に変えた。夜寝るときは必ず寝間着を着て長さは身の丈の一身半あった。匂いの強い食事は控え座る場所も変えた。

＊＊

本章には神事の前の「物忌《ものい》み」するときの孔子の様子が出ていますが、天神や地神に対する畏敬と感謝の気持ちがよく表れています。孔子の心は天地と自分が一体になった……まさに「天・地・人」の世界にあったと思われ穢《けが》れなき真摯《しんし》さが感じられます。

■郷黨編第八章

食《し》は精《せい》を厭《いと》わず。膾《くわい》は細《さい》を厭わず。食の饐《い》して餲《あい》せる、魚《うお》の餒《たい》し肉の敗《やぶ》れたるは食《くら》わず。色の悪しきは食わず。臭いの悪しきは食わず。飪《じん》を失えるは食わず。時ならざるは食わず。割正《きりめ》しからざれば食わず。其の醤《しょう》を得ざれば食わず。肉は多しと雖ども食《し》の気に勝たしめず。唯だ酒は量無し。乱に及ばず。沽酒《こしゅ》と市脯《しほ》は食らわず。薑《はじかみ》を撤《す》てずして食《くら》う。多くは食わず。公《こう》に祭るときは肉を宿《しゅく》せず。祭《まつり》の肉は三日《さんじつ》を出でず。三日を出ずるときは之を食わず。食うときは語らず。寝《い》ぬるときは言《ものい》わず。疏食《そし》と菜羹《さいこう》と瓜《うり》と雖も祭るときは必ず斉如《さいじょ》たり。

ご飯のお米は白いものほど良しとした。肉や魚などの生肉は刻みが小さいほど良しとした。ご飯が古くなり味の変わったもの、魚や肉の腐った匂いのするものなどは食べなかった。色が良くなく匂いが悪いものは食べなかった。煮方が良くないもの、時間がたったもの、肉の切り方が正しくないもの、出汁《だし》の使い方が正しくないものは食べなかった。肉はご飯より多くは食べなかった。酒は適量を決めていないが飲んで乱れることはなかった。市場で売っている酒や干し肉などの飲み食いはしなかった。生姜《しょうが》などは口の中を爽やかにしたり毒消にもなり残さず食べた。大食はしなかった。君の祭りのときのお供えの肉は神の恵みに感謝してその日のうちに食べた。自宅で祭る肉は三日を過ぎないように食し三日を過ぎたら食べなかった。食事で口の中にものがあるときは喋らなかった。寝床に入ってからは喋らなかった。粗末なご飯や野菜や瓜の吸い物といえども神に供える場合は敬虔《けいけん》であった。

＊＊

本章には孔子の「食」の様子が出ています。随分、食べ物には気を配っています。しきたりや慣習を大事にしたのかもしれませんが、もう一つ！　親から貰った身体を大事にすることもあったかと。以前、泰伯編に病気になった曾子が門人を集め「戦戦兢兢として深淵に臨むが如く、薄氷を履《ふ》むが如く」と、ずいぶん親からもらった身体を大切にした話が出ていましたが、孔子もおそらく同じ気持ちだったと思われます。実は、私も仲間のW君から勧められて肉を絶ってちょうど一ヶ月になります。仕事柄、「食」のことを少し勉強していますが、日本人の身体に肉はあまり合わないようで、三ヶ月続ければ健全な身体になるということですので、もう少し頑張りたいと思います。でも、おかげで体調が良くなって来たような気がします！

それから、文の中ごろに「酒は量無し。乱に及ばず」とも出ています。せっかく、孔子に学んでいますので、食べ物だけでなく酒にも気を付け身体を大事にして天寿を全うしたいものです！　そう言えば、先生は当時としては、相当な長生きで七十四歳まで生きておられます。論語の「精神」もそうですが「健康」についても見習わなければと！

■郷黨編第九章

席正しからざれば、坐せず。

敷物が正しく敷かれていなければ座らなかった。

＊＊

これは、邪《よこしま》な人たちとの宴席ということでなく、単純に座布団が乱雑に敷かれていたら座らないというようなことのようです。そう言えば、大事な宴席などのテーブルや椅子はきちんと並べられているべきで、それがどれもこれも曲がっていれば、何となく、ざっと扱われたようで「失礼な！」という気になります。やはり、人間の自然な気持ちとして本当に客人を大事にする気持ちがあるなら奇麗に並べられているべきではと。

話がちょっとズレますが、この件で思い出されることがあります。以前、私が社会人になり車を持つようになった頃の話です。そのとき、車は新車でしたがしばらく洗ってなくて少し汚れていたときのことです。オヤジからこんなことを言われました。「車は奇麗にしとかないかんぞ。人は少し汚れたぐらいの車の横を通るときはあんまり気を使わんが、奇麗にピカピカに磨いた車の横を通るときは気を使うもんだ」と……なるほど！ 言われてみればそのとおりでピカピカに磨いた車の横を通るときはキズでも付けたら大変だと気遣います。以後、いつも奇麗な車の横を通る度にこのことが思い出されます。

■郷黨編第十章

郷人の飲酒には杖者《じょうじゃ》出づるときは斯《ここ》に出ず。郷人の儺《おにやらい》するときは朝服して阼階《そかい》に立つ。

同郷の人との飲み会では老人たちが退席した後に退席した。また同郷の人達が「鬼《おに》やらい」といわれる悪鬼を追い払う年末行事を行うときは、朝廷で着る礼服に着替えて厳粛な姿で東の階段に立った。

＊＊

さすがですね！ 宴会が終わり、みんなが三々五々と出て行っても、先生だけは自分より年長の先輩方が退席されるまでは残り、年長者の最後の一人が出るのを見届けてから出るということのようです。これは「長幼の序」の当然なる礼儀で先日も「賓顧《ひんかえり》みず」とあり、客人や年長者への敬愛の気持ちがあれば人間として自然にそうなる礼儀かと。されば、後段の「鬼やらい」という行事についても本気で臨んだ姿が目に浮かんでくるようです！

■郷黨編第十一章

人を他邦に問《と》はしむるときは再拝して之を送る。康子《こうし》薬を饋《おく》る。拝して之を受けて曰く、丘未だ達せず敢て嘗《な》めずと。

使者をして他国へ遣わすときは再拝《さいはい》（二度お辞儀をすること）の礼をもって見送った。大夫の季康子《きこうし》から病気見舞いに薬が送られて来た。孔子は拝礼してこれを受け取って、かかる場合、一度これを服用してからお礼を言うのが礼儀ですが、この薬が果たして自分の病気に効くかどうかわかりませんので敢えて嘗《な》めることは致しませんと言った。

＊＊

前段の使者を見送る件は、これまた、これまでの孔子の態度を見ていると当然のように思われ、後段の病気見舞いに薬が送られて来た話については、普通であれば上位者からの贈り物ですから慣例に従い嘗めてお礼を言うべきですが、そうしていないのは、日頃、傲慢《ごうまん》な季康子のご機嫌取りに「ダマされんぞ！」というような気持ちではなかったかと思われます。

■郷黨編第十二章

厩《うまや》、焚けたり、子朝《ちょう》より退《しりぞ》きて曰く、人を傷《そこな》えりやと。馬を問わず。

孔子の家の馬小屋が火事で焼けた。朝廷から帰った孔子は誰も怪我人はなかったかと言って、特段、馬のことは尋ねなかった。

＊＊

さて、本章は面白いところです！　普通であれば、馬小屋が焼けたのですから、馬のことも心配して尋ねそうです。当時、馬は大変に貴重な財産だったのですが、馬のことには一言も触れず人のことを心配しています。当然と言えば当然ですが、おそらく、ここで孔子が言いたかったことは「動物より人間の方が遥かに大事だ。物事の軽重を知りなさい」ということではと。日本でも、五代将軍・綱吉が「生類《しょうるい》、憐《あわれ》れみの令《れい》」なる御触《おふ》れを出し人間が犬より軽んぜられることがあり、これを、水戸黄門が犬の皮を何枚も送り付け諌めた（?）という話があります。あまりに入れ込み過ぎると、人間と動物が入れ替わった本末転倒の大変なことになることがあり、気を付けたいものです。

■郷黨編第十三章

君、食を賜うときは必ず席を正しくして先づ之を嘗《な》む。君、腥《なまぐさ》きを賜うときは必ず熟《じゅく》して之を薦《すす》む。君、生けるを賜うときは必ず之を畜《やしな》う。君に侍食《じしょく》するときは君祭れば先づ飯《はん》す。疾《や》めるとき君之を視れば東首《とうしゅ》して朝服を加え紳《しん》を拖《ひ》く。君、命じて召せば駕《が》を俟《ま》たずして行く。

・君が食べ物を下さると必ず席を正し速やかに食した。
・君が生ものを下さると必ず煮て先祖にお供えした。
・君が生き物を下さるときは必ずしばらく飼った。
・君との陪食の席では君が食物を神に祭られるのを見届けて自分の料理に箸を付け毒味をした。
・君が病気見舞いに来られたときは東に枕し朝廷服と大帯を寝具の上にかけた。
・君から呼び出されたときは馬車の準備ができるのも待たず徒歩で向かった。

＊＊

本章は孔子が君に対しどう接したか六つの話が出ていて、今回はわかりやすく箇条書きにしてみました。まず感じられるのは相当に気を使っている事です。君つまり魯の君とは余ほど偉かったのでしょうか。見方によっては、そこまでするのかという気もしないではありませんが、でも、実際、先生はそうされたようです。

この話はおそらく孔子が官職にあり政治に参加した五十代前半の頃で君とは定公《ていこう》のことと思われますが、この頃は国が乱れ出した頃だったので孔子としては何とか世の平安・秩序を保とうという気持ちが強かったと思います。先の「子路編」でも孔子が門弟の子路から「もし、先生が国を任せられたとしたら何を一番に手掛けますか」と尋ねられるところが出て来て、孔子は「真っ先にそれぞれの名分《めいぶん》を正す」と答えます。つまり、「父は父、子は子」「君は君、臣は臣」などの本分に還るということで、いわゆる儒教の骨格を成す「五倫の道」のことですが、この乱れが世の人心の乱れの原因ともなります。だから、孔子にすれば魯君との「君臣」の名分を正すことで世の手本としたい気持ちであったと思われます。

しかして、君臣の名分とするところは「義」つまり「臣義」や「忠義」となりますが……ただ、孔子と定公との間柄は、そんな形式的なものではなかったような気がします？　察するに、孔子は定公の人品骨柄《じんぴんこつがら》の純粋なところを高く評価していて、また、定公は定公で孔子に聖人としての片鱗を見ていて、この両者の間には強い信頼関係があった……となると、この「義」とは「忠義」というより「信義」だったのではと思われます。

また、孔子という人はそもそも地に生き天と語った人であり、その行動の基準は常に〝天との語らい〟の中にありました。だから、このような一見、真面目過ぎるようにも見える行動もすべては天の命であり、それに従ったまでのことではなかったかとも。大事なところはその辺りで、人の目線を判断行動の基準とするのでなく「本来どうあるべきか」を天との語らいの中で決め、それを臆せず実行して行くことにあるような気がします。この点、日本の聖人・吉田松陰も次のような歌を詠んでいます。

「世の中は良し悪し事も言わば言え賤《しず》が誠は神ぞ知るらん」

「賤《しず》」とは貧しい身分という意味で、自分の誠（精神）は神と通じたもので人の目などを気にしたものではないと。もう一人、面白いことに同じような歌を詠った人がいます。竜馬です！　合わせて紹介します。

「世の中の人は何とも言わば言え我が為すことは我のみぞ知る」

竜馬も自分のことは神だけが知っていると……しかして、松陰先生にしろ竜馬にしろ良い意味で他人の目線を気にしてはいなかったようです。

かくして、孔子が「席を正しくしたり」「煮て供えたり」「飼ったり」「東枕にしたり」「先に歩きだしたり」という行動はどうでもよさそうにも感じられますが、実は、これらはすべて〝天との語らい〟によるものであったのでないでしょうか。この辺り大変に勉強になり、やはり、傍目を気にするということは、逆に言えば、自分の人生を他人に合わせることにもなり、そこに自分が存在せず、他人のために自分の人生を提供しているようにもなります。

されば、今後、万事を神との語らいの中で意思決定し行動へと移して行きたい……というところですが、なかなかに現実的には難しいところもあり……でも、少しずつでも前進して行きたいものです！

■郷黨編第十五章　＊十四章は重複出

朋友《ほうゆう》死して帰する所無ければ、曰く、我に於て殯《ひん》せよ。朋友の饋《おくりもの》は馬車と雖も祭肉に非ざれば拝せず。

朋友が亡くなり近隣に縁者がない場合は、亡骸《なきがら》を引き取り我家（孔家）で仮通夜《かりつや》を行いなさいと言われた。朋友からの贈り物はそれがたとえ高価な馬車であっても、お供《そな》えした肉以外は拝礼はしなかった。

**

本章は「朋友」に関する二つの話が出ています。まずは朋友が亡くなったときです。孔子は身寄りが近くにないときは我家に連れて来なさいと言っています。普通であれば可哀そうだとは思いながらも亡骸《なきがら》を引き取るというのは大変なことでありそう簡単には行かないと思います。でも、孔子からすれば元々、世の中のすべての人が一緒に生きている大事な仲間であり、まして、それが門人の朋友ともなればなおさらであったと思われます。それにしても門人たちもこんな広い心を持った人が先生で心強かったのでは！

そして、当時、こんな「朋友」の間柄とはどうあったのか一歩踏み込んだ話が次に出ています。先生は自分の朋友から何かを貰ってもそれが神に供えられたものでない限り、どんなに高価なもの、例えば、馬車のようなものであっても「拝せず」とあります。「拝せず」とは拝礼することですが、普通は、いくらなんでも馬車と言えば当時は馬だけでもときには人間以上に高価だったりしたようですので、そんなものを貰えば大変に恐縮してしまいそうです。でも、当時の朋友の間柄とは一心同体の強い関係にあり、財は分かち合う慣習にありましたので、いかに高価な贈り物といえども孔子は半ば当然のこととして拝しなかったのではと思われます。ここに、財宝など〝物〟に動かされない孔子の偉人ぶりがまた表れているような気がします。しかし、貰ったものが神にお供えした物だったりしたらそれは意味が違い、大小にはかかわらず丁寧に拝礼してこれを受けたようです。

さて、では現代の日本はどうか……何やら賄賂は横行する、お金のための偽装はする、また、本来、平和や友好を目的とするはずのスポーツ界も契約金やら賞金が加熱気味で、世の中全体が金・金・金になってしまい、孔子先生に言わせれば、何か金持ちが偉いかのような間違った風潮にあるぞと言われているような気がします。日本人は戦前・戦中・戦後とあまりにもお金に苦労しましたからわからないでもありませんが、願わくは「拝金主義」や「お金の奴隷」にだけはなりたくないもので、安岡先生も「六十も過ぎて金に執着している奴に大した奴はおらん！」と言っておられました。世の中の価値観も、そろそろ「金」から美しい「心」の時代へと変わってほしいものです。日本という国は本来、美しい徳を築き上げて来た国ですから。

されば、これからお金のかかる忘年会シーズンです。先輩後輩や上司部下の関係ではおごったりおごられたりもします。お金にあまり左右されたくはないとは言え、おごられたらキチンとお礼を言う〝礼儀〟だけは失しないようにしたいものです！

■郷黨編第十六章

寝《い》ぬるときは尸《し》せず。居るに容《かたちづく》らず。斉衰者《しさいしゃ》を見れば狎《な》ると雖ども必ず変ず。冕者《べんしゃ》と瞽者《こしゃ》とを見れば褻《な》ると雖も必ず貌《ぼう》を以てす。凶服の者には之に式《しょく》す。負販《ふはん》の者に式す。盛饌《せいせん》有れば必ず色を変じて作《た》つ。迅雷風烈《じんらいふうれつ》には必ず変ず。


一．寝ているときは死人のような寝方をしなかった。

二．自宅では変に威厳を保ったようにはなかった。

三．長期の喪に服している人を見かけたら親しい人でも必ず顔色を静粛にした。

四．高い位にある人と音楽を司った盲人に会ったときは親しい人であっても礼をもって接した。

五．車に乗っているとき喪服を着た人、戸籍簿を背負った人を見かけると車席の前の横棒に手をついて一礼をした。

六．他家で盛んな御馳走でもてなされると必ず立ってお礼を言った。

七．激しい雷や風のときは天意を恐れた。

＊＊

本章も箇条書きにしてみましたが、孔子の立ち居振る舞いが七項目にわたって書かれています。いずれも聖人らしい首尾一貫したところが感じられますが、これらも他人の目線を気にしてそうしたのでなく、自然に振る舞った結果だと思われます。特に、最後の雷雨に天意を恐れたとあるところには孔子の生き方の神髄が象徴的に出ているような気がします。天が荒れるということは天の怒りを意味し、天の怒りは時として多くの田畑や家屋さらには人命を奪う大災害へと発展することを意味します。孔子はそのことを恐れ独り天の怒りを鎮めるべく真摯に祈ったのではと思われます。

現代はというと、科学の発展により台風や大雨などの気象予測が出ますので、皆いち早く備えができて一応の安心は得られますが、ただ、その科学の悪影響の面もあって地球全体の調和が崩れ、巨大台風や温暖化などの地球規模の問題に怯えることとなっています。何十億年という年月をかけ天が創り上げて来た微妙な地球のバランスを、ここ百年ほどで人間が崩したことを天がどう思っているかを考えると、少し不気味で我々現代人も宇宙秩序を司るサムシンググレイトな存在へ畏敬の念を持たないと大変なことになりそうな気がします。

■郷黨編第十七章

車《くるま》に升《のぼ》るときは必ず正しく立ちて綏《すい》を執《と》る。車の中《うち》にては内顧《ないこ》せず、疾言《しつげん》せず、親指《しんし》せず。

一．車に乗り込むときは垂れひもをしっかり握りふら付いたりしないようにした。

二．車中では外を振り返ったり、早口にしゃべったり、あちこちを指差したりしなかった。

＊＊

一番については聖人が公衆の面前でひっくり変えったり転んだりするのは何とも格好悪く、そんなことがないよう孔子は慎重だったと思われます。二番については、これもまたいかにも軽い感じがします。好い年をした人が子供じゃあるまいし落ち着きのないことでは見苦しいです。特に、最後のあちこち指差すとなると、丸で私が東京に行ったみたいで、右や左の高層ビル群を見上げて「あっ！　あっ！」と指差しているようなものです。見え見えのオノボリさんみたいでみっともないっす！　ただ、孔子という人は一説には身内の中では冗談を言って周りを笑わせていたという話もありますので、時々は童心に還ってそんなことをしていたのかもです（笑）

　されば、郷黨編は残りの十八章で終りますが、振り返って孔子の所作を想い浮かべると、孔子という人が、元々、地位や名誉やお金などの私欲を求めたりする〝小さい〟人でないことは承知していたものの、その行動たるや、ちょっと見には馬鹿真面目であったり馬鹿正直であったりして意外でした。でも、そんな他人に変人に見られるとか笑われるとかを一切、気にしていないところにかえって底の知れない〝どでかさ〟を感じます。この郷黨編は他の論語の本ではあまり取り上げられていないような気がしますが、こうやって見てくると、とんでもない人生の大事なことを示唆しているような気がします！

■郷黨編第十八章

色みて斯《ここ》に挙《あが》り翔《かけ》りて而《しか》る後《のち》に集《とど》まる。曰く、山梁《さんりょう》の雌雉《しち》、時《とき》なるかな時なるかなと。子路之に共す。三たび嗅《か》ぎて作《た》つ。

「雉《きじ》は人間の顔色を見て危険を察し舞い上がり、暫く空中を翔け巡り、ここなら安全というところを見定め、舞い降りる」孔子が言った。あの山橋に雌雉《めすきじ》が見えるが時機《じき》を良くわきまえている。時機を良くわきまえていると。子路がこれを聞いて目をやると、その雉は三回羽ばたいて飛び立った。

＊＊

本章は鳥の雉の話ですが、どうも、この雉、なかなかに賢い鳥のようです！ 冒頭に「色みて斯《ここ》に挙《あが》り翔《かけ》りて而《しか》る後《のち》に集《とど》まる」とありますが、これは逸詩《いつし》（詩経からはずれた詩）で、当時しばしば比喩的に使われていたようです。内容は、雉が危険を察して飛び去る様子を人間の出処進退《しゅっしょしんたい》に喩《たと》えたもので、進むべきときは進み退くべきときは退く、特に、退くことにが潔《いさぎよ》くなければいけないというものです。

雉という鳥は私も自然の中で何度か見かけたことがありますが奇麗な鳥で、一度は、俵山（阿蘇山麓）のゴルフ場で僅か数十メートルのところに番《つがい》でいました。ともに尾は五十～六十センチと長く、オスは赤や青などカラフルな模様をし、メスは赤茶けた色ながら質素でつましい感じがしました。仲の良い感じで良い天気だったのですがその場所だけ特に晴れやかに見えました。確か日本の国鳥で、そう言われてみれば、尾が長く均整の取れた姿は美しく気品があり、しかも、賢明でいかにも日本を象徴するにふさわしい鳥のような気がします。それに、正義感も強そうです！ 桃太郎も鬼の征伐にキジを重臣として用いています。さらにさらに、話はズレ、これから寒い冬になり鍋の恋しい季節になりますが、キジ鍋ってうまいですね～。一度、霧島高原に旅行に行ったとき小さな店で天然ものということで肉を買って帰り鍋にしたんですが、これがまた何ともおいしかったですね～油がバーッと広がって！ それはそれはでした……何て、日本の国鳥を喰らっちまって……大変、失礼をばいたしました（笑）で、その後、見かけたのは益城《ましき》町の畑の中でした。野菜や草地の間をちょろちょろしていました。十〜二十メートルほどしか離れていませんでしたが、こちらに見られたと思うとゆっくりと野菜の陰に隠れるという感じでした。また、ときには、足元から突然バサバサバサと飛び立つこともありびっくりさせられました。どうも、本章に出ているように人を見かけてもうろたえず、そこにじーっと潜み冷静に状況を判断しているという感じで、何か、映画「ジュラシックパーク」に出てくる恐竜のラプトルが連想させられます。

話を戻して、孔子先生が雉を誉めているのは、雉のその場を去る際の状況判断の確かなところにあるようです。人は、段々、地位が上がると、その分、部下も増え多くの人を思いどおりに動かすことができ、そこに〝うまみ〟を感じるようになります。つまり、権勢欲が出て来ます。これは、とりわけ「社長」など自分より上がいない完全に下ばかりの地位に就くと加速度的に強くなるようです。そんな人も就任当初は「身の引き締まる思いだ」と使命感を持っていたと思いますが、長くなると奢りが出て来るようです。この奢《おご》りが生じると、人はワンマンになり周りの忠告に耳を傾けなくなります。そうなると、下の人たちは上に自由に意見が言えず、上からの指示を待つようになります。これが所謂《いわゆる》、「指示待ち族」「イエスマン」と言われるもので、上が「右向け」と命じたら一日中右を向いていると揶揄《やゆ》されたりもします。そして、そういう人ばかりがトップの周りに集まるようになり、逆に、心ある人や先が見えたりする人が疎まれ遠ざけられるようになる。これが、だいたい政権の末期症状と言われる現象で、そしてさらに、そこまで行っても自分が裸の王様であること浮きつつあることに気付かず、去る時期を失し、にっちもさっちも行かなくなって恥をかき、やむなく退陣に追い込まれ名誉も地に落ちるという哀れな結末になる……というのが通例のようです。

しかし、例外もあります。ときは明治です。勝海舟が福沢諭吉から「もう、ご引退なされてはどうですか」と言われたのに対して、海舟は、

「行蔵《こうぞう》は我《われ》に存《そん》す。毀誉《きよ》は他人《たにん》の主張《しゅちょう》」
（出処進退は自分で決める。けなしたり誉めたりするのは他人の勝手。いらんこった！）

と言った話は有名です。最後の「いらんこった（大きなお世話）」まで、どうも熊本弁で言われたようです！

というのも、海舟先生は熊本に来られたことがあり、この言葉を気に入りよく江戸でもよく使われたとか（笑）と、ま〜、それはそれとして、勝海舟クラスとなるとあくまで公人であり、私欲がなく絶えず時の流れを読み、また、色んな人の立場を考え、自分が天下国家に果たすべき役割として物事を判断したようです。海舟に、こんな有名な話があります。当時、旧徳川家幕臣は世が明治という新しい時代に変わったにもかかわらず、天皇に弓を引いた逆族として、依然、放置されたままとなっていました。これを重視した海舟は徳川慶喜を明治天皇に拝謁《はいえつ》させることにより名誉回復を図ります。そして、この会見を見届け使命を果したかのごとく翌年、亡くなります。また、海舟がしたことはそれだけに止まらず、貧しい幕臣に様々な援助をしたりもし、幕臣にすれば皆、海舟には溜飲の下がる、また、感謝の気持ちでいっぱいだったと思われます。だから、海舟が「行蔵は我に存す。いらんこった！」と諭吉に返したのは私事ではなく国の行く末を案じてのことだったと。孔子も雉は時機をよくわきまえていると誉めていますが、雉も餌をあさるのに夢中だと危なっかしいものですが、状況を客観的に見ることに長けていて、海舟も雉に比較されては何でしょうが、両者とも視野が広くさすがです！

されば、我々も冷静な広い視野を持ちたいもので、これに失敗すると、ケーン、ケーンと鳴く雉に「目先ばっかり見とるケーン！」と笑われそうです！

あとがき

言葉には〝魂〟が宿ると言われます。左は前篇に登場した近代の賢者七人の名言を抜粋したものです。

・世の人は我を何とも言わば言え我がなす事は我のみぞ知る（坂本竜馬）

・天を咎《とが》めず人を怨まず我が誠の足らざるを尋《たず》ぬべし（西郷隆盛）

・損か得か人間の物差し嘘か真《まこと》か仏さまの物差し（相田みつを）

・面白きことも無き世を面白く（高杉晋作）

・朝起きたら、まず、第一にニッコリ笑え（中村天風）

・千里の道も一足づつ運び今日は昨日の我に勝つ（宮本武蔵）

・全て世の中のことは一人の熱心さによって事が運ぶ場合が少なくないのです（森信三）

みな短い片言ながらなかなかに心にビリビリ響くのでは。それは、これらが人生の苦難を乗り越えて行った賢者たちの心からの言葉で〝言霊《ことだま》〟と呼ばれる魂の力を宿し、それが時空を超え同じ人間である我々に伝わるからではと思われます。後編の「先進」編二十章に中学校の頃、理科の実験であった〝共鳴〟現象の話が出て来ます。片方の音叉を叩くと離れた所にあるもう一方に音が伝わるというもので、この〝共鳴〟のおもしろいことはそれに止まらず、元の音叉を止めても伝わった方の音叉は鳴り続け、さらには、その伝わった音の方が元の音より大きいというものです。何とも興味深い話ですが、されば、この現象は当然、人間にも当てはまり、孔子を根源とする論語の真理の言葉が増幅され近代の賢者に伝わり、さらにパワーアップされ、現代の我々に伝わって来ることになりそうです。何か目に見えない波動が二五〇〇年前から今に響いて来る感じで何か不思議ですが、〝良き言葉は良き運命を拓く〟と言います……引き続き後編をご期待ください！

【著者紹介】

松﨑　昇（まつざき　のぼる）

昭和29年2月、熊本県生まれ。

京都外国語大学卒業後、昭和53年熊本市役所入庁。平成26年同退職。

平成19年8月から論語の勉強会をはじめ、平成29年1月に本として出版にいたる。

家族は妻と娘、ネコ。自然が好きで、短歌、ゴルフを趣味とする。

好きな言葉は、四海兄弟《しかいけいてい》（みんな地球の仲間）、先笑必勝《せんしょうひっしょう》（先に笑顔を）、ケセラセラ（なるようになる）。

愛読書は、論語と月刊『致知』。

あしたへの論語《ろんご》
——サラリーマン三〇〇〇日《さんぜんにち》の「人間学《にんげんがく》」探求《たんきゅう》——（前篇）

平成29年1月20日発行

著　者　松﨑　昇
発行者　田村　志朗
発行所　㈱梓書院
〒812-0044 福岡市博多区千代3-2-1
tel 092-643-7075　fax 092-643-7095

印刷／青雲印刷　製本／岡本紙工

ISBN 978-4-87035-591-0　